JN107250

商法演習 I
会社法

鳥山 恭一 編
福島 洋尚

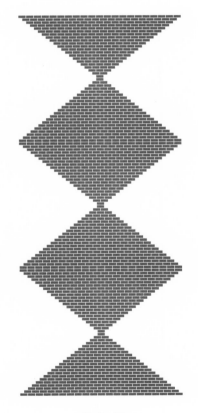

成文堂

は し が き

　ここに、『商法演習Ⅰ〔会社法〕』をお届けする。

　本書はまず、大学における演習教材として使われることを想定して編集されたものである。会社法はいまやきわめて多岐にわたる論点を含む法分野となっている。本書では、会社法の基本的な問題である38項目を選定して解説がなされている。本書は大学における演習教材として利用するほかにも、自習用の教材として利用されることも想定している。自習用として利用する読者には、各項目の解説を熟読して学習し、各項目の最後に付された例題について検討することが期待されている。

　本書には、各地の大学で会社法の講義を担当する気鋭の研究者の方々が原稿をお寄せくださった。それゆえ、本書はまた、会社法の基本的な問題にかかわる解釈論のまさに現在の状況を示すものにもなっていると考えている。

　本書の出版を引き受けてくださった成文堂の阿部成一社長、および、本書の編集を担当してくださった成文堂の田中伸治氏に心より御礼申し上げたい。

　2020年3月

編　者

目　　次

1　会社の権利能力──政治献金・寄附、法人格否認の法理──

川島いづみ

2　株主平等の原則

南保　勝美

3　種　類　株　式

山本爲三郎

凡　　例

1　法　　令

会：会社法

会更：会社更生法

会施規：会社法施行規則

会計則：会社計算規則

改正前商：平成17年法律第87号による改正前の商法

金商：金融商品取引法

金商令：金融商品取引法施行令

振替法：社債、株式等の振替に関する法律

商：商法

手形：手形法

民：民法

民再：民事再生法

民訴：民事訴訟法

民保：民事保全法

砂：破産法

2　判　　例

判例集・判例収録誌の略称は、次の例によるほか、一般の慣例に従う。

例）最（一小）決平成28・7・1民集70巻6号1445頁：最高裁判所第一小法廷決定平成28
　　年7月1日最高裁判所民事判例集第70巻第6号1445頁以下

民（刑）録：大審院民（刑）事判決録

民（刑）集：大審院民（刑）事判例集、最高裁民（刑）事判例集

集民（刑）：最高裁判所民（刑）事裁判集

高民（刑）集：高等裁判所民（刑）事判例集

金判：金融・商事判例

金法：金融法務事情

商事：商事法務

資料商事：資料版商事法務

新聞：法律新聞

凡　　例

判時：判例時報
判タ：判例タイムズ

3　雑　　　誌
ジュリ：ジュリスト
判評：判例評論
法協：法学協会雑誌
法教：法学教室
ひろば：法律のひろば
法時：法律時報
民商：民商法雑誌
リマークス：私法判例リマークス〔法律時報別冊〕

4　概　説　書　等
相澤ほか：相澤哲＝葉玉匡美＝郡谷大輔『論点解説 新・会社法──千問の道標──』
　（2006年、商事法務）
相澤・解説：相澤哲編著『立案担当者による新・会社法の解説』〔別冊商事法務295号〕
　（2006年）
相澤・一問一答：相澤哲『一問一答 新・会社法［改訂版]』（2009年、商事法務）
石井（上）：石井照久『会社法 上』63頁（1967年、勁草書房）
伊藤ほか：伊藤靖史＝大杉謙一＝田中亘＝松井秀征『会社法［第4版]』〔リーガルクエ
　スト〕（2018年、有斐閣）
江頭：江頭憲治郎『株式会社法［第7版]』（2017年、有斐閣）
大隅＝今井（上）：大隅健一郎＝今井宏『会社法論 上巻［第3版]』（1991年、有斐閣）
大隅＝今井（中）：大隅健一郎＝今井宏『会社法論 中巻［第3版]』（1992年、有斐閣）
大隅＝今井＝小林：大隅健一郎＝今井宏＝小林量『新会社法概説［第2版]』（2010年、
　有斐閣）
河本：河本一郎『現代会社法［新訂第9版]』（2004年、商事法務研究会）
神田：神田秀樹『会社法［第20版]』（2018年、弘文堂）
北沢：北沢正啓『会社法［第6版]』（2001年、青林書院）
黒沼：黒沼悦郎『会社法』（2017年、商事法務）
鈴木＝竹内：鈴木竹雄＝竹内昭夫『会社法［第3版]』（1994年、有斐閣）
髙橋ほか：髙橋美加＝笠原武朗＝久保大作＝久保田安彦『会社法［第2版]』（2018年、
　弘文堂）

龍田＝前田：龍田節＝前田雅弘『会社法大要［第2版］』（2017年、有斐閣）

田中（上）：田中誠二『会社法詳論 上巻［3全訂版］』（1993年、勁草書房）

田中（下）：田中誠二『会社法詳論 下巻［3全訂版］』（1994年、勁草書房）

田中（亘）：田中亘『会社法［第2版］』（2018年、東京大学出版会）

前田：前田庸『会社法入門［第13版］』（2018年、有斐閣）

三浦：三浦治『基本テキスト会社法』（2016年、中央経済社）

森本：森本滋『会社法・商行為法手形法講義［第4版］』（2014年、成文堂）

弥永・リーガルマインド：弥永・弥永真生『リーガルマインド会社法［第14版］』（2015年、有斐閣）

吉本・吉本健一『会社法［第2版］』（2015年、中央経済社）

5　講　座　等

旧注釈(3)：大森忠夫＝矢沢惇＝上柳克郎＝鴻常夫＝竹内昭夫＝谷川久編『注釈会社法(3)株式』（1967年、有斐閣）

旧注釈(3)増補：大森忠夫＝矢沢惇＝上柳克郎＝鴻常夫＝竹内昭夫＝谷川久編『注釈会社法(3)株式［増補版］』（1980年、有斐閣）

講座(2)：田中耕太郎編『株式會社法講座 第2巻』（1956年、有斐閣）

講座(3)：田中耕太郎編『株式會社法講座 第3巻』（1956年、有斐閣）

コンメ(1)：江頭憲治郎編『会社法コンメンタール 第1巻 総則・設立〔1〕』（2008年、商事法務）

コンメ(3)：山下友信編『会社法コンメンタール 第3巻 株式〔1〕』（2013年、商事法務）

コンメ(4)：山下友信編『会社法コンメンタール 第4巻 株式〔2〕』（2009年、商事法務）

コンメ(5)：神田秀樹編『会社法コンメンタール 第5巻 株式〔3〕』（2013年、商事法務）

コンメ(7)：岩原紳作編『会社法コンメンタール 第7巻 機関〔1〕』（2013年、商事法務）

コンメ(8)：落合誠一編『会社法コンメンタール 第8巻 機関〔2〕』（2009年、商事法務）

コンメ(9)：岩原紳作編『会社法コンメンタール 第9巻 機関〔3〕』（2014年、商事法務）

コンメ(11)：森本滋＝弥永真生編『会社法コンメンタール 第11巻 計算等〔2〕』（2010年、商事法務）

コンメ(12)：落合誠一編『会社法コンメンタール 第12巻 定款の変更・事業の譲渡等・解散・清算(1)』（2009年、商事法務）

コンメ(14)：神田秀樹編『会社法コンメンタール 第14巻 持分会社〔1〕』（2014年、商事法務）

コンメ(17)：森本滋編『会社法コンメンタール 第17巻 組織変更、合併、会社分割、株式交換等(1)』（2010年、商事法務）

コンメ⒅：森本滋編『会社法コンメンタール　第18巻　組織変更、合併、会社分割、株式交換等⑵』（2010年、商事法務）

株式大系：江頭憲治郎編『株式会社法大系』（2013年、有斐閣）

大系⑶：江頭憲治郎＝門口正人他編『会社法大系　第3巻〔機関・計算等〕』（2008年、青林書院）

大系⑷：江頭憲治郎＝門口正人他編『会社法大系　第4巻〔組織再編・会社訴訟・会社非訟・解散・清算〕』（2008年、青林書院）

逐条⑴：酒巻俊雄＝龍田節編集代表『逐条解説会社法　第1巻　総則・設立──会社法の沿革・会社法の性格』（2008年、中央経済社）

逐条⑵：酒巻俊雄＝龍田節編集代表『逐条解説会社法　第2巻　株式・1』（2008年、中央経済社）

逐条⑷：酒巻俊雄＝龍田節編集代表『逐条解説会社法　第4巻　機関・1』（2008年、中央経済社）

逐条⑼：酒巻俊雄＝龍田節編『逐条解説会社法　第9巻　外国会社・雑則・罰則』〔2016年、中央経済社〕

注釈⑵：上柳克郎＝鴻常夫＝竹内昭夫編『新版　注釈会社法⑵株式会社の設立』（1985年、有斐閣）

注釈⑶：上柳克郎＝鴻常夫＝竹内昭夫編『新版　注釈会社法⑶株式⑴』（1986年、有斐閣）

注釈⑸：上柳克郎＝鴻常夫＝竹内昭夫編『新版　注釈会社法⑸株式会社の機関⑴』（1986年、有斐閣）

注釈⑹：上柳克郎＝鴻常夫＝竹内昭夫編『新版　注釈会社法⑹株式会社の機関⑵』（1987年、有斐閣）

論点体系⑶：江頭憲治郎＝中村直人編『論点体系　会社法3　株式会社Ⅲ』（2012年、第一法規）

論点体系⑷：江頭憲治郎＝中村直人編『論点体系　会社法4　株式会社Ⅳ・持分会社』（2012年、第一法規）

6　判例解説等

最判解民（刑）平成（昭和）○○年度：最高裁判所判例解説　民事篇（刑事篇）平成（昭和）○○年度

平成（昭和）○○年度重判解：『平成（昭和）○○年度重要判例解説』〔ジュリスト臨時増刊〕

会社百選〔5版〕：鴻常夫＝竹内昭夫＝江頭憲治郎編『会社判例百選〔第5版〕』（1992年、有斐閣）

会社法百選：江頭憲治郎＝岩原紳作＝神作裕之＝藤田友敬編『会社法判例百選』（2006年、有斐閣）

会社法百選［3版］：岩原紳作＝神作裕之＝藤田友敬編『会社法判例百選［第3版］』（2016年、有斐閣）

金商法百選：神田秀樹＝神作裕之編『金融商品取引法判例百選』（2013年、有斐閣）

総商百選［5版］：江頭憲治郎＝山下友信編『商法（総則・商行為）判例百選［第5版］』（2008年、有斐閣）

民訴百選［3版］：伊藤眞＝高橋宏志＝高田裕成編『民事訴訟法判例百選［第3版］』（2003年、有斐閣）

商法争点：北沢正啓＝浜田道代＝岩原紳作編『商法の争点Ⅰ総則・会社』〔法律学の争点シリーズ4★-Ⅰ〕（1993年、有斐閣）

会社争点：浜田道代＝岩原紳作編『会社法の争点』〔新・法律学の争点シリーズ5〕（2009年、有斐閣）

7　記念論文集

今中還暦：今中利昭先生還暦記念論文集『現代倒産法・会社法をめぐる諸問題』（1995年、民事法研究会）

上柳還暦：上柳克郎先生還暦記念『商事法の解釈と展望』（1984年、有斐閣）

江頭還暦（上）：黒沼悦郎＝藤田友敬編・江頭憲治郎先生還暦記念『企業法の理論 上巻』（2007年、商事法務）

江頭古稀：黒沼悦郎＝藤田友敬編・江頭憲治郎先生古稀記念『企業法の進路』（2017年、有斐閣）

加藤・柿崎古稀：奥島孝康＝新山雄三＝斉藤武編・加藤勝郎先生・柿崎榮治古稀記念『社団と証券の法理』（1999年、商事法務研究会）

河本還暦：龍田節＝神崎克郎編・河本一郎先生還暦記念『証券取引法大系』（1986年、商事法務研究会）

中村・金澤還暦(1)：長濱洋一＝酒巻俊雄＝奥島孝康編・中村眞澄教授・金澤理教授還暦記念 第1巻『現代企業法の諸相』（1990年、成文堂）

西原追悼：小室直人＝本間輝雄＝古瀬村邦夫編・西原寛一先生追悼論文集『企業法と法 下』（1995年、有斐閣）

蓮井還暦：今井宏＝田辺康平編・蓮井良憲先生還暦記念『改正会社法の研究』（1984年、法律文化社）

服部古稀：服部榮三先生古稀記念『商法学における論争と省察』（1990年、商事法務研究会）

藤田古稀：北村雅史＝高橋英治編・藤田勝利先生古稀記念論文集『グローバル化の中の
　会社法改正』（2014年、法律文化社）

味村退官：清水湛＝稲葉威雄編・味村最高裁判事退官記念論文集『商法と商業登記』
　（1998年、商事法務）

村松還暦（下）：村松裁判官還暦記念論文集刊行会編・村松俊夫裁判官還暦記念論文集
　『仮処分の研究 下巻（各論）』（1966年、日本評論社）

森本還暦：川濱昇＝前田雅弘＝洲崎博史＝北村雅史編・『森本滋先生還暦記念『企業法
　の課題と展望』（2009年、商事法務）

米田古稀：米田實先生古稀記念『現代金融取引法の諸問題』（1996年、民事法研究会）

1 会社の権利能力
——政治献金・寄附、法人格否認の法理——

川島 いづみ

【設 問】

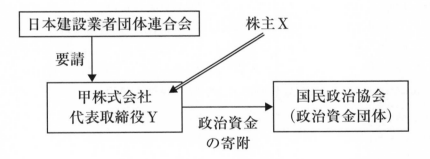

(1) 甲株式会社は、甲会社も所属する日本建設業者団体連合会からの要請に応じて、自由民主党の政治資金団体に対し、1996年から2000年まで合計9,913万円余の政治資金の寄附を行っていた。寄附に当たっては、例年の金額に比して過大でないか、政治資金規正法の範囲内であるか、選挙に関わる寄附ではないかなどを確認した上、代表取締役社長Yの決済手続を経ていた。甲の株主Xは、上記政治資金の寄附が公序良俗に違反し、会社の目的の範囲外の行為であり、取締役の善管注意義務に違反するとして株主代表訴訟を提起し、Yの責任を追及した。Xの請求が認められるか検討しなさい。なお、甲会社は、488億円の損失が生じたため、1998年3月期以降2000年に至るまで無配の状況にあった。

貸しコンテナ事業　　　　コンテナ倉庫の賃貸・リース業

| X株式会社
代表取締役 Y_1 | | Y₂株式会社
取締役 Y_1 |

Y_1の家族：出資・業務に従事

(2)　X株式会社は、1993年頃から貸しコンテナ事業を始め、Xの代表取締役Y_1と
その兄弟が共有する土地や賃借した土地にコンテナを設置して、顧客にコンテ
ナを賃貸して賃料収入を得てきた。他方、2001年にコンテナ倉庫の賃貸・リー
ス業を目的として設立されたY_2株式会社は、コンテナの仕入先、コンテナの運
送業者、コンテナや付属設備の設置業者、仲介・集金業者等はすべてXが委託
している業者と同一で、Xの貸コンテナ事業の手法を用いていた。Y_1は、Y_2の
設立当時からの役員ではなく、株主でもなかったが、2002年にY_2の取締役に選
任された。Y_2の運転資金の大半はY_1とその家族からの借入金であり、Y_2に出
資して事業に従事しているのはY_1の家族であった。Xは、Y_1の競業を承認した
ことはないとして、Y_1に対して、競業避止義務違反に基づく損害賠償を請求す
るとともに、Y_2に対して、法人格否認の法理に基づいてY_1に対するのと同様の
請求を行った。XのY_2に対する請求が認められるか検討しなさい。

◇――――――――――――◇
1　問題の所在
2　会社の権利能力と定款所定の目的
3　会社による寄附・政治献金
4　法人格否認の法理
◇――――――――――――◇

1　問題の所在

設問(1)については、まず、株式会社は政治献金をすることができるかが問
題となる。この点については、寄附一般について、寄附をすることが定款所
定の目的の範囲内か、会社の営利性に反しないか、という問題があり、さら
に政治的寄附（政治献金）については、それが憲法秩序、あるいは公序良俗
に違反しないかが問題となる。これらが肯定されるとしても、さらに、設問

の状況で政治献金をすることが、取締役の善管注意義務に違反しないか、という問題がある。設問(2)では、Y_1 の競業避止義務違反が問題とされている（競業避止義務については☞本書「20　取締役の競業避止義務」）。しかしながら、名義上、Y_1 が自己のため（個人として）または第三者のために（Y_2 の代表取締役として）競業を行ったわけではないことから、Y_1 が競業避止義務に違反したと主張する方法として、Y_2 の法人格を否認できるかが問題となる。

2　会社の権利能力と定款所定の目的

(1)　権利能力の法令による制限

会社は、法人の一種であり、法律によって権利義務の主体となることを認められた存在であるから、会社の権利能力も、法令によって認められる範囲に限定される（民34条）。とはいえ、会社一般の権利能力を制限する法令は、多くは存在しない。その主要なものとして、①会社を含む法人は、株式会社の取締役（会331条1項1号。監査役・執行役・清算人について、会335条1項・402条4項・478条8項）となることができないこと（法人取締役の禁止）、②清算中の会社および破産手続開始決定を受けた会社は、清算・破産の目的の範囲内において権利を有し義務を負うこと（会476条・645条、破産35条）、③外国会社（外国法に基づき設立された営利法人）の権利能力の範囲は、原則として日本法に基づき設立された同種の者と同一とされる（民35条1項・2項）が、法令・条約により制限される余地のあることが、あげられる。

(2)　定款所定の目的との関係

むしろ問題となるのは、定款所定の目的（会27条1号）との関係である。平成18（2006）年改正前の民法43条には、公益法人について「法人ハ法令ノ規定ニ従ヒ定款又ハ寄附行為ニ因リテ定マリタル目的ノ範囲内ニ於テ権利ヲ有シ義務ヲ負フ」という規定が置かれており、これが営利法人である会社にも類推適用されるか否かについて、学説の対立があった。判例は、大審院以来、類推適用肯定説をとっていたが、近年の学説では類推適用を否定する見解が支配的であった。ところが、平成18年改正民法34条は、法人一般についての通則として、「法人は、法令の規定に従い、定款所定の目的の範囲内において」権利を有し義務を負う旨を規定した。そのため、改正前のように、

民法の規定が会社に類推適用されるか否かではなく、民法34条が直接、会社法上の会社に適用されるのではないか、ということが問題となり、学説の多くは、民法34条は法人の一般法として会社にも適用されると解釈している（田中（亘）32頁、江頭33頁等）。

　このように、定款所定の目的によって会社の権利能力が制限されるとすると、会社が目的の範囲外の行為を行った場合、その行為は無効ということになり、会社取引の安全が害されるおそれがある。この点について、大審院判例は、定款所定の目的の範囲には記載文言から「推理演繹シ得ヘキ事項」も含まれるとして、目的の記載を弾力的に解釈するようになり、また、このような解釈によって目的の範囲内とされた事項も含めて、その目的を遂行するために必要な事項は、定款に記載されていなくても目的の範囲内と認められると解釈した（大判大正元・12・25民録18輯1078頁、大判昭和6・12・17新聞3364号17頁）。さらに、昭和に入ると、会社代表者の権限濫用に関する事案において、行為の外形からみて会社の目的である業務を遂行するために必要な行為であり得るものは、目的の範囲内の行為に含まれる、との判断を示すに至った（大判昭和13・2・7民集17巻50号）。最高裁（最二小判昭和27・2・15民集6巻2号77頁）も、この立場を踏襲して、「仮に定款に記載された目的自体に包含されない行為であつても目的遂行に必要な行為は」目的の範囲に属するものと解すべき旨を判示するとともに、「その目的遂行に必要なりや否やは、問題となつている行為が、……定款の記載自体から観察して、客観的に抽象的に必要であり得べきかどうかの基準」に従って決すべきものと解釈して、判断の基準をより明確化した。

　このような定款所定の目的に関する弾力的かつ客観的・抽象的な解釈は、後述する八幡製鉄政治献金事件において、最高裁が、災害救援資金の寄附や地域社会への財産上の奉仕、各種福祉事業への資金面での協力等の行為、そして政治資金の寄附が、会社の権利能力の範囲内にあると解釈する前提となっている。

3　会社による寄附・政治献金

(1)　会社の営利性と一般的寄附

　平成17 (2005) 年改正前商法には、会社が営利を目的とする社団である旨の規定があった（旧商52条2項）。ここにいう「営利」とは、単に会社が利益を得ることを目指して事業活動を行うことだけではなく、得た利益を構成員（社員。株式会社では株主）に分配することを目的とすることを意味すると理解されている。

　これに対して、会社法には、会社の営利性に関する規定は設けられていないが、会社法105条2項は、株式会社について、剰余金配当請求権および残余財産分配請求権の全部を株主に与えない定款の定めは、効力を有しないと定めており、これは株式会社の営利性を表す規定であると理解されている（持分会社については、105条2項に相当する規定が設けられておらず、立法論として疑問が残る）。とはいえ、105条2項の規定ぶりにも現れているように、会社が営利を目的としない活動を行うことが認められないわけではない。むしろ、会社も社会的存在として、震災時の救援や復興支援のための資金支援、文化・芸術活動への助成、社寺の祭礼への応分の寄附等を行っており、そうした活動は社会的にも是認されている。特に大規模企業に対しては、企業の社会的責任（CSR：corporate social responsibility）として、短期的には企業利益に直接結びつかないであろう活動であっても、企業や企業を取り巻く環境・地域社会等の持続可能性・長期的な利益の視点に立って、こうした活動を行うことが求められている。したがって、会社の利益の一部を、たとえば、慈善事業の寄附に充てることも、それが社会の期待・要請に応えるものであり、その額が、当該企業の規模や業績、相手方の事業を勘案して相応な範囲内のものであるならば、定款所定の目的や会社の営利性に反するものではなく、取締役・執行役の義務違反にも当たらないということができよう。ただし、政治的寄附については、別の観点からの議論がある。

(2)　会社の政治的寄附

　株式会社の政治的寄附（政治献金）については、他の寄附と異なり、営利性に反しないかや定款所定の目的の範囲内にあるかという点に加えて、参政権の侵害となり、憲法秩序に違反しないか、公序良俗に反しないかというこ

とが、従来、問題とされてきた。憲法違反・公序良俗違反であるとすれば、会社の目的の範囲外の行為ということにもなろう。

　判例は、八幡製鉄政治献金事件（最大判昭和45・6・24民集24巻6号625頁）において、会社による政治献金は憲法に違反せず、会社の権利能力の範囲内にあるとの解釈を初めて示すとともに、どのような場合に取締役の善管注意義務の違反となるかを判示している。この判決において最高裁は、定款所定の目的に関する弾力的な解釈（**2(2)**参照）を前提として、会社も「自然人とひとしく、国家、地方公共団体、地域社会その他（以下「社会等」という。）の構成単位たる社会的実在」であるから、このような実在として、ある行為が、社会通念上、会社に期待ないし要請されるものである限り、それに応えることは会社の当然なし得るところであり、かかる社会的作用に属する活動をすることは、「企業体としての円滑な発展を図るうえに相当の価値と効果を認めることもできるのであるから」、間接に目的遂行に必要なものといえ、災害救援資金の寄附や地域社会への財産上の奉仕、各種福祉事業への資金面での協力等の行為が「会社の権利能力の範囲内にあると解しても、なんら株主等の利益を害するおそれはない」と述べた上で、以上の理は会社が政党に政治資金を寄附する場合にも同様であるとして、「要するに、会社による政治資金の寄附は、客観的、抽象的に観察して、会社の社会的役割を果たすためになされたものと認められるかぎりにおいては、会社の定款所定の目的の範囲内の行為である」と判示している。また、「憲法第三章に定める国民の権利および義務の各条項は、性質上可能なかぎり、内国の法人にも適用されるものと解すべきであるから、会社は、自然人たる国民と同様、国や政党の特定の政策を支持、推進または反対するなどの政治的行為をなす自由を有する」として、政治資金の寄附もまさにその自由の一環であると位置付け、会社による政治資金の寄附が政治の動向に影響を与えることによって生ずる弊害に対処する方法は、「さしあたり、立法政策にまつべきこと」である旨を判示した。その後の裁判例も、この立場を踏襲している（福井地判平成15・2・12判時1814号151頁、名古屋高金沢支判平成18・1・11判時1937号143頁）。

　この問題に関する学説には、大別すれば、有効説と無効説がある。八幡製鉄事件最高裁判決の後、政治資金規正法が改正されて、政党・政治団体に対

する会社の寄附に上限が設けられたことなどから、学説においては、同法の許容する政治的寄附については、消極的な有効説が多数となっているように見受けられる。

　これに対して、無効説には、政治献金の性質を、私人が国家の政治意思の形成に参加するという生活関係上の行為とみて、それは個人の政治的信条に基づいて自らの選択でなすべきもので、会社が独自の判断で決することは国民の参政権の平等を定めた憲法秩序に違反し、公序良俗に反すると解する見解があり（富山康吉『現代商法学の課題』〔1975年、成文堂〕67頁以下）、この見解が、政治献金は会社の目的の範囲外であって、例外的に許容される社会的義務行為にも当たらないと判断した、八幡製鉄政治献金事件第1審判決（東京地判昭和38・4・5下民集14巻4号657頁）に影響を与えたとされている（龍田＝前田55頁）。富が政治を歪曲すべきではなく、政治資金の寄附は政治的信念に基づいて行われる活動として、法人企業の権利能力外に置かれるべきであると主張する無効説（新山雄三「判批」ジュリ1332号〔2007年〕101頁、藤原俊雄「会社の寄附・献金と権利能力論」静岡大学法政研究42巻2号〔1994年〕264頁）も、依然として有力である。

　その後の判例・裁判例には、税理士会による政治献金や相互会社である生命保険会社による政治献金の有効性が争われた事件がある。南九州税理士会事件（最三小判平成8・3・19民集50巻3号615頁）においては、税理士会が強制加入団体であることを理由に、最高裁が、政治団体に寄附をすることは税理士会の目的の範囲外の行為であるとして、その有効性を否定しているのに対して、保険相互会社による政治献金の事案では、社員としての加入・脱退が自由であることを理由に、権利能力の範囲内の行為であるとする裁判例（大阪地判平成13・7・18金判1145号36頁、大阪高判平成14・4・11判タ1120号115頁）がある。このように、政治献金を行う法人が強制加入団体であるか否かによって、当該法人による政治献金が当該法人の目的の範囲内か否かを区別するのは、法人による政治献金がその法人の構成員の政治的信条と異なる場合に、その構成員の政治的信条の自由が保護されるか、すなわち、構成員がその地位を離脱できるかをメルクマールとするものといえる。しかしながら、このように、構成員の利害のレベルから問題を取り扱うと政治献金も目的の範囲

内であるとの結論に至りがちであって、かかる区別には説得力が乏しいと指摘する見解もある（コンメ(1)89頁〔江頭憲治郎〕）。上場会社に占める機関投資家の持株割合が３割を超えるという近時の資本市場の実態からしても、株主の離脱の自由を理由に、上場会社による政治献金が株主の政治的信条の自由を侵害するものではないと理由づけることには、あまり説得力がないように思われる。やはり、富が政治を歪曲すべきでないという観点からの制約が必要であろう。

(3)　取締役の善管注意義務との関係

　政治的寄附が憲法秩序に違反せず、会社の目的の範囲内であると解釈されるとしても、合理的な範囲を逸脱して多額の寄附を行うことは、取締役の善管注意義務の違反となるおそれがある。これは、政治献金以外の寄附についてもいえることである。取締役は、応分または相当の限度を超えない範囲内で、政治的寄附その他の寄附を行う裁量を有すると考えられる。政治献金を行うか否か、あるいはその額についての取締役の判断には、経営判断の原則が適用されると解する裁判例（前掲名古屋高裁金沢支判平成18・1・11）もある。

4　法人格否認の法理

(1)　法人格否認の法理の意義

　会社は、その構成員である社員（株式会社については株主）、取締役等とは別の法人格を有する、独立した権利・義務の主体である。しかしながら、たとえば、小規模で閉鎖的な会社における当該会社とそのオーナー経営者との関係や、親会社と100％子会社との関係がきわめて密接である状況等において、会社が独立の権利・義務の主体であるという原則を貫くことが、問題の衡平な解決を妨げることとなる事態を招く場合も存在する。法人格否認の法理とは、このようなこととなる一定の場合に、当該会社の法人格を否定し、たとえば当該会社とそのオーナー経営者を同一視して、問題の解決を図る法理である。元来はアメリカの判例法理として発展した考え方であり、日本では、昭和44年の最高裁判決がこれを認めたことで、定着するようになった。

　わが国で初めて法人格否認の法理を認めた最高裁判決（最一小判昭和44・2・27民集23巻２号511頁）は、「およそ法人格の付与は社会的に存在する団体につ

いてその価値を評価してなされる立法政策によるものであつて、これを権利
主体として表現せしめるに値すると認めるときに、法的技術に基づいて行な
われるものなのである。従って、法人格が全くの形骸にすぎない場合、また
はそれが法律の適用を回避するために濫用されるが如き場合」に、法人格を
認めることは、法人格の本来の目的に照らして許されないものというべきで
あり、「法人格を否認すべきことが要請される場合」を生じると判示して、
法人格が否認され得ることを認めている。

　わが国で法人格否認の法理が認められる実定法上の根拠については、権利
濫用の禁止（民1条3項）を挙げる見解が多い。これに対して、権利濫用を根
拠とすると、法人格否認の法理を援用できる者が法人格の濫用により不利益
を被る者に限られることになり、狭すぎるとの批判もある（江頭43頁）。会社
にその構成員（社員）とは別個独立の権利主体として法人格が与えられるの
は、会社の社会・経済的な価値を評価した立法政策であることからすれば、
法人格否認の法理はそのような立法政策から導き出される帰結であると捉え
られるべきであろう。いずれにしても、一般法理であることに違いはない。

(2)　法人格否認の要件

　前記の最高裁判決は、①法人格が法律の適用を回避するために濫用される
ような場合（法人格の濫用）と、②法人格が全くの形骸にすぎない場合（法人
格の形骸化）を、法人格が否認されるべき場合としてあげている。

　①法人格の濫用とは、たとえば、営業を譲渡し、競業避止義務を負う者
（個人A）が、会社Bとその株主Aが別の法人格であることを利用して、自ら
はできない競業を会社Bに行わせるような場合である。この場合、競業避止
義務を負うAが、競業を行う会社Bを意のままに道具として支配しているこ
と（支配の要件）に加えて、Aに競業避止義務を潜脱しようとする「違法また
は不当な目的」があること（目的の要件）を要すると考えられており（これを
主観的濫用論という。）、また、判例はそのような立場を基本とし、会社の支配
者に主観的濫用の意図を認定できない場合に、「法人格の形骸化」という別
の要件を用意したとみられるともいわれている（江頭44頁）。①による否認の
例としては、多額の債務を負担した会社が、返済困難な状況に陥っていると
きに、会社経営者が債権者による強制執行を免れるためや財産を隠匿するた

めに、別会社を設立してその別会社に事業を譲渡したり、会社分割を利用して新設会社に分割会社の優良な事業部門を移転したりする例（最二小判昭和48・10・26民集27巻9号1240頁、福岡地判平成22・1・14金法1910号88頁）、親会社が不当労働行為の意思に基づき子会社を解散する例（徳島地判昭和50・7・23労民26巻4号580頁）、同じく労働組合をつぶす目的で会社を解散して、労働組合の幹部を除く元従業員を新会社に雇い入れる例などがある。

　②法人格の形骸化とは、会社が名ばかりであって、実質的には株主の個人営業である状態や、子会社が親会社の一事業部門に過ぎない状態をいう、とされる。しかし、それだけでは、多くの小規模会社の法人格が形骸化していることになってしまいかねないことから、どのような条件が整えば、法人格の形骸化が認められるかが問題となる。学説は、その指標として、1）支配株主による全株式の保有、2）経営の実権掌握、3）会社と支配株主の主体の混同、4）会社財産と個人財産の区分不分明、5）取締役会や株主総会の不開催など会社法上の手続の不遵守、6）過小資本、7）株主による会社利益の搾取をあげている。とはいえ、②の場合には、形骸化状態が続く限り法人格が否認されることになり、当該問題の解決についてのみ法人格が否認されるという理解と矛盾することになる、基準がやはり不明確である、小規模閉鎖会社の多くが適用を受けるおそれがあり法的安全性を害する等の問題点があるため、形骸化による否認は認めるべきではないとの見解もある（田中誠二「法人格否認法理再論」商事885号〔1980年〕2頁）。

(3)　法人格否認の効果

　法人格否認の法理によって法人格が否認されても、それによって当該会社の存在自体が否定されるわけではなく、当該問題の解決についてのみ会社の存在が否認されて、たとえば、当該会社との間の契約の効力が会社の背後者であるオーナー経営者に及ぶことが認められる、といった効果が生ずる。ちなみに、判例は、法人格否認の法理を手続法に及ぼすことには慎重であるが、第三者異議の訴えについては、法人格否認の法理の適用を認めている（最二小判平成17・7・15民集59巻6号1742頁。参照、コンメ(1)122-125頁〔後藤元〕）。

【例題1】　甲株式会社は、都内数カ所でレストランを経営しているが、同業他社との競争が激しく、ここ数年、無配の状況が続いている。甲会社の主要株主Aは、乙クッキングスクール株式会社のオーナー経営者であり、乙の創設50年を記念して、卒業生からの寄附を主な財源とし「食と日本文化の博物館」をスクールの敷地内に建設する計画である。甲会社代表取締役Yは、Aからこの建設事業への寄附を要請されて、無配が続く状況を申し訳なく思っていた折から乙会社に対して2,000万円の寄附を行った。これを知った甲会社の少数派株主Xは、この寄附についてYの責任を追及しようと考えている。Yにどのような責任があると考えられるか、検討しなさい。

【例題2】　Y株式会社の100％子会社である乙株式会社は、Y会社の経営方針によって解散することとなった。乙会社の解散によって、乙会社の従業員Xらは、賃金債権の一部を回収できなくなった。そこでXらは、Y会社に対して、未回収の賃金債権の支払いを請求しようとしている。この請求が認められるか否かを検討しなさい。なお、乙会社はY会社を頂点とする甲グループ各社の運送部門を担当することを目的として設立・経営されており、乙会社の経営陣は、Y会社の経営者または従業員と兼務関係にあり、資金面でもY会社に依存していた。乙会社では、株主総会も取締役会も開催されたことはなく、乙会社の日常業務のほぼ全般わたってY会社の指示・監督に服しており、従業員の人事・昇給の決定等もY会社の決済に基づいて行われていた。

（かわしま・いづみ）

2　株主平等の原則

①

甲株式会社（食品の製造販売業）

株主　（100株以上を有する株主には2,000円相当の自社製品を、1,000株以上
　　　を有する株主には5,000円相当の自社製品を贈ることとする）

②

甲株式会社（食品の製造販売業）

株主　（1,000株以上を有する株主が1年以上株式を保有すれば1,000円相当の
　　　Quoカードを、3年以上保有すれば8,000円相当のQuoカードを贈るこ
　　　ととする）

【設　問】

　食品の製造販売を主たる目的とする甲株式会社は、個人株主の増加を図るため
の次のような株主優待制度を採用したいと考えている。①100株以上を有する株主
には2,000円相当の自社製品を、1,000株以上を有する株主には5,000円相当の自社製
品を贈ることとする、または②1,000株以上を有する株主が1年以上株式を保有す
れば1,000円相当のQuoカードを、3年以上保有すれば8,000円相当のQuoカードを
贈ることとする。

　（1）　このような株主優待制度は、株主平等の原則に抵触しないか。

　（2）　甲株式会社の業績が悪化して剰余金の配当を行うことができない場合には、
　　　どうか。

1　株主平等の原則の意義

　会社法は、「株式会社は、株主を、その有する株式の内容及び数に応じて、平等に取り扱わなければならない。」と規定する（会109条1項）。学説は、この規定を基礎として株主平等の原則を説くものが多い。たとえば、この規定がすなわち株主平等の原則と説いたり（伊藤ほか86頁、田中（亘）88頁等。なお、このように解すれば、内容の異なる種類株式は、株主平等の原則の例外ではなく、株式の「内容」については株主平等の原則が及ばないとも考えられるが、法律の規定によって根拠を与えられない限り、定款や株主総会の決議によっても内容の異なる株式を発行することができないということが株主平等の原則の内容をなしている〔関俊彦『会社法概論〔全訂第2版〕』〔2009年、商事法務〕59頁〕というべきであろう）、株主としての資格に基づく法律関係について、会社は、株主をその有する株式の内容および数に応じて平等に取り扱わなければならない原則を株主平等の原則という（会109条1項）とされている（弥永・リーガルマインド28頁、大隅＝今井＝小林79頁等）。平成17年改正前商法の下では、上記の規定に相当する規定はなかったものの、従来、通説は、一般に、団体の構成員が平等の取扱いを受けるべきことは、正義・衡平の理念を基礎とするすべての団体に共通する原則であるということを基に、株主平等の原則は、株式が均等な割合的単位の形を取ることから、株式平等の原則を株式の帰属者の面から表現したものであると説いてきた（逐条(2)106頁〔森本滋〕）。また、株主平等の原則は、株式の地位が均一的な割合的単位とされることを裏から規定したものであり、そのように解しないと株主と会社との関係や株式譲渡等を合理的に処遇できなくなり、ひいては誰も安心して株式会社に株主として出資できなくなって株式会社の存立の基礎を脅かすことになるため、技術的な要請から導かれたものであるとの見解（神田72頁）や出資者の合理的な期待を保護するところに実質的な根拠がある

との見解（森本滋「株主平等原則と株主社員権論」商事1401号4頁〔1995年〕、村田敏一「会社法における株主平等原則（109条1項）の意義と機能」立命館法学316号438頁〔2008年〕、加藤貴仁「株主優待制度についての覚書」江頭古稀118頁。また、田中（亘）89頁は、正義・衡平の内容は曖昧であることから、株主平等の原則の機能は、株式投資の収益の予測可能性を高め、株式投資を促すところにあるとする）が唱えられている。

　さらに、株主平等の原則を一般的な正義・衡平の理念から理解するとき、その妥当範囲が無限定となり内容が曖昧になるとして、同原則を、①株主の財産権としての持分権を保護するための法定の厳格な平等原則（財産の対価として観念される株主の基本的権利にかかる平等原則）、②株主民主主義の理念と関連する株主の監督是正権にかかる株主平等取扱い、③団体の構成員が公正妥当に取り扱われるべきであるという一般的な正義・衡平の理念から導かれる株主平等原則の3つに区別すべきであるとの見解（森本・前掲「株主平等原則と株主社員権論」2頁、逐条(2)110頁〔森本〕。以下、この見解を便宜的に三分説という）や議決権や剰余金の配当等明文規定が存在する場合には、保有する株式の内容と数に応じた厳格な平等取扱いがなされるべきであり（株式平等原則）、そのような明文規定が存在しない場合には、会社法109条1項が適用され、株式平等原則という厳格な処理が常に要求されているわけではなく、会社と株主の間における公正かつ合理的な取扱いを要請しているに過ぎないとの見解（加藤・前掲「株主優待制度についての覚書」119-120頁）が有力となっている。

　会社法109条1項の規定からは、会社は、株式の内容が同じである限り数に応じて平等に取り扱わねばならないことが明らかである。他方で、権利内容等の異なる株式（種類株式）を発行することができるが（会108条1項）、同一種類の株式相互間においては、株主はその権利等に関し持株数に応じて比例平等的に取り扱われねばならない（江頭131頁）。また、株主平等の原則の考え方を具体化した個別規定として、1株1議決権の原則を定める規定（会308条1項）、株式数に応じた剰余金の配当を定める規定（会454条3項）、株式数に応じた残余財産の分配を定める規定（会504条3項）等があり、これらについては数においての平等性が問題となるときには、基本的には、個別規定を基礎として解釈を行うべきであろう（大杉謙一「新会社法における株主平等の原則——株主優待制度・買収防衛策・長期株式保有の奨励策などを題材に——」新堂幸司＝山

下友信編『会社法と商事法務』〔2008年、商事法務〕4頁は、①一般原則が実定法規に置き換えられた領域においては一般原則の登場する余地は極めて限定され、②実定法規の予定していない事案の処理においては実定法規の類推適用とともに一般原則の活用が図られるべきであるが、③上記②の場合にも、一般原則活用は実定法規の意図した秩序〔要件・効果のバランス〕との整合性をもってなされねばならないとの指摘をしている）。会社法109条1項の例外として位置づけられるいわゆる属人的定めの規定（会109条2項）についても、株主の議決権・剰余金の配当に関し株主ごとに異なる旨の定めをする定款変更決議によって、特定の株主の議決権および剰余金の配当を受ける権利が大幅に縮小する内容の定めがなされた場合について、会社法109条1項の規定が直接適用されることはないと解されることから、株主平等の原則の趣旨によって解決すべき場合もありうるとの裁判例もみられる（東京地立川支判平成25・9・25金判1518号54頁。本件判決では、「団体の構成員が平等の取扱いを受けるべきことは正義・衡平の理念を基礎として全ての団体に共通する原則であるから、株主平等原則の背後には一般的な正義・衡平の理念が存在するものというべきである。」と述べ、内容と数に応じた株主の平等取扱いが株主平等原則の意味内容としながら、その原則の背後には、正義・衡平の理念に基づく平等の取扱いの考え方があり、これを株主平等の原則の趣旨と述べている）。さらに、会社法109条1項の規定は、同じ内容を有する株式の株主間では、比例的平等にしたがって、株主を処遇することを規定しているが、会社は、株主総会での株主の着席位置等、持株数にかかわらず平等に応じて取り扱わなければならない場合もある（最三小判平成8・11・12判時1598号152頁は、株主総会の開会前に従業員株主を優先的に前方の席に着かせた事案で、そのような取扱いをする合理的な理由がない限り許されない旨判示している）ことから、場合によっては、頭数を基礎としての平等も株主平等の原則に含まれるとの見解（福島洋尚「株主平等の原則」黒沼悦郎編『Law Practice 商法』〔2011年、商事法務〕55頁。吉本58頁は、会社は株主を持株数にかかわりなく平等に取り扱わなければならないことも株主平等の原則の内容であると解し（絶対的平等）、株主総会招集通知受領権、質問権、総会決議取消訴訟提起権等がこれに関係する権利であるとされる）もみられるところであり、株主平等の原則について、会社法109条1項を文言通りに解釈することは形式的過ぎるといえよう。

　機能面でみると、株主平等の原則は、従来から資本多数決の濫用による差

別的取扱いから一般株主を保護する作用をもつものとされてきた（鈴木＝竹内106頁）。会社法109条1項の「数に応じて」という文言を単に比例的な平等を定めただけであると考えると、同条項は支配株主の資本多数決による支配を正当化するだけの意味しかもたないことになってしまう。そこで、同条項は、その保有する株式の「数に応じて」株主を平等に取り扱わねばならないことを要求しているが、株主の性質はその保有する株式の「数に応じて」異なるので、支配株主がいる場合には、その保有する株式の「数に応じて性質の異なる」株主、すなわち支配株主と少数株主を平等に取り扱うべきことを要求しているとの見解（玉井利幸『会社法の規制緩和における司法の役割』〔2009年、中央経済社〕310頁）にも注目すべきである。

2　株主平等の原則に違反した場合の効果

　株主平等の原則に違反する定款、株主総会・取締役会決議、取締役の業務執行等は、一般に無効であると解されている（江頭131頁）。もっとも、不平等取扱いにより不利益を受ける株主が、個々の場合に自らこの原則による利益を放棄して、不平等な取扱いを認めることは差し支えないとされている（落合誠一「株主平等の原則」上柳克郎ほか編『会社法演習Ⅰ・総論・株式会社（設立・株式）』〔1983年、有斐閣〕209頁）。不利益を受ける株主が不利益を甘受するならば、取り立てて無効とする必要性はないからである。このように説かれてきたが、近時は、株主平等の原則に違反する行為について、一律に無効と解すべきではなく、類似の局面とのバランスや利害関係の適切な処理の観点から、個々の場面ごとに違反の効果を考えるべきであるとの見解が有力となっているといわれる（髙橋ほか45頁）。

　上記のように、同原則を3つに分類する三分説では、①の厳格な法定の厳格な平等原則違反の会社行為は無効であり、②の株主の監督是正権にかかる平等取扱いは関連する規定の解釈問題として処理され、③の違反については当然に無効となるわけではなく個別に検討されるべきであり、取締役の損害賠償責任のみが問題となる場合もあるとされる（逐条(2)111頁〔森本〕）。

3 株主優待制度

　株式会社の中には、株主に自社の製品・サービスを提供したり、金券・商品券等を贈呈する制度を採用しているものがあり、これを株主優待制度と呼んでいる。大和インベスター・リレーションズ株式会社が行った上場会社についての調査によると、2017年9月末の株主優待実施企業の数は、1,368社、上場企業に占める実施企業の比率は36.7％にのぼる（『株主優待ガイド2018版』〔2017年、大和インベスター・リレーションズ〕14頁）。株主優待制度の内容は、企業によって異なるものの、一定数の株式を保有する株主（本問の①のような定め）や一定数の株式を継続保有する株主（本問の②のような定め）を対象にするものも多くみられる。このような優待制度は、会社法上に規定がある制度ではなく任意的なものであり、株主総会の決議や定款規定に基づくものではなく、取締役会の決定によって行われている（落合・前掲「株主平等の原則」210頁。木俣由美「株主平等の原則と株式平等の原則」森本還暦66頁は、優待内容は通常経営陣の裁量によるとする）。上場会社で実施されている株主優待制度では、優待対象の株主について、内容が同じ株式であるにもかかわらず、一定数の株式を有しない株主は除外されるとともに、一定数の株式を有する株主について優待の限度が定められる結果となることから、優待の対象株主の基準が持株数に比例するものとはなっていないことも多い（福島・前掲「株主平等の原則」56頁は、上場会社で採用されている株主優待制度では、持株数に比例して増加するというよりは上限を設定している場合が多いとし、持株数が少ない株主が優待制度についてはより有利な取扱いを受けることになると指摘する）。

4 株主優待制度と株主平等の原則

　株主優待制度については、従来から株主平等の原則と抵触するか議論されてきた。たとえば、電鉄会社が優待乗車券を与え、興行会社が無料入場券を与える等の株主優待制度について、会社の営業上のサービスを要求する権利は株主権の中には含まれないから株主平等の原則とは関係がないとの見解（旧注釈(3)14頁〔西原寛一〕）がある。株主優待の付与が株主に対して行われることや現在のように多様な優待内容になっていることを考慮すると、このように営業上のサービスとして割り切ることができるか疑問も生じる。このよう

な見解に対しては、株主平等の原則との関係について、特定の株式数を分母とする何千分の 1 という権利が各株主に与えられているものと解すれば株主平等の原則に合致するとの見解（八木弘「株主平等の原則と固有権」講座(2)439頁）がある。これらに対しては、問題をあまりにも形式的にとらえ過ぎていることや当該優待制度の具体的状況や影響、たとえば、各株主の得られる便益の程度、便益を受けるに必要な株式数の多寡等の実質面の考慮が全く排除された理論構成となっていること、これらの見解の論理からは、実質的にみて不合理な影響が各株主に生ずる場合に対する歯止めもないとの批判がなされている（落合・前掲「株主平等の原則」212頁）。そこで、優遇的取扱いの程度が軽微であって実質的にみて平等原則に違反しないところ、あるいは社会通念上、合理的限度を超えない限りでの差別的待遇は許容されるところに論拠を求める見解（北沢正啓『会社法［第 3 版］』〔1991年、青林書院新社〕163頁。落合・前掲「株主平等の原則」213頁。落合・同212頁は、この立場から、ある程度の柔軟性をもって平等原則を解釈すべきであるとの趣旨で妥当であると説いている）や形式的に厳格な平等取扱いの要求は、会社自体のより大きい合理的必要性（安定株主の確保、株式投資の吸引等）の前には譲歩すべきであることに根拠を求めるのが適当であるとの見解（大隅＝今井338頁）等が主張されてきた。このような見解によれば、現物配当（会454条 4 項）との区別とともに、社会通念あるいは合理的必要性の基準が問題となるが、剰余金の配当規制の脱法としてなされる場合を除いて、厳格な「株式」平等原則の適用はなく、社会的相当性を逸脱しない限り適法となる。「社会的相当性」の基準は、優待制度の具体的内容によって異なるが、小売業者が、優良顧客と同様の株主優待セールを実施する場合は、営業活動として、特に問題は生じないし、優待制度の目的が個人株主増強策等の社会的相当性が認められる合理的な範囲のものは株主平等の原則の問題は生じない（逐条(2)114頁〔森本〕）こととなろう。そうすると、設問(1)については、①②に関して、個人株主の増加を図る目的という社会的相当性が認められ、それが合理的範囲のものと認められる限りで、株主平等の原則に抵触しないということになる。これに対して、設問(2)に関しては、剰余金の配当規制の脱法としてなされる場合には、配当規制や株主平等の原則に抵触する可能性があることになるが、どのような場合が脱法としてなされるも

のと評価されるかが問題となる。無配による株主の投資上の損失を填補する趣旨で株主優待を行う場合には、実質的に配当としての性格が認められるということになる（落合・前掲「株主平等の原則」215頁、加藤・前掲「株主優待制度についての覚書」122頁は、このような場合を、株主優待制度が剰余金の代替手段として利用されている場合と整理する）。

　近時、株主優待制度は、持株比率に厳密には比例しない形で会社から財産を流出させることになることから、特定の株主を優遇するとか、剰余金分配規制を潜脱する目的が推認される場合には、その行為は会社法454条3項・461条1項に反し違法であり、そのような不当な目的がない場合でも、株主が受ける財・サービスの換金性が高く、かつ各株主に提供される財・サービスの数量が各株主の持株数からあまりにもかけ離れて決せられる場合には、目的の正当性・手続の相当性が会社によって証明されない限り、会社法454条3項の趣旨および株主平等の原則に反すると解する見解（大杉・前掲「新会社法における株主平等の原則」15頁、加藤・前掲「株主優待制度についての覚書」121頁）が主張されている。さらに、上場会社において、無配とせざるをえない財務状態となったため、その代わりに株主優待を実施すれば、趣旨・目的という点では、配当規制の脱法とみられる可能性もあることが指摘されている（松井秀樹「会社法における株主優待制度」新堂＝山下編・前掲『会社法と商事法務』52頁、加藤・前掲「株主優待制度についての覚書」121頁）。これらの見解は、旧来の学説の考え方を解釈論としてより明確化し一歩前進させるものであり、相当であると考えられるが、それによれば、設問(1)の②については、同じ株式数について、保有期間で異なった取扱いをするものである点で株主平等の原則に抵触する可能性があり、設問(2)については、会社法454条3項・461条1項の規定・配当規制の趣旨や株主平等原則に抵触する可能性が高くなるということになろう。なお、設問(1)の②については、会社が広告宣伝活動の一環として株主優待制度を実施している場合、長期保有株主を優遇することには一定の合理性がある（加藤・前掲「株主優待制度についての覚書」136頁）と考えられるが、安定株主工作として機能し、資本市場を通じた経営者の規律を弱める危険も指摘されている（加藤・前掲「株主優待制度についての覚書」137-138頁。加藤教授は、長期保有株主優遇政策によってどの属性を持つものによる株式保有が促進されるかが重要

だとされる）。(1)の②に関しては、提供される財貨の数量が株主の保有期間との比例性から著しく不相当な点でも、株主平等の原則に抵触すると解すべきであろう。なお、利益供与の禁止規定（会120条）との関係でも、株主優待制度が問題となる。従来、社交的儀礼の範囲に収まる場合、株主の議決権行使に影響を及ぼすおそれがない場合、あるいは株主の議決権行使の促進、個人株主の増加等の正当な目的で行われる場合には、適法とされている（伊藤靖史＝伊藤雄司ほか『事例で考える会社法［第2版］』〔2015年、有斐閣〕371頁〔齊藤真紀〕）。

【例題1】 甲株式会社は業績が悪化して剰余金の配当を行えない状況にある。甲の取締役Aらは、差し迫った定時株主総会での議案（取締役の再任・無配とすること）についての承認を得られるように大株主たちに了解を取り付けるよう努力していたが、大株主であるXのみは難色を示していた。そこで、Aは、Xとの間で、甲が顧問契約の名目で月額30万円を支払う旨の実質的な贈与契約を締結し、Xが議案に賛成する旨の合意を取り付け、上記定時株主総会での議案は承認された。その後、甲は、Xに対して数回にわたり支払いを行ったが、支払いが滞っている。そこで、Xは、甲に対して契約の履行を求めた。甲はこれを拒むことができるか。
　《参考判例》最三小判昭和45・11・24民集24巻12号1963頁

【例題2】 甲株式会社（非公開会社）は、株主の議決権および剰余金の配当を受ける権利につき株主ごとに異なる定めを設ける旨の定款変更決議を行った。その内容は、①株主Aは1株につき220個の議決権、株主Bは1株につき100個の議決権、株主C～Eは1株につき80個の議決権、株主F～Uは1株につき50個の議決権を、Xを含むその他のすべての株主は、1株につき1個の議決権を有することとし、②剰余金の配当を行う場合は、株主Xに対しては、その有する株式1株につき、その他の株主の1株につきする剰余金の配当額に100分の1の割合を乗じて得られる額の剰余金の配当をし、X以外の株主については、その有する株式数に応じた配当を受けるものとするものであった。この結果、Xの議決権比率は14%から0.2%に低下し、剰余金の配当を受ける権利も他の株主の100分の1となった。
　Xは、このような定めは株主平等の原則またはその趣旨に反するとして上記定款変更を行った株主総会決議の無効確認の訴えを提起した。Xの主張は認められるか。
　《参考判例》東京地立川支判平成25・9・25金判1518号54頁

【例題3】　Xは、甲株式会社の株式全部を取得する目的で株式公開買付を開始した。甲の経営陣は、この公開買付に反対し、甲の株主総会を招集し、株主総会では、1個あたり1円の払込で甲の株式1株を取得することができる新株予約権を株主に対して1株につき3個の割合で無償割当てするが、Xは新株予約権を行使できないこと、およびX以外の株主には、会社が権利行使期間前にこの新株予約権を取得し、その対価として新株予約権1個について株式1株を交付するが、Xの有する新株予約権については公開買付価格の4分の1の価格に相当する取得価格で取得する旨の決議がなされた。Xは、このような新株予約権無償割当ては株主平等の原則に反して法令に違反すると主張し、裁判所にその差止めを求める仮処分の申立てを行った。Xの主張は認められるべきか。

　《参考判例》最二小決平成18・8・7民集61巻5号2216頁

（なんぽ・かつみ）

3 種類株式

山本　爲三郎

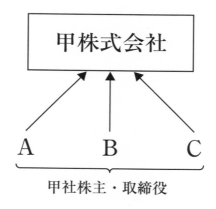

甲社株主・取締役

【設　問】

　A、BおよびCはAの技術を活用した事業を共同で営む目的で公開会社（会2条
5号）である甲株式会社を設立することにした。設立時には、各人は同数の株式を
引き受けること、全員が取締役に就任する取締役会設置会社として経営されるこ
とが合意されている。一方、同社はAの事業の法人化なので、Aは同社の運営・
管理に一定の支配力を維持しておきたいと考えている。

　次の(1)～(3)を用いる方策を検討しなさい。

(1)　拒否権付種類株式

(2)　議決権制限株式

(3)　実質的な複数議決権株式

1　株式の内容

(1)　株式の内容についての定め

　会社法105条1項は、株主は、その有する株式につき、剰余金配当請求権、残余財産分配請求権、議決権、および会社法の規定によって認められた権利を有する旨を規定している。これに対して、会社法107条・108条は株式の内容について定款に特別の定めを設けることを許容している。両条による特別の定めが設けられていない場合の株式を、本稿では「普通株式」と呼ぶこととする。

　107条は、株式会社が発行する全部の株式につき特別の定め（譲渡制限株式、取得請求権付株式、取得条項付株式）を認める。つまり、各株式においてその内容に相違を設けない場合である。一方、108条は、同条1項に定める各事項につき内容の異なる株式の発行を認める。種類株式である。

(2)　種 類 株 式

　会社法108条1項は、内容を異ならせることができる事項を9種類定めている。株式の内容を自由に定めることを許すと株式制度の明確性が害されるので、限定列挙する趣旨と解される。これ以外には種類株式は認められないが、各事項につき異ならせることができる具体的内容は多様であり、さらに、それぞれを組み合わせたり（ただし、会105条2項）、また、株式の併合・分割などについては種類ごとに異なる取扱も許容されている（会180条2項3号・183条2項3号など。種類株式の内容ではなく、格別の取扱が許される場合）。株主の権利内容の多様性は、会社支配関係の多様化と株式を用いた株式会社における資金調達方法の多様化の要望を、定款自治の内容（後述2参照）として実現することを可能とする。

　会社法108条1項柱書は「内容の異なる二以上の種類の株式を発行することができる」とし、普通株式に加えて種類株式を発行することにすると、普通株式も種類株式になると整理している。例えば、株主総会において議決権を行使することができる事項につき普通株式と内容の異なる株式（例えば、完全無議決権株式）を発行すると、株主総会において議決権を行使することができる事項について内容の異なる2種類の種類株式が存在することになるのである。

2　種類株式の発行などの手続

(1)　種類株式の発行

　種類株式を発行するには、その内容および発行可能種類株式総数（会101条1項3号）を定款に定めなければならない（会108条2項。株式の種類によっては定款変更手続に特則が定められている〔会111条〕）。当該種類株式を初めて発行する時までに株主総会（取締役会）決議で内容を定める旨を定款で定めることもでき、この場合にはその内容の要綱（会施規20条参照）を定款に定めなければならない（会108条3項）。会社設立に当たっては発起人が作成する定款に定められる（会26条・29条）。

　なお、会社法では、その発行する株式の権利内容がすべて同じ株式会社（その株式につき、「種類及び種類ごとの数」〔会28条2号・121条2号など〕という区分を要しない）と区別する趣旨で種類株式発行会社という用語を定めている（相澤・解説24頁〔相澤哲＝岩崎友彦〕）。したがって、「内容の異なる二以上の種類の株式を発行する株式会社」（会2条13号）とは、内容の異なる2以上の種類の株式につき定款に定めが設けられている株式会社という意味であり、定められた種類の株式が実際に発行されていなければ種類株式発行会社でないわけではない（実際に発行されていることを要する場合には、「株式会社（現に二以上の種類の株式を発行しているものを除く。）」〔会184条2項〕のように規定されている）。

(2)　種類株式の定め、その内容

　会社設立後、新たに発行する株式について種類株式の定めを置くこともできるし、既に発行している種類株式の内容を変更する定款変更（異なる種類株式になる）もできる（定款変更〔会466条〕は株主総会特別決議で行う〔会309条2項11号〕）。

　種類株式発行会社ではない株式会社で普通株式全部を種類株式にすること
もできる。この場合には、同時に他の種類株式の定めも設けることを要する
（前述1(2)参照）。例えば、残余財産分配に関する劣後株式を定款で定める（当
該種類株式を実際に発行する必要はない）と、普通株式は残余財産分配に関して
劣後株式と異なる内容を有する種類株式（以下では、残余財産分配劣後株式との
関係で残余財産分配優先株式と呼ぶ）と扱われる。

　種類株式発行会社において、株式の種類を追加する定款変更あるいは株式
の内容を変更する定款変更を行う場合に、ある種類株式の株主に損害を及ぼ
すおそれがあるときには、当該行為は、当該種類株式の株主を構成員とする
種類株主総会の決議（決議要件は、会324条）がなければ、その効力を生じない
（会322条1項1号イロ。なお、同条項1号柱書括弧書・111条）。この種類株主総会決
議は定款で排除できない（会322条3項但書）。

　以上の一例として、普通株式のみを発行する会社において、普通株式を全
部取得条項付種類株式に変更する手続を示すと次のようになる（2014〔平成
26〕年の改正会社法が施行されるまでは少数株主の締出し手段として用いられることが多
かった）。①全部取得条項は種類株式にしか付せないので（種類株式として整理
されており〔会108条1項7号〕、全株式の内容とすることはできない〔会107条1項参
照〕）、定款を変更して種類株式発行会社になる（例えば、残余財産分配劣後株式
の定めを設ける。しかし、当該種類株式は発行しない）。②普通株式（残余財産分配優
先株式）に全部取得条項を付す定款変更を行う（全部取得条項付種類株式）。これ
は普通株式（残余財産分配優先株式）の株主に損害を及ぼすおそれがあるので、
普通株式（残余財産分配優先株式）の株主を構成員とする種類株主総会決議も
要する。もっとも、種類株式（残余財産分配劣後株式）は発行しないので、定
款変更に関するこの種類株主総会と通常の株主総会の構成員は全く同じ（全
株主）である。少数株主締出し方法として用いられる場合には、③普通株式
（全部取得条項が付されていない種類株式）を設ける定款変更を行うとともに、（不
要になった）当初の種類株式（残余財産分配劣後株式）の定めを削除する定款変
更も行う。④全部取得条項付種類株式を会社が取得する旨の株主総会特別決
議（会171条1項・309条2項3号）を行う（取得対価は普通株式）。

(3)　同一内容の株式の一部の株式の内容変更

　種類株式発行会社でない株式会社において、発行済株式の一部につきその権利内容を変更して種類株式にする場合や、種類株式発行会社において、特定の種類株式の一部についてその権利内容を変更する場合である。新たに種類株式を発行する場合や、特定の種類株式全部の内容を変更する場合には、変更する内容の種類株式に係る定款の定めを設けなければならず、それによって損害を受けるおそれがある種類株式の株主の種類株主総会の決議を要する。つまり、このような多数決のみで決しうる。一方で、同一内容の株式の一部の株式のみの内容変更には、株主平等原則（会109条1項）が適用され、不利益を受ける株主全員の同意を得た上でなければ種類株式設定の定款変更はできない、と考えられる（山本爲三郎「会社法における株式の規整」法学政治学論究118号〔2018年〕16-17頁注(27)参照）。

　例えば、株主がL、MおよびNである種類株式発行会社でない株式会社において、Lの保有する株式のみを剰余金配当優先株式にする場合には、その内容を定款で定め、MとNの同意を得る必要がある。

3　拒否権付種類株式

(1)　拒否権付種類株式の意義

　法令または定款で株主総会または取締役会・清算人会の決議事項とされている事項につき（例えば、取締役の選任〔会329条1項〕や重要財産の処分〔会362条4項1号〕）、当該決議のほか、当該種類株式の種類株主を構成員とする種類株主総会決議を要することを内容とする種類株式も設けることができる（会108条1項8号）。拒否権付種類株式と呼ばれる。株主総会（取締役会・清算人会）決議のほかに当該種類株主総会決議が必要となるので、その種類株主総会が当該事項につき拒否権を有することになるからである。発行される拒否権付種類株式を有する株主は、定款に定められた事項について実質的に拒否権を有することになる（このような目的達成のためには、当該拒否権付種類株式は1株発行すれば足りる）。

　多数株主に対して少数株主（例えば、トラッキング・ストック保有株主）を保護する目的で（例えば，トラッキング・ストック対象子会社の売却に対する拒否権）、あ

るいは企業買収防衛目的（例えば、取締役選任に関する拒否権。このような株式の流通を制約するために当該拒否権付種類株式を譲渡制限株式として定めることになろう）で発行されることが考えられる。

　拒否権付種類株式の種類株主総会決議を要する事項として役員の選任（会329条）・解任（会339条1項）を定めると、拒否権付種類株式を有する株主の意向に沿わない役員の選任・解任はできないので、会社の経営を実質的に支配することができる。要決議事項として、定款変更（会466条）、事業譲渡等（会467条）、解散（会471条）や組織再編（会783条1項・795条1項・804条1項）など会社の基礎的事項を変更する決議事項も定めておけば、拒否権付種類株式を有する株主は会社の在り方そのものにも実質的に介入できることになる。

(2)　設問と拒否権付種類株式

　ＢとＣが協調すれば、甲社の株主総会（通常・特別）決議も取締役会決議もＢとＣの意向に沿った内容で成立させることができる。そこで、Ａが有する株式を1株でも拒否権付種類株式にしておけば、Ａは、Ａ自身のみで、上述（3(1)）のような意味で甲社の運営・管理に影響を及ぼすことができる。

　もっとも、甲社に対する出資額は同額であるから、Ａへの拒否権付種類株式の発行にはＢとＣの甲社に対する出資意欲を減退させるかもしれない。そこで、次のような内容の種類株式を利用することも考えられる。①～③は組み合わせることもできる。

　①　ＢおよびＣの株式を剰余金配当優先株式（会108条1項1号）にする。

　②　甲社の活動期間が限られているような場合には、ＢおよびＣの株式を残余財産分配優先株式（会108条1項2号）にする。

　③　ＢおよびＣの株式を取得請求権付種類株式（会108条1項5号）にし、会社の取得価格を当該株式の発行価格とする。Ａと協調できなくなった場合などに、会社に株式の買取を請求することができるようにする趣旨である。ただし、財源規制に服する（会166条1項）。

　なお、設問の場合に、会社法上、種類株式を用いずにＡの意向を会社運営に反映させるには、株主総会や取締役会の定足数や決議要件（会309条1～4項・369条1項）を定款で加重することでも対処できる。ただし、この方法によると、ＢやＣの意向も反映されることになる。

4 議決権制限株式

(1) 議決権制限株式の意義

株主総会において議決権を行使することができる事項につき権利内容を異ならせる株式（会108条1項3号）を議決権制限株式と呼ぶ。議決権が全くない株式（完全無議決権株式）と決議事項の一部（例えば、トラッキング・ストックにおいて対象となる子会社や事業部門の譲渡に関する事項、ベンチャーキャピタル〔投資ファンド〕に剰余金配当議案）についてのみ議決権のある株式（一部議決権制限株式）とがある。また、一定の条件（例えば、配当優先株式が議決権制限株式として発行された場合において優先配当がなされないとき）を満たせば議決権を有することになる旨の規定を定款に置くこともできる（会108条2項3号ロ。議決権行使条件）。代表的な共益権である議決権についても、すなわち会社支配権についても多様な設定ができるわけである。

なお、株主総会以外での議決権を基礎とする少数株主権については、個別の規定において、当該議決権制限株式保有株主が議決権を行使できる事項に限って認められている（例えば、会303条）。一方、会計帳簿閲覧・謄写請求権（会433条1項）、会社業務・財産状況調査のための検査役選任請求権（会358条1項）、特別清算調査命令申立権（会522条1項）や解散請求権（会833条1項）は、議決権の有無にかかわらず要件を満たしたすべての株主に行使の機会を与えるべきであるので、議決権制限株主にも認められている。

また、公開会社においては、議決権制限株式の総数が発行済株式総数の2分の1を超えるに至ったときには、会社は、直ちに、2分の1以下にするための必要な措置をとらなければならない（会115条）。公開会社における少額出資者（少数の議決権株式の株主）による会社支配を問題視しているのである（コンメ(3)192頁〔山下友信〕）。

(2) 設問と議決権制限株式

BとCが協調すれば、Aは株主総会の（通常・特別）決議を阻止できない。これに対して、議決権制限株式の2分の1規制の下でも、例えば、Bの持株をすべて完全無議決権株式にしておくと、株主総会決議にはAの賛成を要することになる（可否同数の場合には否決）。

もっとも、Bが完全無議決権株式を引き受ける動機が失われないような権

利構成にする必要も生じよう。例えば、剰余金配当優先株式とし、2年連続優先配当決議がなければ議決権が復活することとするなどの議決権行使条件を付すことが考えられる。

なお、会社法322条1項の場合には種類株主総会決議を要する。上述のBが実質的に拒否権を有する場合があるわけである。これに対して、種類株主総会決議を要しない旨（会社法322条1項1号に規定されている定款の変更を除く）を定款で定めることもできる（会322条2〜4項）。

5　実質的な複数議決権株式

(1)　実質的な複数議決権株式

単元株制度における単元株式数は株式の種類ごとに定める（会188条3項）。種類株式間で株式価値に差異ある場合に種類株主間に生じる実質的な不平等に対応できるようにする趣旨からだとされている（別冊商事法務編集部編『金庫株解禁等の理論と実務』〔2001年、商事法務〕32頁〔原田晃治＝泰田啓太＝郡谷大輔〕）。もっとも、単元株式数をもってこのような対応をなすのは現実的には困難であろう。一方で、上記のような対応とは関係なく、条文の規定上は、種類株式と単元株制度を組み合わせて実質的な複数議決権株式を設定することができる。例えば、単元株式数を、普通株式は100とし、譲渡制限種類株式は10とすれば、この場合の譲渡制限種類株式は実質的には10倍議決権株式としての機能を果たすことになる。会社法の条文上、実質的な複数議決権株式は禁止あるいは規制されておらず、さらに、単元株式数を株式の種類ごとに定めさせる制度には実質的な複数議決権株式の許容が内包されているといえよう。

もっとも、複数議決権株式は種類株式としては定められておらず（会108条1項）、また、公開会社における議決権制限株式の2分の1規制（会115条。少数の議決権株式による会社運営支配の規制）を実質的に無意味にもしかねない。これらを巡る会社法の規整は十分に整理されているとはいえないであろう（山本・前掲「会社法における株式の規整」9-11頁参照）。複数議決権の数の上限も、実質的な複数議決権株式の機能とは関係なく、明確には単元株式数の上限規制（会188条2項）に服するだけである。これによると、単元株式数は1,000お

および発行済株式総数の200分の1を超えることはできない（会施規34条）。つまり、発行済株式総数によるが、実質的な複数議決権株式の議決権倍率は最大で1,000倍になる（発行済株式総数が20万株以上の場合。特定の種類株式の単元株式数を1とし、他の種類株式の単元株式数を1,000とする）。少数の株式保有（少額出資）での会社支配権取得は規制されるべきだとすると、実質的な1,000倍議決権株式には問題があるように思われる。このような問題に対しては、現行法の下では、個別の事案ごとに、単元株式数を定める定款変更（会188条1項）決議の効力（会830条2項・831条1項）を検討することになろう（株主平等原則違反、多数決の濫用、特別利害関係人の議決権行使による著しく不当な決議など）。

(2)　設問と実質的な複数議決権株式

　実質的な複数議決権株式を設定するには、種類株式を発行する必要がある。そこで、例えば、Aには単元株式数1の譲渡制限種類株式を、BおよびCには単元株式数3の普通株式を発行することが考えられる。この場合には、Aは実質的には3倍議決権株式を有することになるので、BとCを併せた議決権数とAの議決権数の比は2対3になる。Aは自己の意思だけで甲社株主総会の通常決議を左右できる。

　A、B、Cは甲社に対して同額を出資するにもかかわらず、上記の例だと、Aは同社の総株主の議決権の5分の3を有することになる。そこで、BおよびCの出資を促すために、両者が保有する株式は剰余金配当優先株式とすることが考えられる。また、少数の株式で会社運営を支配できる状態は好ましくないので、Aの有する譲渡制限種類株式に取得条項を付すことも考えられよう（取得条項付種類株式〔会108条1項6号。なお、会111条1項〕。例えば、一定年数経過後は、会社は当該株式を普通株式を対価として取得できるようにする〔普通株式への強制転換株式〕）。

【例題1】　種類株式発行会社でない乙株式会社の株主は創業者のDのみである。Dの相続人は3人の子（E、F、G）だけである。高齢のDは、Eに同社の経営を承継させたいと考えている。種類株式を用いた事業承継スキームを検討しなさい。なお、同社の株式を、新株発行、譲渡や相続などによって取得するのはD～F以外にはいないものとする。

【例題２】　議決権制限株式や議決権の少ない株式も上場できる場合がある。東京証券取引所「上場審査等に関するガイドライン」Ⅱ6⑷⑸・Ⅲの4、同「2018新規上場ガイドブック（市場第一部・第二部編）」Ⅲ5⑷などから上場の基準を検討しなさい。

　また、普通株式とともに無議決権株式（剰余金配当優先株式）が上場されている「株式会社伊藤園」の事例（太田洋＝松尾拓也編著『種類株式ハンドブック』〔2017年、商事法務〕286〜295頁〔有吉尚哉〕参照）、および、実質的な複数議決権株式が発行されており、かつ普通株式が上場されている唯一の事例である「CYBERDYNE株式会社」の事例を検討しなさい（加藤貴仁「議決権種類株式は資本市場を破壊するのか？」神作裕之責任編集『企業法制の将来展望・2015年度版』〔2015年、財経詳報社〕141頁以下、太田＝松尾編著・前掲183-190頁〔太田洋〕参照）。

【例題３】　上場会社が拒否権付種類株式を定めた場合は、原則として、上場が廃止される（東京証券取引所「有価証券上場規程」601条1項17号、同「有価証券上場規程施行規則」601条14項3号）。この点につき、東京証券取引所「上場審査等に関するガイドライン」Ⅱ6、同「2018新規上場ガイドブック（市場第一部・第二部編）」Ⅲ5などから検討しなさい。

　また、現在、上場会社で例外として1件だけ認められている「国際石油開発帝石株式会社」の拒否権付種類株式の事例を検討しなさい（太田＝松尾編著・前掲436-441頁〔高木弘明〕参照）。

【例題４】　株式会社が有する特定の子会社や特定の事業部門の業績に連動して剰余金配当をなす株式である、トラッキング・ストックを検討しなさい（太田＝松尾編著・前掲296-341頁〔太田洋〕、江頭144-145頁参照）。

（やまもと・ためさぶろう）

4 株式の譲渡および株主名簿の 記載の効力

鳥山　恭一

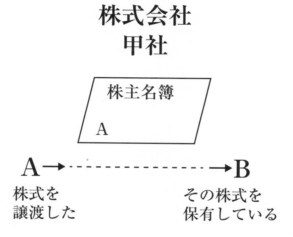

【設　問】

　株式会社甲社は上場会社ではないが、定款に株式の譲渡制限の定めがない「公開会社」（会2条5号）であり、「株券発行会社」（会117条7項）である。甲社の株主であったAは、その有していた甲社の株式をすでに譲渡しており、その株式を現在はBが保有している。しかし、その株式について株主名簿の名義書換はいまだになされておらず、その株式の株主名簿上の名義は現在でもAであった。

(1)　甲社は、Aが株主名簿上の株主であることを理由にして甲社の株主総会に出席しようとした場合に、Aの出席を拒むことはできるか。

(2)　甲社は、株主名簿上の株主ではないBを株主総会に出席させて、議決権を行使させることはできるか。

1　問題の所在

株式会社の株式は、自由に譲渡できるのが原則である（会127条）。

株式の譲渡の方式（効力要件および対抗要件）は、その会社が「株券発行会社」（すなわち、その株式にかかる株券を発行する旨の定款の定め〔会214条〕がある会社〔会117条7項〕）に該当するのかしないのかによりまず異なっており、「株券発行会社」でない会社の株式は、それが上場株式その他の「振替株式」（振替法128条1項）に該当するのかしないのかによりさらに異なっている。

すなわち、第一に、「株券発行会社」の株式の譲渡の効力要件は、譲渡の当事者間の意思の合致および株券の交付（会128条1項）であり、株主名簿の名義書換が会社に対する対抗要件である（会130条2項）。第二に、「株券発行会社」でない会社の株式のうち「振替株式」に該当する株式の譲渡の効力要件は、当事者間の（市場を通した）意思の合致および譲受人の振替口座簿の口座への登録（振替法140条）であり、株主名簿の名義書換が会社に対する対抗要件である（振替法161条3項、会130条1項）。第三に、株券発行会社でない会社の株式のうち「振替株式」に該当しない株式の譲渡の効力要件は当事者間の意思の合致のみであり、株主名簿の名義書換が会社その他の第三者に対する対抗要件である（会130条1項）。

以上のように株主名簿の名義書換は、株式の譲渡のいずれの方式においても譲渡の効力要件ではなく（会社または会社その他の第三者に対する）対抗要件である。すなわち、株式の譲渡は株主名簿の名義書換をまたずに有効に成立するのであり、株式の権利者（株主）とその株式の株主名簿の名義人とが異なる場合が生じる余地がある。その場合に株主名簿の記載にどのような効力が認められるのかがここでの問題である。

2 株式譲渡の方式および有価証券の法理

もっとも、1890（明治23）年の旧商法は、「株式ノ譲渡ハ取得者ノ氏名ヲ株券及ヒ株主名簿ニ記載スルニ非サレハ会社ニ対シテ其効ナシ」（1890年商181条）と定めており、（株券および）株主名簿の名義書換が株式の譲渡の（会社に対する）効力要件であった。

しかし、1899（明治32）年の新商法は無記名株式の発行をあらたに認めるとともに（1899年商155条、1938年改正後商227条〔無記名株式は実際にはほとんど利用されずに1990（平成2）年の改正により廃止された〕）、記名株式については「記名株式ノ譲渡ハ譲受人ノ氏名、住所ヲ株主名簿ニ記載シ且其氏名ヲ株券ニ記載スルニ非サレハ之ヲ以テ会社其他ノ第三者ニ対抗スルコトヲ得ス」（1899年商150条）と定めて、株主名簿の名義書換を（記名株式の）譲渡の効力要件からはずして譲渡の（会社その他の第三者に対する）対抗要件にした。そしてその後は、（受任者欄を白地にした名義書換の請求の）白紙委任状を付して株券を（対抗要件のために）交付して記名株式を当事者間の意思の合致により譲渡するという実務が商慣習法として認められるようになった。立法者はさらに後の改正によりつぎにみるように、記名株式は株券の裏書さらには株券の交付により譲渡されると定めたのである（株式譲渡の方式の変遷についてたとえば、上柳克郎ほか編集代表『新版 注釈会社法 第3巻』〔1986年、有斐閣〕133頁以下〔松岡誠之助〕、福原紀彦「株式流通の円滑化──株式譲渡方法の変遷と株券・株主名簿制度──」『戦後株式会社法改正の動向』〔1993年、青林書院〕75頁以下、山本爲三郎「株券法理」〔1996〕同『株式譲渡と株主権行使』〔1996年、慶應義塾大学出版会〕313頁以下）。

(1) 株式譲渡の方式の変遷

すなわち、1938（昭和13）年の改正は、株券の裏書による記名株式の譲渡を認めており（1938年改正後商205条）、株券の裏書による記名株式の譲渡については株主名簿の名義書換はもっぱら会社に対する譲渡の対抗要件であるとした（同206条1項）。同時に、（小切手法21条を準用して）株券の善意取得の制度も定められた（同229条〔同条2項が定める裏書不真正の場合の適用除外は1950年の改正により削除された〕、会131条2項）。

1950（昭和25）年の改正は、株券の裏書による記名株式の譲渡にならべて、それまでの白紙委任状を付して株券を（対抗要件のために）交付して記名株式

を当事者間の意思の合致により譲渡するという商慣習法を、株券および譲渡証書の交付による記名株式の譲渡という形により明文化した（1950年改正後商205条1項）。1950年の改正はそのようにして、当事者間の意思の合致のみを効力要件とする記名株式の譲渡の方式を廃止して（大隅健一郎＝大森忠夫『逐條改正會社法解説』〔1951年、有斐閣〕121頁がとくにその点を指摘する）、株券の裏書（裏書交付）または株券および譲渡証書の交付を記名株式の譲渡の効力要件にしたのであり、そのことによりさらに、一方において、裏書の連続または譲渡証書によりその権利を証明する株券の占有者を権利者であると推定する規定を定めており（同条2項、3項）、他方において、株主名簿の名義書換は譲渡のいずれの方式においても、会社以外の第三者との関係においてもはや譲渡の対抗要件ではなく、もっぱら会社に対する譲渡の対抗要件であるとした（1950年改正後商206条1項）。

　その後、1966（昭和41）年の改正は、株券の裏書（ならびに株券および譲渡証書の交付による記名株式の譲渡の方式）を廃止して、記名株式も株券の交付のみにより譲渡されるものとした（1966年改正後の商205条1項、会128条1項）。同時に株主の権利推定を定める規定も、株券の占有者を権利者であると推定する規定にあらためられた（1966年改正後の商205条2項、会131条1項）。そして、2004（平成16）年の改正は、株式会社が株券を発行しない旨を定款に定めることを認めている（2004年改正後商227条1項〔その場合には、株式は当事者間の意思の合致により譲渡され（同条2項〔商205条1項の不適用〕）、株主名簿の名義書換が会社その他の第三者に対する対抗要件にされた（2004年改正後商206条1項、206条ノ2第1項）〕）。

　その翌年の2005（平成17）年の会社法は、株券を発行する旨の定款の定め（会214条）がある会社（「株券発行会社」〔会117条7項〕）にかぎり株式会社は株券を発行するものとした（会215条1項）。さらに、2009（平成21）年1月5日から株式振替制度が実施され、上場株式の発行会社は株券を発行する旨の定款の定めを廃止する定款変更を決議したものとみなされて（振替法平16法律88号改正附則6条1項）、上場株式は振替法上の「振替株式」（振替法128条1項）にされた。そのようにして現在でははじめにみたように、3種類の株式譲渡の方式が定められている。

(2)　株券の占有の効力

　以上のように1950（昭和25）年の改正が、当事者間の意思の合致のみを効力要件とする記名株式の譲渡の方式を廃止して、株券の裏書交付または株券および譲渡証書の交付を記名株式の譲渡の効力要件にしたことにより、株券の占有の効力および株券の提示による株主名簿の記載の効力を有価証券の法理により説明する見解が主張されることになった（鈴木竹雄「記名株券の特異性（その一）」〔1952年〕同『商法研究Ⅱ会社法(1)』〔1971年、有斐閣〕297頁以下）。

　そのようにして有価証券の法理により株券の占有（1966年の改正前は裏書の連続または譲渡証書によりその権利を証明する者による株券の占有）の効力を説明する見解によれば、株券の占有という事実は（手形〔手16条1項〕および小切手〔小19条〕の場合と同様に）「形式的資格」であり（資格授与的効力）、その形式的資格にもとづいて株券の占有の事実には、①推定力（会131条1項）、②免責力、および、③公信力（会131条2項）が認められる。

　すなわち、株券の占有の事実には①推定力が認められて、株券の占有者は株式の権利者であると推定される（会131条1項）。それゆえ、株券の占有者は「実質的権利」において権利者であることを立証しなくても会社に対して株主権を行使することができるのであり、会社の側が株券の占有者による株主権の行使を拒むためには、その株券の占有者が「実質的権利」において無権利者であることを立証しなければならない。

　また、株券の占有の事実には、うえの①推定力にもとづき②免責力も認められており、会社は株券の占有者による株主権の行使を善意かつ無重過失により認めれば免責される。すなわち、その場合には、株券の占有者がたとえ「実質的権利」において無権利者であったとしても、会社はその株式の（「実質的権利」における）権利者に対してなんらかの責任を負うことはなく、また、株券の占有者による会社が認めた（総会における議決権の行使その他の）株主権の行使の瑕疵は争われないことになる。会社は、株主による株主権の行使を認めるべき義務を負っており、株券の占有者による株主権の行使を会社が拒むためには（株券の占有の事実には①推定力があるので）、その株券の占有者が無権利者であることを会社は立証しなければならない。それゆえ、「株券の占有者が無権利者であるという事実」ではなく「株券の占有者が無権利であ

ることを立証する手段が存在するという事実」について会社が悪意（いわゆ
る「手形法40条３項の悪意」）である場合（または善意であることに重過失がある場合）
に、はじめて会社は免責されないことになると解されている（たとえば、鈴木
竹雄／前田庸補訂『手形法・小切手法［新版］』〔1992年、有斐閣〕305頁を参照）。

　さらに、株券の占有の事実に③公信力を認めて株式の「善意取得」の制度
が定められており、株券の占有者から善意かつ無重過失により株式を取得す
る者は、その株券の占有者が無権利者である場合であっても株式を取得する
ことができる（会131条２項）。譲受人はもとより株券の占有者から株式を取得
する義務を負っているわけではなく、「株券の占有者が無権利者であるとい
う事実」を知っていれば譲受人はその株券の占有者から株式を取得する必要
はない。それゆえ、（うえの②免責力の場合とは異なり）善意取得において問題に
される善意または悪意の対象になる事実は「株券の占有者が無権利者である
という事実」であり、その事実について譲受人が悪意であれば（または善意で
あることについて重過失があれば）、その譲受人に善意取得は成立しない。民法
の即時取得の制度（民192条）に比べると、譲受人に（善意であることについて）
軽過失があっても譲受人は保護される点、および、盗品または遺失物につい
ての特則（民193条、194条）は認められない点の２点において、株式の善意取
得の制度は（手形の善意取得〔手16条２項〕および小切手の善意取得〔小21条〕と同様
に）対象の流通性により配慮をしている。

3　株主名簿の記載の効力

　株券発行会社における株主名簿の名義書換は、株券を会社に提示する株式
の取得者の請求によるのであり（会133条２項、会施規22条２項１号）、その者が
無権利者であることを会社が立証することができなければ、会社はその名義
書換に応じなければならない。株券の提示にもとづくその名義書換により、
うえにみた株券の占有に認められる①推定力および②免責力は、会社との関
係においてそのまま株主名簿の記載に反映されて、株主名簿の記載にも①推
定力および②免責力が認められることになる（株主名簿の記載にそのようにして
②免責力が認められることを前提にして、会社法126条１項の規定がおかれている）。

(1)　株主名簿の記載の対抗力

　株主名簿の記載には以上の①推定力および②免責力のほかに、株主名簿の位置づけにかかわる効力として③対抗力（会130条）が法定されており、株式の譲渡は、株主名簿の名義書換の後でなければ会社に対抗することはできないとされている（会130条1項および2項）。

　ただし、株式の取得の事実それ自体は、株式の取得者は、（株主名簿の名義書換のためにまず）株券を会社に提示して会社に対してその事実を主張することができるのであり（会社はその者が無権利者であることを立証することができなければ名義書換に応じなければならない）、そこにいう会社との関係における「対抗」とは、（会社以外の第三者との関係における〔二重譲渡の場合に備えた〕「対抗」とは異なり）会社に対して株主権を行使するための「資格」を設定することを意味している（たとえば、大隅健一郎「株式の名義書換の効力について」〔1952年〕同『会社法の諸問題［新版］』〔1983年、有信堂高文社〕208頁）。すなわち、株主は株主名簿の名義書換の後は、その株主名簿の記載にもとづいて会社に対して株主権を行使することができるのであり、その反面において、株主は株主名簿の名義書換の後でなければ会社に対して株主権を行使することができないとされているのである。そこでは、株主に株主名簿の名義書換を会社に請求することをうながすために、（名義書換の前は株主権を直接に会社に対して行使することは許されないという形で）株主の側からの株主権の行使が制限されているのであり、会社の側から（設例のBのような）名義書換未了の株主による株主権の行使を認めることは許されると解されている（大判明治38・11・2民録11輯1539頁、最一小判昭和30・10・20民集9巻11号1657頁）。

　ただし、株主名簿を会社と社員との間の社団的関係の存在を認定するための基準であるととらえて、株主名簿の記載に「対抗力」にとどまらずに「確定力」を認めて、株主名簿の名義書換の後は株主名簿の名義人が画一的に株主として扱われると解する見解も主張されていた（その見解は、名義書換後の株主の地位を「証券法理の原則的支配」ではなく「社団法理の支配に委ねる立場」であると説明されている〔古瀬村邦夫「株主の権利行使」竹内昭夫＝龍田節編『現代企業法講座第3巻』（1985年、東京大学出版会）114頁〕）。そのように株主名簿の記載に「確定力」を認める見解によれば、会社は株主名簿の名義人をつねに株主として扱

わなければならず、名義書換未了の株主による株主権の行使を会社の側から認めることも許されないことになる。そこでは、「実質的権利」における権利者が本来は株主権を行使すべきであるということを前提にした①推定力（名義人の権利推定）および②免責力（会社の免責）も、株主名簿の記載についてはもはや問題にならないことになる（竹内昭夫「株式の名義書換」〔1973年〕同『会社法の理論Ⅰ総論・株式』〔1984年、有斐閣〕207頁が、その点を指摘する）。しかし、株主名簿の名義人が無権利者であることが会社にとって明白である場合であっても、会社はその名義人による株主権の行使を認めなければならないという結論はやはり妥当なものとはおもわれない。判例法もうえにみたように、名義書換未了の株主による株主権の行使を会社の側から認めることは許されると解しており、株主名簿の記載に「確定力」を認める見解は現在では少ないようにおもわれる。

(2)　名義書換による株主権の行使

　株券の占有の事実には以上のように①推定力が認められるので、株式の取得者が株券を会社に提示して名義書換を会社に請求すると、その者が無権利者であることを会社が立証することができなければ、会社はその名義書換に応じなければならず、名義書換の後は株式の取得者は（その「実質的権利」を立証しなくても）、名義書換による株主名簿の記載にもとづいて会社に対して株主権を行使することができる。そして、株券の占有の事実には②免責力が認められるので、会社は、その名義書換による株主名簿の記載にしたがい株主権の行使を認めれば、たとえその株式の取得者が実際には無権利者であったとしても、会社は免責されることになる（株券の占有の事実に認められる①推定力および②免責力が、そのようにして株主名簿の記載に反映される）。

　反対に、株券を会社に提示して名義書換を請求する者が無権利者であることを会社が立証することができる場合には、会社は名義書換の請求を拒むことができるのであり、会社がその場合にたとえ名義書換に応じて、その名義書換による株主名簿の記載にしたがいその者の株主権の行使を認めたとしても、会社が免責されることはない（会社が〔その者の無権利の立証手段の存在の事実について〕悪意である〔または善意であることに重過失がある〕のか善意〔かつ無重過失〕であるのかは、名義書換に会社が応じる時点において判断される）。会社法126条

１項の規定も、その場合には適用されない。すなわち、株券の占有の事実に認められる①推定力および②免責力が、会社との関係において株主名簿の記載に反映されるのは、会社が株主名簿の名義書換の請求に（請求者の無権利の立証手段の存在の事実について）善意かつ無重過失により応じたことを前提にしているのであり、会社が（その事実について）悪意または（善意であることについて）重過失があるにもかかわらず名義書換の請求に応じたとしても、株券の占有の事実に認められる①推定力および②免責力が会社との関係において株主名簿の記載に反映されることはない（その点について、木内宜彦「株主名簿の名義書換」受験新報34巻8号〔1984年〕29頁以下および倉沢康一郎ほか『分析と展開　商法Ⅰ〔会社法〕』〔1987年、弘文堂〕71頁以下〔木内宜彦〕〔無権利者による名義書換〕、山本爲三郎「無権利者の請求による名義書換」〔1993年〕同・前掲『株式譲渡と株主権行使』51頁以下）。

(3)　名義書換後の株主権の行使

株主名簿の記載に（株券の占有の事実に認められる①推定力および②免責力が反映されて）①推定力および②免責力が認められるかぎり、名義書換後の株主権の行使の時点において株主名簿の名義人がたとえ実際には（設例のAのように）無権利者であったとしても、その名義人が無権利者であることを会社が立証することができなければ、その名義人による株主権の行使を会社は拒むことはできないのであり、その場合には、その名義人による株主権の行使を認めれば会社は免責されることになる。反対に、株主名簿の名義人が株主権の行使の時点において無権利者であることを会社が立証することができる場合には、会社はその名義人による株主権の行使を拒むことができるのであり、その場合にその名義人による株主権の行使を会社が認めたとしても、会社は免責されない（会社が〔株主名簿の名義人の無権利の立証手段の存在の事実について〕善意〔かつ無重過失〕であるのか悪意である〔または善意であることに重過失がある〕のかは、名義人による株主権の行使を会社が認める時点において判断される）。

名義書換未了の株主による株主権の行使を会社の側から認めることは許されると解する（うえの3(1)にみた）立場に対しては、株主名簿の名義人と名義書換未了の株主とのいずれによる株主権の行使を認めるのかという判断において会社に裁量が認められて不当であると批判される場合が少なくない（大

隅・前掲『会社法の諸問題』210頁、田中（上）401頁など）。しかし、そのうちの株主名簿の名義人による株主権の行使を認めるのか否かという判断においてはうえにみたように、一方において、株主名簿の名義人が無権利者であることを会社が立証することができない場合には、会社はその名義人による株主権の行使を認めなければならないのであり、他方において、株主名簿の名義人が無権利者であることを会社が立証することができる場合には、会社はその名義人による株主権の行使を拒まなければならない（認めたとしても会社は免責されない）のであり、株主名簿の名義人による株主権の行使を認めるのか否かという判断において会社に裁量の余地はない。

　それに対して、名義書換未了の株主による株主権の行使を会社の側から認めるのか否かという判断においては、会社に裁量の余地はたしかに残されるのであるが、それは、株主名簿の記載に③対抗力が法定されていることの結果である。会社が一方において、株主名簿の名義人は無権利者であることを立証してその株主権の行使を拒み、他方において、その株券の占有者は名義書換が未了であることを理由にしてその株主権の行使を拒めば、その株式について権利行使の空白が生じることになり、権利行使の空白はたしかに望ましいものではない。しかし、その権利行使の空白は、株式の取得者が名義書換の請求を怠ることにより生じたものである。それゆえ、その権利行使の空白は、株主名簿の名義人または名義書換未了の株主のいずれかによる株主権の行使を認めることを会社に義務づけることにより解消されるべきではなく（株主名簿の名義人が無権利者であることはその株券の現時点の占有者が権利者であることにただちには結びつくとはかぎらない）、株券の占有者が株主名簿の名義書換を請求することにより解消されるべきと考えられる（その株主権に基準日の定めがある場合には、権利者であるのか否かは基準日において判断されることになり、その場合に生じうる権利行使の空白は、株式の取得者が基準日までに名義書換を請求することを怠ったことによる）。

(4)　株券発行会社でない会社の場合

　株券発行会社でない会社の株式のうち「振替株式」に該当する株式については、加入者が開設した口座への株式の登録を「形式的資格」として、加入者がその口座に登録された株式の権利者であると推定されており（振替法143

条）、その①推定力にもとづく②免責力も口座登録に認められると解される。それゆえ、その口座登録にもとづく名義書換（振替法152条1項）による株主名簿の記載にも、口座登録の①推定力および②免責力が反映されると解される。振替株式については「総株主通知」（振替法151条）により株主名簿の名義書換が行われるので、株式が譲渡される際に株主名簿の名義書換が未了の状態がつづく余地はなくなっている。

　株券発行会社でない会社の株式のうち「振替株式」に該当しない株式については、株券も口座登録も存在しないので、株主名簿の記載にその①推定力および②免責力を反映させるべき株主の「形式的資格」がそこには存在しない。それゆえ、株主の「形式的資格」を株券の占有または口座登録に認める制度を前提にするかぎり（その点について、拙稿「単元株式、株主名簿と株式の譲渡」川村正幸＝布井千博編『新しい会社法制の理論と実務』〔2006年、経済法令研究会〕71頁）、株主名簿の記載には法定された③対抗力（会130条1項）のほかには事実上の推定力が認められるにとどまる（ただし、会社法126条1項の規定はそこでも適用される）ようにおもわれる（その点についてたとえば、久保田安彦「株主名簿の効力」法セミ739号〔2016年〕88頁以下）。

【例題1】　株式会社甲社は公開会社であり、株券発行会社である。甲社の定款は、毎年3月31日を剰余金の配当の基準日に定めていた。甲社の株主であったAは2018年3月15日に、その有していた甲社の株式をBに譲渡したのであるが、Bは甲社に株主名簿の名義書換を請求しておらず、2018年3月31日には、その株式の株主名簿の名義人はAのままであった。甲社は2018年6月25日の定時総会において、剰余金の配当を決議した。

(1)　その場合に、Aは基準日に株主名簿上の株主であったことを理由にして、甲社に対して剰余金の配当の支払いを請求することはできるか。Bは基準日にすでに株式を譲り受けていたこと主張して、甲社に対して剰余金の配当の支払いを請求することはできるか。

(2)　甲社がAに剰余金の配当を支払った場合に、Bは甲社またはAに対してなんらかの請求をすることはできるか。甲社がBに剰余金の配当を支払った場合に、Aは甲社またはBに対してなんらかの請求をすることはできるか。

(3)　甲社が、Aはすでに株式を譲渡しており、Bは名義書換が未了であることを理由にして、AおよびBの双方に対して剰余金の配当の支払いを拒んだ場

合に、Bは支払われなかったその剰余金の配当について甲社に対してなんら
かの請求をすることはできるか。
(4)　AによるBに対する甲社の株式の譲渡が後に詐欺を理由にして取り消され
た場合に、うえの小問(1)ないし(3)の結論は異なるか。

【例題２】　株式会社甲社は公開会社であり、株券発行会社である。甲社の定款は、
毎年３月31日を定時総会における権利の行使の基準日に定めていた。甲社の株主
であったAは2018年３月15日に、その有していた甲社の株式をBに譲渡したので
あるが、Bは甲社に株主名簿の名義書換を請求しておらず、2018年３月31日には、
その株式の株主名簿の名義人はAのままであった。
(1)　甲社は、2018年６月25日の定時総会にAを出席させて議決権を行使させる
ことはできるか。甲社がその定時総会においてAに議決権を行使させて決議
を採択した場合に、Bまたは甲社の他の株主は、その総会決議の効力を争う
ことはできるか。できるとしたら、それはどのような方法によるのか。
(2)　甲社は、2018年６月25日の定時総会にBを出席させて議決権を行使させる
ことはできるか。甲社がその定時総会においてBに議決権を行使させて決議
を採択した場合に、Aまたは甲社の他の株主は、その総会決議の効力を争う
ことはできるか。できるとしたら、それはどのような方法によるのか。
(3)　AによるBに対する甲社の株式の譲渡が後に詐欺を理由にして取り消され
た場合に、うえの小問(1)および(2)の結論は異なるか。

【例題３】　株式会社甲社は公開会社であり、株券発行会社である。甲社の定款は、
毎年３月31日を定時総会における権利の行使の基準日に定めていた。甲社の株主
であったAは2018年３月15日に、その有していた甲社の株式をBに譲渡しており、
Bは翌日に甲社に株主名簿の名義書換を請求した。しかし、甲社の担当者の過失
により株主名簿の名義書換は行われず、2018年３月31日には、その株式の株主名
簿の名義人はAのままであった。
(1)　その場合に甲社は、Aを定時総会に出席させて議決権を行使させることは
できるか。
(2)　その場合に甲社は、Bから名義書換の請求があったことを理由にして、A
が定時総会に出席し議決権を行使することを拒むことはできるか。
(3)　その場合に、Bは甲社に対してBが定時総会に出席して議決権を行使する
ことを認めるように請求することはできるか。
《参考裁判例》最一小判昭和41・7・28民集20巻6号1251頁

【例題4】　不動産の賃貸および観光事業を目的にした甲社は、AとXとが500万円ずつ出資して設立した資本金1,000万円の株式会社であり、その発行済株式総数は200株であった。甲社の事業運営は実際には、社交的な性格であったXが中心になって行われていた。しかし、株主名簿にはAが120株、Aの妻Y₁およびAの長男Y₂がそれぞれ40株の株主として記載されていた。Aが死亡した後に、甲社の株式の帰属についてXとY₁およびY₂との間で争いが生じ、Xが提起した確認訴訟において、甲社の発行済株式200株のうち100株は実質的にはXに帰属することを確認する判決が確定した。

　甲社はAが死亡した後に、1株5万円を払込金額にして2株につき1株の割合の株主割当てにより増資を実施した。そして、Y₁およびY₂はAから60株ずつを相続したとして、その相続分も含めてY₁およびY₂が全額を払い込み、増資による株式100株すべてをY₁およびY₂が50株ずつ取得した。

　その場合にXは、甲社の発行済株式200株のうち100株は実質的にはXに帰属していたことを主張して、Y₁およびY₂に対してどのような請求をすることができるか。

《参考裁判例》千葉地判平成15・5・28金判1215号52頁

（とりやま・きょういち）

5 振替株式

福 島　洋 尚

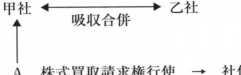

A　株式買取請求権行使　→　社債等振替法上の手続？
（甲社株主）

【設　問】

　甲社株式は東京証券取引所第1部に上場されており、「社債、株式等の振替に関する法律」（以下、本文においては「社債等振替法」といい、条文の引用においては「振替法」という）128条1項所定の振替株式である。甲社は、同じくその発行する株式を東京証券取引所に上場している乙社と、乙社を存続会社、甲社を消滅会社として吸収合併することに合意し、その旨を公表した。

　甲社の株主であるAは、公表された合併の条件に不満であり、甲社に対して、株式買取請求権を行使することを検討している。Aが甲社に対して株式買取請求権を行使するため、社債等振替法上求められる手続について検討しなさい。

1 問題の所在

本間では、Aによる甲社に対する株式買取請求権の行使に際し、社債等振替法上求められる手続についての検討が求められている。吸収合併その他、組織再編が行われる場合に際しては、会社法上、反対株主には原則として株式買取請求権が与えられているが（会785条1項、797条1項、806条1項）、その場合には、会社法所定の手続的要件をみたす必要がある（会785条2項・5項、797条2項・5項、806条2項・5項☞本書「34 組織再編の手続（簡易・略式含む）および組織再編対価」、「37 株式買取請求権」参照）。

本間で検討が求められているのは、会社法で求められている手続の検討ではなく、社債等振替法上求められる手続である。そこで、本稿ではまず、振替株式という制度そのものの概要を示し（2）、振替株式における会社と株主との間の処理が、会社法で規定されている会社と株主との間の処理と異なる部分について説明する（3）。さらに、振替株式における株主の権利行使は、株主が行使する権利の性質によって異なる方法がとられているものの、その権利の性質は、どのような観点から区分けされているのかを、社債等振替法の条文、判例の立場にしたがって確認を進める（4）。最後に、振替株式における株式買取請求権の行使については、平成26年会社法改正によって、別途必要とされる手続が設けられたため、その点についても言及する（5）。

2 振替株式制度

(1) 株式会社における株式の譲渡とその方法

株式会社では、株主有限責任の原則（会104条）から、出資の返還が原則として禁止されているため、株主に別の手段で投下資本回収の機会を確保する必要がある。そこで、株主は自由に自分の保有する株式を譲渡できるという原則（株式譲渡自由の原則〔会127条〕）がある。会社法の当初の発想は、株式という目に見えない株主の地位を、株券という有価証券にして、その流通を容易にしようというものであった。そのため、株式の譲渡は、株券の交付によってなされるとした。現在でも株券発行会社ではこの規律が維持されている。

　しかし、株券の発行を強制し、株式の譲渡は株券の交付による、というこの発想は、時代の経過により、次のとおり日本における株式会社の実情には合わないものとなっていった。

①　日本における株式会社の大多数を占める中小の株式会社では、株券の発行が強制されている時代にあっても、実際には少なからぬ数の会社において株券は発行されていなかった。

②　株式を市場に上場している株式会社では、大量の株券の存在は、かえって株式の円滑・迅速な決済の妨げとなっていった。

　そこで会社法では、発想を転換し、①の状況では株主が株式を譲渡できない等、法的なトラブルの原因となっているという実態に配慮し、株券の発行を強制しないことを原則形態とし、株券を発行する場合には、その株式にかかる株券を発行する旨の定款の定めを置かせることとした（会214条）。なお、株券の制度も残しており、株券を発行する会社（株券発行会社〔会117条6項かっこ書〕）では、株式の譲渡に株券を使用することにしている（会128条1項本文）。

　また、②の実態に配慮し、上場会社については株券を発行せず、社債等振替法に基づいて、電子化された口座間の振替により株式の譲渡がなされるようにした。そのため、現在の株式会社では、株式の譲渡方法につき、ａ．株券不発行会社（振替株式の場合を除く）、ｂ．株券発行会社（会128条1項本文）、ｃ．振替株式発行会社、の3つのタイプに分けて整理されることになる（☞本書「4　株式の譲渡および株主名簿の記載の効力」）。

(2)　振替株式制度の概要

　上記に見た通り、株式を市場に上場している会社では、大量の株券の存在が株式の円滑・迅速な決済の妨げともなる。そこで、株券の存在を前提とせず、電子化された口座間の振替により株式の譲渡がなされるようにした。これが社債等振替法に基づく振替制度であり、この制度は、株式の譲渡のみならず、株主の権利関係の管理全般に利用され、この制度を利用する株式を「振替株式」という。平成21年1月5日以降、上場株式はすべて振替株式となっている。

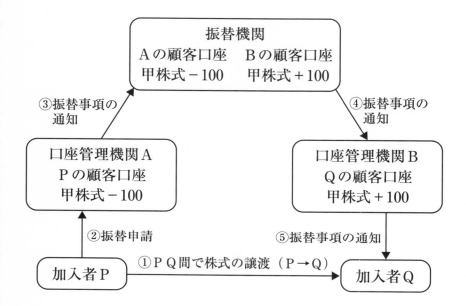

(3)　振替株式の譲渡

　振替株式の権利の帰属は、振替口座簿の記載によって定まる（振替法128条1項）。加入者Pから加入者Qへの（株式市場を通じた）株式の譲渡が行われると、譲渡人である加入者Pが、口座管理機関Aに対し、振替の申請を行うことにより、口座管理機関Aから振替機関、振替機関から口座管理機関Bへの通知がなされ、各振替機関等の口座に増減が記載される（振替法132条）。最終的に譲受人である加入者Qが自己の口座の保有欄に増加の記載を受けることにより効力が生じる（振替法140条）。加入者はその口座に記載された振替株式についての権利を適法に有するものと推定される（振替法143条）。

3　社債等振替法における会社と株主との間の処理（総株主通知と個別株主通知）

(1)　総株主通知

　振替株式においても、会社に対する対抗要件は、原則として株主名簿の名義書換えであるが（会130条1項）、振替株式の場合には、株式の譲渡のつど名

義書換えがなされるわけではない。

　会社が基準日（会124条）を定めたとき等、一定の場合には（振替法151条1項各号）、振替機関は、会社に対し、振替口座簿に記載されている株主の氏名・住所等、一定の事項を速やかに通知しなければならない（振替法151条1項柱書）。これを「総株主通知」と呼び、総株主通知がなされると、当該一定の日に株主名簿の名義書換えがされたものとみなされる（振替法152条1項）。

(2)　個別株主通知

　これに対して、基準日を定めて行使される権利以外の権利（少数株主権等〔振替法147条4項かっこ書〕）を、株主が行使しようとする場合には、自己の口座がある口座管理機関を通じて振替機関に申し出ることにより、自己の保有する振替株式に関する情報を会社に通知してもらう方法をとる（振替法154条3項～5項）。つまり、少数株主権等の行使の場合には、株主名簿の名義書換えを会社に対する対抗要件とする会社法130条1項の規定は適用されない（振替法154条1項）。これを「個別株主通知」と呼ぶ。少数株主権等については、会社側が基準日を設定していない以上、総株主通知による株主名簿の書換えは行われておらず、会社側が権利を行使させてよいかどうかがわからないため、個別株主通知の方法がとられている。振替株式についての少数株主権等は、通知がされたのち、4週間以内でなければ行使することができない（振替法154条2項、振替法施行令40条）。

4　株主による権利行使と個別株主通知の要否

(1)　少数株主権等

　振替株式において、株主による権利行使に、個別株主通知が必要とされるのは、行使される権利が、「少数株主権等」である場合である（振替法154条3項）。

　この「少数株主権等」とは、株主の権利を表現する際の「少数株主権」とは異なることに注意が必要である。すなわち、一般に（あるいは講学上）、株主の権利を分類して理解する際、株主の権利には、1株の株主でも行使できる権利、すなわち「単独株主権」と、発行済株式の一定割合以上または総株主の議決権の一定割合以上・一定数を有する株主のみが行使できる権利、す

なわち「少数株主権」とがあり、自益権（会社から直接経済的な利益を受けることを目的とする権利）はすべて単独株主権であり、共益権（会社の経営に参与することを目的とする権利）には、議決権（会308条1項）のように単独株主権のものと、会計帳簿閲覧謄写請求権（会433条1項）のように少数株主権のものがあると説かれている。

　社債等振替法にいう個別株主通知を要する「少数株主権等」は、基準日を定めて行使される権利（議決権や剰余金配当請求権）以外の権利を指し、会社法において一般に（あるいは講学上）少数株主権と呼ばれるものとは異なるものである。すなわち、基準日を定めて行使される権利以外のものであれば、単独株主権も含まれる（振替法147条4項かっこ書）。たとえば、取締役会議事録閲覧・謄写請求権（会371条2項）や計算書類等謄本抄本交付請求権（会442条3項）は、基準日を定めて行使される権利ではないことが明らかであるから、一般に（あるいは講学上）単独株主権とよばれるものではあるが、社債等振替法上の「少数株主権等」に該当し、個別株主通知を要することになる。

　この点につき、「少数株主権等」の意義が問題となった最初の最高裁の判断が、最三小決平成22・12・7民集64巻8号2003頁（会社法百選［3版］17）である。同決定は、全部取得条項付種類株式を用いたキャッシュ・アウト（☞本書「33　キャッシュ・アウト」）に際して、株主が会社法第172条の価格決定申立てをしたが、個別株主通知がなされていなかった状況において、会社が株主であることを争った事案であるが、同決定において、最高裁は次のように判示している。

　すなわち、「会社法172条1項所定の価格決定申立権は，その申立期間内である限り，各株主ごとの個別的な権利行使が予定されているものであって，専ら一定の日（基準日）に株主名簿に記載又は記録されている株主をその権利を行使することができる者と定め，これらの者による一斉の権利行使を予定する同法124条1項に規定する権利とは著しく異なるものであるから，上記価格決定申立権が社債等振替法154条1項，147条4項所定の『少数株主権等』に該当することは明らかである。」とし、個別株主通知がなされるべき時期については、「個別株主通知は，社債等振替法上，少数株主権等の行使の場面において株主名簿に代わるものとして位置付けられており（社債等振

替法154条1項)，少数株主権等を行使する際に自己が株主であることを会社に対抗するための要件であると解される。そうすると，会社が裁判所における株式価格決定申立て事件の審理において申立人が株主であることを争った場合，その審理終結までの間に個別株主通知がされることを要し，かつ，これをもって足りるというべきであるから，振替株式を有する株主による上記価格決定申立権の行使に個別株主通知がされることを要すると解しても，上記株主に著しい負担を課すことにはならない。」としている。

同決定は，社債等振替法154条1項が振替株式についての少数株主権等の行使について株主名簿の記載・記録を株式の譲渡の対抗要件と定める会社法130条1項の規定を適用せず，個別株主通知がされることを要するとした趣旨について，株主名簿の名義書換は総株主通知を受けた場合に行われるものの，総株主通知は原則として年2回しか行われないため（振替法151条、152条）、総株主通知がされる間に振替株式を取得した者が，株主名簿の記載・記録にかかわらず，個別株主通知により少数株主権等を行使することを可能にすることにある。そして、総株主通知と異なり、個別株主通知において、振替口座簿に増加・減少の記載・記録がされた日等が通知事項とされているのは（振替法154条3項1号、129条3項6号）、少数株主権等の行使を受けた会社が、振替株式の譲渡の効力発生要件（振替法140条）とされている振替口座簿の上記記載・記録によって、当該株主が少数株主権等行使の要件をみたすものであるか否かを判断することができるようにするためであるから、上記会社にとって、総株主通知とは別に個別株主通知を受ける必要があることは明らかである、として個別株主通知が、年2回しか行われない総株主通知とそれに基づく株主名簿の名義書換では、個別の権利行使においてその者の権利行使要件を判断することができない点に求めている。

(2) 株式買取請求権は社債等振替法上の「少数株主権等」であるか

では、本問で問題とされている、株式買取請求権はどうか。組織再編ではなく、全部取得条項を付する定款変更に際して、株式買取請求権が行使された事案において、最二小決平成24・3・28民集66巻5号2344頁も、上記最決を引用した上、「会社法116条1項所定の株式買取請求権は，その申立期間内に各株主の個別的な権利行使が予定されているものであって，専ら一定の日

（基準日）に株主名簿に記載又は記録されている株主をその権利を行使することができる者と定め，これらの者による一斉の権利行使を予定する同法124条1項に規定する権利とは著しく異なるものであるから，上記株式買取請求権が社債等振替法154条1項，147条4項所定の『少数株主権等』に該当することは明らかである。そして，会社法116条1項に基づく株式買取請求（以下「株式買取請求」という。）に係る株式の価格は，同請求をした株主と株式会社との協議が調わなければ，株主又は株式会社による同法117条2項に基づく価格の決定の申立て（以下「買取価格の決定の申立て」という。）を受けて決定されるところ，振替株式について株式買取請求を受けた株式会社が，買取価格の決定の申立てに係る事件の審理において，同請求をした者が株主であることを争った場合には，その審理終結までの間に個別株主通知がされることを要するものと解される」としており、同様の判断をしているといえる（なお、同決定について、株式買取請求権が社債等振替法上の少数株主権等にあたるとする部分については、現在においても上記のような意義が認められるが、全部取得の効力が発生することにより、株式買取請求権の効力が失われるとしている部分は、平成26年会社法改正によって、株式買取請求権の効力発生が代金支払時から効力発生日となったことにより、先例としての価値を失っている。坂本三郎編著『立案担当者による平成26年改正会社法の解説』〔別冊商事法務393号〕〔2015年、商事法務〕202頁参照）。

5　振替株式における株式買取請求権の行使

　本問では株式買取請求権に関する平成26年会社法改正の内容も問われている。すなわち、同改正における株式買取請求権に関する法改正の多くは、濫用的な株式買取請求の阻止を目的している。同改正前においても、会社法上は株式買取請求の撤回について制限が置かれていたし、現在でもそれは変わらない。すなわち、相手方の承諾を得た場合（会116条7項、469条7項、785条7項、797条7項、806条7項）、または、反対株主に株式買取請求権が発生する行為の効力発生日から60日以内に価格決定の申立てがなされない場合（会117条3項、470条3項、786条3項、798条3項、807条3項）でなければ、株式買取請求を撤回することができないこととされている。

　このような株式買取請求の撤回についての制限は、株主が、一方では株式

買取請求権の行使を通じて、会社から投下資本の回収の途を確保しつつ、他方では株価が市場で高騰した場合に株式を市場で売却して利益を得るという、機会主義的行動を防ぐために設けられているものである。しかし、会社法上、株式買取請求の撤回が制限されていても、反対株主は、株式買取請求をした株式の株価が高騰した場合には、当該株式を市場で売却することによって、事実上、会社法が求める会社の承諾を要することなく、株式買取請求の撤回が可能となっていたという現実があった。そこには、会社法上の撤回制限の実効性を確保する必要性あったのである（坂本三郎編著『一問一答・平成26年改正会社法［第2版］』〔2015年、商事法務〕311頁以下参照）。

　そこで、平成26年会社法改正においてこの問題に対する対処がなされることとなり、会社法改正整備法（平成26年法律第91号）において、社債等振替法を改正して、株式買取請求に関する会社法の特例が設けられた。

　その内容としては、振替株式の発行者は、反対株主に株式買取請求権が発生する行為をしようとする場合には、株式買取請求にかかる振替株式の振替を行うための口座（買取口座）の開設の申し出をしなければならず（振替法155条1項）、反対株主は、株式買取請求をしようとするときに、保有する振替株式について買取口座を振替先口座とする振替の申請をしなければならない（同条3項）。

　これを本問についてみると、甲社は反対株主に株式買取請求権が発生する吸収合併という行為をしようとしているのであるから（会785条1項）、買取口座の開設の申し出をしなければならないのであり（振替法155条1項）、Aは会社法の手続的要件を満たした上で「反対株主」（会785条2項）となり、個別株主通知と併せて、株式買取請求（会785条1項、3項）をしようとするときに、保有する振替株式について、甲社の開設した買取口座を振替先口座とする振替の申請をしなければならない（振替法155条3項）。

【例題1】　会社支配をめぐって争いがある甲社において、支配に影響を与える数の新株発行がなされようとしていたため、株主であるAが、会社に対し、会社法210条に基いて新株発行差止請求およびこれを本案とする新株発行差止の仮処分の申立てをしたが、Aは、個別株主通知をしていなかった。そのまま個別株主通知がなされなかったとして、裁判所は、Aによる新株発行差止請求ないしは仮処

分の申立てをどのように扱うべきか検討しなさい。
　　《参考裁判例》東京高決平成21・12・1金判1338号40頁、仙台地決平成26・3・26金判
　　　　1441号57頁、金法2003号151頁

【例題2】　単元株式制度を採用していない甲社は、甲社株式300株を6カ月前から保有している株主Aから、取締役選任の株主提案を受けたが、甲社に対して株主提案がなされたのは、株主総会会日の8週間以上前であったにもかかわらず、Aからの個別株主通知が甲社になされたのは、当該株主総会会日の6週間前であった。そのため、甲社はAからの株主提案を招集通知に記載することをせず、当該株主提案と異なる者を候補者とする取締役選任の会社提案のみを株主総会の議題・議案とし、同議案は株主総会において可決・成立した。甲社が個別株主通知の問題を理由に株主提案を招集通知に記載しなかったことの当否について検討しなさい。
　　《参考裁判例》大阪地判平成24・2・8判時2146号135頁、金判1396号56頁
　　《参考文献》岩原紳作「個別株主通知と株主名簿制度」上村達男先生古稀記念『公開会
　　　　社法と資本市場の法理』（2019年、商事法務）195頁

【例題3】　振替株式における、株式の善意取得、株式の担保化について検討しなさい。
　　《参照条文》振替法144条〜146条、151条3項・4項、同条2項1号
　　《参考文献》神田秀樹「振替株式制度」株式大系163頁、江頭218頁以下

（ふくしま・ひろなお）

6 株式の譲渡制限
——定款による譲渡制限のほか、契約による譲渡制限を含む——

齋藤 雅代

(1)

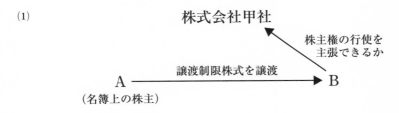

(2)

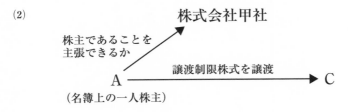

(3)

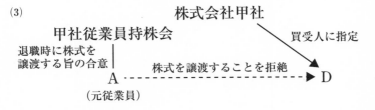

【設　問】

　取締役会設置会社である株式会社甲社は、定款にそのすべての株式の譲渡による取得につき取締役会の承認を要する旨の定めを設けており、Aは甲社の株式を保有する株主である。

(1)　Aは事前に甲社の取締役会の承認を得ることなくBに保有する甲社株式を譲渡した。Bは甲社に対して株主権の行使を主張することはできるか。

(2)　Aは甲社の全株式を保有する一人株主であり、事前に甲社の取締役会の承認を得ることなくCに保有するすべての甲社株式を譲渡した。Cが当該株式の譲渡による取得につき甲社の承認を得ていないとき、Aは甲社に対して自らが株主であることを主張することはできるか。

(3)　甲社は公開会社でない会社であるが、従業員持株制度を導入しており、従業員がこの制度により取得した株式については、退職時に取得価格と同一の価格で甲社取締役会が指定する者に当該従業員が保有する株式を譲渡する旨をあらかじめ約束することが定められていた。Aは甲社の従業員であり20年ほど前にこの制度により甲社株式を取得したが、退職するにあたり取締役会が指定する買受人Dに当該株式を譲渡することを拒絶している。この主張は認められるか。

1　問題の所在
2　定款による株式の譲渡の制限
3　契約による株式の譲渡の制限

1　問題の所在

　株式会社においては、株主は株式の引受価額を限度とする有限責任しか負わないことから、持分会社とは異なり出資の払戻しによる退社（会611条）は認められない。そこで、投下資本を回収するために、株主はその保有する株式を譲渡することができる（会127条）。他方で、わが国では株式会社の形態であっても小規模で閉鎖的な会社が多く、閉鎖性維持の要請が強い。このような閉鎖的な会社のニーズから、会社は、その発行する全部の株式の内容として譲渡による取得について会社の承認を要する旨を定めること（会107条1項1号）、および、一部の株式の内容として譲渡による取得について会社の承認を要する旨を定めること（会108条1項4号）ができる。この制度の下で、定款の定めに違反してなされた株式の譲渡の効力につき以前から様々な議論がなされており、会社の承認がない場合に譲渡人の地位をどう解するかという問題もある。

　また、株主が他の株主、会社または第三者との間の契約によって株式の譲渡の制限を定めることもある。契約による株式の譲渡の制限については会社法に規定はなく当事者間の自由な合意に委ねられるが、このような合意の有効性についても問題となる。

2　定款による株式の譲渡の制限

(1)　定款による株式の譲渡制限の制度の趣旨と手続

　株主は株式を自由に譲渡できるのが原則であるが、会社は、その発行する全部または一部の株式の内容として譲渡による当該株式の取得について会社の承認を要する旨の定めを設けることができ（会107条1項1号・2項1号、会108条1項4号・2項4号）、このような定めのある株式を「譲渡制限株式」という（会2条17号）。

　昭和25（1950）年の商法改正においては、株式会社における投資回収を常に可能とすることによって株式による資金調達の便宜をより図るため、株式の譲渡は定款によって禁止することも制限することもできないとされ、株式の譲渡の自由が絶対的に保障された。しかしながら、株式会社形態をとっている会社の多くが同族会社その他の閉鎖的な企業であり、証券市場を通じて広く資金を調達するよりも、会社にとって好ましくない者が株主とならないように閉鎖性を維持するニーズの方が大きい。そこで、昭和41（1966）年改正によって、会社にとって好ましくない者が株主となることを防止するために、会社がその定款に当該会社の株式の譲渡について取締役会の承認を要する旨の定めを設けることを認める制度が導入された（平成17〔2005〕年改正前商204条1項但書）（昭和41年改正までの経緯と同改正の立法理由につき、味村治『改正株式会社法』〔1967年、商事法務研究会〕4頁以下、注釈(3)53頁以下〔上柳克郎〕）。判例（最二判昭和48・6・15民集27巻6号700頁、最三判平成5・3・30民集47巻4号3439頁）は、この制度の趣旨を、もっぱら会社にとって好ましくない者が株主となることを防止し、もって譲渡人以外の株主の利益を保護することにあると解している。

　昭和41年商法改正では、譲渡制限の定めのある株式を譲渡しようとする場合、株式を譲渡しようとする株主が会社に対して譲渡の相手方および譲渡し

ようとする株式に関する事項を記載した書面をもって承認を請求することと
され、あわせて、譲渡を承認しないときは譲渡の相手方（買受人）を指定す
ることを請求することもできるとされていた（平成17年改正前商204条ノ2第1
項）。しかし、承認を得ずに譲渡したり競売等によって株式を取得したりす
る事例があることから、平成2（1990）年の商法改正で株式譲受人からの譲
渡の承認を請求することが明文で認められ（平成17年改正前商204条ノ5）、会社
法の下でも譲渡制限株式の取得者が会社に対して、当該譲渡制限株式を取得
したことについて承認するか否かの決定をすることを請求することができる
（会137条）。そして、株主または取得者による承認の請求がなされた場合、会
社は請求の日から2週間以内に承認の可否を通知しなければならず、その期
間内にこの通知をしなかったときは承認する旨の決定をしたものとみなされ
る（会145条1号）。

　ところで、平成17年改正前商法204条1項但書は、譲渡制限株式の譲渡の
承認につき、取締役会の承認を要する旨を定めることができるものと定めて
おり、平成17年改正前の有限会社法では、社員の持分の譲渡については社員
総会の承認を要するものと定められていた（有限会社法19条2項）。この両制度
を受けて、会社法139条1項は、取締役会設置会社は取締役会の決議、それ
以外の会社は株主総会の決議により譲渡制限株式の譲渡による取得を承認す
るか否かを決定するものとする。このとき、定款で他の機関を承認機関とす
る（たとえば、取締役会設置会社において株主総会を承認機関とする場合等）旨の定め
をすることが認められる（会139条1項但書）が、定款の定めによっても、取
締役会よりも下位の機関を決定機関と定めることはできない（江頭236頁）。

(2)　譲渡以外による譲渡制限株式の取得

　このように、譲渡制限株式は、株主が株式を譲渡しようとする相手方が会
社にとって好ましくない者である場合には、譲受人が株主として会社の運営
に関与することを防止するために、「譲渡による取得」につき会社の承認を
要する旨を定めることができるとする制度である。一方で、相続や合併等に
より譲渡制限株式が一般承継で取得される場合には、株式移転の効力は法律
上当然に発生するため、譲渡制限株式であっても会社の承認を要しない（会
134条4号）。しかしながら、この場合にも会社にとって好ましくない者が株

主となることを防止するニーズがあることから、会社が相続人等に対して、相続等により取得した譲渡制限株式を売り渡すことを請求することを認めている（会174-177条）。

　また、競売・公売による譲渡制限株式の移転によっても会社にとって好ましくない者が株主となるおそれがある。そこで、競売・公売による譲渡制限株式の取得について、平成２年改正前商法は、譲渡の承認および買受人の指定については譲渡人が会社に対して請求するものとし、競売・公売による取得者は買受人指定請求のみできることが定めていた（平成２年改正前商法204条ノ5）ところ、同改正により、競売・公売による場合に限らず、譲渡制限株式の譲渡が承認されなかったときに取得者が買受人の指定を請求することが認められた。会社法の下においては、譲渡制限株式の取得者からの承認請求が認められており（会137条１項）、競売等による取得者からの請求もこれに含まれる。

　譲渡制限株式を担保の目的とする場合については明文の規定はなく、解釈に委ねられる。まず、株式の質入れの場合には、質権が設定されただけでは質権者は株主とならず、質権が実行され競売により当該株式を取得する者が現れたときにその者が株主となることになることから、会社の承認を要するのは質権設定時ではなく質権実行後に競売により株式が取得された時点であると解される（江頭241頁）。次に、名義書換を伴わない譲渡担保の設定の場合については見解が分かれる（逆に、譲渡担保設定時に名義書換を伴う場合には、実際にはそれが担保のためであっても、会社の承認を得なければ名義書換をすることはできない）。判例（最二判昭和48・6・15民集27巻6号700頁）は、株式を譲渡担保に供することは、平成17年改正前商法204条１項にいう株式の「譲渡」にあたると判示したが、学説上は、譲渡担保設定時に名義書換を伴わない略式譲渡担保の場合には、譲渡の形式をとっていても担保の目的であって、担保権を実行するまでは担保権者が株主として権利行使をする意図もなく会社に対して権利を主張することもないことなどから、「譲渡」にあたらない（すなわち譲渡担保設定時には会社の承認は不要である）とする見解が多数説である（龍田節「譲渡制限株式の譲渡」法学論叢94巻3・4号〔1974年〕109頁以下、注釈(3)〔上柳克郎〕、尾崎安央「判批」会社法百選［3版］41頁等）。

(3)　会社の承認のない譲渡制限株式の譲渡の効力

　会社の承認のない（定款の定めに違反した）譲渡制限株式の譲渡の効力について、従来の学説は、会社に対しても譲渡当事者間においても無効とする「絶対説（絶対的無効説）」（旧注釈(3)増補94頁〔今井宏〕、小橋一郎『会社法［改訂版］』〔1992年、成文堂〕104頁、小野寺千世「定款による株式譲渡制限に関する立法論的考察」筑波法政14号〔1991年〕456頁等）と、譲渡当事者間では有効であるが会社に対しては効力を生じないと解する「相対説（相対的無効説）」（注釈(3)71頁〔上柳克郎〕、味村・前掲『改正株式会社法』22頁、江頭240-241頁等多数）とが対立しており、さらには、会社との関係でも当該譲渡は効力を有するものであって、ただ承認がない場合には会社は名義書換を拒絶することができるとする「有効説」も有力に主張されている（松田二郎『会社法概論』〔1968年、岩波書店〕173頁、山本爲三郎「定款による株式譲渡制限制度の法的構造」中村・金澤還暦(1)135頁）。判例（最二判昭和48・6・15民集27巻6号700頁）は、取締役会の承認を得ずになされた株式の譲渡は、会社に対する関係では効力を生じないが、譲渡当事者間においては有効であると解するのが相当であるとする（「相対説」を取っているものと解される）。会社にとって好ましくない者が株主となることを防ぐという制度趣旨からは会社との関係で譲受人が株主であることを否定することで足りること、譲渡制限株式の取得者からの承認請求が認められることは、会社の承認がなくとも譲渡当事者間では有効に権利が移転することが前提となっているものと考えられることから、「相対説」がほぼ通説となっている。

　この点につき、会社法2条17号が譲渡制限株式の「譲渡」についての承認ではなく「譲渡による当該株式の取得」についての承認を要することとしているのは、会社の承認がなくとも譲渡は有効である（すなわち「有効説」を取る）と解されるからであり、その取得につき会社の承認を要するとする譲渡制限に係る規定はもっぱら株主名簿の名義書換との関係で理解するものとする見解がある（相澤・解説25-26頁〔相澤哲・岩崎友彦〕）。譲渡制限の定めのない株式の譲渡がなされた場合、株式の譲受人は、株主名簿の名義書換により会社に対して自らが権利者であることを主張することができるようになる（会130条）ところ、譲渡制限の定めのある株式の譲渡がなされた場合、譲渡による取得につき承認を得ていない株式の譲受人が名義書換請求をしたときには

会社はこの名義書換を拒むことができる（会134条）。このように、たしかに会社法は名義書換制度と譲渡制限株式制度の整合性に配慮しているものの、別個の手続として規定しており、必ずしも「相対説」から立場を変更したとみる必要はない（北村雅史「判批」会社法百選45頁）。

　さらに、「相対説」を取った場合、株式は譲受人に移転するが、譲渡による取得を承認しない限り会社は譲受人を株主として取り扱う義務はないのであって、株式の譲渡人が会社に対して依然として株主としての地位を有することになるが、その反動として譲渡人が会社に対して株主としての権利を行使することはできるかということが問題となる。判例（最三判昭和63・3・15判時1273号124頁）は、会社の承認のない譲渡の効力につき、会社に対する関係では効力を生じないことから、会社は譲渡人を株主として取り扱う義務があるものというべきであるとして、これを肯定している。学説でも、会社が譲渡人の権利行使を拒めるとすると株主として権利行使する者がいない状態が生じることなどから、これを支持する見解が多い（江頭241頁等）が、実質的地位を失った者の権利行使を認めることになることなどから、これを否定する見解も主張される（吉本健一「取締役会の承認なき譲渡制限株式の譲渡の効力と譲渡人の法的地位」加藤・柿崎古稀200頁以下等）。他方で、譲渡による取得につき名義書換制度の問題と解すると、承認のない譲受人は名義書換未了の株主と同様に扱われることとなり、会社は自らの危険で譲受人を株主として扱うことができるとする判例（最一小判昭和30・10・20民集9巻11号1657号）との整合性も問題となろう（逐条(2)307頁〔齊藤真紀〕）。

(4)　一人会社・株主全員の同意がある場合

　会社の承認を得ないで譲渡制限株式の譲渡がなされたが、それが一人会社や株主全員の同意がある場合について、定款の定める会社の承認がない譲渡の効力を否定しうるかということも問題となる。譲渡制限の制度は会社にとって好ましくない者が株主となることを防止し、譲渡人以外の株主を保護することにあるのであるから、一人会社の株主が自己の保有する譲渡制限株式を譲渡するときは、譲渡人以外の株主の利益を考慮する必要はない。株主全員の同意がある場合も同様であるといえる。そこで、判例（最三判平成5・3・30民集47巻4号3439頁）も学説も、定款の定めや会社法の要求する手続を経て

いないとしてもその譲渡は有効であると解する（小野寺千世「判批」会社法百選
[2版]42頁等）。その理論構成は大きく2つに大別され、株主総会の承認また
は株主全員の同意をもって取締役会の承認に代えることができる（会社法の
下ではそもそも株主総会の承認を要するとすることも可能である）とする見解と、他
の株主の利益を保護するという譲渡制限制度の趣旨からそもそも会社の承認
を要しないとする見解がある（コンメ(3)381-382頁〔山本爲三郎〕）。一人会社の株
主が自ら（または他の株主全員の同意を得て）株式を譲渡しておきながら、取締
役会の承認がないことを口実に、後にその譲渡の無効を主張することは妥当
ではないというべきである（新山雄三「判批」会社法百選39頁）。

3　契約による株式の譲渡の制限

　株式の譲渡を譲渡制限株式の枠組みの中で行うほか、会社と株主との間
の契約または会社以外の者と株主との間の契約によって株式の譲渡を制限す
ることがある。たとえば、株主間の契約によってもう一方の者の承認なしに
株式を譲渡することは禁じることを定めたり（このような条項を「同意条項」と
いう）、株式を譲渡しようとする場合にはもう一方の者に先買権を付与する
ことを定めたり（このような条項を「先買権条項」という）、相続や退職等の一定
の事由が生じた場合に他の株主等に株式を売り渡すことを定める（このよう
な条項を「売渡条項」という）ことがある。このような株式の譲渡を制限する契
約の有効性に関しては会社法に規定はなく、学説上は、①会社と株主との間
でなされるものと、②株主と会社以外の第三者との間でなされるものとで分
けて論じられる（学説の状況につき、逐条(2)307-308頁〔齋藤〕）。まず、②株主と
会社以外の第三者（他の株主も含む）との間の契約の場合、契約自由の下に個
別的に設定される譲渡制限の契約である以上、会社法127条が直接的に関わ
るところではないから、会社との間の譲渡制限契約の潜脱的手段として用い
られる場合を除いて有効と解される。それに対して、①会社と株主との間の
契約については、会社法127条および譲渡制限株式の諸規定の潜脱となりう
るため原則として無効であり、例外的に契約内容が株主の投下資本回収を妨
げず、株主となる者がその内容を理解した上で締結された場合には有効と解
されるのが多数説である。これに対して、会社が当事者になる契約について

も契約自由の原則が妥当し、民法90条の公序良俗に反する場合には無効となるという見解も有力に主張される（前田雅弘「判批」会社法百選［3版］45頁）。

　契約による譲渡制限に関してしばしば判例で争われてきたのは、従業員持株制度による譲渡の制限の事案である。従業員持株制度では従業員が退職する際にその持株を取得価格と同一価格で従業員持株会や取締役会が指定する者に売り渡す旨を定めていることが多い。いうまでもなく、従業員持株制度は従業員の財産形成、従業員の勤労意欲・経営参加意識の高揚、安定株主の形成等を目的として導入されるものである。判例は、投下資本の回収を著しく制限するものでない限り、退職時に特定の者に取得価格と同一の価格で売り渡す旨の合意であっても、その有効性を認めている（最三判平成7・4・25集民175号91頁、最三小判平成21・2・17判時2038号144頁）。公開会社でない会社における定款外の譲渡制限契約は、譲渡制限のない公開会社の場合とは異なり、承認を要することそれ自体ではなく、価格・相手方、一定の事由が発生するなどの譲渡の条件に関する条項にこそ意味がある。ただし、あらかじめ売渡価格を定めておくことが許されるとしても、リスクを負うにもかかわらずリターンはまったく得られないような定めに問題がないとはいえない。従業員持株制度では長期間にわたり当該株式を保有することが想定されるのであり、その間に十分な配当もなされないとなれば、株式を取得しようとする者は何の見返りもなく長期間リスクだけを負担することになる。株式を取得する時点では取得後に配当がなされるかどうか不確定であるのであればこのリスクを想定することはできないため、取得時の合意であらかじめ価格を決めておくことに合理性があるか疑問である（前田・前掲「判批」45頁）。

　他方で、公開会社における定款外の契約による会社との間の譲渡制限は、多数説の主張するとおり、定款による譲渡制限の制度の潜脱となるおそれがあり、その有効性については厳格に判断すべきであろう。

【例題1】　　A株式会社は定款でその株式の譲渡につき取締役会の承認を要する旨の定めを設けている。A社の株主Bは、自己のCに対する債務の支払いを確保するために債権者Cに対して譲渡担保として取締役会の承認を得ずにその保有するA社株式を交付した。この譲渡担保契約は有効か。

【例題2】　A株式会社は定款でその株式の譲渡につき取締役会の承認を要する旨の定めを設けており、A社の株主Bは、自己の保有するA社株式をCに譲渡を承認すること、および、これを承認しないときは他に譲渡の相手方（買取人）を指定することをA社に対して請求した。Bはこの請求をいつまで撤回することができるか。

【例題3】　Aの保有する甲社の株式は競売され、Bにより競落されたが、AおよびBは当該株式の移転について甲社に承認を請求しておらず、甲社の株主名簿にはAが株主として記載されたままである。このとき、甲社は株主総会においてAによる株主権の行使を拒絶することはできるか。

【例題4】　A株式会社は定款でその株式の譲渡につき取締役会の承認を要する旨の定めを設けている。A社の株主Bが死亡し、Bが保有していた株式をBの相続人であるC・Dが相続したが、その持分割合は確定していない。このときA社はCのみに対してBから相続した株式を会社に売り渡すことを請求することはできるか。また、C自身が相続以前からA社株式を保有する株主であった場合はどうか。

（さいとう・まさよ）

7　自己株式の取得

宮崎　裕介

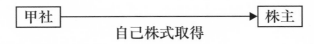

(1)　取締役会決議
(2)　公開買付け（総額 20 億円)→A 社の分配可能額＝18 億円
(3)　市場内取引→1 株あたりの取得価格＝取締役会決議の日より 5 割増し

【設　問】

　東京証券取引所に上場している甲社は、公開会社でありかつ大会社であるが、株主還元の一環として自己株式の取得を実施することを考えている。

(1)　甲社は東京証券取引所において市場内取引（立会市場における取引）によって自己株式を取得することとした。甲社は取締役会決議のみで自己株式取得を行うことができるか。

(2)　甲社は公開買付けで総額20億円の自己株式取得を実施したが、同社の経理担当者のミスで分配可能額が18億円しか存在していないことが判明した。この場合、会社法上の問題点は何か。なお、この自己株式取得は、(1)とは別の機会に取締役会決議による承認を得たものと仮定する。

(3)　甲社は東京証券取引所における市場内取引によって、ある特定の日に20億円で同社の自己株式を取得したが、1株あたりの取得価格が会社法156条1項に基づく取締役会決議の時点の同社の市場株価よりも5割高いものであった。甲社の株主らは同社の取締役らに対して、取締役会決議の時点の市場株価よりも割高の取得価格で自己株式取得を実施したことについて、会社法423条を根拠に責任追及することができるか。なお、甲社が20億円で自己株式を取得することは財源規制ほか会社法上の問題がないと仮定する。

7 自己株式の取得 （宮崎裕介）

1 はじめに

　かつて我が国においては自己株式取得（株主との合意による有償取得）を行うことは包括的に禁止されていた（江頭247頁）。それは、自己株式取得には次に示す4つの弊害があると考えられてきたからである。第1は、資本維持の観点から、自己株式取得という手段で株主に出資の払い戻しをしてしまうと会社財産を毀損することとなり資本の空洞化、ひいては会社債権者の利益を害するというものである。第2は、とりわけ閉鎖的な会社を念頭に置いた場合、自己株式取得を実施してしまうと一部の株主のみが本来は換金することが困難な流動性の低い株式について投下資本の回収ができてしまい、株主間の不平等をもたらすというものである。第3は、自己株式取得を認めてしまうと、いわゆるグリーン・メイラーのような株主から株式を取得することで会社経営陣が会社支配を維持するなどの会社経営を歪める目的も認めかねないというものである。第4は、自己株式取得を介して相場操縦やインサイダー取引など証券市場の公正さを侵害することもありうるというものである。我が国では、自己株式取得は前述した弊害防止の観点から永く禁じられてきたが、経済界からの強い要請に応え、それまでのスタンスから一転して原則として許容するという形で商法改正がなされた（自己株式取得の解禁をめぐる商法改正については、久保田安彦『企業金融と会社法・資本市場規制』〔2015年、有斐閣〕5〜40頁参照）。したがって、現在では、我が国において自己株式を取得することおよび自己株式を保有することが原則として自由となった。もっとも、自己株式取得が解禁されたからといってすべてが自由となったわけではなく、現在の会社法においても旧商法で定められた自己株式の取得規制が継受

され、また、証券市場における不公正を防止するために旧商法と同時に改正された証券取引法の自己株式取得に関する各規制も現行の金融商品取引法に受け継がれた。

2 自己株式取得の手続

　会社が株主との合意により自己株式を取得するためには、①取得する株式の種類・数、②取得と引換えに交付する金銭等（株式以外の会社財産に限られる）の内容・総額、③取得期間（最長1年）を株主総会決議によって定めなければならない（会156条1項。以下、①～③をまとめて「取得枠」という）。このように、自己株式取得について、法が株主総会決議を求めているのは、次の3つの理由による。第1に、会社が一部の株主から時価を上回る価格で自己株式を取得してしまうと、当該株主は利益を得ることができるが、他の株主が損失を被ることとなり、株主間で利益が移転してしまう。このような場合、株主総会決議を課せばかかる事態は防ぐことができる。第2に、グリーン・メイラーからの取得など不当な目的で自己株式取得がなされることを防止するために株主総会決議を求めることが有用である。第3に、自己株式取得が、剰余金の配当と同様に、株主に対する会社財産の分配（フリー・キャッシュフローの分配）と同じ形態であるため、手続面でも株主総会決議を求めるべきであると考えられているからである（髙橋ほか405頁）。

　では、設問(1)で問われているように、取締役会決議によって自己株式取得を決定することはできるか。この点について、会計監査人設置会社であって取締役の任期をその選任後1年以内の最終決算期に関する定時株主総会の終結の時までとするものは、剰余金の配当とともに、取得枠を取締役会が定めることができる旨を定款で定めることができる（会459条1項1号）。このように一定の要件のもとで自己株式取得に関する事項を取締役会決議によって定めることができるようになったのは、株主への財産分配をいかに行うかということは、高度な経営判断を要するものであり、必ずしも経営に関する知識・能力が十分でない株主が的確な判断をすることは困難を伴うと考えられたからである（コンメ(11)150～151頁〔伊藤靖史〕参照）。もっとも、上述した定款の定めを置くことができるのは、監査等委員会設置会社、指名委員会等設置

会社、監査役会設置会社に限られる。なぜなら、自己株式取得による会社財産の分配に関する権限を取締役会に付与する前提として、取締役会が株主の利益に適った判断をする必要があり、これを担保するために取締役会に対する監督機能が高められた機関設計を採用した会社である必要があるからである。

　また、設問(1)では、甲社は公開買付けで自己株式を取得したが、会社法はこのような場合における特則を置いている。すなわち、会社が市場において行う取引または公開買付けによって自己株式取得をする場合、定款の定めを置けば、取締役会決議によって自己株式取得を決定することができる（会165条2項・3項）。これは、市場取引または公開買付けによれば、すべての株主に売却機会があり、取得価格も公正に形成されると考えられるため、株主総会決議を省略して取締役会決議によって自己株式取得を実施しても株主間の利益移転などの問題が起こりにくいと考えられるからである（コンメ(4)41頁〔伊藤靖史〕）。

　ここで、市場取引の「市場」の意義について付言しよう。この点につき、前述の通り、すべての株主に売却機会があること、取得価格が公正に形成されることが「市場」であることの条件となる（コンメ(4)42頁〔伊藤〕）。では、上場会社が自己株式取得を行うために利用している東京証券取引所の立会外取引であるToSTNeT-2やToSTNeT-3（ToSTNeT取引）はどうか。ToSTNeT取引が市場取引に含まれることについて異論はみられない（コンメ(4)42頁〔伊藤〕）。もっとも、ToSTNeT取引は取得価格が取得日前日の終値に固定されるため、立会市場で堅持されている価格優先の原則（価格を指定する注文において、高い買付けが低い買付けに優先し、低い売付けが高い売付けに優先するという原則）の観点から問題がないわけではない（証券取引法研究会編『金庫株解禁に伴う商法・証券取引法［別冊商事法務251号］』〔2002年、商事法務〕12～13頁）。とは言え、取得価格が一本値だったとしても、株主間の平等は確保されるから、その意味でToSTNeT取引は前述の市場取引とすることが許容されるのではないだろうか（証券取引法研究会編・前掲13頁〔河本一郎発言〕）。

3　財源規制違反の自己株式取得

⑴　株主の責任

　設問⑵のケースのように分配可能額を超えた自己株式取得が実施され、金銭等の交付を受けた株主は、当該金銭等の帳簿価額（時価）に相当する金銭を会社に支払う義務を負う（会462条1項）。設問では、分配可能額が18億円の甲社が公開買付けにより20億円の自己株式を取得しているが、ある1回の行為による株主への分配額のうち一部が分配可能額を超えるに過ぎない場合であっても（設問では2億円）、その分配（自己株式取得）は全体として違法となるため、各株主は、当該自己株式取得により自己が交付を受けた全額について支払義務を負うこととなる（田中（亘）438頁）。この責任は、分配を受けた者の主観的事情にかかわらず発生する厳格責任であるため、各株主の善意または悪意、あるいは過失の程度は考慮されないと解される（田中（亘）438頁）。これに対して、法が業務執行者等から善意の株主への求償を制限したことからすると、善意の株主の責任は否定すべきとの見解もある（龍田＝前田434頁）。また、この株主の責任は、会社債権者が追及することもできる。すなわち、株主が前述の支払義務を負う場合、会社債権者は、株主に対して、当該株主が交付を受けた金額（当該会社債権者の債権額が限度となる）を直接、自己に支払うように請求することができる（会463条2項）。なお、この請求権は、民法の債権者代位権（民423条）の特則として規定が整理されたものと立案担当者は説明する（相澤・解説137頁）。

⑵　財源規制違反の自己株式取得の効力

　財源規制に違反した場合の自己株式取得の効力については有効か無効かで争いのあるところである。立案担当者によれば、財源規制違反に反した行為については剰余金の配当であると自己株式取得であるとを問わず、その行為を有効とすることを前提として制度設計がなされたとして、現行の会社法は有効説に立っているとする（相澤・解説135頁、葉玉匡美「財源規制違反行為の効力」商事1772号〔2006年〕33頁）。これに対して、学説の多数は無効説に立つ。その根拠としては、第1に、法令違反の株主総会・取締役会決議は無効であるのに、その決議に基づく行為がなぜ有効なのかという点で有効説には問題がある（江頭259頁注⑾）。また、有効説に立つならば、剰余金配当決議の内容が株

主平等原則に違反するなど他の理由により株主総会または取締役会決議が無効である場合および不存在である場合にも、剰余金の配当行為は有効であるとしなければならず、同じ法律上の根拠を欠く剰余金の配当でありながら、どのようにして財源規制に違反する場合のみが有効とされるのか法的な根拠が必要であるとも指摘されている（吉本健一「会社法における財源規制違反の剰余金の配当等の効力」阪大法学57巻5号〔2008年〕657～658頁）。第2に、有効説をとると、譲渡人たる株主は違法な給付につき積極的に履行を強制することができてしまう（江頭259頁注(11)）。第3に、財源規制に違反する自己株式取得がなされ、相手方の株主が会社法462条1項の責任を果たした場合の会社に対する株式の返還請求が、有効説からは説明が難しいが、無効説に立てば自然に導ける（コンメ(4)19頁〔藤田友敬〕）。なお、無効説に立つと、①財源規制違反の現物配当がされたとき、当該配当財産の所有権が各株主に移転せず、当該配当財産の転売取引の安全を害するおそれがあること、②財源規制違反の自己株式取得が行われた場合、当該株式の売主は、会社法462条1項の責任を履行しなくても当該株式の株主のままであるということになり、その者を株主として扱わずに行われた株主総会決議が法令違反（会831条1項1号）とされる可能性があること、③②の場合において会社が取得した株式を処分した場合は、その効力にも疑問が生じうることを指摘した上で、端的に有効説に依拠した方が簡明な解決になるとの理由から有効説に立つ見解もみられる（田中（亘）440頁）。

(3)　役員の責任

　会社が財源規制違反の自己株式取得を行った場合、当該自己株式取得に関する職務を行った業務執行者（会462条1項柱書・会計則159条）、当該自己株式取得が株主総会決議に基づいて行われた場合で当該株主総会に当該自己株式取得の議案を提案した取締役（会462条1項1号イ・会計則160条）、当該自己株式取得が取締役会決議に基づいて行われた場合で当該取締役会に当該自己株式取得の議案を提案した取締役または執行役（会462条1項1号ロ・会計則161条）は、連帯して、会社が交付した金銭等の帳簿価額（時価）に相当する金銭を会社に支払う義務を負う。業務執行者による分配行為または会社計算規則160条1号が定める株主総会への提案行為が、取締役会決議に基づいて行わ

れた場合は、当該取締役会の決議に賛成した取締役は、業務執行者や議案を提案した取締役と同様に責任を負う（計則159条２号ハ・160条３号等）。このとき、決議の提案あるいは決議に賛成をした取締役または執行役の責任は、当該決議の日における自己株式取得の対価として支払われる金銭等の総額（分配額）が分配可能額を上回っている場合に限り発生する。なお、(1)で述べた株主の責任が厳格責任であるのに対し、ここで説明した業務執行者・取締役・執行役の責任は過失責任である（会462条２項）。また、これらの責任は、自己株式取得時（分配時）の分配可能額を限度として、総株主の同意がある場合に免除することができる（会462条３項）。つまり、分配可能額を超える部分については総株主の同意があっても免除することができないが、これは分配可能額が会社債権者保護のために設けられた制度であることに由来する。

4　自己株式取得にかかる取締役等の裁量

　設問(3)では、いわゆる市場買付けにより行われた自己株式取得の取得価格が取得枠を定める取締役会決議の日の市場株価よりも割高であった場合に会社法423条の責任を取締役らに対して追及することができるかが問われている。このような場合、取得枠の範囲内での買付けであれば、取得価格が割高であったとしても取締役の経営判断として尊重されると解されているようである（前田雅弘「自己株式取得と取締役の責任」ジュリ1052号〔1994年〕26頁）。もっとも、極端に異常な状況によって株価が釣り上がっていれば、このような高値によって自己株式取得をしたことにつき、取締役が善管注意義務違反を問われ、会社法423条に基づく責任追及が認められる場合もあると思われる（江頭憲治郎＝神作裕之＝藤田友敬＝武井一浩『改正会社法セミナー　株式編』〔2005年、有斐閣〕53頁〔手塚一男発言〕）。確かに、財源規制が守られ、かつ取得枠の範囲内での自己株式取得であるならば、設問のように高値での買付けをしたとしても取締役らの善管注意義務違反とはならないようにも考えられるが（江頭＝神作＝藤田＝武井・前掲『改正会社法セミナー　株式編』53頁〔神田秀樹発言〕参照）、市場価格であれ株価が異常に騰貴した状況で高値での自己株式取得が行われたら残存株主から売却株主への富の移転があったとして（江頭＝神作＝藤田＝武井・前掲『改正会社法セミナー　株式編』53頁〔江頭憲治郎発言〕参照）、かかる自己株

式取得は不当に高い自社株を会社に買い戻させるという善管注意義務に違反
する行為とするべきであろう（江頭＝神作＝藤田＝武井・前掲『改正会社法セミナ
ー　株式編』54頁〔藤田友敬発言〕参照）。なお、大阪高判平成19・3・15判タ
1239号294頁は、実際の取得価格が簿価純資産額から算定される株価よりも
高値であるとして、自己株式取得を決定した取締役等に対して損害賠償請求
をした事案において経営判断原則を適用して取締役等の責任を否定した（同
事案における取得価格は簿価純資産額から算定される株価から約3割乖離していた）。

5　違法な自己株式取得

　財源規制違反以外の違法な自己株式取得は、1で述べたように、自己株式
取得自体が原則として自由となったため、その類型は多くが手続規制に違反
した自己株式取得である。なお、違法な自己株式取得が行われた場合は、そ
の取得は私法上無効と解されている（最一小判昭和43・9・5民集22巻9号1846頁。
なお、財源規制に違反した自己株式取得の効力については3(2)参照）。もっとも、違法
な自己株式取得であることにつき相手方が善意である場合には取引の安全の
観点から、会社は無効を主張することができない（江頭258頁）。とりわけ、
上場会社が市場買付けにより自己株式取得をする場合を念頭に置くと、株主
は売却した相手方が会社であるかはわからない（金融商品取引業者の名で取引が
行われる）ため取引の安全の要請はより高まるものとなろう（龍田＝前田301頁）。
あるいは、金融商品取引所で行われた取引が、手続規制違反等の会社の内部
事情によって無効になるようでは、証券取引のシステムに対する信頼性の観
点からも問題となりえる。

　ところで、違法な自己株式取得について、誰が無効の主張をすることがで
きるかは学説上で争いがある。有力説は、自己株式取得規制の趣旨が資本維
持、株主間の平等的取扱いなどにあることから相手方からの無効主張を認め
るべきではない（会社のみが無効主張をできる）とする（関俊彦『会社法概論〔全訂
版〕』〔2007年、商事法務〕138頁。なお、吉本112頁は、手続違反の自己株式取得行為につ
き、取引の安全を保護するために相手方からの無効主張を認めるべきではないとする。有
力説と同旨の裁判例として、東京高判平成元・2・27判時1309号137頁が挙げられる）。
これに対して、違法取得した会社が無効主張することは期待できないから、

会社による違法な自己株式取得を禁止するとの法目的を達成するためには、相手方の無効主張を認めるべきであるとの見解も主張されている（江頭258頁注⑽は、無効主張ができるのを会社のみとしてしまうと「株価値下がり時にのみ無効が主張されるであろうから、会社が相手方のリスクで投機を行う機会主義的行為を許容することになる」と指摘する。その他、相手方の無効主張を認めるべきとする見解として、上柳克郎「商法における『当事者の一方のみが主張できる無効』」服部古稀134～135頁、藤枝さとみ「自己株式取得規制に違反する取得の効力」民商104巻3号〔1991年〕367頁、龍田節「違法な自己株式取得の効果」法学論叢136巻4＝5＝6号〔1995年〕34～36頁が挙げられる）。

　なお、違法な自己株式取得により会社が被った損害については、自己株式に資産価値があるか否かについての理解の違いから諸説分かれているところである（髙橋ほか・前掲409～410頁）。

6　株式持合い

(1)　株式持合いとは

　我が国においては、伝統的に、会社間で株式を持ち合う（相互保有する）慣行がある。その目的は、企業間の業務提携、取引先との提携強化、敵対的な買収に対する事前の防衛措置などケースによって様々である。株式持合いはバブル期にピークを迎えたが、バブル崩壊後は、多くの相互保有株式を保有していた銀行が不良債権処理や自己資本規制の強化にともない株式持合いを解消したことから、その数は減少している。もっとも、敵対的買収や委任状勧誘合戦の対象となった会社においては、株式持合いを増やす事例もみられ、株式持合いの影響は無視できないとの指摘もある（田中（亘）170頁）。

(2)　株式持合いの規制

　会社が相互に株式を保有している状況で、一方の会社が他方の会社の総議決権の25パーセント以上を保有するなどしてその経営を実質的に支配することが可能な関係にあるような場合において、支配されている側の会社は支配している会社において議決権を行使することはできない（会308条1項本文括弧書き、会施規67条）。これは、支配されている会社が支配している会社に対して議決権を公正に行使することが期待できないためである。

　また、上場会社は、有価証券報告書（金商24条1項）において相互保有している株式（純投資以外の目的で保有している有価証券）について、その保有目的を開示しなければならない。加えてコーポレートガバナンス・コードでは、上場会社が政策保有株式として上場株式を保有する場合には、政策保有株式の縮減に関する方針・考え方など、政策保有に関する方針を開示し、保有の適否について検証し、検証の内容を開示するとともに、政策保有株式に係る議決権の行使について適切な対応を確保するための具体的な基準を策定・開示することを求めている（コーポレートガバナンス・コード原則［改訂］1-4）。

【例題1】　東京証券取引所に上場している甲社は、公開会社であり大会社であるが、同社の定款には市場取引または公開買付けによる自己株式取得は取締役会決議により決定できる旨の定めが置かれている。甲社の代表取締役であるAは、一部の取締役と同社の株価が市場で過小評価されているとの結論に達し、取締役会決議を経ずにAの独断で総額20億円の自己株式取得を実施した。この場合、会社法上の問題点は何か。

【例題2】　甲社は乙社と業務提携をすることとなり、両社でお互いに株式を持ち合うことで合意し、甲社は乙社の議決権総数の25パーセントを保有し、乙社は甲社の議決権総数の10パーセントを保有することとなった。この場合、どのような規制があるか。

（みやざき・ゆうすけ）

8　株式の単位及び単元株制度

米山　毅一郎

```
┌─────────────────────────────┐
│        株式会社甲社          │
│  ┌───────────────────────┐  │
│  │ 発行可能株式総数　40万株 │  │
│  │ 発行済株式総数　20万株   │  │
│  └───────────────────────┘  │
│        1株 1,000 円          │
│  (1)　1株 1 万円に引上げる   │
│  (2)　1株 500 円に引下げる   │
└─────────────────────────────┘
```

【設　問】

　株式会社甲社は上場会社ではないが、定款に株式の譲渡制限の定めがない「公開会社」（会2条5号）であり、「監査役会設置会社」（会2条10号）「株券発行会社」（会117条7項）である。「種類株式発行会社」（会2条13号）ではない。また、定款に「単元株制度」（会188条1項）の定めはない。甲社は定款で、「発行可能株式総数」（会37条1項参照）を40万株と定めており、現在の発行済株式総数は20万株である。甲社の公正な株式価値は現在1株1,000円程度と評価され、その価格で売買されている。

(1)　株主管理コスト（特に株主総会招集通知等の作成・発送費用）を削減したいと考えた甲社は、株式単位を1株（又は1単元）1万円程度まで引上げたい。そのための手段には、会社法上どのようなものがあるか。実行するためにはそれぞれどのような手続が必要か。

(2)　現在の甲社の株価は高くなりすぎており、投資対象になりにくくなっていると考えた甲社は、株式単位を引下げて1株の価格を500円程度にして、投資しやすくするとともに、株式数を増やして株式の流動性を高めたい。そのための手段には、会社法上どのようなものがあるか。実行するためにはそれぞれどのような手続が必要か。

1　問題の所在

　株式の単位とは、株式の持分価値の大小を意味する（森本181頁）から、株式の投資単位と同義である。株式会社が株式の投資単位である1株の価格をどの程度にするかは、各会社にとって重要な問題である。高すぎると、個人投資家を中心とした株式の需要は減少し得るし、低すぎると、極端に多くの零細株主が現出し、会社の事務処理費用は過剰に膨張して経営を圧迫する。そこで、会社法は、各会社がこれらの事情を考慮のうえ、株式の併合や分割によって、発行済株式数（ひいては1株当たりの価値）を調整する自由を認めている。もっとも、昭和56（1981）年商法改正は株式の規模を法定し、最低5万円を原則としていた。その際に、法による株式単位の一律規制の一環・調整策として、端株制度や単位株制度が整備された。改正の背景には株式単位の引上げの必要性があった（当時額面株式の最低券面額は500円とされていたが、昭和25（1950）年改正前に設立された会社の額面については改正前の額面でよいとされていたため、大多数の会社の額面は50円のままであり、こうした券面額はそれ自体非常識な額というしかない。当時、1株式の株主に一回封書を出せば額面以上のコストがかかった）。その立法政策を転換して、会社が資金調達の便宜や株主管理コスト等を勘案して自己に最適の株式単位を設計することを可能にする平成13年商法改正がなされた（同改正につき、前田雅弘「株式の単位規制の見直し」ジュリ1206号〔2001年〕108頁、野田博「株式単位の見直し」『改正商法の法律問題』〔金判増刊〕〔2016年〕84頁）。会社法は同改正法の趣旨を踏襲し、株式単位設計の自由を維持する。他方で、この様な株式単位の調整が株主の利益に影響を及ぼす場合には、株主の利益を保護するため、会社法は株主総会の決議を要求している（黒沼216頁）。

　設問(1)は、株式単位引上げ調整手段としての「株式併合」（会180条1項）および一定数の株式数で1単元を組成し、1単元ごとに1株主として処理する

ことによる株主管理コスト削減策たる「単元株制度」（会188条1項）の手続に
係る。設問(2)は、株式単位引下げ調整手段としての「株式分割」（会183条1
項）及びそれと経済的に同じ機能を有する「株式無償割当て」（会185条）の手
続に係る。以下、株式併合、単元株制度、株式分割・株式無償割当ての順に
分説するが、更に、後掲の［例題］に関連する諸点についても若干言及した
い。

2　株　式　併　合
(1)　株主総会の特別決議

　設問(1)の甲社は、株式単位（出資単位）を現在の10倍の大きさ（1万円程度）
に引上げ、株主数を減らすことによって、株主管理コストを削減し得る。そ
のためには、甲社の株式10株を1株に併合すればよい。株式の併合割合が大
きいと株主の地位を失う者が多数出てくるし、1株しか保有しない株主であ
れば併合割合がどうであろうが確実に株主の地位を失うから、株式併合には
株主総会の特別決議が必要とされる。それ故、甲社は、第一に、併合割合、
株式併合の効力発生日、効力発生日における発行可能株式総数等所定の事項
（会180条2項）を株主総会の特別決議をもって決定することを要する（同項1
号2号4号、309条2項4号。甲社は種類株式発行会社ではないから、会180条2項3号所
定の併合する種類株式について定めることを要しない）。総会では、取締役は当該株
式併合を必要とする理由を説明しなければならない（同条4項）。この説明義
務は株主の質問権に対応したもの（会314条）とは異なる株式の併合における
株主の利益保護のための特則である。虚偽内容の説明等、適正な当該説明義
務の履行がなされなかったにも拘らず決議がなされたときは、決議方法の法
令違反として総会株式併合決議取消事由（会831条1項1号）を構成する（岸田
雅雄『株式制度改革と金庫株』〔2001年、中央経済社〕81頁、野田博「株式単位の見直し」
金判1160号〔2003年〕88頁）。また、後述する差止請求権（会182条の3）を行使し
得る。当該株式併合の可否についての判断資料となるべきものであるから、
理由の説明は具体的でなければならないが、株式併合の必要性には客観的合
理性が要求されるわけではない。客観的合理性の有無にかかわらず、当該株
式併合決議の可否は株主の判断に委ねられるからである（前田・前掲「株式単

位規制の見直し」111頁、コンメ(4)145頁〔山本爲三郎〕）。また、この総会決議にお
いて、効力発生日における発行可能株式総数（会113条参照）を定めることを
要する（会180条2項4号）ところ、公開会社である甲社の当該総数は、効力
発生日における発行済株式の総数の4倍を超えることができない（同条3項）。
新株発行場面での公開会社の既存株主の持株比率低下の限界を画するいわゆ
る4倍ルール（持株比率の希釈程度に関する予見性付与。会37条3項、113条3項。発
行可能株式総数は発行済株式総数の4倍を超えてはならない）を株式併合場面に及ぼ
すものである（田中（亘）131頁）。本問の場合、従前の発行可能株式総数40万
株、発行済株式総数20万株の公開会社である甲社は、併合割合10分の1の株
式併合をするのだから、効力発生日の発行済株式総数2万株の4倍の8万株
以下を発行可能株式総数としなければならない。効力発生日にその旨の定款
変更がされたものとみなされる（会182条2項）。

(2) 株主等への通知・公告

第二に、甲社は、①当該株主総会で定めた効力発生日の2週間（ただし②
会社法182条の4第1項・2項の反対株主の買取請求が認められるときは20日）前まで
に会社法180条2項各号所定の事項を株主及び登録株式質権者（以下、株主等
という）に通知又は公告しなければならない（株主に対する通知等。会181条、182
条の4第3項）。甲社の株主が全て10株以上保有し、かつ10の倍数で株式を保
有するのでない限り、甲社の株主には必ず当該株式併合によって1株未満の
端数が生じるから、この場合の株主等への通知・公告は効力発生日の20日前
までにしなければならない。①は単なる公示目的だが、②は反対株主の株式
買取請求権の行使に関わるものだから、②の瑕疵は株式併合の効力に影響を
及ぼす（会182条の3。江頭287頁注(4)、(5)）。

第三に、甲社は株券発行会社だから、併合の効力発生日までに会社に対し
株券を提出しなければならない旨を当該日の一か月前までに公告し、かつ株
主・登録株式質権者には格別に通知しなければならない（会219条1項2号）。
株主名簿の名義書換を促し、効力発生日後の無効株券の流通を阻止するため
である（江頭287頁）。

第四に、当該株式併合によって、甲社の株主から1株未満の端数株式所有
者が発生しない場合を除き（端数所有者が1人でも存在する限り）、甲社は、当該

株主総会の日の2週間前の日、又は、株主への通知等（会181条、182条の4第3項）のいずれか早い日から効力発生日後6か月を経過する日までの間会社法180条2項所定の事項その他特定の事項（会施規33条の9）を記載した書面・電磁的記録を本店に備え置き、株主の閲覧等に供さなければならない（総会前の事前開示。会182条の2）。株式の端数化によって不利益を受ける可能性のある株主に対する情報開示である（江頭286頁）。

(3)　株主の保護・少数派株主の締出しに対する救済

株式併合をするための総会特別決議や株主総会参考書類記載事項（会施規85条の3、93条1項5号ロ）は、不利益を受ける可能性がある株主の存在を自覚したものである。それとは別に、総会前の事前開示は、単元株式数を定款で定めている会社（単元株制度採用会社）で単元株式数にも端数が生じる場合や、単元株制度不採用会社において、株式併合に伴い大量の端数が生じ得ることに対応した、株主の利益保護のための一方策であるから、例えば、100株を1単元とする会社が併合割合10分の1の株式併合をする場合には、株主に与える影響は小さいため適用されない（会182条の2第1項。この場合182条の2以下の規定は適用されない。弥永・リーガルマインド98頁、田中（亘）132頁、三浦175-176頁等参照）。

甲社は単元株制度不採用会社だから、総会前の事前開示に加えて、以下の株主利益保護のための諸規定が適用され得る。①当該株式併合が法令・定款に違反し、株主が不利益を受ける恐れがあるときの会社に対する株主の差止請求権（会182条の3）。当該株式併合に係る手続規制違反（株主総会決議の瑕疵、通知・公告の瑕疵、その虚偽記載、併合割合の不平等取扱い等）が典型例である。不当な少数派株主の締出しも、少なくとも閉鎖型のタイプの会社（閉鎖会社）の内紛に起因している限り、特別利害人の関与した著しく不当な決議に当たる（会831条1項3号）ものとして、当該総会決議の瑕疵を理由とした株主の差止請求権を行使できる（江頭290頁注(1)、160頁注(36)〔そのようなタイプの会社の株主にとっての株式は経営者としての報酬を生む源泉であり、株主間に経営参加に関する明示・黙示の約束等、複雑な事情があることが通例であることを理由とする〕）。閉鎖会社の株主は、一般に、単なる投下資本の回収で満足するわけではなく株主地位の維持に関心を有するからである。②株式併合によって生じた1株未満の端

数については競売等による売却により得られた代金が株主に交付される（会235条、234条2項ないし5項）が、それとは別に、③当該株式併合に反対する株主は、会社に対し、自己の有する株式のうち1株未満の端数となるものの全部を公正な価格で買い取ることを請求することができる（会182条の4。買取価格の決定につき182条の5）。②のみでは市場価格の下落、売却先の確保の困難等から適切な対価の交付がなされないことを懸念する反対株主に対する救済措置である（江頭290頁。業務執行者の分配可能額超過額支払義務につき、会464条）。不当な少数派株主の締出しでも、公開会社の株主の利益保護は、適正な買取価格の確保、即ち反対株主の買取請求権の行使によって図るべきである。公開会社の株主は適正な対価を取得できれば、当該会社の株主の地位に固執すべき理由はないと解されるからである（江頭160頁注(36)）。④会社は、当該株式併合の効力発生日後遅滞なく法務省令所定の一定事項（会施規33の10）を記載・記録した書面等を作成し、効力発生日から6ヶ月間その本店に備え置かねばならず（事後開示。会182条の6第1項2項）、当該会社の株主・効力発生日に株主であった者は当該書面等の閲覧謄写請求権を有する（会182条の6第3項）。株主は、事前開示による情報収集から当該株主総会における議決権行使、差止請求権行使、株式買取請求権行使の判断資料を入手するほか、事後開示からは当該株主総会決議取消し等の訴え提起の判断資料を入手できる（弥永・リーガルマインド98頁）。

3 単元株制度

(1) 単元株式数の新設

　株式併合の方法に依らずとも、一株一議決権の原則を修正して（会308条1項但書）定款に単元株制度を定めれば（会188条1項）株主管理コストを節減し得る。甲社の株主管理コストの主要なものは株主総会の招集通知の作成費用・添付資料作成費用・発送費用等であり、これらを節減するには株主数に占める議決権行使有資格者数を削減すればよい。その株主総会において議決権行使することができない株主に招集通知を発する必要はないから（会298条2項括弧書〔森本47頁。総会参与権も認められない〕）、株主管理コストの大幅な節減を可能にする。単元未満株主には議決権がないため（会189条1項）株主管

理コストの節減策として有用である（更に、株券発行会社である甲社の場合、単元未満株式に係る株券発行コストも節約し得る〔会189条3項〕）。尚、株主管理コスト節減のみを問題とするのであれば、甲社は種類株式発行会社ではないことから、定款変更（会466条、309条2項11号）により、議決権制限株式・完全無議決権株式（会108条1項3号）を発行できる種類株式発行会社となることも考えられるが、設問の条件（1株1万円程度に引上げる）を満たすには所与の条件が不足しており複雑な考慮要素が生じるため、ここでは除外する（一般に議決権が制限される分その他の内容が同一の株式であれば株価は低下するから、株価引上げには直結しない）。

甲社は定款変更により、単元株式数を10株とする規定を新設すれば設問(1)の目的を達成できる（会188条1項、466条、309条2項11号〔株主総会特別決議〕）。必要以上に株主の議決権（それを前提とする共益権）を排除すべきではないから、単元株式数は1,000を超えてはならず、また、発行済株式総数の200分の1（本問では1,000株式）を超えてはならない（会188条2項）が、単元株式数を10株とすることは問題なく認められる。甲は単元株式数を新設するのだから、取締役は当該単元株式数を定めることを必要とする理由を株主総会において、説明しなければならない（会190条）。尚、この場合でも同時に株式分割を行い株主の権利を害することにならない場合には、株主総会特別決議によらずに定款変更することもできる（会191条）が、本問では妥当しない。

(2) 単元未満株主の権利

設問では問われていないが、単元未満株主が有する単元未満株式の権利行使は以下のように制限される。①株主総会・種類株式総会における議決権行使は認められない（本来の趣旨〔会188条1項〕）、②株主提案権（会303条、304条、305条）等の議決権を前提とする権利や、検査役選任請求権（会358条1項）・帳簿閲覧権（会433条1項柱書）等の議決権数を基準とする少数株主権の行使も認められない。③単元未満株式であっても、会社に対する持分の性質を有するから自益権は制限されないのが原則であるが、一定の自益権については定款自治の範囲内で制限を加えることが可能である。即ち、定款自治の範囲外として一定の権利（直接に持分の消長をきたす権利〔弥永・リーガルマインド75頁〕）には制限を付することを認めない（会189条2項、会施規35条〔全部取得条項付種

類株式の取得対価受領権、取得条項付株式の取得対価受領権、株式無償割当て受領権、単元未満株式の買取請求権、残余財産分配請求権、株主名簿閲覧請求権、剰余金配当請求権等])。

　問題は②③との関連で、②以外の一定の共益権についても定款自治が妥当し、それらの共益権を排除できるか否かである。例えば、株主総会決議取消訴訟提起権（会831条）や、会社の組織に関する行為の無効の訴え提起権（会828条）等の監督是正権を定款規定によって排除し得るか。単元未満株主には総会出席権・質問権・総会決議取消訴権を含む一切の総会参与権がないと解すれば、前者は定款自治の問題以前に行使できないのであり、議決権に関わりのない共益権である後者については、定款規定次第であるとして定款自治に委ねる見解（江頭301頁注(1)）がある。一方、これらの権利を与えるか否かは株主管理コストの削減とは無関係故に、単元未満株主の権利を否定する理由はないと解する（黒沼220頁）場合、それ故にこれらについては定款自治の範囲外と解するか（従って、定款規定による排除不能）、或いはこの場合でも定款規定次第であると解するか、見解は別れよう。定款に違反した内容の決議が成立した場合や特別利害関係人が関与して著しく不当な決議が成立した場合、議決権制限株主にも総会決議取消訴権を肯定する見解（これらの株主も定款に従った決議がなされることに合理的な期待を有しており、不当決議の影響を受けることを理由とする。弥永・リーガルマインド149頁）を前提とし、会社法847条1項第2括弧書は、株主代表訴訟につき定款で単元未満株主の自益権の一部を排除する場合に限って単元未満株主の代表訴訟提起権は否定される旨を明文化していると解する（黒沼220頁、弥永真生『演習会社法』〔2006年、有斐閣〕30頁、31頁参照）ならば、議決権と関わりのない共益権についてそれを定款で排除することは定款自治の範囲外と解するべきではなかろうか。

(3)　単元未満株主の買取請求権・売渡請求権

　単元未満株式の譲渡は一般に困難を伴う。議決権が排除されており、定款自治の範囲内であればその他の自益権も排除し得るから、その分だけ株式として不完全（魅力に欠ける）故である。株券発行会社の場合定款で定めれば、単元未満株式につき株券の不発行を許容され得る（会189条3項）から、この場合、単元未満株式の譲渡が不可能となる（株券発行会社の株式の譲渡は株券の

交付が効力要件〔会128条1項〕）。会社が単元未満株式に係る株券を発行する場合でも、その会社が譲渡制限会社であるときは、定款により株主からの譲渡承認請求権（会136条）を排除し得る（会189条2項6号、会施規35条2項3号。株式取得者からの譲渡承認請求権〔会137条〕は排除できない）から、この場合も投下資本回収が制限を受ける。

　この様な不都合を回避する措置として、①単元未満株主の単元未満株式買取請求権（会192条。会社にとっては自己株式取得〔会155条7号〕だが財源規制はかからない）、②定款に定めた限りで、合わせて1単元となるような数の単元未満株式の会社に対する売渡請求権（会194条）がある。①も②も売買価格の決定は会社法193条、194条4項、会社法施行規則36条、37条に従う。

4　株式分割と株式無償割当て

(1)　両制度の異同

　株式分割（会183条1項）とは、例えば、普通株式3株を普通株式5株（分割割合3分の2）にするように、株式を同一の種類の株式に細分化することである。正に割卵・細胞分裂のイメージである。これにより、発行済株式総数は増加する（会184条1項。分割割合分の純増だから発行済総株式数は3分の5倍になる）が、会社財産に増減は生じない（新たな出資がなされるわけではない）から、1株当たりの価値は小さくなる（理論的には5分の3）。市場における流通性を高めるために株式の単位を小さくしたり、合併等の対価支払の際の株式割当比率を調整するための手段として株式分割が用いられる。

　株式無償割当てとは、株主に新たな払込はさせずに当該会社の株式を割り当てることである（会185条、186条2項）。例えば、普通株式1株に剰余金配当優先種類株式1株を割り当てることも可能である（同一種類のものでなくてもよい）。この点は株式分割が同一種類の株式の細分化である点と異なる（会185条と183条の対比）。株式分割では自己株式も分割される（自己株式の数も増加する）が、株式無償割当てでは自己株式に株式を割り当てることはできない（会186条2項。逆に自己株式を割り当てることは可能）。これらの差異は、株式分割は「株式の発行」（会828条1項2号）とは観念されないのに対し、株式無償割当ては一種の「株式の発行」であること（江頭293頁注(5)）に因る。それでも、

同種類の株式の無償割当てによって、会社財産に変動なしに既存株主の当該株式の持株数が増加する（会187条1項）から、経済的には株式分割と同様の機能が認められる。それ故、株式分割・株式無償割当ての手続はほぼ同一である。

(2)　株式分割・株式無償割当ての手続等

　株式分割（①）の決定・株式無償割当て（②）の決定は、取締役会設置会社では取締役会、取締役会非設置会社では株主総会の普通決議を要する（①につき会183条2項、②につき186条3項）。株式併合と異なり、株式分割によって端数が生じても株主間の相対的地位に大きな影響は与えないし（三浦177頁）、既存株式が1株未満の端数となり株主の利益を害することはないから（江頭294頁）要件が緩和されている。①・②とも、指名委員会等設置会社では決定を執行役に委任することができ（会416条4項参照）、一定の要件を充たす監査等委員会設置会社では代表取締役等のより下位の機関に委任できる（会399条の13第5項・6項参照）。決議事項は①につき会社法183条2項、②につき186条1項所定の事項である。①のみが基準日を定めることを要し（会183条2項1号）、決定事項は公告される（会124条3項）。名義書換未了株主の名義書換を促すためである。基準日株主は効力発生日に分割割合に応じた株式を取得し（会184条1項）、端数は株式併合の場合と同様の手続で処理される（会235条1項）。②は募集株式発行の場合と同様基準日制度は強制されないが、株主構成が流動的な公開会社の実務上は名義書換機会を確保するために基準日を設定することが合理的である（森本184頁注8）、215頁参照）から、少なくとも効力発生日を基準日とみなして公告を要するものと解する（江頭294頁参照、会124条3項類推）。株主は効力発生日に割当てられた株式を取得し（会187条1項）、端数は所定の方法で処理される（会234条1項3号）。会社は、効力発生日後、株主・登録株式質権者に対し、当該株主が割当てを受けた株式の数を通知しなければならない（会187条2項）。

　設問(2)の甲社が所期の目的を達成するためには1株を2株に株式分割（分割割合1）すればよい。第一に、甲社は公開会社かつ監査役会設置会社だから、取締役会の決議によって（会187条2項柱書括弧書）会社法所定の事項のうち、分割割合1（1株を2株に分割する）として基準日及び効力発生日（会183条

2項1号2号)を決定しなければならない。第二に、基準日の2週間前までに当該決議事項を公告しなければならない(会124条3項)。尚、設問の場合当該株式分割に因る発行可能株式総数超過にならないから、特別決議による定款変更は問題とならず、その特則である会社法184条2項所定の取締役会決議を要しない(もっとも当該株式分割に因って発行可能株式総数枠を全て使い切ってしまう結果の放置は現実的ではないから実務上は同条項が利用されるのが普通であろう。尚、同条項の決定機関を代表取締役等業務執行者と解する見解〔相澤・解説47頁〕に対して分割事項の決定手続中の取締役会決議を要すると解する見解〔江頭294頁〕がある)。次に、株式無償割当てを利用することも可能である。その場合第一に、株主に割当てる株式数1とする株式無償割当ての効力発生日を取締役会で決議すればよい(会186条1項1号2号、186条3項)。甲社は種類株式発行会社ではないから異なる種類株式の割当は問題とならないが、自己株式に無償割当てはできない(同条2項。設問からは自己株式の存在の有無は不明)。第二に、明文規定を欠くが、株主名義書換の機会確保・投資判断資料提供の見地から、効力発生日を基準日と同視して、効力発生日の2週間前までに甲社は、当該決議事項を公告(会124条3項)しなければならないと解する。

(3) 違法な株式分割・株式無償割当ての事前・事後の救済措置

　手続の法令違反等違法な株式分割に対する事前救済措置として新株発行差止請求権を行使し得るか。株式分割は株式の交付ではないから会社法210条の適用は否定される。問題は、いわゆる事前警告型の敵対的企業買収防衛策に基づく買収遅延効果を持つ株式分割が新株の不公正発行に当たることを前提とした場合(不公正発行該当性につき争いがある。東京地決平成17・7・29金判1222号4頁は種類株式発行会社以外では株主に不利益は生じないとする)にも同様に解すべきかである。忠実に文言解釈すればその場合にも同条は類推適用されない(救済は株式分割無効の訴えを本案とする議決権行使禁止の仮処分申請〔弥永真生「株式の無償割当て・新株予約権の無償割り当て・株式分割と差止め」商事1751号〔2005年〕6頁、江頭297頁注(7)〕、違法行為差止請求〔岸田雅雄「判批」リマークス2006(下)106頁〕で図る)。しかし、会社法210条の類推適用を議決権比率の低下・希釈化による株主の損害に限定する理由は特にない(田中亘「判批」野村修也＝中東正文編『M&A 判例の分析と展開』〔別冊 金融・商事判例〕〔2007年、経済法令研究会〕116頁)

と解するならば、この場合の問題の核心は当該株式分割の果たす防衛策としての不相当性にいかに対処すべきかにある。防衛策としての不相当性は、過剰な株式分割が惹起する投機的株価高騰による公開買付妨害（鳥山恭一「判批」法セミ611号〔2005年〕120頁参照）に取締役等経営陣の恣意性・不当目的を推認し得る（同条2号要件充足）。当該株式分割によって、対象会社の株主は、経営を誰に委ねるべきかに関する判断の機会を奪われたのであり「株主が不利益を受けるおそれ」がある（会210条柱書要件充足。田中・前掲「判批」116頁）。それ故、同条の類推適用を認めるべきである。また、買付者としての不利益も株主としての不利益に含まれるとの構成（布井千博「判批」金判1229号〔2005年〕62頁）からも同条類推適用は肯定される。

　違法な株式分割がなされた場合、株式分割の果たす機能・効果の共通性から、事後的救済措置として、株式発行無効訴訟（会834条2号）の類推適用を認めるべきである（江頭297頁、森本184頁注7)等）。

　違法な株式の無償割当てについては、事前救済措置としての新株発行等差止請求権行使（会210条）が認められ、事後的救済は、株式発行無効訴訟・自己株式処分無効訴訟（会834条2号3号）による。

【例題1】　設問中の甲社において、会社が少数派株主の締出しの目的を真の目的とするにも拘らず、それを説明することなしに株式併合を行う場合、当該株式併合に反対する株主の救済はどのように図ることになるか。(1)事前の救済(2)事後の救済に分けて答えよ。

【例題2】　単元株制度を採用する株式会社の単元未満株主は、当該会社の定款に違反する内容の株主総会の決議について、株主総会決議取消の訴えを提起することが認められるか。

【例題3】　種類株式発行会社（会2条13号）において、種類ごとに分割比率を違えることは可能か。可能とした場合、新たに付加される手続があるか。

（よねやま・きいちろう）

9　株式の共有

木　下　　崇

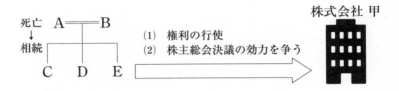

死亡 A════B
↓
相続　　C　D　E

株式会社 甲

(1)　権利の行使
(2)　株主総会決議の効力を争う

【設　例】

　甲社は、取締役会を設置しない株式会社である。甲社の発行済株式は、Aがすべて保有していた。甲社の取締役には、AおよびPがあり、Aが代表取締役の地位にある。

　平成30年1月20日、Aは、くも膜下出血で救急搬送され入院したが、昏睡状態に陥り、意識を回復すること無く、同月25日に死亡した。亡Aの相続人には、妻B、A・B間の子C・D・Eがいる。亡Aの遺言はなく、遺産分割協議も調っていない。このため、Aが所有していた株式（以下「本件株式」という。）につき、会社法106条が定める権利を行使する者の通知も会社に対してなされていない。

(1)　Eが、本件株式に関する権利を適法に行使するには、どのような手続を経る必要があるか。

(2)　依然として遺産分割協議が調わず、本件株式に関する会社法106条が定める権利を行使する者の通知も会社に対してなされていないなかで、Pは、同年2月24日に甲社の臨時株主総会が開催され、Aに代わりCを取締役に選任する旨の決議があったとして登記の申請をなし、同年3月11日、その旨の登記がなされた。ところが、当該臨時株主総会につき招集手続がとられたか、実際に開催されたかについて判然としない。

　　　Cが甲社取締役に選任・登記されたことに気づいたEは、当該臨時株主総会の決議の効力を争うことができるか。

1　問題の所在——共同相続による株式の準共有——

　会社法上、株式が相続の対象となる旨の定めはないが、相続が認められることについては、一般的に承認されている。また、1株を共有することも認められる。株式の準共有は、数人による株式の引受のように株主の意思により生じるほか、設問のような相続により生じることもある。すなわち、共同相続が開始した場合、株式は相続分に応じて当然に分割されるとの見解もあるが（出口正義『株主権の法理』〔1991年、文眞堂〕341頁）、判例は遺産分割が終了するまでは分割帰属せず、各相続人の相続分に応じて共同相続人の準共有に属するとする（最一小判昭和45・1・22民集24巻1号1頁、最三小判昭和52・11・8民集31巻6号847頁など）。その論拠としては、①株式に表章されるものは権利というよりは地位というべきであるから、金銭債権のような可分債権と同視することは困難であること、②可分債権の取扱いをしても整除できない端数については準共有関係を承認せざるを得ないことなどが挙げられていた。

　準共有の状態にある株式につき、共有者が株主権を行使するには、「共有者は、当該株式についての権利を行使する者1人を定め、株式会社に対し、その者の氏名又は名称を通知しなければ、当該株式についての権利を行使することができない。」と定める（会106条本文）。これは、共有者全員が個々に権利を行使することから生じる混乱を回避し、会社の事務処理の便宜を図るために設けられた規定であると解されている。

　それでは、権利を行使する者（以下「権利行使者」という。）をどのように定めればよいのか。また、権利行使者の選定および会社への通知を欠く場合の効果が問題となる。

2　株式についての権利行使と権利行使者の選定

⑴　相続による株式の取得と株主名簿の名義書換

株式の「譲渡」については、株主名簿の名義書換がなされなければ、会社や第三者に対抗できない（会130条1項）。

この「譲渡」には、相続等の一般承継は含まれないから、相続人は名義書換をすることなく、相続による株式の移転を会社に対抗できるとする見解がある（相澤ほか139頁、伊藤ほか126〜127頁〔田中亘〕）。もっとも、議決権等の権利を行使する場合には、自らが名義株主の相続人であることを証明しなければならないともする。

これに対して、譲渡のほか、相続、合併、競売による買受け等、株式の移転があった全ての場合において、振替株式以外につき取得者が会社に対し権利を行使するためには、株主名簿の名義書換えをしなければならないと解するものも有力である（江頭206頁、酒巻俊雄ほか編代『逐条解説 会社法 第2巻』〔2008年、中央経済社〕255頁〔北村雅史〕）。

⑵　権利行使者の選定方法

権利行使者をどのように定めるのか、権利行使者の選定行為の法的性質や権利行使者の権限の範囲をどのように解するか、などの観点から議論がなされてきた。

この点については、準共有者の持分の価格に従って、その過半数で権利行使者を決定するとの見解（持分価格過半数説）、準共有者全員の一致によるべきとする見解（全員一致説）、権利行使者に与えられる権限の内容によって選定方法が異なるとの見解（折衷説）が主張されている。

持分価格過半数説は、権利行使者の選定は準共有者に権利行使の途を開くものであり、権利行使者の選定行為は管理行為にあたること、準共有者のうちの1人でも反対すれば全員の社員権の行使が不可能となることを理由としている（注釈⑶50頁〔米津昭子〕など）。判例も準共有者の全員が一致しなければ権利行使者を選定することができないとすると、準共有者のうちの1人でも反対すれば全員の社員権の行使が不可能となるのみならず、会社の運営にも支障を来すおそれがあり、会社の事務処理の便宜を考慮して設けられた右規定の趣旨にも反する結果となるとして、この立場を採る（最三小判平成9・

1・28裁判集民181号83頁〔金判1019号20頁〕、最三小判平成11・12・14裁判集民195号715頁〔金判1087号15頁〕）。

　全員一致説は、多数決により権利行使者を選定できるとすると、閉鎖的な株式会社において、相続人間に経営権をめぐる争いがあるような場合には、過半数の相続分を有する者が出資株式のすべてについて自己の有利に権利行使できることになり、少数持分権者の利益が完全に無視される結果の不合理を問題としている。この見解は、中小企業の支配株式の共同相続のケースでは、権利行使者の選定行為を単なる共有物の管理行為とみることはできないとする（大野正道『企業承継法の研究』〔1994年、信山社〕127頁、江頭122～123頁注(3)）。そして、権利行使者の選定行為を、一種の財産管理委託行為とするもの、権利行使者の選定は管理権の授権そのものであるとするもの、処分行為に準ずるものとみるものがある。

　折衷説は、権利行使者に裁量権を与えない場合は過半数により選定できる一方で、裁量権を与える場合には全員一致で選定し、1人の相続人の請求で解任できるとする。

(3)　権利行使者の権限

　準共有株式につき権利行使者の選定・通知がなされれば、当該準共有株式に係る権利の行使は一本化される。それでは、株主総会における議決権行使が問題となる場合、選定された権利行使者の権限は、すべての事項に及ぶのか。

　有限会社に関する事例において、判例は「社員総会における共有者の議決権の正当な行使者は、被選定者となるのであつて、共有者間で総会における個々の決議事項について逐一合意を要するとの取決めがされ、ある事項について共有者の間に意見の相違があつても、被選定者は、自己の判断に基づき議決権を行使しうると解すべきである。」とする（最二小判昭和53・4・14民集32巻3号601頁）。このように解さなければ、会社は結局株式共有者がどのような決定をしているかをその都度確認しなければ、安全に議決権を行使させることはできないことになってしまい、会社の事務処理を簡便にしようとした規定の趣旨は全うされないともいえよう。

　これに対して、会社法106条の規定は、準共有者により選定された権利行

使者の会社に対する権限を定めたものであって、選定された権利行使者が、当然に自由に株主権を行使できるわけではないとの指摘もある。このような考え方からは、選定された権利行使者がどのように株主権を行使すべきかは、準共有株主が内部的に決すべきであり、内部的な取決めがない場合には、共有に関する規定に従い、権利行使者の株主権行使が、準共有株式の変更や処分にあたる場合は、その株主権行使には準共有株主全員の同意を要し（民251条）、株主権行使が管理行為にあたる場合には、準共有株主の多数決により決定し（民252条本文）、保存行為にあたる場合には、単独で行うことができる（民252条但書）との考えを導き得るとしている。

(4)　共有者間の合意形成と協議の必要性

　民法252条は、共有物の管理に関する事項について「各共有者の持分の価格に従い、その過半数で決する。」と定める。それでは、準共有者全員で協議することなく、過半数の持分割合を持っている者だけで自由に決定することができるか。

　この点について、裁判例は、「権利行使者の選定及び会社に対する通知は、持分の準共有者の一部の者のみによってすることはできず、全準共有者が参加して右選定及び通知をすべきであり、仮に全準共有者が参加してすることができない事情がある場合においても、少なくとも参加しない他の準共有者に対し、右選定及び通知に参加し得る機会を与えることを要するものと解すべきである。」とする（大阪地判平成9・4・30判時1608号144頁）。権利行使者の権限が、準共有株式に関する権利につき包括的に授権されたものと解するならば、権利行使者の選定及び通知は準共有者の利害と密接な関係を有する。また「決する」とは表決を行うことを意味するから、少数持分（準）共有者に無断で決定できるとするのは妥当とは言い難い（山野目章夫『物権法［第5版]』〔2012年、日本評論社〕169頁、171頁参照）。

　もっとも、法定相続分の4分の3を相続する地位にある共有株主が会計帳簿の閲覧・謄写請求をした事例において、共有物の管理に関する事項として、自らを当該株式の権利行使者と定めてなした権利行使は有効であるとする裁判例（東京高決平成13・9・3金判1136号22頁）や、少数持分の準共有者に権利行使者の選定に参加する機会を与えても、選定の結果が異なる可能性は皆

無であったとされる場合には、過半数持分の準共有者がおこなった権利行使者の選定を有効とする裁判例（東京地決平成17・11・11金判1245号38頁）もある。

(5)　小　　　括

　前述の通り判例は、持分価格過半数説をとり、その立場は固まっていると評価されつつも、依然として全員一致説は有力に主張されている。持分価格過半数説と全員一致説の差は、①権限行使者の事実上の権限の大きさを強調して選定には全員一致を要すると考えるか、②全員一致が不可能な場合、会社経営が立ち行かなくなる事態に思いを致し、かつ、選任それ自体は他の共有者にとっても利益となるにすぎない点に着目して多数決で足りると考えるかの問題と整理される（賓金敏明「判批」判タ978号〔1998年〕171頁）。

　持分価格過半数説を採りつつ、権利行使者には包括的な権限が与えられているとする判例の立場は、権利行使者の選定および通知につき準共有者全員の協議を必要とすることで、①の指摘を考慮しようとする。権利行使者による権限の行使にあたっては準共有者間の取決めに従うとする立場も同様であろう。なお、持分過半数説を前提に権利行使者がその有する議決権を不統一行使することを認めるとする見解もある。この見解は円滑な会社の経営と少数持分権者の利益の調和を図ろうとするものであるが、共有者各々の法定相続分に応じた議決権行使を認めることと同様になってしまうとの批判がある。

　全員一致説は、株式が準共有状態にあるのは、遺産分割協議が調い株式の帰属が定まるまでの暫定的なものであるから、権利の内容に実質的な変更をもたらすような議決権行使を認める必要は乏しいとするが、②の指摘については専ら共同相続人間で速やかに解決を図るほかはない。この見解は、中小企業の支配株式の共同相続のケースを念頭に、準共有株式に関する権利行使ができず会社経営が立ち行かなくなったとしても、共有持分の過半数で企業の承継者が決まるより害が少ないと考えている。

　なお、権利行使者を共有者以外から選定することができるのか。この点について、権利行使者以外のものによる権利行使ができないことから、必ず共有者の中から選ばなければならないとする見解もある。しかし、共有者間に紛争が生じているときや、共有者が全員国外に居住しているときなど、共有

者中のいずれかによる株主権行使に支障がある場合には、共有者以外の第三者の中から権利行使者を選定することを認めてもよいのではないだろうか。

3　権利行使者の選定・通知を欠く権利の行使と会社の同意

　会社法106条本文による権利行使者の選定・通知を欠く場合でも、会社の同意により、準共有者による準共有株式にかかる権利の行使を認めることができる（会106条ただし書き）。立法担当者は、「会社法においては，共有株式に係る権利行使者の通知についての106条本文の規定は，共有株主が権利行使者に通知をした場合には，その者を株主として扱えば免責されることとする，株式会社の便宜を図るための規定に過ぎないことから，同条ただし書きを新設し，その通知がない場合であっても，株式会社が自らのリスクにおいて共有者の1人に権利行使を認めることができる」とする規定であるとしている（相澤ほか492頁）。それでは、会社の同意さえ得れば、当該同意を得た準共有者は、自由に準共有状態の株式についての議決権を行使することができるのか。

　判例（最一小判平成27・2・19民集69巻1号25頁）は、会社法106条本文について、「共有に属する株式の権利の行使の方法について，民法の共有に関する規定に対する『特別の定め』（同法264条ただし書）を設けたもの」と解した上で、会社法106条ただし書きは、「その文言に照らすと，株式会社が当該同意をした場合には，共有に属する株式についての権利の行使の方法に関する特別の定めである同条本文の規定の適用が排除されることを定めたもの」と解し、「共有に属する株式について会社法106条本文の規定に基づく指定及び通知を欠いたまま当該株式についての権利が行使された場合において，当該権利の行使が民法の共有に関する規定に従ったものでないときは，株式会社が同条ただし書の同意をしても，当該権利の行使は，適法となるものではないと解するのが相当である。」とした。そして、「共有に属する株式についての議決権の行使は，当該議決権の行使をもって直ちに株式を処分し，又は株式の内容を変更することになるなど特段の事情のない限り，株式の管理に関する行為として，民法252条本文により，各共有者の持分の価格に従い，その過半数で決せられるものと解するのが相当である。」とする。さらに、こ

れに従わない議決権行使は不適法なものとなる結果、決議の方法が法令に違反するものとして、決議取消事由になるとする（会831条1項1号）。

　判例は、会社による同意の条件として、「権利の行使が民法の共有に関する規定に従ったもの」であることが必要であるとする。このため、権利行使者の選定の場合と同様に、具体的な協議の必要性につき問題が残る。また、判例は権利行使の内容について、「特段の事情」がある場合を指摘する。権利行使者の権限に関する学説の指摘に通じるものがある（2(3)参照）。

4　株式の準共有と原告適格

　相続によって株式を準共有するに至ったが遺産分割協議が調わず、会社法106条が定める権利行使者の選定および通知がなされていないなかで開催された株主総会の決議について、準共有株主の1人が当該決議の効力を争う訴えを提起することができるか。

　株主総会決議不存在の訴えについては原告適格に関する定めはない。ゆえに、訴えの利益があれば、原告適格が認められると解することもできるようにも思われる。しかし判例は、「権利行使者としての指定を受けてその旨を会社に通知していないときは、……原告適格を有しないものと解するのが相当である。」としつつ、「特段の事情」が存在する場合には、原告適格を認めると判示している（最三小判平成2・12・4民集44巻9号1165頁）。その後、合併承認決議の不存在を原因とする合併無効の訴えの原告適格について争われた事例（最三小判平成3・2・19裁判集民162号105頁〔金判876号15頁〕）、有限会社の持分を相続により準共有するに至った共同相続人が準共有社員としての地位に基づいて提起した社員総会の決議不存在確認の訴えの原告適格について争われた事例（前掲最三小判平成9・1・28）もこれを踏襲する。

　会社法106条がいう「株式についての権利」には、利益配当請求権、議決権、各種少数株主権、総会決議の取消または無効を訴える権利を含むとされる（注釈(3)51頁〔米津〕）。総会決議不存在の確認に関する提訴権も株主の監督是正権のひとつであり、訴えの提起は株主の権利の行使にあたるということであろう。

　それでは、「特段の事情」とは、どのようなものをいうのか。

　判例が「特段の事情」があるとするのは、準共有状態にある株式が発行済株式のすべてであり、共同相続人の１人を取締役に選任する株主総会決議がなされ、その旨の登記がなされている事例（前掲最三小判平成２・12・４）、共同相続人の準共有に係る株式が双方又は一方の会社の発行済株式総数の過半数を占めているのに合併契約書の承認決議がされたことを前提として合併の登記がされている事例（前掲最三小判平成３・２・19）である。これらの場合には、権利行使者の選定・通知がなされ適法な株主総会が開催されたことを主張すべき会社が、権利行使者の選定・通知がないことを主張することは、訴訟上の防御権を濫用し著しく信義則に反し許されないことを理由とする。

　たしかに、発行済株式のすべてが準共有状態にある場合であって、準共有株式につき権利行使者の選定・通知がないときは、株主総会において議決権を行使する者がなく、そもそも決議が成立しない。それでは、準共有状態にある株式が、発行済株式の過半数を占めるにとどまる場合はどうか。権利行使者の選定・通知を欠く準共有株式については、議決権を行使することはできないが、その株式数は定足数に算入すべきとされる（江頭337頁注(4)）。さもなければ、中小企業経営者の相続開始時等において、実質的に許容し難い決議が成立しかねないことを理由とする。このように解すれば、準共有状態にある株式が過半数を占めるにとどまる場合であっても、決議が成立しないことがあろう。

> **【例題１】**　乙社は、公開会社ではないが、資本金10億円の株式会社であり、種類株式は発行していない。Aは、乙社の代表取締役であり、乙社発行済株式総数の40パーセントに相当する株式を保有する。平成25年６月、Aとその妻Bの間には子がなかったことから、その甥であるCが乙社の代表取締役に就任した。
>
> 　平成29年10月４日、Aは交通事故に遭い、病院に救急搬送されたが、一度も意識が戻ること無く、翌々日６日に死亡が確認された。
>
> 　亡Aの相続人には、Bのほか、兄弟姉妹であるD、EおよびFの３名がおり、法定相続分は、Bが４分の３、それ以外はそれぞれ12分の１ずつである。なお、Cは、EとFの子であり、亡Aの甥にあたる。
>
> 　Bは、Cによる会社財産の不正流用を疑っていた。そこで、Bは乙社に対して、上記株式を４分の３の割合で法定相続したことに基づき、乙社の株主総会議事録および計算書類の閲覧謄写、会計帳簿の閲覧謄写を求めた。乙社は、これを拒む

ことができるか。

【例題２】 丙株式会社（以下「丙社」という。）の発行済株式の総数は1,000株であり、そのうちＡが800株、Ｂが200株を有している。丙社は、設立以来、ＡとＢを取締役とし、Ａを代表取締役としてきた。なお、丙社は、取締役会設置会社ではない。

Ａは、平成29年12月20日、心筋梗塞の発作を起こし、意識不明のまま病院に救急搬送され、意識を回復することのないまま、平成30年１月18日に死亡した。これにより、Ｂが適法に丙社の代表権を有することとなったが、丙社の業績は、Ａの急死により、急速に悪化し始めた。Ｂは、Ａの妻であるＣと相談の上、丁株式会社（以下「丁社」という。）と丙社の合併により窮地を脱しようと考え、丁社と交渉したところ、平成30年４月下旬には、丁社を吸収合併存続会社、丙社を吸収合併消滅会社とし、合併対価を丁社株式、効力発生日を同年６月１日とする吸収合併契約（以下「本件吸収合併契約」という。）を締結するに至った。

Ａの法定相続人は、Ｃ、Ａの前妻の子であるＤおよびＥの３人である。Ａが遺言をせずに急死したため、Ａの遺産分割協議は紛糾し、平成30年４月下旬頃には、３人は、何の合意にも達しないまま、互いに口もきかなくなっていた。

Ｂは、本件吸収合併契約について、Ｃ、ＤおよびＥの各人にそれぞれ詳しく説明し、賛否の意向を打診したところ、Ｃからは直ちに賛成の意向を示してもらったが、ＤとＥからは賛成の意向を示してもらうことができなかった。

丙社は、本件吸収合併契約の承認を得るために、平成30年５月15日に株主総会（以下「本件株主総会」という。）を開催した。Ｂは、丙社の代表者として、本件株主総会の招集通知をＢとＣのみに送付し、本件株主総会には、これを受領したＢとＣのみが出席した。Ａ名義の株式について権利行使者の指定および通知はされていなかったが、Ｃは、議決権行使に関する丙社の同意を得て、Ａ名義の全株式につき賛成する旨の議決権行使をした。丙社は、ＢおよびＣの賛成の議決権行使により本件吸収合併契約の承認決議が成立したものとして、丁社との吸収合併の手続を進めている。なお、丙社の定款には、株主総会の定足数および決議要件について、別段の定めはない。

このような吸収合併が行われることに不服があるＤが会社法に基づき採ることができる手段について、吸収合併の効力発生の前と後に分けて論じなさい。

（平成28年司法試験予備試験試験問題を一部改変）

（きのした・たかし）

10 利益供与の禁止

白石 智則

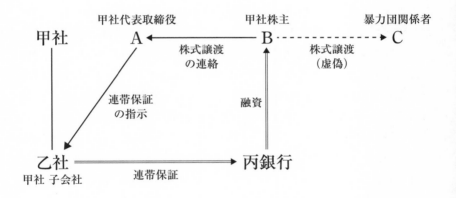

【設　問】
　株式会社甲社は、東京証券取引所にその株式を上場している上場会社であり、Aは甲社の代表取締役である。Aは、甲社の発行済株式総数の5％を保有するBから、その株式を暴力団関係者であるCに譲渡した旨を告げられた。Aは、Cから甲社株式を取り戻してもらうため、Bの要求に従い、甲社の子会社である乙社に命じて、Bが丙銀行から受ける10億円の融資につき連帯保証を行わせた。なお、BがCに対して甲社株式を譲渡したという事実は存在しなかった。

　以上の場合において、Aに会社法120条4項の責任が認められるか。

1 問題の所在

　総会屋とは、株主総会を荒らすことによって、または株主総会の進行に協力することの見返りとして、会社から不当な利益を得ようとする者のことである。かつて、多くの上場会社は、株主総会を平穏無事に終わらせるために、総会屋の要求に安易に応じ、彼らに対して様々な利益を提供していた。このような慣行はそれ自体、会社経営の健全性を害するものであるし、供与された利益は反社会的勢力の活動資金となっていたことから、総会屋を会社から排除することが強く求められていた。そのため、昭和56（1981）年の商法改正により、このような利益供与が禁止され、利益供与を受けた者は利益返還義務（平成15〔2003〕年改正前商294条ノ2〔同改正により295条に変更〕）を、利益供与を行った取締役は供与額の弁済責任（平成17〔2005〕年改正前商266条1項2号）を負うことになった。また、同改正により、利益供与を行った取締役等は、「不正の請託」を受けなくても（平成17年改正前商494条を参照）、刑事罰を科せられることになった（平成17年改正前商497条）。これらの規定は、罰則を強化した平成9（1997）年の商法改正、子会社の計算による利益供与も禁止した平成12（2000）年の商法改正を経て、現在の会社法に受け継がれている（会120条、970条）。規制が功を奏したためか、5,000人以上もいたといわれる総会屋は、2016年には230人にまで減少しているという（日本経済新聞2017年6月29日朝刊1面）。

　会社法120条1項は、「株式会社は、何人に対しても、株主の権利……の行使に関し、財産上の利益の供与……をしてはならない」と規定する。総会屋対策のために設けられた規定であるが、立法技術的に不可能であったため、総会屋を定義してこれに対する利益供与だけを禁止するという形は取られなかった。また、総会屋に対するすべての利益供与を禁圧することができるように、可能な限り広範な内容の規定になっている（稲葉威雄「商法294条ノ2・

497条に当たる場合」北沢正啓＝浜田道代編『商法の争点(1)』〔1993年、有斐閣〕190頁）。それゆえ、同条の趣旨は、広く会社運営の公正さ・健全性を確保することであると説明される。株主の信任のもとに会社の運営にあたっている取締役が、会社の負担において、株主の権利行使に影響を与える趣旨の利益供与（利益誘導）を行えば、株式会社の基本的な制度の仕組みに反して、会社の財産が経営者支配のために支出されることになるからである（稲葉威雄『改正会社法』〔1982年、金融財政事情研究会〕185頁）。そのため、特に近年には、総会屋と関係しない事案につき同条を適用した裁判例が現れている（総会屋と関係しない局面における利益供与規制のあり方については、松尾健一「利益供与規制のあり方」商事2175号〔2018年〕42頁以下を参照）。

　設問（最二小判平成18・4・10民集60巻4号1273頁を参考にしている）は、利益供与規制についての基本的な理解を問う問題であるが、総会を妨害しないよう総会屋に直接金品を提供したというような単純なケースでないところに注意が必要である。

2　違法な利益供与の要件

(1)　利益供与の主体

　株式会社による一定の利益供与が禁じられるが、その利益供与は、「当該株式会社又はその子会社の計算においてするもの」に限られる（会120条1項）。株式会社の「計算において」とは、利益供与の経済的な効果が株式会社に帰属することをいう。それゆえ、株式会社の名義で行われるものであっても、取締役が個人の財産を提供するのであれば、違法な利益供与とはならない。これとは逆に、いかなる名義であっても、株式会社またはその子会社の計算で行われるのであれば、その利益供与は禁じられる。取締役や従業員が自らの名義で利益を供与する場合であっても、供与した利益に相当する金額を会社から報酬・給与の増額という形で受けるのであれば、これも会社の計算において行われた違法な利益供与となる（元木伸『改正商法逐条解説〔改訂増補版〕』〔1983年、商事法務研究会〕223頁）。

(2)　利益供与の相手方

　利益供与の相手方は、その権利の行使に関する利益供与が問題となる株主

に限定されない。「何人に対しても」という文言から明らかなように、株主
の権利の行使に関するものであれば、いかなる者に対する利益供与も違法と
なる（会120条1項）。利益供与の相手方を株主に限定しなかったのは、「株主
となろうとする者」に対し、その者が将来株式を取得したときの株主の権利
の行使に関して利益を供与する場合や、「株主でない者」に対し、株主に影
響力を及ぼすことの対価の趣旨で利益を供与する場合も、違法な利益供与と
して規制するためである（津田賛平「株主の権利の行使に関する利益供与の禁止をめ
ぐる諸問題」味村退官605頁）。

(3)　供与される財産上の利益

　違法な利益供与の対象は、「財産上の利益」、すなわち、金銭に見積もるこ
とができる経済上の利益であればよく、その種類は問われない（会120条1項）。
金銭その他の財産やサービスを無償で提供する場合はもちろん、有償であっ
ても、会社がその商品を値引きして販売する場合や、相手方の財産を高値で
購入する場合のように、その対価が不相当であれば、「財産上の利益の供与」
となる。また、対価が相当であっても、会社にとってその取引が不必要ある
いは不合理なものであれば同様に解される。

　対価が相当であり、会社にとって必要かつ合理的な取引についても、「財
産上の利益の供与」とみることができるか否かについては争いがある。この
点、規制の趣旨を「会社資産の浪費の防止」と解する立場から、このような
公正な取引を禁止する必要がないとする見解（森本滋「違法な利益供与の範囲」
監査役167号〔1982年〕7頁、正井章筰「株主の権利行使に関する利益供与の禁止」蓮井
還暦586頁）も存在するが、学説の多くは、競争者の中からその者を選んで取
引をすること自体が利得である（竹内昭夫『会社法の理論(2)』〔1984年、有斐閣〕58
頁）、あるいは、相当な対価がある場合にも相応の利潤が含まれているのが
普通である（稲葉・前掲『改正会社法』185頁）として、この場合も「財産上の利
益の供与」に当たるものと解している。

　会社による連帯保証については、保証債務の履行後に求償権（民459条の2）
を行使する意図がなかった場合や、主たる債務者に債務を履行する能力がな
いことを認識していた場合など、実質的に会社が債務を肩代わりしていると
いえるのであれば、そのような行為が「財産上の利益の供与」になることに

異論はない（前掲・最二小判平成18・4・10を参照）。債務の肩代わりといえない場合については、会社が保証債務を履行すれば主たる債務者に対して償還義務を負うことを理由にこれを否定する裁判例（東京高判平成29・1・31金判1515号16頁）がある。しかし、主たる債務者は、会社に連帯保証してもらうことによって、債権者からの借入れが可能となり、あるいは、借入利率が低下したり担保の差入れが不要になるなど借入れの条件を有利にすることができたといえるから、会社による連帯保証も「財産上の利益の供与」になるものと解すべきである（東京高判平成22・3・24資料版商事315号338頁を参照。田中亘「会社による株式の取得資金の援助と利益供与（上）」商事1904号〔2010年〕8頁）。

(4) 株主の権利行使と利益供与との関連性

株式会社による利益供与は、「株主の権利の行使に関し」て行われた場合に違法となる（会120条1項）。なお、平成26（2014）年の会社法改正により、旧株主（株式交換等により当該会社の完全親会社の株主となった者）による責任追及等の訴え（会847の2）および最終完全親会社等（当該会社の完全親会社等であって、その完全親会社等がないもの）の株主による特定責任追及の訴え（いわゆる多重代表訴訟）（会847の3）の制度が創設されたことにともない、新たに、旧株主や最終完全親会社等の株主の権利の行使に関する利益供与も禁止されている。

「株主の権利の行使に関し」というのは、「株主の権利の行使に影響を与える趣旨で」という意味である（稲葉・前掲『改正会社法』183頁）。それゆえ、株主が権利を行使するように利益を供与することはもちろん、株主が権利を行使しないように利益を供与することも禁止される。

「株主の権利」は、その（またはその子会社の）計算において利益供与がなされた会社の株主の権利であれば、種類は問われない。通常は、株主総会における議決権・質問権、各種監督是正権のような共益権であるが、株式買取請求権のような自益権であってもよい。

株式の譲渡については、これを「株主の権利の行使」に含めて考える見解もある（上村達男「判批」判タ948号〔1997年〕169頁）。しかし、株式の譲渡は株主の地位の移転であるから、判例は、それ自体が「株式の権利の行使」になると考えていない。会社からみて好ましくないと判断される株主が株主の権

利を行使することを回避する目的でその株式を譲り受けるための対価を第三者に供与した場合につき、「株主の権利の行使に関し」利益を供与したものと解している（前掲・最二小判平成18・4・10、前掲・東京高判平成22・3・24）。

　下級審裁判例には、利益供与が許容される要件として、①株主の権利行使に影響を及ぼすおそれのない正当な目的にもとづくこと、②個々の株主に供与される額が社会通念上許容される範囲に止まること、および、③株主全体に供与される総額が会社の財産的基礎に影響を及ぼすものでないこと、という３つの要件を挙げるものがある（東京地判平成19・12・6判タ1258号69頁）。しかし、不相当な額の利益供与については「正当な目的」以外の目的が推認されることから（松尾・前掲「利益供与規制のあり方」52頁）、②および③を独立した要件と考える必要はないものと思われる。

　従業員持株制度の一環として会社が従業員に対し株式の取得資金（いわゆる奨励金）を提供する行為については、従業員に対する福利厚生等を目的とするものであるから、違法性が否定される（福井地判昭和60・3・29金判720号40頁）。もっとも、奨励金を受けた従業員に議決権行使についての独立性がない場合は、この限りでない（大和正史「従業員持株制度と利益供与の禁止」商事999号〔1984年〕4頁）。また、個人株主を増やすために株主優待を行うことや、株主総会の定足数を確保する目的で総会出席者に品物を進呈する行為については、株主の権利行使に影響を及ぼすものということもできるが、その目的は正当であり、社会通念上相当な範囲内であれば違法性はないものと解されている（株主優待につき、高知地判昭和62・9・30判時1263号43頁を参照）。ただし、委任状合戦が行われている状況において、会社提案への賛成票の獲得を目的として議決権を行使した株主に利益を供与することは違法となる（東京地判平成19・12・6判タ1258号69頁）。

　利益供与を行う者とこれを受ける者との間に、株主の権利の行使に関する利益供与であるという明示または黙示の合意がなくても、その利益供与は違法とされる。ただし、少なくとも利益供与を行う者に、株主の権利の行使に関して利益供与を行うという意図（認識）があることが必要である（高松高判平成2・4・11金判859号3頁）。さらに学説の中には、この認識に加えて、株主の権利行使に影響を与えるべき相応の事由（客観的事情の存在）が必要だと解

する見解もある（森本・前掲「違法な利益供与の範囲」8頁、正井・前掲「株主の権利行使に関する利益供与の禁止」584頁）。この見解によれば、会社が株主の権利行使に影響を与える目的で利益供与を行ったが、影響を与える可能性がまったく存在しなかった場合、その利益供与は違法とならないことになる。

(5)　株主の権利行使と利益供与との関連性の推定

利益供与が「権利の行使に関し」て行われたことは、会社の主観に関わることであり、これを証明することは難しい。そのため、会社法は、この要件を法律上推定する規定を設けており、株式会社が特定の株主に対して無償で財産上の利益の供与をしたとき、または、有償で財産上の利益の供与をした場合において対価（当該会社またはその子会社が受けた利益）が供与した財産上の利益に比して著しく少ないときは、当該株式会社は、株主の権利の行使に関し、財産上の利益の供与をしたものと推定される（会120条2項）。これにより立証責任が転換され、利益供与を受けた者が利益の返還義務（会120条3項）を免れるためには、または、利益供与に関与した取締役等が利益相当額の支払義務（会120条4項）を免れるためには、その利益供与が株主の権利に関しないことを自ら立証しなければならない。

株主以外の者に対して利益を供与する場合や、利益供与の対価が著しく少ないとはいえない場合については、この推定規定が適用されない。それゆえ、原則どおり、違法な利益供与であることを主張する側が、株主の権利の行使に関して利益が供与されたことを立証しなければならないことになる。

3　違法な利益供与の効果

(1)　利益供与を受けた者の利益返還義務

違法な利益供与（会120条1項）が行われた場合、利益供与を受けた者はその利益を返還しなければならない（会120条3項前段）。返還先は、株式会社の計算で利益供与を受けた場合にはその株式会社であり、子会社の計算で利益供与を受けた場合にはその子会社である。利益供与を行った会社が自らその返還を求めることは通常期待できないため、利益の返還を求める訴えは株主代表訴訟の対象とされている（会847条1項）。

この利益返還義務に関する規定は、不当利得の特則として設けられたもの

である。すなわち、違法な利益供与を目的とする契約（贈与契約、売買契約等）は、公序良俗（民90条）あるいは強行法規（民91条）に反することを理由に、無効になるものと解されるから（東京簡判平成13・7・11判時1776号93頁を参照）、利益供与を受けた者はその利益を不当利得（民703条、704条）として返還しなければならない。しかし、利益供与を行った者が債務の存在しないことを知っていた場合には非債弁済（民705条）として、利益供与が不法な原因のための給付であれば不法原因給付（民708条）として、いずれも返還請求権が制約されてしまうことになる。それゆえ、これらの規定にかかわらず利益の返還を請求できるようにするため、利益返還義務に関する規定が設けられた（元木・前掲『改正商法逐条解説』220頁）。通常の不当利得（民703条）と異なり、利益供与を受けた者は、それが違法であることを知らない場合（善意）であっても、受けた利益を全額返還しなければならない。悪意の場合には、受けた利益に利息を付して返還しなければならない（民704条）。

　利益供与を受けた者は、株式会社（またはその子会社）に対してその利益と引換えに給付をしたものがある場合には、その返還を受けることができる（会120条3項後段）。これは衡平の観点から定められたものであり、この義務と利益返還義務は同時履行（民533条）の関係にある（稲葉・前掲『改正会社法』186頁）。

(2)　利益供与に関与した取締役等の利益相当額支払義務

　違法な利益供与（会120条1項）が行われた場合、その利益供与に関与した取締役（指名委員会等設置会社については執行役を含む）は、株式会社に対し、連帯して、供与した利益の価額に相当する額を支払う義務を負う（会120条4項本文）。この利益相当額の支払いを求める訴えは、株主代表訴訟の対象となる（会847条1項）。この義務は、総株主の同意がなければ免除することができず（会120条5項）、任務懈怠責任（会423条）とは異なり、一部免除（会425条以下を参照）は認められていない。

　利益供与を受けた者に対する利益返還請求権（会120条3項）が存在する限り、原則として会社には損害がなく、会社は取締役等に対して損害賠償を請求できないことになるが、実際問題として、供与した利益の返還を受けることは極めて困難であるため、取締役等に利益相当額の支払義務を負わせる規

定が設けられた（元木・前掲『改正商法逐条解説』148頁）。それゆえ、この支払義務は、会社に損害が生じたか否かを問わず認められる。この支払義務と、利益供与を受けた者の利益返還義務は併存し、会社はそのいずれの責任も追及することができる。供与された利益が返還されれば、その限度において取締役の責任は減縮する。また、取締役等が先に利益相当額を会社に支払えば、その取締役等は会社の権利を代位し（民499条）、利益供与を受けた者に対して利益の返還を請求することができる。なお、利益相当額が支払われてもなお会社に損害が残る場合、取締役等が任務懈怠を理由にその損害を賠償する責任を負う可能性がある（会423条）（相澤ほか129頁）。

利益相当額の支払義務を負うのは、利益供与に関与した取締役等である。具体的には、①利益供与に関する職務を行った取締役・執行役、②利益供与が取締役会決議にもとづくときは、その決議に賛成した取締役、およびその取締役会に利益供与に関する議案を提案した取締役・執行役、③利益供与が株主総会決議にもとづくときは、その株主総会に利益供与に関する議案を提案した取締役、議案の提案の決定に同意した取締役（取締役会非設置会社の場合）、議案の提案を決定する取締役会決議に賛成した取締役（取締役会決議にもとづいて議案を提案する場合）、およびその株主総会において利益供与に関する事項について説明をした取締役・執行役である（会施規21条）。その他の者は、この支払義務を負わないが、監視義務違反等を理由に任務懈怠責任（会423条）を負う可能性はある。

取締役等が利益相当額の支払義務を免れるためには、利益供与を行った取締役等を除き、その職務を行うについて注意を怠らなかったことを証明しなければならない（会120条4項ただし書）。以前、この責任は無過失責任であると解されていたが（平成17年改正前商266条1項2号）、近代私法における責任のあり方は過失責任が原則であり、無過失責任規定は厳格に過ぎるという批判がなされていたために、2005（平成17）年制定の会社法では、利益供与を直接行った取締役を除いて過失責任とされている（相澤哲＝石井裕介「株主総会以外の機関（下）」商事1745号〔2005年〕22頁）。

(3) 違法な利益供与と決議取消しの訴え

会社が株主に対し議決権を行使してもらうために利益供与を行い、利益供

与を受けた株主が議決権を行使して決議が成立した場合、決議の方法が法令に違反するため、決議の取消しが認められる（会831条1項1号）（東京地判平成19・12・6判タ1258号69頁）。利益供与を受けた株主が、会社側の議事進行に協力し、他の株主の質問等を妨害した場合も同様に解される（違法な利益供与と決議取消しの訴えとの関係については、川島いづみ「利益供与と株主総会決議の瑕疵」法時80巻11号〔2008年〕35頁以下を参照）。

【例題1】　鉄道事業を営む株式会社である甲社は、株主に対し優待乗車券（回数券）を交付するという株主優待制度を行っていた。その交付基準は、500株以上（1,000株未満）保有する株主には1冊、1,000株以上（2,000株未満）保有する株主には2冊、以後1000株増すごとに1冊を加えるというものであった。甲社の株式をそれぞれ1,000株以上保有するAらは、より多くの優待乗車券を取得するため、500株単位で分散譲渡を行ったが、譲受人はいずれもAらと住所を同じくする架空の者であった。甲社の代表取締役であるBは、Aらが行った分散譲渡が虚偽であることを知りながら、その分散譲渡を前提にして各株主に交付する優待乗車券の冊数を計算していた。そのため、甲社は、正規の基準にしたがって交付した場合と比べて、優待乗車券を1,000冊余分に交付していた。

　(1)　Bに会社法120条4項の責任が認められるか。
　(2)　Bに会社法423条1項の責任が認められるか。

《参考裁判例》高松高判平成2・4・11金判859号3頁

【例題2】　株式会社である甲社は、従業員の財産形成の助成、会社との共同体意識の高揚、勤務意欲の増進等を目的として、甲社の従業員を会員とする持株会（民法上の組合）との取決めにもとづき、同持株会に対し、給与および賞与の支給日に会員が積み立てる金額の一定割合を奨励金として支出していた。

　甲社の株主であるXは、奨励金の支出が、会社法120条1項の利益供与に当たると主張し、同条4項にもとづき、奨励金の支出を行った甲社代表取締役Yに対して、奨励金相当額の支払いを求める株主代表訴訟を提起した。Xの請求は認められるか。

《参考裁判例》福井地判昭和60・3・29金判720号40頁

【例題3】　Y社（東証一部上場会社）の筆頭株主であるXは、定時株主総会につき取締役8名の選任議案を提案し、Y社の株主に対して委任状を送付して議決権の代理行使を勧誘していた。その後、Y社により株主に送付された招集通知には、

Ｙ社が提案した取締役８名の選任議案のほか、Ｘが提案した議案が記載されていた。また、この招集通知に添付された議決権行使書面には、賛否の表示がない場合には会社提案に賛成するものと扱うこと、および、議決権行使をした株主に500円分のQuoカードが贈呈されることが記載されていた。定時株主総会において、Ｙ社が提案した取締役の選任議案はすべて可決され、Ｘが提案した取締役の選任議案はすべて否決された。そのため、Ｘは、会社提案にかかる取締役の選任決議の取消しを求める訴えを提起した。この請求は認められるか。

　《参考裁判例》東京地判平成19・12・6判夕1258号69頁

（しらいし・とものり）

11　株主総会の招集および運営

甲株式会社	（公開会社でない 取締役会設置会社）

代表取締役A（辞任）
取締役B・C

―――― 株主総会（Aが招集）――――

決議①：退任取締役に対する
　　　　退職慰労金の支給

決議②：取締役の選任

・株主E　退職慰労金の金額について質問
・株主F　商号に関する定款の一部変更を
　　　　議題とするよう請求

【設　問】

　甲株式会社（以下、「甲社」という）は、株主数10名の公開会社でない取締役会設
置会社（指名委員会等設置会社でない）であり、甲社の取締役には、代表取締役A、
取締役B、取締役Cが就任していた。

　2018年5月にAは甲社の取締役を辞任したが、後任の代表取締役が選定されて
いない中、同年6月26日に開催された甲社の株主総会は、Bが取締役会決議を経
ることなく招集していた。当該株主総会には、招集通知（議題として、退任取締役
に対する退職慰労金の支給と取締役の選任を記載）を受けた甲社の株主10名全員が出
席していたが、出席株主の中には、甲社株主から委任状を受けた代理人も含まれ
ていた。当該株主総会では、Aに対して退職慰労金を支給する議案（甲社所定の基
準に従い金額等を決定すべきことを取締役会に一任）と、Aの後任の取締役としてD
を選任する議案とが審議され、いずれも出席株主の議決権の過半数の賛成により
可決された。なお、当該株主総会の場においては、株主Eから、Aに支給される
退職慰労金の金額について質問がなされたが、取締役Bは、「当社所定の支給基準
に従い決定いたします。具体的な金額についてはプライバシーに関わることです

のでご了承下さい。」とのみ回答し、Eはその後も具体的な金額を答えるよう求めたが、質疑は打ち切られ決議が行われた。また、甲社の総株主の議決権の10％を保有する株主Fは、株主総会の日の2ヶ月半ほど前に、Aに対して、商号を変更する定款の一部変更を次の株主総会の議題とするよう請求していたが、その際、Fが商号をどのように変更するのかの具体的な案を提示していなかったため、定款の一部変更の件は招集通知にも議題として記載されず、当該株主総会においてこの件について取り上げられることはなかった。

　以上の事実関係の下、当該株主総会においてなされた退職慰労金の支給に関する決議（決議①）および取締役の選任に関する決議（決議②）は有効に成立するか。

<hr />

1　全員出席総会の決議の効力

2　取締役等の説明義務

3　株主提案権

<hr />

1　全員出席総会の決議の効力

　株主総会は、会社法が定める一定の手続により招集することを要する。そして、会社法は、株主総会を招集する者については、少数株主が裁判所の許可を得て招集する場合（会297条4項）を除き、取締役が招集するものとしている（会296条3項）。取締役は、株主総会の招集にあたり、株主総会の日時および場所、株主総会の目的事項等、株主総会に関する一定の事項を決定しなければならないが（会298条1項）、取締役会設置会社の場合は、これらの事項は取締役会決議により決定することが求められ（同条4項）、その取締役会決議に基づき、代表取締役（指名委員会等設置会社においては代表執行役）が会社を代表して株主総会を招集する。設問において、甲社はAの辞任により代表取締役に欠員を生じているが、この場合、新たな代表取締役が就任するまで、代表取締役としての権利義務は辞任したAが有する（会351条1項）。株主総会の招集権限を有しないBが取締役会決議に基づかずに招集した株主総会は、本来は法的に有効な株主総会とは評価されず、株主総会決議は不存在（会830条1項）となるはずである（取締役会の決議に基づかないで代表取締役以外の取締役

が株主総会を招集した事案につき、最一小判昭和45・8・20判時607号79頁参照。なお、取締役会の決議に基づかないで代表取締役が株主総会を招集した場合は、株主総会の決議取消事由〔会831条1項1号〕になると解されている〔最一小判昭和46・3・18民集25巻2号183頁〕）。しかし、設問では、代理出席を含めてではあるものの、甲社の株主10名全員が出席していることから、そのような株主総会を有効と認めることはできないかが問題となる。

　かつて、大審院判決では、株主が全員出席していたとしても、適法な株主総会の招集手続がとられていない場合は、それは「単純なる株主の会合」にすぎず、そこでの決議は株主総会決議とはいえないとしていた（大判昭和7・2・12民集11巻3号207頁）。しかし、その後、最高裁は、株主が1人であるいわゆる一人会社に関し、会社法が株主総会の招集について招集手続を要求している趣旨は、全株主に対して株主総会への出席の機会と、その議事および議決に参加するための準備の機会を与えることにあることを理由に、「その一人の株主が出席すればそれで株主総会は成立し、招集の手続を要しない」とし（最一小判昭和46・6・24民集25巻4号596頁）、さらに、設問のような複数の株主が存在する株式会社に関しても、株主全員がその開催に同意して出席したいわゆる「全員出席総会」について、これを有効な株主総会と認めるに至っている（最二小判昭和60・12・20民集39巻8号1869頁）。

　設問のように、出席株主の中に、株主自身ではなく、株主から委任状を与えられて出席していた代理人が含まれていた場合にも、全員出席総会として有効な株主総会と認めることができるか問題になりうるが、この点についても、上述した招集手続の趣旨からすれば、株主が会議の目的たる事項（議題）を了知して委任状を与えており、かつ、なされた決議が当該会議の目的たる事項の範囲内のものである限りは、株主に対する出席と準備の機会は確保されていたものとみて差支えなく、全員出席総会による有効な決議と認めてよいものと解される（上記最二小判昭和60・12・20）。

　ちなみに、会社法300条は、書面または電磁的方法による議決権行使が行われる場合を除き、議決権を行使することができる株主全員の同意がある場合には、招集手続を経ることなく株主総会を開催することを認めている。この場合には、株主全員が出席していることは要しない。また、会社法319条

は、取締役または株主が株主総会の議題について行った提案について、株主の全員が書面等により同意した場合には、当該提案を可決する株主総会決議があったものとみなされる旨を規定しており、この場合には、株主総会の開催自体を省略することが可能である。

2　取締役等の説明義務

(1)　意　　義

　取締役等の役員は、株主総会において、株主から特定の事項について説明を求められた場合には、当該事項について必要な説明をしなければならない（会314条本文。取締役等の説明義務）。会議においてその参加者が審議事項について質問することができるのは当然のことであるが、これを法的に保障し、明文化したものが会社法314条であると説明される。

　もっとも、会社法314条は、取締役等が説明を拒絶することができる事由についても規定しており、それらの事由に該当する場合には、取締役等が説明を行わなくても説明義務違反とはならない。会社法が定める説明拒絶事由は、①説明を求められた事項が株主総会の目的である事項に関しない場合、②その説明をすることにより株主の共同の利益を害する場合、③その他正当な理由がある場合として法務省令で定める場合である（会314条但書）。③の法務省令で定める場合とは、(i)説明をするために調査が必要である場合、(ii)その説明をすることにより株式会社その他の者の権利を侵害する場合、(iii)株主が当該総会において実質的に同一の事項について繰り返して説明を求める場合、(iv)その他株主が説明を求めた事項について説明をしないことに正当な理由がある場合である（会施規71条）。

　設問の株主Eによる質問については、法定の拒絶事由は見当たらない。したがって、取締役Bが退職慰労金の額は甲社所定の支給基準に従い決定されると回答したことをもって、会社法314条の説明義務が履行されたといってよいかどうかが検討されるべきこととなる。

(2)　説明の程度

　会社法314条が取締役等の説明義務を定める趣旨は、株主に議題・議案に対する判断の手がかりを与えることにある。そのため、どの程度の説明を行

えば、説明義務を履行したことになるかについても、株主が議題・議案に対して合理的に判断しうる程度の説明がなされていたかどうかという観点から判断されるべきである。議題・議案に対して合理的に判断しうる程度の説明がなされたかどうかは、質問をした当該株主の主観を基準にするのではなく、平均的な株主が議題・議案を合理的に理解・判断しうる程度の説明がなされたかどうかを基準に判断される。もっとも、平均的な株主を基準とすることを前提としつつ、取締役等は質問株主が有する知識ないし資料等も考慮することができるとする下級審裁判例（東京地裁平16・5・13金判1198号18頁、東京地判平成22・9・6判タ1334号117頁、東京地判平成23・4・14資料版商事328号64頁、東京地判平成24・7・19判時2171号123頁など）もみられる。質問株主がたまたま質問事項に深い理解があるからといって、取締役等の側において説明を必要以上に簡略化することは認められないと解すべきであろうが（得津晶「判批」ジュリ1312号〔2006年〕167頁参照）、株主に高度な専門知識が共有されていると考えられる会社において、取締役等が当該会社の平均的株主の知識水準に合わせて説明を省略する等の措置をとることは、以後の質問を一方的に打ち切る等の事情が認められない限り、それ自体がただちに違法であるというわけではないであろう（高橋英治「取締役の説明義務」会社争点111頁）。

　設問の退職慰労金の支給議案に関しては、どのような説明を行えば説明義務を履行したといえるか。会社法361条1項が、会社から取締役に職務執行の対価として支払われる額について、取締役自身が決定して不相当に高額な財産が会社から流出することを防止するため、これを株主総会のコントロールに服させる趣旨であることに鑑み、取締役の報酬等に関する株主総会決議においては、少なくとも、①会社に一定の支給基準が存在すること、②その基準が株主に公開されて周知のものであるか、株主が容易に知りうること、③その内容が支給額を一義的に算出しうるものであることを示して決議が行われることが必要であるとする考え方が一般的である。そうであれば、取締役等の説明義務に関しても、平均的株主が議題・議案を合理的に理解・判断しうる程度の説明といえるためには、少なくとも上記①～③について説明がされる必要があると解される（東京地判昭和63・1・28判時1263号3頁、奈良地判平成12・3・29判タ1029号299頁）。設問において、取締役Bが行った回答では、

説明義務を尽くしたとはいえない。

(3) 説明義務違反の効果

　株主が説明を求めた事項について正当な理由なく説明をしなかった取締役等は、過料の対象となる（会976条9号）ほか、取締役等の説明義務違反は、「決議方法の法令違反」（会831条1項1号）に該当し、株主総会決議の取消事由になると解される（説明義務違反の態様によっては「決議方法の不公正」に該当すると解する見解もある）。設問では、説明義務違反の認められる退職慰労金支給決議（決議①）については、決議取消事由が存在するといえる。

　では、退職慰労金支給決議（決議①）についての説明義務違反は、当該株主総会において別に決議された取締役選任決議（決議②）の効力に影響を及ぼすか。株主総会の報告事項に関する説明義務違反の事例ではあるが、報告事項に関する質問が決議事項たる利益処分案の合理的判断のために必要なかったとして、仮に報告事項に関する質問に対する回答に瑕疵があったとしても、利益処分案の決議に係る瑕疵にはならないとした下級審裁判例がある（東京地判平成4・12・24判夕833号250頁）。もっとも、報告事項に関する説明であっても、それが株主総会の別の議題・議案の間接的な判断材料となることもありえ、その場合には、別の議題・議案に対する影響をとらえて、決議の瑕疵（会831条1項1号「決議方法の著しい不公正」）となる余地は認められよう。設問に関しては、一般的には、退職慰労金支給議案についての説明義務違反が、新任の取締役の選任議案の判断に特に影響を与えるものとはいえないであろうから、退職慰労金支給決議（決議①）に関する説明義務違反は、取締役選任決議（決議②）の効力には影響を与えないものと解される。

3 株主提案権

(1) 意　　義

　株主提案権とは、会社が招集する株主総会において、株主が、一定の事項を会議の目的として追加することを請求したり（会303条1項。議題提案権）、会議の目的につき議案を提出することを請求したり（会304条。議案提案権）、会議の目的たる事項について自らの提出する議案の要領を招集通知に記載または記録することを請求したりする権利（会305条1項。議案要領通知請求権）の総

称である。「会議の目的」とは「議題」のことであり、たとえば、設問の株主Fの請求についていえば、「定款の一部変更の件」が会議の目的（議題）である。これに対して、「議案」とは議題に対する提案をいい、定款のどの部分をどのように変更するのかについての具体的な案が議案である。

一定の株主には、自ら株主総会を招集し（会297条4項）、自己の欲する議題・議案を株主総会において決議することが認められるが、株主提案権は、会社が招集する株主総会を利用してより容易にその目的を達することができるようにしたものであると説明される。

(2) 議題提案権の行使要件

議題提案権（会303条）を行使できる株主の要件は、その会社が取締役会非設置会社、公開会社である取締役会設置会社、公開会社でない取締役会設置会社のいずれであるかによって異なる。取締役会非設置会社の場合は、当該事項につき議決権を行使できる株主であれば、その持株数等にかかわらず議題提案権が認められるが（同条1項参照）、公開会社でない取締役会設置会社の場合は、総株主の議決権の100分の1以上の議決権または300個以上の議決権を保有する株主であることが要件とされ（同条3項参照）、公開会社である取締役会設置会社の場合は、総株主の議決権の100分の1以上の議決権または300個以上の議決権を6か月前から引き続き有する株主であることが求められる（同条2項）。

議題提案権の行使時期については、取締役会設置会社においては株主総会の日の8週間前までに行うことが要求されている（会303条2項・3項）。その理由は、取締役会設置会社の株主総会は予め定めた議題以外は決議することができないから（会309条5項）、株主総会の招集を決定する取締役会において、株主の提案による議題についても株主総会の議題として決定しなければならず、そのうえで、招集通知（取締役会設置会社では書面または株主の承諾を得て電磁的方法で行うことを要する〔会299条2項・3項〕）にも当該議題を記載しなければならないためである（会299条4項参照）。これに対して、取締役会非設置会社の場合は、会社法上、株主総会で決議できる事項を、予め定めた議題に限定する規定はなく、そのため、議題提案権の行使時期についても、法文上、特に制約はない（会303条1項）。

　議題提案権は、当然のことながら、株主総会の権限に属する事項に限り行使できる。取締役会設置会社の場合、株主総会は、会社法に規定する事項および定款で定めた事項に限り決議することができることから（会295条2項）、議題提案権の行使により追加できる目的事項もそれらの事項に限られることになる。他方、取締役会非設置会社の株主総会は、会社に関する一切の事項について決議することができる、いわゆる万能機関であることから、議題提案権の行使により追加できる事項についても制約はない。

　設問の株主Fは、議題提案権（会303条1項）を行使して、会社の商号を変更する定款の一部変更を株主総会の議題とすることを求める。甲社は公開会社でない取締役会設置会社であるところ、株主Fによる株主提案権の行使は、上述した公開会社でない取締役会設置会社における株主提案権の行使要件をいずれも満たしているといえる。

　ちなみに、株主総会の目的事項（議題）とされた事項に関しては、当該事項につき議決権を行使することができる株主であることさえ満たせば議案提案権（会304条）が認められ、行使時期についての制約もない。したがって、取締役会設置会社にあっても、株主は、例えば、株主総会の議場において会社の提出した議案に対する修正動議等のかたちで議案を提案することも可能である。もっとも、取締役会設置会社の場合、会社法304条により提出できる議案は、招集通知により通知された議題から合理的に予測できる範囲のものに限られ、一般株主が通常予測できる範囲を超えた修正提案は認められないと解されている（コンメ(7)108頁〔青竹正一〕）。議案要領通知請求権（会305条）については、これを行使することができる株主につき、議題提案権と同様の要件が定められており（同条1項～3項）、行使時期についても、株主総会の日の8週間前までに行うことが要求される（同条1項）。

(3)　議題のみの提案の可否

　株主総会において、書面による議決権行使または電磁的方法による議決権行使が行われる場合（会298条1項3号・4号、同条2項）、取締役は、招集通知に際して、株主に対し、株主総会参考書類および議決権行使書面を交付しなければならない（会301条、302条）。そして、株主総会参考書類には、株主提案を含め、議案を記載することが要求される（会施規73条1項1号、93条）。そ

のため、招集通知に際して株主総会参考書類等を交付しなければならない会社においては、議題提案権を行使する株主は、併せて当該事項に関する議案要領通知請求（会305条）も行わなければならないと解される。これに対して、書面による議決権行使も電磁的方法による議決権行使も行わず、株主総会参考書類等の交付が義務付けられない場合においては、上述の通り、取締役会非設置会社の場合はもちろんのこと、取締役会設置会社にあっても、株主総会の議場において議案を提案することが可能であることから（会304条）、議題提案権の行使と同時に議案の提案がなされていなくても適法な株主提案権の行使であるというべきである（定款変更が議題とされる場合、招集通知には、議案の概要を記載しなければならないが〔会299条4項、298条1項5号、会施規63条7号〕、設問のように議題の追加のみが請求された場合は、議案が確定していない旨を招集通知に記載することになろう〔会施規63条7号カッコ書〕）。

(4)　適法に行使された議題提案権に応じなかった場合

　株主により適法に行使された議題提案権（会303条1項）に応じなかった取締役は過料に処せられる（会976条19号）。しかし、取締役が株主による議題提案権の行使を不当に拒絶して株主総会の議題としなかったとしても、そもそもその議題に対する決議はないことから、当該議題についての株主総会決議の取消の問題は生じない。

　では、そのような瑕疵が、同じ株主総会においてなされた他の決議の効力に影響を及ぼすか。この点、ある株主提案の瑕疵により他のすべての議案に関する決議の効力まで否定されるというのは行き過ぎであるように思われ、適法に行使された株主提案権が不当に拒絶されたとしても、原則として、当該提案と関連しない他の決議の効力には影響を及ぼさないものと解される（東京地判昭60・10・29金判734号23頁）。ただし、株主提案が会社提案と密接な関連性があり、会社提案を審議するうえで株主提案についても検討・考慮することが必要かつ有益と認められるときであって、株主提案を取り上げると現経営陣に不都合なため、会社が現経営陣に都合よく議事を進行させることを企図して株主提案を取り上げなかったなどの特段の事情が存在する場合には、可決された決議について決議取消事由があるとする裁判例がある（東京高判平成23・9・27資料版商事333号39頁）。設問では、株主Fが適法に株主提案

権を行使して、定款の一部変更を議題とするよう請求したにもかかわらず、株主総会の議題とされなかったという瑕疵が認められるが、会社の商号についての定款の一部変更に関する判断が、辞任した取締役の後任を選任する取締役選任議案の判断に影響を与えるという関係にはないことから、取締役選任決議（決議②）の効力には影響を及ぼさないものと解される（もっとも、議題提案権の不当拒絶があっても、特段の事情がない限り他の決議の効力に影響を及ぼさないと解すると、会社法上、議題提案権の不当拒絶については、過料の制裁以外に何らの効果も発生しないこととなり、株主の救済として不十分ではないかとの意見もありえよう）。

【例題1】　甲社には、定時株主総会に先立って、株主から膨大な数の質問状が送付されていた。そこで、甲社において事前にその中から当該定時株主総会にかかる議案の判断にとって重要と思われる質問のみを選別し、また類似の質問については整理を行った。そして、甲社の株主総会においては、株主からの具体的な質問を待たずに、議事の冒頭で、事前に整理した事項について、取締役Aが一括して回答を行った。その後、株主に対して質問の機会が与えられたが、取締役Aは、すでに回答済みと思われる質問に対しては、「冒頭で説明したとおりでございます。」とのみ回答した。また、議事進行の都合上、議長によって質疑が途中で打ち切られたため、事前に質問状を提出していたものの株主総会の場において質問をすることができず、議題に関して事前に提出していた自らの質問に対して明確な回答を得られなかった株主もいた。この場合、甲社の当該株主総会決議に瑕疵はあるか。

【例題2】　公開会社である甲社（単元株制度は採用していない）の議決権ある株式を2015年5月から引き続き300株保有していたAは、2018年3月10日に、同年6月28日に開催される定時株主総会において取締役の解任を議題とすること、および取締役解任議案の要領を株主総会の招集通知に記載することを請求した。その後、Aは、甲社の定時株主総会における議決権の基準日である2018年3月31日を過ぎた同年4月5日に甲社の株式をすべて第三者に譲渡した。甲社は、取締役の解任を株主総会の議題とせず、招集通知にも取締役解任議案について何ら記載しなかった。この場合、同年6月28日に開催された甲社の定時株主総会の招集手続に瑕疵があったといえるか。

（くろの・ようこ）

12 議決権の代理行使および 委任状の勧誘

河村　賢治

設問(1)(2)

株主

会社

定款：議決権行使の代理人資格を株主に限定

① 議決権の代理行使
② 書面による議決権行使
③ 電磁的方法による議決権行使

設問(3)

株主

甲社

甲社側勧誘者による委任状勧誘（規制違反あり）
↓
甲社希望株主による議決権の代理行使

株主総会：会社提案 vs 株主提案（会社提案議案可決）

【設　問】

(1)　株主による、①議決権の代理行使、②書面による議決権行使、③電磁的方法による議決権行使について、それぞれの制度の概要を説明せよ（株主の指示と異なる議決権行使がされた場合の取扱いや、議決権が重複行使された場合の取扱いなどについても言及せよ）。

(2)　株主総会における議決権行使の代理人資格を株主に限定する旨の定款規定は有効か（かかる定款規定を持つ株式会社においては、非株主が代理人として議決権を代理行使することは常に許されないことになるのか）。

(3)　上場会社の株主に対し、自己または第三者に議決権の代理行使を委任するよう勧誘する行為について、どのような規制（委任状勧誘規制）が設けられているか。また、会社提案と株主提案が対立している甲株式会社（上場会社）において、甲社側の勧誘者がその株主に対し甲社の希望する株主に議決権の代理行使を委

任するよう勧誘を行い、当該代理人が株主総会で会社提案議案に賛成・株主提案議案に反対する議決権行使をし、会社提案議案が可決されたが、当該勧誘に委任状勧誘規制違反（例：参考書類の不交付や賛否欄のない委任状の交付）があった場合、当該総会決議の効力はどうなるか。

1　議決権の代理行使・書面による議決権行使・電磁的方法による議決権行使（設問(1)について）

株主の中には、株主総会（以下「総会」ということがある）で議決権を行使する権利を有するにもかかわらず、総会開催日時に総会会場に出向くことが困難な者が存在しうる。会社法は、株主の議決権行使の機会を保障すべく、①代理人による議決権行使、②書面による議決権行使（書面投票）、③電磁的方法による議決権行使（電子投票）の制度を設けている。

①について。株主は、代理人によってその議決権を行使することができる（会310条1項前段）。株主または代理人は、代理権を証明する書面（委任状）を会社に提出しなければならず（同項後段。代理権の授与は総会ごとにしなければならないことについて同条2項参照。当該書面に記載すべき事項を電磁的方法により提供する場合について同条3項・4項参照）、当該書面は株主の閲覧等請求の対象となる

（同条7項。本店備置きについて同条6項参照）。会社は、総会に出席することができる代理人の数を制限することができるが（同条5項）、代理人の資格を制限すること、例えば、代理人の資格を株主に限定することができるかについては争いがある（本解説4参照。なお、株主の議決権行使の機会を保障する必要があるため、定款で議決権の代理行使を禁止することは許されない）。近時は日本でも、会社や株主が自らの提案への賛成票を増やすべく、議決権の代理行使に関する委任状の争奪戦（プロクシーファイト）を繰り広げることがあるが、上場会社の株式につき、自己または第三者に議決権の行使を代理させることを勧誘する行為は、金融商品取引法の規制に服することになる（本解説5参照）。

　②について。株主総会の招集者は、総会を招集する場合には、総会に出席しない株主が書面により議決権を行使すること（②）ができることとするときは、その旨を定めなければならない（会298条1項3号）。②を採用するか否かは原則として会社の任意である（したがって株主が常に②をできるとは限らない）が、株主が多数存在する会社では、株主が地域的に分散し、株主の欠席数も多くなることが予想される。そこで会社法は、議決権を行使できる株主数が1,000人以上の場合には、②の採用を義務付けている（会298条2項本文。ただし、上場会社において、株主総会の招集者が、議決権を行使できる株主の全部に対し、金融商品取引法の規定に基づき委任状勧誘（本解説5参照）を行う場合を除く。同項ただし書、会施規64条）。②の採用会社においては、総会の招集通知に際し、議決権の行使について参考となるべき所定の事項を記載した株主総会参考書類と、各議案についての賛否記載欄等を設けた議決権行使書面を株主に交付しなければならない（会301条1項、会施規65条・66条・73条～94条。これらの書類に記載すべき事項を電磁的方法により提供する場合について会301条2項参照）。これらの書類は、株主が議案の賛否を適切に判断できるよう情報を提供するとともに、株主の意思が正確に総会決議に反映されることを確保するためのものである。②の具体的な仕方・出席議決権数参入・議決権行使書面の本店備置き・株主による閲覧等請求については会社法311条参照。

　③について。株主総会の招集者は、総会を招集する場合には、総会に出席しない株主が電磁的方法により議決権を行使すること（③）ができることとするときは、その旨を定めなければならない（会298条1項4号）。③を採用す

るか否かは会社の任意である（したがって株主が常に③をできるとは限らない）。
③の採用会社においては、議決権行使書面に記載すべき事項を電磁的方法により株主に提供することとなるが、株主総会参考書類の交付も必要である（会302条 1 項・3 項・4 項、会施規65条・66条・73条～94条。株主総会参考書類に記載すべき事項を電磁的方法により提供する場合について会302条 2 項参照）。③の具体的な仕方・出席議決権数参入・電磁的記録の本店備置き・株主による閲覧等請求については会社法312条参照。

2　株主の指示に反した議決権行使がされた場合の取扱い（設問(1)について）

①において、代理人が株主の指示とは異なる議決権行使をした場合には、委任関係上の義務違反があるにすぎず議決権行使は有効とする見解と、無権代理として無効とする見解が対立している（江頭344頁注(8)等参照）。②や③であれば、株主が指示したとおりの議決権行使が行われることになる（会社がこれに反した取扱いをすれば会社法831条 1 項 1 号の総会決議取消事由にあたる）。そのため、代理人の違背問題を回避し株主の意思をストレートに総会決議に反映させるという点では、①よりも②や③のほうがよいと言いうるが、株主総会の議場で提出される動議に適宜対応するという点からは、②や③よりも代理人が総会の議場にいる①のほうがよいという判断もありうる（手続的動議や議案修正動議が提出された場合における①②③の取扱いについては、山本爲三郎「委任状勧誘をめぐる法的諸問題」会社争点104頁や、荒谷裕子「委任状による議決権行使と書面による議決権行使」会社争点106頁等参照）。

3　議決権の重複行使の取扱い（設問(1)について）

①②③が行われる会社において、議決権の重複行使があった場合はどうなるか。例えば、ある議案に「賛成」する②ないし③を行った株主が、同じ議案について「反対」する旨の委任状を代理人に交付し、①が行われた場合はどうなるか。この場合、②や③は株主が総会に出席しないときの制度であるため（会298条 1 項 3 号・4 号参照）、委任状を持つ代理人が総会に出席するのであれば、②や③は無効になると一般に解されている（コンメ(7)210頁・224頁〔松

中学〕等参照）。また、②では「賛成」・③では「反対」とか、先の③では「賛成」・後の③では「反対」などのケースもありうる。この場合、株主総会の招集者は、②や③の重複行使がなされた場合の取扱いを予め定めておくことができるが（会298条1項5号、会施規63条3号ヘ・4号ロ）、かかる定めがない場合は、後にされた議決権行使を株主の最終的な意思として有効なものと取り扱い、時間の先後が不明な場合にはいずれも無効とするという解釈が一般的である（コンメ(7)209頁・223頁〔松中〕等参照）。

4　議決権行使の代理人資格を株主に限定する定款規定の効力（設問(2)について）

　多くの株式会社は、定款で、株主総会における議決権行使の代理人資格を当該会社の株主に限定しているが、このような制限が許容されるかは、会社法310条の文言からは明らかではない。

　この点、最二小判昭和43・11・1民集22巻12号2402頁は、会社法310条1項は「議決権を行使する代理人の資格を制限すべき合理的な理由がある場合に、定款の規定により、相当と認められる程度の制限を加えることまでも禁止したものとは解されず、右代理人は株主にかぎる旨の所論上告会社の定款の規定は、株主総会が、株主以外の第三者によつて攪乱されることを防止し、会社の利益を保護する趣旨にでたものと認められ、合理的な理由による相当程度の制限ということができるから」、同条項に「反することなく、有効である」とした。株主以外の第三者による総会の攪乱を防止するという目的は「合理的な理由」であり、代理人資格を株主に限定するという手段は「相当程度の制限」であると判断したわけである（代表的な評釈として、高田晴仁「判批」会社法百選〔3版〕68頁参照）。

　そうすると、議決権行使の代理人資格を株主に限定する旨の定款規定を持つ会社においては、非株主が代理人として議決権を代理行使することは認められない（仮に当該代理行使が行われれば決議方法の定款違反という総会決議取消事由（会831条1項1号）がある）ということになりそうであるが、判例は常にそうなるとは考えていない。最二小判昭和51・12・24民集30巻11号1076頁は、議決権行使の代理人資格を株主に限定する旨の定款規定を持つ会社の株主である

県・市・株式会社が、その指揮命令下にある非株主の職員・従業員を代理人として議決権行使をさせた事例において、「右のような定款の規定は、株主総会が株主以外の第三者によつて攪乱されることを防止し、会社の利益を保護する趣旨に出たものであり、株主である県、市、株式会社がその職員又は従業員を代理人として株主総会に出席させた上、議決権を行使させても、特段の事情のない限り、株主総会が攪乱され会社の利益が害されるおそれはなく、かえつて、右のような職員又は従業員による議決権の代理行使を認めないとすれば、株主としての意見を株主総会の決議の上に十分に反映することができず、事実上議決権行使の機会を奪うに等しく、不当な結果をもたらすから」、かかる議決権行使は「右定款の規定に反しない」とした。つまり、判例は、議決権行使の代理人資格を株主に限定する旨の定款規定の趣旨を踏まえ、非株主である代理人に議決権の代理行使をさせても総会が攪乱され会社の利益が害されるおそれがなく、当該代理行使を認めないと株主の議決権行使の機会を奪うことになると判断される場合には、当該代理行使を認めているわけである。

　学説上は、判例と同様に、議決権行使の代理人資格を株主に限定する旨の定款規定を有効としつつ、その射程を制限的に解釈する見解（制限有効説）が多数と言える（学説の詳細については、松山三和子「定款による議決権代理行使の制限の効力」会社争点100頁や、コンメ(7)172頁〔山田泰弘〕等参照）。これに対し、①公開会社であれば、誰でも株式を取得して株主総会に出席できるのであるから、代理人資格を株主に限定しても総会の攪乱防止にはあまりつながらない、②公開会社の株主は、互いに面識がないことが多く、代理人になってくれる他の株主を探し出すのは一般に困難である、③非公開会社であっても、例えば、内紛によりある株主が他の株主から孤立した場合には、当該株主が他の株主の中から代理人を選ぶことは実際上無理である、④制限有効説における当該定款規定の射程の判断（非株主である代理人による議決権の代理行使を認めるべき場合か否かの判断）には不明確さが残るなどの指摘もある。そのため、学説上は、議決権行使の代理人資格を株主に限定する旨の定款規定を無効とする見解や、非公開会社の場合だけ当該定款規定を有効とする見解なども有力に主張されている。

5　委任状勧誘規制（設問(3)について）

　金融商品取引法194条は、「何人も、政令で定めるところに違反して、金融
商品取引所に上場されている株式の発行会社の株式につき、自己又は第三者
に議決権の行使を代理させることを勧誘してはならない」としており、これ
を受けて金融商品取引法施行令36条の2〜36条の6および上場株式の議決権
の代理行使の勧誘に関する内閣府令1条以下は、当該勧誘に関する具体的な
規制を定めている（委任状勧誘規制。金商法194条違反は30万円以下の罰金となること
について、金商法205条の2の3第2号）。

　例えば、Aが、上場会社の株主に対し、A（またはB）に議決権の代理行
使を委ねるよう勧誘する行為は、金融商品取引法施行令36条の6に定められ
た適用除外に該当しない限り、主に次のような規制を受ける。すなわち、勧
誘者（A）は、被勧誘者（上場会社の株主）に対し、代理権の授与に関し参考
となるべき所定の事項を記載した参考書類と、議案ごとに被勧誘者が賛否を
記載できる欄を設けた委任状を交付しなければならない（金商令36条の2第1
項・5項、上場株式の議決権の代理行使の勧誘に関する内閣府令1条・43条等。これ以外
の規制の詳細は金融商品取引法の基本書参照）。この規制の趣旨は、勧誘を受ける
株主が議案の賛否を含め勧誘に応じるか否かを適切に判断できるよう情報を
提供するとともに、当該株主の意思が正確に総会決議に反映されることを確
保する点にある。

　委任状勧誘において被勧誘者に提供される情報は、当該被勧誘者の議決権
行使その他の投資判断に大きな影響を与えうることからすると、「金融商品
等の公正な価格形成等を図り、もつて国民経済の健全な発展及び投資者の保
護に資することを目的とする」金融商品取引法（同法1条参照）のもとで、委
任状勧誘規制を定めることには相応の理由がある。と同時に、被勧誘者であ
る株主に対する十分な情報提供や株主意思の総会決議への正確な反映といっ
た要請は、会社法の観点からも求められるものであることに留意する必要が
ある（沿革的に見ても、委任状勧誘規制の範となった米国の1934年証券取引所法の関連
規制は実質的な連邦会社法の一部であるとも言われる。龍田節「株式会社の委任状制度」
インベストメント21巻1号〔1968年〕9頁や、浜田道代「委任状と書面投票」河本還暦
249頁等参照。会社法に委任状勧誘規制を取り込むことに関する立法論として、上村達男

『会社法改革——公開株式会社法の構想——』〔2002年、岩波書店〕156頁や、江頭憲治郎
「会社法制の将来展望」上村達男編『企業法制の現状と課題』〔2009年、日本評論社〕124
頁等参照）。

6　委任状勧誘規制違反と株主総会決議の効力（設問(3)について）

　上場会社である甲社において、会社側の委任状勧誘に基づく議決権の代理
行使が行われ、会社提案議案が可決されたが、当該勧誘が委任状勧誘規制に
違反するものであった場合（例：参考書類の不交付や賛否欄のない委任状の交付）、
当該総会決議の効力はどうなるか。

　この点、学説上は、(a)委任状勧誘規制は取締法規であって効力規定ではな
いため、当該規制違反の勧誘に応じてなされた代理権授与も当然に無効とな
るわけではなく（したがって代理権のない者が議決権を代理行使したとして決議方法
の法令違反（会831条１項１号）を主張する余地はあまりないことになる）、(b)委任状勧
誘は総会開催ないし決議成立の手続として法律上強制されるものではないこ
とから、委任状勧誘規制違反がこうした観点から総会の招集手続または決議
方法の法令違反（同号）に該当することはないが、(c)委任状勧誘規制違反に
より株主の議決権行使（委任状の付与）が不当な影響を蒙り、決議の公正な成
立が妨げられたと認められる場合には、決議の方法が著しく不公正（同号）
という取消事由に該当するとの見解が多数説とされてきた（今井宏『議決権代
理行使の勧誘——株主総会の委任状制度に関する法的規制の研究——』〔1971年、商事法
務研究会〕87頁・221頁等）。これに対し、そもそも委任状勧誘規制を単なる取
締法規とだけ見るのは正しくなく、委任状勧誘規制は実質的意義における会
社法の一部であり、会社が委任状勧誘を行う場合には総会決議を成立させる
ための手続の一部を構成することから、当該規制違反は決議方法の法令違反
（同号）として当然に総会決議取消事由を構成するという見解も有力である
（龍田・前掲「株式会社の委任状制度」36頁等）。近時では、かつての多数説を基礎
としつつも、会社法上の書面投票の代替として委任状勧誘が行われる場合
（会298条２項ただし書、会施規64条。本解説１参照）に委任状勧誘規制違反があっ
たときは、総会の招集手続または決議方法の法令違反（会831条１項１号）に
あたるとする見解が増えている（学説については、黒沼悦郎＝太田洋編著『論点体

系 金融商品取引法 2 業者規制、不公正取引、課徴金』〔2014年、第一法規〕669頁〔太田洋〕等参照）。

　裁判例の中には、会社側勧誘者による委任状勧誘において参考書類の不交付や賛否欄のない委任状の交付といった委任状勧誘規違反が問題となった事案（株主総会決議取消請求事件）において、当該規制は「議決権の代理行使の勧誘を行う者が勧誘に際して守るべき方式を定めた規定」であり、「議決権の代理行使の勧誘は、株主総会の決議の前段階の事実行為であって、株主総会の決議の方法ということはできないから」、当該規制違反の事実をもって会社法831条1項1号に規定する「決議の方法が法令に違反する場合に該当するということはできない」とした上で、「決議の方法の著しい不公正」に該当するか否かについて検討したものがある（東京地判平成17・7・7判時1915号150頁）。この場合、著しく不公正か否かをどのように判断するかが重要になるが、この裁判例においては、委任状勧誘規制の趣旨が実質的に損なわれているか否か、また、当該規制違反が決議の成否に影響を及ぼすものか否かといった観点から、当該事案における具体的事情を踏まえ、「決議の方法について著しい不公正があるということはできない」と判示されている（代表的な評釈として、尾崎悠一「判批」金商法百選162頁参照。また、他の裁判例の評釈であるが、田中亘「判批」金商法百選164頁や、大杉謙一「判批」会社法百選〔3版〕72頁も参照）。

【例題1】　株主総会における議決権行使の代理人資格を株主に限定する旨の定款規定を持つ乙株式会社（同族経営の非公開会社）の株主総会において、株主Cが、病気で入院中のため株主総会に出席できないことを理由に、非株主の息子Dを代理人として議決権行使をさせ、議案が可決された場合、当該総会決議の効力はどうなるか。

　《参考判例》大阪高判昭41・8・8下民集17巻7・8号647頁

【例題2】　丙株式会社（上場会社）の経営陣と株主Eは、会社の経営権をめぐり争っている。丙社の定款では取締役の定員は5名以内とされているところ、Eは、取締役5名の改選期にあたる次の定時総会に向けて、e1〜e5の5名を取締役候補者とする株主提案を行い、当該提案に関する委任状勧誘を開始した。この時点では丙社が提案する取締役候補者の内容が明らかではなかったため、Eが丙社株主

に交付した参考書類や委任状に会社提案に係る記載はなかったが、Ｅが行なった株主提案と同一議題について丙社から議案が提出された場合には議決権の代理行使について白紙委任する旨の記載などが委任状にあった。その後、丙社は、当該株主提案のほか、会社提案としてf1〜f5の５名を取締役候補者とする議案などを記載した総会招集通知、株主総会参考書類および議決権行使書面などを株主に発送した。丙社の定時総会において議長（丙社代表取締役社長）は、Ｅに交付された委任状に係る議決権数について、Ｅが提案したe1〜e5の取締役選任議案との関係では出席議決権数に含めたが、丙社が提案したf1〜f5の取締役選任議案との関係では出席議決権数に含めないという取扱いをし、決議の結果f1〜f5の取締役選任議案が可決された旨を宣言した。仮に本件委任状に係る議決権数をf1〜f5の取締役選任議案との関係でも出席議決権数に含めていれば決議の結果が変わっていた場合、当該総会決議の効力はどうなるか。

　《参考判例》東京地判平成19・12・6判タ1258号69頁

（かわむら・けんじ）

13　株主総会決議の瑕疵

内 田　千 秋

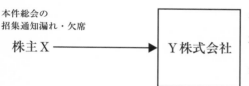

本件総会の
招集通知漏れ・欠席

株主Ｘ ━━━━━▶ Ｙ株式会社

本件総会（平成29・6・27）で
Ａ・Ｂ・Ｃを取締役に選任（本件決議）
取締役会でＡを代表取締役に選定・登記

第二総会（令和元・6・27）で
Ａ・Ｂ・Ｃを取締役に選任（第二決議）

【設　問】

　Ｙ株式会社は取締役会設置会社かつ公開会社であり、取締役の任期は2年である。Ｙ社の発行済株式総数は5,000株であり、株主は9名、そのうちＸは2,100株を保有している。平成29年6月27日に株主総会（本件総会）が開催されたが、Ｘは招集通知を受けず（本件招集通知漏れ）、本件総会に参加することができなかった。本件総会では、Ａ、ＢおよびＣを取締役に選任する決議（本件決議）が行われ、同日の取締役会においてＡが代表取締役に選定され、その登記がなされた。

(1)　Ｘは、どのような方法により本件決議の効力を争うことができるか。

(2)　Ｘが本件決議の効力を争う訴え（本件訴え）を提起したところ、本件訴え係属中の令和元年6月27日に株主総会（第二総会）が開催され、Ａ、ＢおよびＣを取締役に選任する決議（第二決議）が行われた。この第二総会は、取締役会決議に基づきＡが招集したものである。本件訴えには、なお訴えの利益が存在するか。

1　問題の所在

　株主総会の決議に手続上または内容上の瑕疵がある場合、会社法は、決議の効力を争う手段として、瑕疵の軽重に応じて、決議取消しの訴え（会831条）、決議無効確認の訴えおよび決議不存在確認の訴え（会830条）の3つの制度を用意している。

　瑕疵がそれほど重大でない場合、株主・取締役・監査役・執行役等は、株主総会の決議の日から3ヶ月以内に、訴えをもって決議の取消しを請求することができる（会831条1項柱書）。このように決議取消しの訴えでは、提訴権者および提訴期間が制限されている。被告は会社である（会834条17号）。取消事由は法定されており、株主総会の招集手続または決議方法が法令もしくは定款に違反し、または著しく不公正なとき（会831条1項1号）、株主総会の決議内容が定款に違反するとき（同項2号）、株主総会の決議について特別の利害関係を有する者が議決権を行使したことによって、著しく不当な決議がされたとき（同項3号）がそれにあたる。取消しの訴えは形成訴訟であり、決議は取消判決の確定によって無効になるが、それまでは一応有効に存在する。また、提訴期間が経過すれば瑕疵は治癒され、もはやその効力を争うことはできない。請求を認容する確定判決は、対世効を有する（会838条）。決議に取消事由がある場合でも、それが招集手続または決議方法の法令または定款違反という手続上の瑕疵にすぎない場合には、裁判所は請求を棄却することができる（会831条2項。裁量棄却）。

　決議が存在しない場合または決議内容が法令に違反する場合には、不存在または無効の確認を求める正当な利益があるかぎり、誰でも、いつでも、決議の不存在または無効確認の訴えを提起することができる（会830条1項・2項）。被告は会社である（会834条16号）。これらの訴えの性質は確認訴訟であり、訴えによらなくとも（抗弁等でも）決議の不存在または無効を主張するこ

とができるが、請求を認容する確定判決には対世効がある（会838条）。

　本問(1)では、本件招集通知漏れが決議の取消事由、無効事由または不存在事由のいずれに該当するのかという点が問題になる。本問(2)では、本件決議の効力を争う訴えの係属中に本件決議で選任された取締役が任期満了を迎え、第二決議によって新たに取締役が選任された場合に、本件訴えには訴えの利益が存在するか、という点について検討する必要がある。

2　決議の効力を争う方法

　株主に対する招集通知漏れは招集手続の法令違反であるから、会社法831条1項1号に定める取消事由に該当する（大判明治42・5・28民録15輯524頁、大判明治44・3・23民録17輯151頁）。ただし、違反する事実が重大でなく、かつ決議に影響を及ぼさない場合には、裁量棄却の対象となりうる（同条2項）。他方で、手続上の瑕疵にすぎなくとも、その程度が著しく法律上決議があったと評価できない場合は不存在事由となる。

(1)　不存在事由と取消事由

　決議の不存在事由には、①総会開催の事実が全くなく、または、決議のなされた事実がないのに、議事録や登記簿に決議がなされた旨の虚偽の記載・登記がなされている場合と、②一応総会および決議と目すべきものは存在するが、その成立態様に著しい瑕疵があるため、法律上は決議不存在と評価すべき場合とがある（注釈(5)399頁〔小島孝〕）。②の場合（法的不存在）には、決議取消事由との限界が明確でないケースもありうる（岩原紳作「株主総会決議を争う訴訟の構造（二）」法協96巻7号〔1979年〕891頁）。

　招集通知漏れの瑕疵については、たとえば、株主9名、発行済株式総数5,000株の会社において、6名の株主（保有株式数は合計2,100株）への招集通知を欠き、2名に対する通知も口頭で行い、親子3名の株主だけで決議した事案において、決議の不存在が認められている（最二小判昭和33・10・3民集12巻14号3053頁）。もっとも、どの程度の招集通知漏れであれば不存在事由となるのか、取消事由にとどまるのかについて、裁判所の立場は必ずしも明確ではない（関連裁判例については、逐条(9)117頁〔永井和之〕、東京地方裁判所商事研究会『類型別会社訴訟Ⅰ［第三版］』〔2011年、判例タイムズ社〕397頁以下参照）。

　学説は、招集通知漏れが僅少で社会通念上大体において株主全体に招集通知があったといいうる場合以外は不存在事由に該当するとする。持株数によって判断する立場もあるが（東京地方裁判所商事研究会・前掲『類型別会社訴訟Ⅰ〔第三版〕』399頁）、株主数と持株数の双方を考慮に入れる立場もある。後者によれば、招集通知を受けない株主が多数であればその持株数が僅少であっても、株主全員から構成される会議体としての株主総会の性質上、不存在事由にあたると同時に、その株主数がわずかであっても持株数が多数にのぼるときは、資本団体としての株式会社の機関としての株主総会の性質上、やはり不存在事由にあたるという（大隅＝今井（中）142頁、注釈(5)400頁〔小島〕）。

　決議不存在については、手続上の瑕疵の重大さとともに、決議取消しの訴えにおける提訴期間の制限、提訴権者の制限、そして、この訴えによらなければ瑕疵の主張をなしえないなどの制限を課すことが適当か否かという目的論的な判断が重要であるという考え方も提唱されている（岩原紳作「判批」ジュリ947号〔1989年〕122頁）。この考え方からすれば、招集通知漏れが、客観的には決議を不存在とする程度まで達していなくとも、反対派を排除する目的を有していた場合には決議の不存在が認められることになろう（弥永・リーガルマインド151頁、田中（亘）200頁）。前掲最二小判昭和33・10・3では、招集通知を受けなかった株主数やその持株数だけでなく、親子だけで決議がなされた点（前田419頁）や、招集通知が口頭でなされたという他の瑕疵が考慮されたとも考えられる。

(2)　取消事由と裁量棄却

　仮に本件招集通知漏れが取消事由にあたるとした場合には、裁量棄却の可能性も検討しておく必要があろう。昭和13（1938）年商法改正により導入された裁量棄却制度は、裁判所の裁量権をあまりに広範に認めるものと解されるおそれがあるとして、昭和25（1950）年商法改正により削除された。昭和56（1981）年改正商法は裁量棄却制度を復活させたが（2005〔平成17〕年改正前商251条）、昭和56年改正前の判例（最一小判昭和46・3・18民集25巻2号183頁）・学説の見解を明文化し、招集手続・決議方法の法令・定款違反が重大でなく、かつ、決議に影響を及ぼすものではないことを裁量棄却の要件としている（会831条2項）。

　招集通知漏れの瑕疵の場合、招集通知漏れのあった株主の議決権数がわず
かであっても、それだけで決議取消しの請求を棄却することはできないとい
われている。招集通知漏れは、それによって株主の総会出席の機会が奪われ
る限り軽微な瑕疵とはいえないのみならず、決議に影響を及ぼさないと断ず
ることも困難だからである（大隅＝今井（中）132頁以下、裁量棄却を認めなかった
事案として最一小判昭和42・9・28民集21巻7号1970頁、京都地判平成元・4・20判タ
701号226頁）。

(3)　認容判決の遡及効

　決議取消し・無効確認・不存在確認の請求を認容する確定判決は、遡及効
を有するか。会社法839条は、遡及効が否定される「会社の組織に関する訴
え」として、会社設立の無効の訴え等（会834条1号～12号、18号・19号）を掲げ
るが、株主総会の決議取消し・無効確認・不存在確認の訴え（会834条16号・
17号参照）をその対象とはしていない。

　通説・判例は、総会決議取消判決が確定（無効・不存在についても同じ）する
と、決議は初めに遡って無効になると解する（注釈(5)348頁〔岩原紳作〕）。会社
法839条もその根拠として挙げられている（野田博「判批」会社法百選［3版］81
頁）。もっとも、決議が遡って無効になるとすると、取締役の選任等の総会
の決議をその有効要件とする行為も決議の時点に遡って無効とならざるをえ
ず、法的安定性、とくに決議がされた外観的事実を信頼した者の利益を害す
るおそれがある。そこで、不実の登記を信頼した者（会908条2項）その他の
善意者保護の規定（会354条〔表見代表取締役〕、民109条・110条・112条〔表見代理〕）
を適用または類推適用して、その者が代表取締役としてした行為の善意の相
手方を保護すべきであると主張されている（大隅＝今井（中）135頁以下、服部栄
三編『基本法コンメンタール会社法(1)［第7版］』〔2001年、日本評論社〕304頁〔今井宏〕、
神田204頁）。あるいは、事実上の取締役理論に依拠し、事実上の取締役のな
す対外的・対内的行為を全般的に有効と解する立場もある（石山卓磨『事実上
の取締役理論とその展開』〔1984年、成文堂〕265頁）。

　少数説は、遡及効の有無に関しては特に規定がなく解釈に委ねられるとし
（会839条参照）、取締役選任決議のように、その決議を前提にして諸般の社団
的・取引的行為が進展するような決議事項に関する取消判決については、そ

の遡及効を否定すべきであるとする（石井（上）286頁、前田雅弘「決議取消の訴えにおける訴の利益の消滅」商法争点Ⅰ124頁、佐賀地判昭和34・2・19下民集10巻2号323頁、広島高岡山支判昭和42・12・22高民集20巻6号556頁）。決議事項だけを基準とするのではなく、どのような問題との関連においては遡及効を肯定しまたは否定すべきかをより細かく分析すべきであると指摘する立場もある（竹内昭夫『判例商法Ⅰ』〔1976年、弘文堂〕191頁）。

3　訴えの利益（確認の利益）の有無

　本問(1)の検討結果によるが、本問(2)において、株主Ｘが、本件決議の取消しの訴えまたは不存在確認の訴えを提起したとする。決議取消しの訴えについては最一小判昭和45・4・2民集24巻4号223頁、決議不存在確認の訴えについては最三小判平成2・4・17民集44巻3号526頁を参照する必要がある。

(1)　事情の変化による訴えの利益の喪失

　決議取消しの訴えは形成訴訟であり、法定の要件が満たされる限り、当然に訴えの利益が認められるのが原則である。しかし、決議後の事情の変化により形成判決をする実益がなくなった場合には、訴えの利益が欠けることを理由に訴えが却下されることがある。

　前掲最一小判昭和45・4・2は、最二小判昭和37・1・19民集16巻1号76頁（株主以外の者に新株引受権を与えるための決議取消しの訴えの係属中に新株発行が行われた場合に訴えの利益を否定した事案）を引用したうえで、「役員選任の総会決議取消の訴が係属中、その決議に基づいて選任された取締役ら役員がすべて任期満了により退任し、その後の株主総会の決議によつて取締役ら役員が新たに選任され、その結果、取消を求める選任決議に基づく取締役ら役員がもはや現存しなくなつたときは」、事情の変化により訴えの利益を欠くに至る場合に「該当するものとして、特別の事情のないかぎり、決議取消の訴は実益なきに帰し、訴の利益を欠くに至るものと解するを相当とする」と判示する。同判決の判断枠組みは、その後の判例でも踏襲されている（役員退職慰労金贈呈決議について最一小判平成4・10・29民集46巻7号2580頁）。

　前掲最一小判昭和45・4・2は、決議取消しの訴えが会社企業自体の利益

のためにするものであることの立証がない以上、「特別の事情」を認めることはできないと判示した。当該決議で選任された取締役の在任中の行為の責任を追及し、在任中の報酬について不当利得返還請求をし、瑕疵ある選任決議を成立させた他の取締役の責任を追及するため等に決議を取り消す実益があるといえるかであるが（特別の事情を認めた事案として東京高判昭和60・10・30判時1173号140頁）、責任追及等のために決議を取り消す必要はないと解する立場が多数である（前田・前掲「決議取消の訴における訴の利益の消滅」124頁）。もっとも、取消判決が確定していれば責任追及の手助けにはなるし、決議取消しの訴えの手続がかなり進行している場合には、訴えを却下してしまうよりは本案判決をした方が訴訟経済にも適うとして、そのような場合には訴えの利益を肯定すべきであるとする見解もある（新堂幸司「株主総会決議取消の訴え」上柳克郎ほか編『会社法演習Ⅱ株式会社（機関）』〔1983年、有斐閣〕88頁、注釈(5)336頁〔岩原〕）。

　このほか、決議取消しの実益にかかわらず、決議取消しの訴えの有する会社経営の適法性の確保という機能から、決議の違法性が除去されていない以上、訴えの利益は基本的には消滅しないと解する立場がある（中島弘雅「株主総会決議訴訟の機能と訴えの利益（三・完）」民商99巻6号〔1989年〕804頁以下、逐条(9)114頁〔永井〕）。

　以上の見解は認容判決の遡及効を肯定する立場に立つものであるが、遡及効を否定する立場によれば、選任決議の取消しはあたかもその時に解任決議が成立するのと同等の効果を生ずることになるので、すでにその取締役が退任している以上、訴えの利益は認められないことになる（前田・前掲「決議取消の訴における訴の利益の消滅」124頁）。

(2)　瑕疵の連鎖

　前掲最三小判平成2・4・17は、「取締役を選任する旨の株主総会の決議が存在するものとはいえない場合においては、当該取締役によって構成される取締役会は正当な取締役会とはいえず、かつ、その取締役会で選任された代表取締役も正当に選任されたものではなく……、株主総会の招集権限を有しないから、このような取締役会の招集決定に基づき、このような代表取締役が招集した株主総会において新たな取締役を選任する旨の決議がされたと

しても、その決議は、いわゆる全員出席総会においてされたなど特段の事情がない限り……、法律上存在しないものといわざるを得ない。したがって、この瑕疵が継続する限り、以後の株主総会において新たに取締役を選任することはできないものと解される」として、決議の不存在の連鎖を認めた（瑕疵連鎖説）。同判決にいう「特段の事情」には、全員出席総会の場合（最二小判昭和60・12・20民集39巻8号1869頁）のほか、一人会社の場合（東京地判平成23・1・26判タ1361号218頁）も含まれる。最一小判平成11・3・25民集53巻3号580頁は、さらに、取締役等を選任する先行決議の不存在確認の訴えに、新たな取締役等を選任する後行決議の不存在確認の訴えが併合されている場合には、後行決議だけではなく先行決議についても、確認の利益が認められると判示した。

　会社の法的安定性を著しく害するとして、決議の不存在の連鎖を認めることに否定的な立場では、招集者の選任手続の瑕疵の効果が後行決議の効力に影響を及ぼさないようにいくつかの理論構成が試みられてきた。①不実登記に関する平成17（2005）年改正前商法14条（会908条2項）を類推適用する見解（松田二郎＝鈴木忠一『条解 株式会社法（上）』〔1951年、弘文堂〕185頁以下）、②総会招集の当時代表取締役として登記されていた者は外観上代表取締役の資格があると解し、総会の招集は有効であり決議の効力に影響がないとする見解（大隅＝今井（中）16頁、服部編・前掲304頁〔今井〕、東京高判昭和59・6・28判時1124号210参照）のほか、③認容判決の遡及効を否定する立場に立ち、代表取締役として登記され活動している場合、その代表取締役が招集した総会は有効に成立すると解する見解（石井（上）229頁、注釈(5)38頁〔前田重行〕）等がある。ほかに、その後の総会が現実に開催され、先行決議で選任された取締役らが招集手続に関与して招集されたこと以外には瑕疵がない場合には、後行決議の瑕疵は取消事由にとどまるとする見解もある（上柳克郎「取締役選任決議の取消と不存在」西原追悼（下）167頁以下）。

　前掲最一小判昭和45・4・2と前掲最三小判平成2・4・17をあわせ考えると、先行決議の瑕疵が取消事由にあたるか不存在事由にあたるかで、後行決議により新たに役員が選任された場合の訴訟の結果が大きく異なることになる（この点につき、伊藤眞＝杉山悦子「判批」民訴百選［3版］75頁も参照）。1つ

の方向性としては、先行決議に不存在があるとしても、前掲最三小判平成
２・４・17にいう「特段の事情」を柔軟に解することにより瑕疵の連鎖を否
定するなど、事案に応じた適切な処理を追求することが考えられる（江頭377
頁注(1)、受川環大「判批」会社法百選［３版］87頁）。

　あるいは、先行決議に取消事由があるにとどまる場合でも、取消判決が確
定すればその効力は遡及する結果、先行決議の取消しにより瑕疵連鎖が生じ
ると解することも考えられる。先行決議が取り消されれば、後行決議の招集
決議に瑕疵があるとされる結果、後行決議の効力ひいては現任の取締役の地
位に影響が及ぶ場合には、前掲最一小判昭和45・４・２にいう「特別の事
情」にあたるとして、先行決議の取消しの訴えに訴えの利益を認める見解も
ある（田中（亘）204頁）。この見解は、後行決議の効力が否定される場合には、
前任者を選任した決議（先行決議）を取り消すことにより、さらにその前任
者が取締役の権利義務を有する者（会346条）となることを理由とする（大塚
龍児「判批」判評338号〔1987年〕69頁、野田・前掲「判批」81頁）。また近時、前掲
最一小判平成11・３・25を引用して、役員を選任・解任する先行決議の取消
しを求める訴えに、瑕疵の継続を主張して後行決議の不存在確認を求める訴
えが併合されている場合、先行決議の取消しを求める訴えに訴えの利益が存
在するとした裁判例（東京高判平成30・９・12金判1553号17頁）も公表されてい
る。

【例題１】　Ｙ株式会社の発行済株式総数は5,000株であり、株主は９名である。そ
のうちＸは2,100株、Ａは50株を保有していた。令和元年６月27日に株主総会（本
件総会）が開催されたが、Ａは招集通知を受けず、本件総会に参加することがで
きなかった。本件総会では計算書類の承認決議（本件決議）が行われたが、Ｘは、
Ａに対する招集通知漏れを理由に、本件決議の取消しの訴えを提起することがで
きるだろうか。
　《参考裁判例》最一小判昭和42・９・28民集21巻７号1970頁

【例題２】　Ｙ株式会社（公開会社）は、令和元年６月27日に株主総会（本件総会）
を開催し、計算書類の承認決議（本件決議）を行った。しかし、本件総会は取締
役会の決定に基づくことなく代表取締役Ａにより招集されたものであり、招集通
知も会日の１週間前になされたにすぎなかった。

(1)　株主X1は、同年9月20日に、本件総会の招集が取締役会の決定に基づく
　　ものではなかったとして、Y社に対し、本件決議の取消しの訴えを提起した。
　　X1は同年12月3日になって、招集通知の遅れを理由に取消事由の追加主張
　　を行った。このような追加主張は認められるか。

(2)　株主X2は、同年9月15日に、本件総会の招集が取締役会の決定に基づく
　　ものではなかったとして、Y社に対し、本件決議の無効確認の訴えを提起し
　　た。Y社が、X2の主張する瑕疵は無効確認の訴えの対象となるものでない
　　と主張したので、X2は、同年12月5日に、本件決議を取り消すよう予備的
　　請求として訴えを追加した。X2の請求は認められるか。

《参考裁判例》最二小判昭和51・12・24民集30巻11号1076頁、最二小判昭和54・11・16
民集33巻7号709頁

【例題3】　Y株式会社の令和元年6月27日開催の株主総会において、株主Xが提
案した取締役解任議案が否決された。Xは、否決された決議の取消しの訴えを提
起することができるか。

《参考裁判例》最二小判平成28・3・4民集70巻3号827頁

（うちだ・ちあき）

14　取締役の地位（選任・解任）

森脇　祥弘

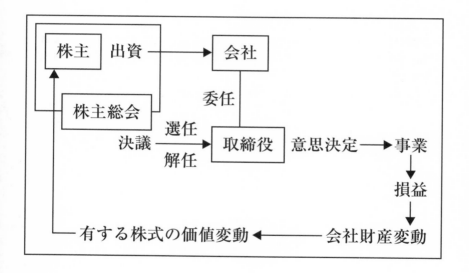

【設　問】

　株式会社の取締役の任期途中での解任につき、次の場合に解任取締役による会社への損害賠償請求が認められるかを論ぜよ。

(1)　当該取締役の能力の不足が判明したことを理由に解任された場合

(2)　十分な調査検討の過程を経てそれに即し行った経営判断が失敗に終わったことを理由に解任された場合

1 取締役の地位

株式会社の取締役は株主総会決議により選任され、会社との間で任用契約を締結して就任し、会社と委任の関係に立つ（会330条）。

株式会社は会社運営に常時携わることが必ずしもできず、あるいはそれを望まない社会に散在する出資者から事業資金を調達し事業活動を通じこれを運用して利益を実現し出資者に還元することを目的とする仕組みである。取締役は出資者らからこれを実現する専門的経営能力を期待し得る者として選任され、出資者から拠出された資金を運用する事業活動の遂行に関する事務処理を委ねられた者としてかかる事務処理に関して委任の受任者として、善良な管理者の注意義務を負う（民644条）。

具体的には取締役の職務はまず会社の業務執行の意思決定（業務執行権を有する場合はその遂行も）に関わることである。非公開会社で取締役会（会327条1項）の設置を伴わない会社においては、取締役は1人以上で足り（会326条1項）、業務執行の意思決定は単独取締役の意思または複数取締役の過半数で決し（会348条2項）、定款で別段の定めを置かない限り各自が業務執行権を有し（会348条1項）会社を対外的に代表し、裁判上・裁判外の行為を行う包括的代表権を有する（会349条）。

取締役会設置会社においては、取締役は3名以上の取締役からなる（会331条5項）取締役会の構成員として（会362条1項）業務執行の意思決定に関与し（会362条2項、369条、416条1項、）、業務執行権者・対外代表権者は取締役会の決議（会362条3項、402条2項・420条）により特定の取締役または執行役に集約される。いずれの類型の会社においても会社運営の効率化の観点から日常的

業務執行事項の決定については特定の取締役または執行役への授権が容認されている一方、重要な業務執行事項については授権が制約され取締役会による決定が要求されている（会348条3項、362条4項、416条3・4項）。

　一方、取締役は、委任の受任者としての善管注意義務を負う立場から、他の取締役及び執行役が自らの義務を適切に遂行しているかを監視する義務を負う。

　取締役は会社の事業遂行のためノウハウや顧客を含めた会社財産の管理・処分の決定に関わることができる地位にあり、これを自己やその関係者のために用い会社に損害を及ぼす恐れがあるため、こうした利益衝突の抑制の趣旨から法は特に忠実義務（会355条）の規定を置き、続けて競業及び利益相反の防止に関する規定を置いている（会356条）。善管注意義務と忠実義務の関係については議論が存在してきたところであるが、善管注意義務の内容には忠実義務の内容も包含されると解されることから両義務の内容は同質であり後者は注意的規定であるとの理解が多数と言える。

　受任者としての各義務に反し会社に損害を及ぼした場合は、会社に対し賠償責任を負う。前述の利益衝突の場面をはじめ特に取締役権限の不適切な行使による会社の損失の発生が懸念され、防止すべきと考えられる諸類型に関しては、推定規定等の特則が設けられている（会423条2項以下、120条（利益供与）、462条以下（違法配当）等）。役員間の馴合い等により会社がこの責任を追及しないときは会社の負った損失により株式の価値の下落を被った株主が会社に代わって責任追及の訴えを提起することができる（株主代表訴訟：会847条）。

2　取締役の選任

　取締役は株式会社においては株主総会と並びいかなる類型の会社においても1名以上必須とされ（会326条1項）、前述のように株式会社の取締役は出資者である株主から事業活動を通じた出資財産の運用を委ねられる者として株主総会決議により選任される（会329条、341条、設立時取締役（会38条以下、88条以下）については設立の項参照）。

　選任は原則的に会社の自治に委ねられるが、一定の制約が存する。

　出資者の拠出した資金を事業運用するに足る専門的手腕を有する者の選任

の障害を除去する趣旨から、取締役の就任資格を株主に限定する定款規定は非公開会社を除き無効とされる（所有と経営の分離。会331条2項）。

　一方、株主からの出資財産の管理者としての適性の確保の観点から、会社法331条1項に欠格事由が規定される。

　また会社運営の適正と経営規律の確保強化を目的として、独立性を有する取締役の導入が順次図られて来ているのが現行法の近時の傾向である。

　監査等委員会設置会社の監査等委員となる取締役（3名以上）は他の取締役と分けて選任し（会329条2項）、その過半数は社外取締役（2条15号）でなければならず（会331条6項）、その選任議案の提出には監査等委員会の同意を要し（会344条の2第1項）、監査等委員は株主総会で監査等委員である取締役の選解任・辞任につき意見を表明できる（会342条の2第1項）。

　指名委員会等設置会社の取締役会に設置すべき指名委員会・報酬委員会・監査委員会の委員となる取締役に関しても、各委員会の委員の過半数は社外取締役でなければならない（会400条3項）。

　また従業員職制上取締役の下部に位置づけられる従業員に取締役への実効的監視監督を期待しがたいため、監査等委員会設置会社の監査委員となる取締役（会331条3項）及び指名委員会等設置会社の取締役（会331条4項）については従業員との兼任制限が課せられている。

　有価証券報告書提出義務を負う監査役会設置の大会社かつ公開会社においても、社外取締役を設置していない場合はその理由を定時株主総会で説明する義務を負う（会327条の2）。コーポレートガバナンスコード第四基本原則等に見られる、社外役員の導入等による経営規律の向上と透明性の確保が会社運営の適正確保に資するという提言を容れ、資金を公募し利害関係者が社会に多数存在する会社につき、かかる要請に対する説明責任を課したものと言える（2021年施行の改正327条の2では同条該当会社は社外取締役設置を義務化される。）。

　株主総会における選任手続は、普通決議（会309条1項）に定足数の定款による緩和の制限を施した会社法341条に定める決議要件による。この決議においても原則として1株または1単元に1議決権が付与される（会308条）が、複数の取締役の選任に際しては、株主は定款で排除されている場合を除き、1株または1単元につき、当該株主総会で選任する取締役の人数と同数の議

決権を付与する累積投票（会342条3項）の方式の採用を請求することができる。選任は得票数順になされ（同条4項）、これにより少数派の推挙する候補者を取締役に選任し多数派選出の取締役らに対する監視監督を図り得る。

　また、種類株式を用い、取締役の選任・解任を拒否権付種類株式の拒否権の対象とすること（会108条1項8号）、取締役を当該種類株主総会で選任することを内容とする種類株式を発行すること（会108条1項9号）も可能となっている。もっとも各取引所の上場基準等の自主規制規範によりこれに制限を課す例も存する。

3　取締役の終任・解任に関する法律関係

(1)　任　　　期

　委任事務の処理は一定期間継続することを前提とする一方、両当事者の信頼関係がかかる継続的関係の基盤となることから、委任契約の継続は両当事者の合意が継続する限りとなり、両当事者のいずれからも終了させることができるとするのが一般法である民法の原則である（民651条1項）。

　一方、会社及びその経営陣は、事業を通じ出資者の財産を運用し利益を追求することを求められる立場であり、株式会社など会社債務につき有限責任制度を採用する会社においては会社債権者保護の見地からも、取締役が適正な会社運営に向け自己の職務を履行するよう規律を図る必要がある。取締役の在任期間を完全に当事者自治に委ね、際限なく長期の在職を容認することはこの観点から望ましいとは言えない。取締役の任期は原則として2年または定款もしくは株主総会で定めるより短い期間（会332条1項）とされ、任期満了で退任となるが再任も可能である。なお、限られた関係者での運営と定款自治を志向する非公開会社においては、取締役の任期を10年まで延長することが可能とされている（会332条2項）。

　監査等委員会設置会社については監査等委員でない取締役の任期は1年以内とされる（会332条2項）一方、監査等委員である取締役については独立性確保の観点から2年未満に短縮することが禁じられる（会332条4項）。

　指名委員会等設置会社の取締役の任期は1年以内とされる（会332条6項）。

　また、会計監査人設置会社は取締役の任期を定款で1年以内とすること等

を条件に、原則株主総会承認を要する剰余金配当等の決定を取締役会決議事項とする定款規定を採用できるものとすることにより、経営規律強化への誘引を図っている（会459条1項・2項）。

(2)　辞　　任

一方、委任の解除は、信頼関係を基礎とする継続的契約関係の特質から、各当事者から随意の時期に行い得るのが私法上の原則とされる（民651条1項）。

取締役に関しても、取締役の側からの辞任はこの趣旨に基づき可能と解され、これを前提とする規定も存在する（会346条1項、342条の2第2項等参照）。

任期満了及び辞任により取締役の員数が不足する場合には、退任取締役は後任者または一時役員（会346条2項）が選任されるまで、なお取締役としての権限と義務を有する（会346条1項）。

(3)　任期途中の解任

一方、前述の民法651条の原則を受け、会社側からの解任も随時なし得る旨が注意的に規定されている（会339条、341条）。会社の側からの委任の解除、すなわち解任の手続は、会社法第341条に基づき、選任権者でもある株主総会の決議により、かつ選任と同様の決議要件による。累積投票で選任された取締役の解任及び監査等委員である取締役については、同様の決議要件で足りるとすれば独立性のある取締役の導入による会社運営適正確保という趣旨を没却することになるため、解任には特別決議を要する（会309条2項7号）。会社法108条1項8号、9号により選任された取締役の解任については選任と同様の手続による旨の特則が置かれている（第347条）。

(4)　解任に伴う損害賠償

一方、取締役を解任された者は、解任に正当な事由がある場合を除き、解任により生じた損害を賠償することを会社に請求できる（会339条2項）。

一般法である民法651条2項には、解任に伴う損害賠償請求権は相手方に不利な時期に解除した場合（これに加え改正法施行後は、受任者の利益も目的とする委任を委任者が解除した場合）に生ずるが、やむを得ない事情による解除の場合はこの賠償請求権も発生しない（有償委任であること自体は必ずしも不利な時期の解除の要素とはされない）としている。従来規定にいう相手方に不利な時期の

解除に該当する例としては、家庭教師など次の職を得ることが困難な時期に解除された場合等が挙げられ得る。委任者の債権者に対する第三債務者の債務の取立の委任のように、委任が委任者のみならず受任者の利益ともなる場合にこれを委任者が解除する場合につき、この解除権を否定する見解も存したが、判例はこのような場合に解除がやむを得ない事情がなくても解除権自体は原則として否定されず、受任者の損害は賠償をもって手当するとの見解を採用した（最二小判昭和56・1・19民集35巻1号1頁）。今般の債権法改正でもこの理が明文化される一方で、報酬付の委任における報酬期待権に反した解除であるという点のみをもっては受任者側の賠償請求を肯定することは見送ったものと考えられる。

　一方、株式会社取締役は、営利（利潤の実現と配分）を目的とする団体である会社の事務処理を委ねられ、経営上の注意義務を懈怠し会社に損害を及ぼしたときは多額の損害賠償を負担することとなる者として、絶えず事業環境の変動する厳しい競争社会において会社の収益を継続的に実現すべく不断の経営判断とその検討を続けて行くことを求められており、この重責に相応する対価としての取締役報酬や在任中職務の対価の性質を帯びる退職慰労金の受給には一定の利害関心・期待利益を有している。

　経営規律確保・株主による経営コントロール確保の観点からは、株主の目から取締役が不適任と目される場合にもかかわらずこれを任期満了まで任用する理由はないと指摘される（龍田＝前田80頁）。一方、報酬受給権の喪失にかかわらずその損失の填補を要しない解任が広く肯定されれば、会社の生存・成長に要するリスクを伴う判断や、ワンマン経営者等による不適正な経営に対する監督是正が、解任の威嚇により委縮することが考えられる。

　このような背景から、会社法においては、任期途中での解任も随時可能としつつ、上記民法上の発想とは異なり、解任に正当な理由がない限り、解任に際しては賠償請求を容認する特則を置いているものと解される。

　賠償責任の性質については債務不履行説・不法行為説も存在して来たが、委任が原則として随時解除可能な契約という性質を有し会社法もこれを踏襲する以上任期途中で解任しない義務を承認する十分な法的根拠に欠けると考えざるを得ない。また、不法行為構成を採る場合解任についての故意・過失

の立証責任が解任取締役に課されることとなる。

　判例は任期満了までの報酬・賞与を損害とし、正当な理由なく解任したことにつき故意過失を要しない法定責任である（大阪高判昭和56・1・30判タ444号140頁）との理解を示しており、取締役・会社双方の利益の調和の観点から正当な理由の有無・賠償の要否を判断し得る枠組として多数説となっていると言い得る。

(5)　解任の正当性

　では残存任期中の報酬相当額の損害を賠償することを要しない正当な理由はいかなる場合に認められるか。

　上述のように会社法339条2項の損害賠償の制度趣旨は、委任の解消が随時可能とする原則を踏襲することで在任期間満了を待たずこれ以上の在任を不要とする判断を委任者たる会社の株主に委ね経営規律を確保する一方、重い経営責任を担う取締役にこれに見合う報酬への期待利益の確保を図り、また会社の将来に要するリスクを伴う戦略的判断や他の役員への監督是正の職務の履行を経済補償のない解任の威嚇によって躊躇することを要しないよう図る点にあると考えられる。両者の調和の観点からは、会社及び株主に残任期中の報酬負担を強いてまで期待権の保護に値しない取締役に関しては解任の正当な理由が認められる判断に傾斜する可能性が高いということができるであろう。

　典型的には任務懈怠・権限濫用等の法令定款違反により会社に損害を与えるような事例が妥当すると言えるが、判例・学説はこれに限らず損害賠償を伴わない解任の正当な理由を肯定して来ている。

4　設問(1)について

　下級審判例には、当該事業の担当とされた取締役の能力が不十分で当該事業からの撤退に至った場合につき解任の正当な理由を認めたものがあり（横浜地判平成24・7・20判時2165号141頁）、最高裁判例には持病の悪化のため代表取締役を辞し保有全株式を売却する契約を行った者につき、経営陣の一新を図るため解任し正当な理由がないとは言えないとした原審の判断を肯定したもの（最一小判昭和57・1・21判時1037号129頁）がある。取締役の任務懈怠責任

を問題として来た下級審も当該業界の通常の経営者を基準として注意の程度が十分であったかを判断して来ており（東京高判平成20・10・29金判1304号28頁）、このような傾向からは、通常の経営者として会社業務運営に携わるに足りる資質・体調・意欲等を欠く場合は解任の正当な理由が肯定される方向に傾く可能性が高いと考えられる。

決定にあたり独断専行（秋田地判平21・9・8金判1356号59頁）し、合議体として踏むべき判断手順を全般的に弁えないことも、これに該当しよう（小林量＝北村雅史編著『事例研究 会社法』〔2016年、日本評論社〕139頁〔清水円香〕参照）。

近時、食品会社を中核子会社とするグループにおける持株会社の取締役副会長であった者につき、取締役会等において虚偽の説明をさせ、一部関連会社にデータの購入を迫る等の行為、役員のメールの不正取得行為、等を理由として、解任を正当とした事案（東京地判平30・3・29資料版商事法務413.34、東京高判平30・10・4 D1-law.com28264958（控訴棄却））は、この類型に位置づけられるものといえよう。

もっとも他方、真面目・仕事熱心な一方、柔軟性・融通性を欠く、との事情をもって解任の正当事由ありとするのでは、会社及び総株主のため行うべき職務としての監視義務の遂行を委縮させかねず、このような場合に正当の理由の存在を否定した裁判例も存する（東京地判昭57・12・23金判683.43）。

また、在任継続困難をもたらす心身の重篤な症状が激務に起因し、事実上の職階等の関係上自らの職務量を自己制御できなかったことがその要因であったといった場合は、別途の法的対応を要することになろう。

5　設問(2)について

では経営判断を誤ったがその点に善管義務違反を認めるには至らない取締役についてはどうであろうか。

この点については株主による責任追及の余地の確保の観点から正当な理由の肯定を主張する見解（近藤光男『会社支配と株主の権利』〔1993年、神戸大学研究双書刊行会〕173頁）と、経営陣の委縮を招くことを懸念しこれに疑問を呈する見解（江頭400頁注(7)）が対立する。

前述のように、取締役ら役員が善管義務違反を含む任務懈怠を行いこれと

因果関係ある損害を会社に生じさせた場合、会社に対する損害賠償責任を負う（会423条）。

　かかる任務懈怠の有無の判断に関し、近時判例は、経営上の判断にあたり、前提事実の認識（情報収集）または意思決定過程（情報分析・方針検討・決定）についての著しい不合理の有無を、取締役としての善管注意義務違反の有無の基準とする傾向にある（江頭471頁注(3)）。役員の責任追及に関する判断枠組として米国の裁判所で採られて来た経営判断原則の発想を日本法の善管義務違反判断に取り入れたものと言い得る。不確実性の高い経営環境の中で判断の不奏功を事後判断により即結果責任の形で厳格に追及するのでは、取締役の人材供給にも障害となり得、出資者の自己責任との損失分担の衡平も考慮する必要があるという考え方はあり得るところである。

　一方、①経営裁量尊重の観点から423条の適用対象にこうした限定を加える結果、取締役への責任追及の可能な場面が限られて来ることへの手当として、判断過程に423条責任の対象となる著しい不合理とまでは言えないにせよ軽微な不注意・不合理は指摘し得る場合は有り得、423条以外の不利益処分の場面でこれを考慮することは不可能ではないという見方は存在し得るところである。また、②経営判断の誤りを、経営能力・資質の欠如の表れと見ることができる場合があるとの見解もある（弥永・リーガルマインド160頁）。

　ただ、423条の賠償責任を免れる程度の合理性を備える判断過程を経た判断についても①のようにほぼ同じ責任原因事実の主張を受け残任期中報酬への期待権を剥奪されるという別の不利益処分を被る可能性があるとすれば、リスクテイクを伴う判断についても一定の判断過程を経たものであれば許容すべきとの判例動向や、軽過失事案において責任の軽減を承認する立法動向（会425～427条、改正430条の2～430条の3）、その趣旨との抵触・齟齬を来たす可能性はあるようにも思われる。

　また、423条責任が行為当時において標準的な経営者の資質・能力を基準に判断すべきことが原則とすれば、423条責任をかかる基準で否定されることとなる経営判断は、②のいう標準的経営能力の欠如の徴表とはなりにくいとも言い得よう。多くの判断の失敗を犯した場合であっても、それぞれが標準的な経営者として期待され得る注意を払った末の結果であり、標準的経営

者であれば回避し得なかったと見られる場合には、当該会社の置かれた経営環境上の予見困難の度合がかかる結果に表れたものと見ざるを得ないとも考えられる。

　なお、前掲の食品会社グループの事案において、当該解任対象者の行おうとした販売店内の隠し撮り事業の推進につき、１審判決（東京地判平30・3・29資料版商事法務413号34頁）が解任正当化事由の１つとして挙げたのに対し、控訴審（東京高判平30・10・4　D1-law.com28264958）は、他社がその後同種システムを開発しており、事業遂行上の法的リスク・信頼関係上のリスクは低減可能とし、「このような経営判断に係わる失敗については取締役の解任の正当理由とはならない」として、少なくとも他の解任正当理由が認められる場合に一定の合理性の外形を伴う経営判断については解任の正当性の根拠から除外する判断を示しており、注目される（同判決は上告されたが、実質判断に入らず上告棄却・不受理とされ（最決令元・6・20　D1-Law.com28273175）、解任正当理由と経営判断との関係についての最高裁解釈は示されずに終わっている）。

　任期後改めて選任（再任）の議決を行うにあたり、前任期中の業績が事後的・結果論的見地から出資者にとって満足し得るものと評し得るかも含め、一切の事情を他の候補との比較等において考慮することは、再任への期待権の承認されていない制度下ではやむを得ないであろう。これに対し、任期中の解任にあたり、残任期中の報酬への期待権が一定の法益として保護を受ける制度の適用において、この期待権を退けるだけの正当の事由ありとするには、少なくとも当該失敗が法令定款違反を構成すると評価されるべき程度のものであることを要し、更なる追及の余地を認めるには、この点について法的主張を尽くした上での有権的解釈または立法による必要があると考えることにも、一定の合理性が存するようにも思われる。

6　賠償の範囲について

　正当な理由のない解任であったことが認められた解任取締役が行っていた賠償請求につき、賠償範囲として在任中職務の対価の後払としての退職慰労金相当額の請求額が含まれていた場合、この部分の請求は認められるか。

　この点につき、退職慰労金に認め得る期待権は希薄なものであるとしつ

つ、慣行または内規により期待権が容認し得る場合もある旨の見解に一定の理解を示すものがある（弥永・リーガルマインド160-161頁・165頁注⑺。残任期分の報酬及び退職一時金が賠償範囲として認められた事例として、東京地判平29・1・26金判1514号43頁。）。

　随時解任権の留保と、在職に伴う期待利益との調整という法趣旨から、会社法339条2項の損害賠償の範囲は残任期中及び満了時に得ることができたであろう職務遂行の対価相当額を基礎とすることとなろう。

　退職慰労金についても、在任中の職務遂行の対価としての性質が認められ、支給額の基準となる慣例が存在し、株主総会も推知可能であれば、支給を取締役会に一任する株主総会決議も有効と解されているところである（最二小判昭和48・11・26判時722号94頁）。残任期中に発生する報酬への期待とともに任期満了後の退職慰労金についても期待権が発生していると言え、このような期待権を侵害する形で支給決定を怠った場合にも相当額の不法行為損害賠償請求権を肯定するという形で期待の保護が図られていることから、少なくとも上記慣行が存していた場合には、不法行為を要素としない法定責任という構成で理解されるのが一般である会社法339条2項の損害賠償で填補される期待利益の中に退職慰労金相当額は含まれると解し得る。

【例題1】　会社が行おうとしていた会計処理につき、取締役が会計ルール解釈に関する有力説に基づいて異論を述べ、これを主因として他の取締役らとの間で協調性に欠ける等として対立が生じたことを理由とする解任に、賠償支払を不必要とする正当の理由は認められるか。

【例題2】　取締役解任の株主総会提出議案を決定する取締役会決議において、当該解任対象者が特別利害関係人であるとして参加を拒絶されたことに対し、当該解任対象者が取締役会決議の瑕疵を主張した。この主張は認められるか。
　《参考裁判例》東京地決平29・9・26金判1529号60頁

（もりわき・よしひろ）

15 代表取締役の代表権
──取締役会決議を欠く行為の効力・表見代表取締役含む──

吉 田 正 之

【設 問】

株式会社Ｘ社は公開会社であり、その取締役は代表取締役社長Ａのほか取締役Ｂ・Ｃの３名で、監査役はＤであった。

Ａが病気療養中に、Ｂは、ＡおよびＤに通知しないまま、その他に瑕疵なくＸ社の取締役会を招集し、Ｂ・Ｃの２名のみが出席した取締役会（以下、「本件取締役会」という。）で、Ａを代表取締役から解職したうえ、Ｂを代表取締役社長に選定した。後日、Ｂは、Ｃの同意を得て取締役会を開催することなく、Ｘ社の社長と名乗って同社所有の唯一の財産である土地（以下、「本件土地」という。）を株式会社Ｙ社に譲渡した。Ｙ社は、当該譲渡契約の締結に際してＸ社の取締役会議事録を徴求し、ＢがＸ社の代表取締役社長であること、Ｘ社取締役会において当該譲渡契約の締結が承認されていることを確認した。

その後、ＡおよびＤはＢらの不正を発見したことから、ＡがＸ社を代表して、ＢがＸ社の代表取締役社長としておこなった本件土地の譲渡は無効であるとして、Ｙ社に対し本件土地の返還を求めて訴えを提起した。

Ｘ社の訴えは認められるか。

《参考判例》最二小判昭和56・4・24集民132号585頁、判時1001号110頁

1　問題の所在

「代表権は，会社の代表機関の行為がすなわち会社の行為とされる関係である」（コンメ(8)14頁〔落合誠一〕）。非取締役会設置会社では、各取締役が代表権を有するのが原則であるが、取締役の中から代表取締役を定めることができる（会349条1項～3項）。他方、取締役会設置会社では、取締役会がその構成員である取締役の中から代表取締役を選定しなければならない（会362条3項）。

　代表取締役の権限は、株式会社の業務に関する一切の裁判上または裁判外の行為に及び、その権限に制限を加えても、善意の第三者に対抗することはできない（会349条4項、5項）。代表取締役には、株式会社の業務につきこのような包括的かつ広範な権限が与えられているため、権限のない取締役が代表取締役であるかのような名称を使用して行為した場合や、法令や定款によって取締役会の意思決定が前提とされている行為につき、当該意思決定を欠いて代表取締役が行為した場合の第三者保護が論じられている。

　X社は、BがX社を代表して行った本件土地の譲渡契約が無効である旨を主張している。X社は取締役会設置会社であることから、本問で問題となるのは、次の点である。①本件取締役会におけるAの解職とBの選定は有効か。すなわち、本件取締役会の決議は有効か。②本件取締役会の決議が無効であり、Bの選定が無効であるとしても、Bは表見代表取締役にあたるか。③Bが表見代表取締役にあたるとしても、取締役会決議を欠く本件土地の譲渡につきX社は責任を負うか。すなわち、取締役会決議を欠く代表取締役の行為の効力は有効かである。

　以下で、①～③について検討する。

2　取締役会決議の瑕疵

　株主総会決議の手続や内容に瑕疵がある場合とは異なり、取締役会決議の手続や内容に瑕疵がある場合の処理については、会社法は特に定めを設けていない。したがって、無効の原則によらなければならず、瑕疵ある取締役会決議は当然に無効で、いつでも誰でもどんな方法でも、その無効を主張することができる。そして、確認の利益が認められるかぎり、誰でも取締役会決議の無効確認の訴えを提起することができる（最大判昭和47・11・8民集26巻9号1489頁。江頭425頁注19）、コンメ(8)299頁〔森本滋〕）。

　取締役会は、各取締役が招集権を有するのが原則であるが、定款等の定めにより特定の取締役に招集権を与えることもできる。ただし、この場合でも、なお各取締役に招集権は留保されている（会366条）。取締役会を招集するには、原則として、取締役会の日の1週間前までに各取締役および各監査役に対してその通知をしなければならない（会368条1項）。したがって、取締役や監査役の一部の者への招集手続の欠缺は、手続上の瑕疵である。もっとも、判例では、軽微な手続上の瑕疵の場合、決議が当然に無効となると解すべきでないとされ、取締役の一部の者への招集手続を欠いても、その取締役が名目的取締役であるなど、その取締役が出席したとしてもなお決議の結果に影響がないと認めるべき特段の事情があるときは決議は有効になるとされている（最三小判昭和44・12・2民集23巻12号2396頁。判例の立場に対して、学説は賛否が分かれている。山田純子「判批」会社法百選〔3版〕135頁、江頭425頁注20）。

　解職の対象である代表取締役に対して取締役会の招集通知を欠いても、当該代表取締役は特別利害関係人であり議決に加わることができない（会369条2項）ため、上記特段の事情があるものとして解職決議は有効であるとする判例が存する（東京地判平成23・1・7資料商事323号67頁）。しかしながら、そもそも代表取締役からの解職対象者が特別利害関係人に該当するか否か、特別利害関係人に該当すると解しても、特別利害関係人への取締役会の招集通知が欠缺しても決議の結果に影響がないと認めるべき特段の事情があるとされるのかについては議論がある（注釈(6)115・116頁〔堀口亘〕、米山毅一郎「判研」金判1416号5・6頁〔2013年〕）。

　他方、監査役は、取締役会に出席して意見を述べるため招集通知を受ける

が、議決権がないため、監査役への取締役会の招集通知の欠缺は取締役会決議の無効原因とはならないと考えることもできる（コンメ(8)282頁〔森本〕）。しかし、一般には、監査役に対して取締役会出席義務を認めている法の趣旨から、あるいは、監査役が出席したとしても決議の結果に影響を与えないとはいえないことから監査役に対する招集通知を欠く取締役会決議は無効となると解されている（コンメ(8)282・301頁〔森本〕、注釈(6)117頁〔堀口〕、大隅＝今井（中）193・316頁、龍田＝前田124頁）。

　本問において、BはAおよびDに招集を通知しないまま本件取締役会を開催し、Aを代表取締役から解職しBを選定する決議を行っている。解職対象者であるAに対する招集通知の欠缺は、学説上議論があるものの、判例に従えば解職決議を無効とするものではない。しかし、Bの選定決議については、Aは特別利害関係人に該当するものではなく、招集通知の欠缺は、当該決議につき無効事由となろう。他方、Dに対する招集通知の欠缺は、一般的な理解に従えば、Aの解職およびBの選定の両決議について無効事由となると解される。

3　表見代表取締役の成立

　株式会社では、取締役間の上下統率ないし業務分担の職制として社長、副社長、専務、常務等のいわゆる役付取締役を設け、その全部または一部を代表取締役とするのが一般的である。そのことから、株式会社が取締役にいわゆる役付取締役であることを表す名称を付した場合には、取引の相手方である第三者は、その取締役に代表権があると信じて取り引きしたにもかかわらず、その者に代表権がないということになると取引の安全が著しく害されることになる。

　そこで、会社法は公示主義の制度である商業登記制度に関わりなく、代表取締役であるかのような外観を信頼した者を保護するため、株式会社は、代表権のない取締役に社長、副社長その他会社を代表する権限を有するものと認められる名称を付した場合には、その取締役がした行為について善意の第三者に対して責任を負うと規定している（会354条）。この制度を表見代表取締役という。

　表見代表取締役が成立し、第三者の保護が認められるためには、次の３つの要件が満たされる必要がある。①会社が代表取締役でない取締役に会社を代表する権限を有するものと認められる名称を付与したこと、②名称を付与された取締役が取引行為をすること、③その取引の相手方が善意・無重過失であること、である（コンメ(8)47頁〔落合〕）。

　上記２で検討したように、Ｂの選定決議が無効であるとすると、本問においてＢは代表取締役でないにもかかわらず、社長の名称を用いてＹ社と契約を締結したことになる。社長という名称は、会社を代表する権限を有するものと認められる名称である。そして、本問のように、招集手続に瑕疵があるとはいえ、会社の意思決定をなすに足りる取締役が出席した取締役会で代表取締役を選定したような場合には、表見代表取締役の規定を類推適用して会社による名称付与があったとするのが判例・多数説である（最小二判昭和56・４・24集民132号585頁。コンメ(8)48頁〔落合〕、田中（亘）238頁、山下友信「判批」民商86巻２号336頁以下（1982年）、大塚龍児「判批」判評281号41頁以下（1982年）。山口幸五郎「判解」昭和56年度重判解101頁以下参照）。さらに、Ｙ社は本件土地の譲渡契約締結の際に取締役会議事録を徴求しＢが代表取締役社長であることを確認しており、Ｂに代表権があることを信じるについて重過失はないものと考えられる。したがって、本問においてＢは表見代表取締役である。

4　取締役会決議を欠く代表取締役の行為の効力

　代表取締役が株式会社のためにその権限内の行為をなしたときは、その行為は株式会社に帰属する。代表取締役は自らの意思決定に基づいてなすことができる行為は多数あるが、取締役会決議に基づいてなさなければならないとされている行為も会社法に規定されており（会169条・183条・186条・195条・199条・201条・356条・362条・366条・448条等）、また、株式会社は定款で事前に取締役会決議を要する旨を定めることもできる（会29条）。これらの取締役会決議が無効である場合、無効な決議に基づいてなされた代表取締役の行為の効力についてはどのように考えるべきであろうか。取締役会決議は会社の内部的な意思決定にすぎないものであるから、代表取締役の行為は原則として取締役会決議の無効によって影響を受けないとも考えられる。しかし、無効

な取締役会決議に基づいて代表取締役が行為した場合に、取締役会の決議を
要求することによって守ろうとする会社の利益と、代表取締役が適法な取締
役会決議に基づいて行為するものと信頼して行為した第三者の利益（取引安
全の保護）とを比較衡量することによって、具体的に決せられるべきとする
立場が一般的である（注釈(6)118頁〔堀口〕）。

　この一般的な立場からは、まず、準備金の資本組入（会448条）や株式分割
（会183条）などは会社の内部問題であり、取引安全の保護を直接考慮する必
要はないことから、取締役会決議を欠くこれらの行為を無効と解して差し支
えないとされている。また、支配人の選任（会362条 4 項 3 号）や代表取締役
の選定（会362条 2 項 3 号）については、取引の安全に影響を及ぼすが、相手
方は既存の表見責任に関する規定（民109条、会13条・354条・908条 2 項等）によ
って取引の安全が保護されるため、取締役会決議を欠いた場合には無効と解
して差し支えないとされている。他方、募集株式の発行（会199条・201条）や
社債の発行（会362条 4 項 5 号）は、会社内部だけの問題にとどまらず取引安
全の保護を考慮する必要性が大きいため、取締役会決議を欠いても有効と解
されている（最二小判昭和36・ 3 ・31民集15巻 3 号645頁。石田満「判批」会社百選［5
版］150頁）。

　もっとも、重要な財産の処分（会362条 4 項 1 号）等、法令・定款によって
取締役会決議を要するとされている対外的取引行為において、取締役会決議
を欠く場合には、判例は原則として有効としながら会社の真意と異なる表意
行為が行われた場合と同視できると考え、心裡留保に関する民法93条を類推
適用して相手方がその決議を経ていないことを知りまたは知り得べかりしと
きに限って当該取引は無効であるとしている（最三小判昭和40・ 9 ・22民集19巻
6 号1656頁、最二小判平成21・ 4 ・17民集63巻 4 号535頁。松井智予「判批」会社法百選
［3 版］132頁）。このような判例に対しては、代表取締役には会社を代表する
意思があるため心裡留保とは異なることや、心裡留保とすると相手方が善
意・無過失でなければ保護されないことを指摘して反対する学説が多い。判
例に反対する学説もいくつかの説に分かれている。すなわち、代表取締役が
会社を代表して第三者となした行為は有効であるが悪意・重過失のある相手
方に対しては会社は一般悪意の抗弁を対抗できると解する説（大隅＝今井（中）

204頁）、代表取締役の権限濫用の問題として会社は悪意者に対してのみその無効を主張できるとする説（鈴木＝竹内288頁注13）、さらに法令・定款による取締役会決議を要する旨を代表権の制限ととらえ会社法349条5項を適用して相手方に悪意・重過失がなければ代表権の制限を主張できないとする説（コンメ(8)20頁〔落合〕、龍田＝前田120頁、逐条(4)535頁〔川村正幸〕）等がある。

　なお、取締役会決議を欠く取引の無効は誰が主張できるのかという問題がある。この問題について判例は、代表取締役への権限の集中を排除し、取締役相互の協議による結論に沿った業務の執行を確保することによって会社の利益を保護しようとする趣旨から取引の無効は原則として会社のみが主張できるとしている（最二小判平成21・4・17民集63巻4号535頁）。

　本問については、BがX社の表見代表取締役であるとしても、本件土地はX社の唯一の財産であり本件土地の譲渡は「重要な財産の処分」に該当しX社取締役会の決定を要する取引であると解される（会362条4項1号）。ところが、Bは取締役会を開催することなく当該譲渡契約を締結しており、取締役会決議を欠く代表取締役の行為となる。

　取締役会決議を欠く代表取締役の行為の効果については、上述したように判例や学説の見解は多岐にわたっている。しかしながら、本問においてY社は当該譲渡契約の締結に際してX社の取締役会議事録を徴求し、X社取締役会において当該譲渡契約の締結が承認されていることを確認しており、Y社は善意でかつ無過失であるものと考えられる。Y社の主観についてこのように評価すると、判例・学説のいずれの見解を採ってもX社はY社に対して本件土地の譲渡の無効を主張できないものと解される。したがって、本問においてはX社の訴えは認められないものと考えられる。

【例題1】　株式会社X社の代表取締役Aは、自己の借入金を返済する目的で、X社が所有する不動産をX社を代表して株式会社Y社に売却（以下、「本件取引」という。）し、その代金で借入金を返済した。Y社の代表取締役BはAとは親しく交際しており、Aは本件取引に際してその目的をBに伝えていた。

　X社は本件取引の無効を主張して訴えを提起した。X社の訴えは認められるか。

【例題2】　株式会社Y社の平取締役Aは、Y社専務取締役A名義で約束手形1通

（以下、「本件手形」という。）を融資を受ける目的で振り出した。当初受取人欄や支払期日等は白地であったが、ＡはＹ社代表取締役でＡの父であるＢの第一裏書を偽造したうえ融資先の斡旋を依頼していたＣ（Ｙ社取締役）に手渡した。Ｃは本件手形に受取人をＢと補充し、手形割引に応じたＸが支払期日を補充した。支払期日に支払場所に本件手形を呈示したが支払がなかったため、ＸはＹ社に対して手形金額および遅延損害金の支払を求めて訴えを提起した。Ｘの訴えは認められるか。

《参考判例》最二小判昭和52・10・14民集31巻 6 号825頁

（よしだ・まさゆき）

16 取締役会の運営
（取締役会の権限および監督機能）

古川　朋子

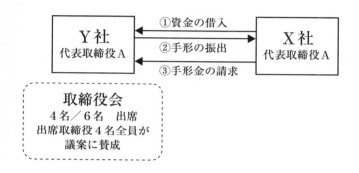

【設　問】

　株式会社Y社は取締役会設置会社である。事業資金が不足したため、同社の代表取締役Aは、同じくAが代表取締役をつとめるX社との間で資金の借入契約を締結し、手形を振り出した。Y社はこの取引を承認するために取締役会を開催したが、6名の取締役のうち2名には招集通知を発しなかった。招集されなかった取締役のうちの1人Bは名目的に取締役として名を連ねているだけで業務に携わっていなかった。取引は、他の4名の取締役全員の賛成で承認された（以下、「本件承認決議」という）。

　後日、X社はY社に対し手形金の支払を求めたが、Y社は、本件取引は利益相反取引にあたることから、取締役会の承認をえなければならなかったところ（会356条1項2号、同365条1項）、有効な取締役会の承認を経ていないため取引は無効であると主張し、支払を拒んだ。

　(1)　本件承認決議の効力について論じなさい。

　(2)　設問の事例で、招集通知は問題なく全員に対してなされたが、2名が都合で欠席したとする。本件承認決議は代表取締役Aを含む出席取締役4名全員

でなされた。

　その際、A以外の取締役を議長に選任して決議が行われたとする。本件承認決議の効力について論じなさい。

(3)　(2)の設問の場合で、代表取締役Aが当該承認決議の議長をつとめていたとする。

　この場合の、本件承認決議の効力について論じなさい。

1　問題の所在

　取締役会は3人以上の取締役からなる合議制の機関で（会331条5項）、法令・定款により株主総会の決議事項とされた事項（会295条2項）を除き、会社の業務執行すべてにつき決定し、代表取締役を選定・解職する権限を有し、取締役の職務の執行を監督する職務を担う、会社の要となる権限を有する機関である（会362条2項各号）。したがって、その権限の大きさにふさわしい運用がなされるよう法は諸手続を規定し、取締役会制度の趣旨が実現されることを担保している。しかし、手続規定には抽象的な文言が含まれていてその内容は必ずしも明確ではない。このような規定を制度趣旨に照らしてどのように解釈すべきかがここでの問題である。

2　取締役会の権限

　会社法は、公開会社（会2条5号）に取締役会の設置を義務付けている（会327条1項1号、そのほか、監査役会設置会社、監査等委員会設置会社、および指名委員会等設置会社に設置が義務付けられている）。

　公開会社では株式の全部又は一部が自由に譲渡される（会2条5号）。とくに当該株式について取引市場が存在し、多数の株主が分散的に存在する大規模な公開会社、すなわち上場会社では、所有と経営が分離して、もはや株主

による継続的な経営監視が期待できなくなる。また、大会社では、株主、債権者も多数であって、当該会社の事業経営における判断の誤りが、多数の利害関係者に対して重大な影響を与える可能性が高いことから、一人の取締役が独断で経営を行うことができる体制を排除し、取締役会の設置を義務付け、会社の業務に関する意思決定および業務執行者の監視・監督を取締役会に委ねている（大系(3)111頁〔上田裕康〕）。このように、取締役会設置会社ではそうでない会社と比べ、株主総会・株主の権限が縮減されており（会295条2項、360条、367条参照）、取締役会・取締役の権限が拡大している。

(1)　取締役会の権限

取締役会は、法令・定款により株主総会の決議事項とされた事項（会295条2項）を除き、会社の業務執行すべてにつき決定する権限を有する（会362条2項1号）。取締役会は会議体であるから、決定事項の執行には適さないため、①代表取締役または②代表取締役以外の業務執行取締役を選定してこれを実行させる（同条2項3号、会363条1項）。

ただし、業務執行の決定であっても、会社事業の通常の経過から生ずる事項（日常業務）については、取締役会が招集に応じて会合する機関に過ぎないことから、代表取締役に当然に委任されていると考えられてきた（鈴木＝竹内276頁）すなわち、取締役会の決議によって代表取締役・業務執行取締役（以下、「代表取締役等」という。）が選定され、この者が重要な業務執行に関する取締役会の決定を執行し、かつ日常業務につき専決執行する。そして、取締役会は、その決定および執行が適切に行われているか、代表取締役らを含む取締役の業務の執行を監督する（会362条2項2号）。

意思決定を迅速に行うため、取締役の数が6人以上の会社は、取締役会のメンバーの一部を特別取締役としてあらかじめ選定しておき、後述の①重要な財産の処分・譲受け、②多額の借財（会362条4項1号・2号）について特別取締役により議決し、それを取締役会の決議とすることを認める制度がある（会373条1項・2項・3項）。その場合には、意思決定が特別取締役に委ねられるので、監督機能の強化のため1人以上の社外取締役（会2条15号）が設置されていなければならない（会373条1項2号）。

⑵　取締役会の決議事項

　取締役会が決議すべき事項は次の通りである（会362条4項各号）。すなわち、
①重要な財産の処分および譲受け　判例は、当該財産が重要か否かは、会社
の規模、事業の性質、業務・財産の状況等によって決まると示している（総
資産の約1.6％に相当する持合株式の譲渡は重要であるとした。〔最一小判平成6・1・20
民集48巻1号1頁〔会社法百選［3版］63事件〕）。②多額の借財　多額かどうかは
事業規模や財務状況により、取締役会規則等会社の内規によって基準を定め
ている場合でも、その定めで当然に多額か否かが決まるわけではないと解さ
れている（龍田＝前田118頁）。③支配人その他の重要な使用人の選任・解任、
④支店その他の重要な組織の設置、変更および廃止、⑤社債の募集、⑥内部
統制システムの整備、業務の適正を確保するために必要な体制（会施規100条）
の整備、⑦定款規定に基づく取締役等の責任の一部免除（会426条1項）、⑧以
上の他、重要な業務執行はすべて取締役会の決議を経なければならない（会
362条4項柱書）。

　その他取締役会が決議すべき事項は各所で法定されている（会298条4項、
会356条、365条1項、会201条1項、会139条1項、140条5項、会364条、会436条3項な
ど）。

　法定の取締役会決議事項は、定款の定めにより株主総会の決議事項とされ
ている場合（会295条2項）、または特別取締役による決議を除き、定款の定め
によってもその決定権限を代表取締役、常務会等の下部機関に委ねることは
できない（江頭412頁以下）。

⑶　業務執行の監督

　取締役会は取締役の職務の執行を監督する（会362条2項2号）。取締役会が
その権限の一部を代表取締役等に委譲しているため、これらの取締役等の活
動につき取締役会が監督権を有するのが当然であるが、実際上あまり機能し
ていなかったことから、昭和56年商法改正により明文で定められた（大隅＝
今井（中）188頁）。取締役会は、代表取締役等による業務執行が法に適ってい
るか（適法性）、会社の経営上妥当であるか（妥当性）を監督する権限を有し、
会社の利益にならないと判断すれば是正措置を講じなければならないが、最
終的に会社の代表権限を剥奪する解職権限がとくに重要である（会362条2項

3号）。

　法は、取締役会設置会社であっても、定款の定めにより株主総会の決議事項を増やすことを認めているが（会295条2項）、取締役会の決議のほか株主総会の決議によっても代表取締役を選定することができる旨の定款の定めは、取締役会の監督機能という観点から問題となりうる。裁判例は、任意に取締役会を設置した非公開会社についてこのような定款の定めは有効であると判示した（最三決平成29・2・21民集71巻2号195頁）。すなわち、当該定款規定は、代表取締役の選定および解職に関する取締役会の権限を否定しておらず、取締役会の監督権限の実効性を失わせるとはいえないから有効であると認めた。非公開会社では取締役会の設置は義務付けられておらず（会326条2項）、取締役会を設置しない場合には、株主総会決議により代表取締役を選定することも認められるという事情が重視されたと考えられる。したがって、判例の射程は非公開会社に限られよう（鳥山恭一「株式会社の機関構成にかかわる定款自治の範囲」金判1516号〔2017年〕1頁、渡辺邦弘「判批」金法〔2017年〕5頁、川島いづみ「判批」金判1531号〔2018年〕5-6頁など。反対の解釈の可能性について、弥永真生「判批」ジュリ1507号〔2017年〕2頁）。

　取締役会が監督機能を行使するために、法は、代表取締役等に3か月に1回以上、職務執行の状況を取締役会に報告することを求めている（会363条2項）。監査役は業務執行の適法性を監査する権限を有することから（会381条1項）、取締役会に出席して必要なときには意見を述べる義務を負い（会383条1項本文）、さらに、一定の場合には遅滞なく取締役に報告しなければならない（会382条）。

3　取締役会の運営

　取締役会がその権限を行使するためには、会議を開いてそこでの討議と表決によらなければならないが、これは、取締役相互の協議と意見の交換によりその知識と経験を結集し、取締役会の権限の行使を慎重かつ適切ならしめるためである（大隅＝今井（中）182-183頁）。なお、テレビ会議や電話会議のほか、インターネットによるチャット方式等、双方向の意見交換が可能である機器を利用して出席することも認められている（相澤ほか362頁以下）。

　ただし、法は、定款で定めれば、議決に加わることのできる取締役全員が書面・電磁的記録により、議案である提案に同意する意思表示をした場合には、監査役が異議を述べたときを除き、その提案を可決した取締役会決議があったものとみなすこととし、取締役会の開催の省略を認めている（会370条）。

(1) 招　　　集

　招集権者が適法な招集手続によって取締役会を招集する必要がある。それ以外の者が招集した場合は単なる取締役らの会合に過ぎず、そこでの決議は、取締役会決議としては無効である。取締役会は原則として各取締役が招集するが（会366条1項本文）、大会社の実務においては、会社法366条1項ただし書の定めにより、定款〔例えば、「取締役会は、法令に別段の定めがある場合を除き、取締役会長がこれを招集し、その議長となる。取締役会長を置かないとき、または取締役会長に事故があるときは、取締役社長がこれにあたり、取締役社長に事故があるときは、あらかじめ取締役会が定めた順序により他の取締役がこれにあたる。」〕、または、取締役会規則もしくは取締役会決議により、招集権者が定められているのが通常である（コンメ(8)249頁〔森本滋〕）。このような定めのある会社では、当該取締役のみが招集権を有する。しかし、その場合であっても、法定の要件にしたがってそれ以外の取締役も招集することができる（同条2項・3項）。株主（会367条）、監査役（会383条2項・3項）もまた、法定の要件にしたがい招集可能である。

　招集の通知は、書面でも口頭でもよいが（会299条2項対照）、取締役会の日の一週間前までに発しなければならない（会368条1項）。その期間は定款により短縮することができるが（同条同項カッコ書き）、緊急に開く必要がある場合でも、取締役および監査役（監査役設置会社の場合）の全員が出席できるだけの時間的なゆとりを持たせることは必要である（注釈(6)96頁〔堀口亘〕）。取締役・監査役の全員が同意すれば、招集手続なしで開催することができることから（同条2項）、あらかじめ定めた定例日に開催する場合は、その都度の招集手続は不要である。

　取締役会の招集通知には議題等を示す必要はない（会299条4項、298条1項2号対照）。取締役会においては業務執行に関するさまざまな事項が付議される

ことは当然予想されるべきだからである（神田220頁）。

(2) 招集通知もれのあった取締役会決議の効力

　招集は、すべての取締役に出席の機会を与えるため、各取締役および各監査役（監査役設置会社の場合）に対して行われなければならない（会368条1項）。たとえ名目的な取締役であっても、取締役である以上招集しなければならない。したがって、設問(1)のように、一部の取締役に対して招集通知を欠いたためその取締役が出席しなかったときは、その取締役会の決議は無効であると解されている（〔多数説〕大隅＝今井（中）192頁）。

　しかし、判例（最三小判昭和44・12・2民集23巻12号2396頁）は、利益相反取引の承認決議を行う取締役会の招集に際して、名目的取締役に対し招集通知を欠いた事案につき、「取締役会の開催にあたり、取締役の一部の者に対する招集通知を欠くことにより、その招集手続に瑕疵があるときは、特段の事情のないかぎり、右瑕疵のある招集手続に基づいて開かれた取締役会の決議は無効になると解すべきであるが、この場合においても、その取締役が出席してもなお決議の結果に影響を及ぼさないと認めるべき特段の事情があるときは、右瑕疵は決議の効力に影響がないものとして、決議は有効になると解するのが相当である。」と判示した。

　一方で、判例に賛成する学説があり（〔有効説〕大濱信泉「取締役と取締役会」講座(3)1058頁、松田二郎＝鈴木忠一著『条解株式会社法（上）』〔1951年、弘文堂〕277頁）、決議の結果に影響がないと認めるべき「特段の事情」を厳格に解釈することを前提として、賛成する見解（河本447頁、コンメ(8)300-301頁〔森本滋〕など）もある。他方で、判例に批判的な学説も有力に主張されている。すなわち、取締役会のような少数の会議体では、通知もれの取締役が出席したと仮定した場合に、その者の説得的な発言によって他の取締役に与える影響の程度をはかることは不可能であるから、招集手続に瑕疵がある場合にこのような理論は認めえないとする見解がそうである（鈴木＝竹内281頁注(11)）。また、招集通知の欠如は取締役が取締役会に参加する機会そのものを奪ってしまうものであり、重大な瑕疵であるから、瑕疵が重大であれば、決議の結果への影響の有無を問わず、取締役会決議は無効となるとして反対する見解もある（前田雅弘「判批」商事1184号〔1989年〕44-45頁）。

「決議の結果に影響を及ぼさない場合」を判例は明確にしていないが、調査官解説は（吉井直昭『判解』最判解民昭和44年度（下）693頁）、その取締役が他の取締役との関係で取締役会において占める実質的影響力、その取締役について予想される意見、立場と決議の内容との関係などから判断して、同人の意見が決議の結果を動かさないであろうことが確実に認めえられるような場合がこれにあたるであろうとしている。

　もっとも、決議の結果に影響がないといっても、通知もれの取締役の議決権行使の結果が賛否いずれであっても、票数の上で決議の結果に影響がないという場合までも含む趣旨ではないことが立場を超えて指摘されている。なぜなら、このような場合まで含まれるとすると、取締役会は通常、出席者の全員一致で決議がなされるから、招集手続に瑕疵があっても、大部分は決議に影響を及ぼさないことになり、取締役会を設けた趣旨が没却されるからである（大濱・前掲「取締役と取締役会」1058頁、大隅＝今井（中）110頁）。なお、決議は有効だと主張する者が特段の事情の有無を主張、立証する責任があると解すべきである（吉井・前掲『判解』693頁）。

(3)　議事・決議

　取締役は1人1議決権を有する。株主により個人の経営能力を見込んで選任されているからである。同じ理由から、代理人による議決権の行使はできない（会310条1項対照）。取締役会の決議は、議決に加わることのできる取締役の過半数が出席し（定足数）、出席取締役の過半数の賛成により成立する（会369条1項）。定款でこれらの要件を加重することができるが、軽減はできない（同カッコ書）。

　株主の議決権が本来株主としての個人的利益の追求のために与えられているのと異なり、取締役の議決権は自己の利益のためでなく、もっぱら職務執行のために与えられていることから、忠実義務にしたがい会社の利益のために行使されなければならない。もっとも、代表取締役を選任する取締役会決議における議決権拘束契約は合意として有効であるとした裁判例がある（東京高判平成12・5・30判時1750号169頁〔会社法百選［3版］A14事件〕）。

(i)　特別利害関係人

　決議に特別の利害関係を持つ取締役は、議決に加わることができない（会

369条2項）。特別の利害関係とは、特定の取締役が、当該決議について、会社に対する忠実義務を誠実に履行することが定型的に困難と認められる個人的利害関係ないしは会社外の利害関係を意味すると解される（コンメ(8)292-293頁〔森本〕）ところ、特別利害関係を有する取締役の忠実義務違反を事前に防止し、当該の取締役会決議の公正さを担保する必要があるためである。しかし、どのような場合に「特別利害関係人」に該当するかについて法文は明らかにしていないため、見解が分かれている。

競業承認・利益相反取引の承認を受ける取締役（会356条）（設問のA）、監査役非設置の取締役会設置会社における、会社取締役間の訴訟について会社を代表すべき者の選任決議における一方当事者である取締役（会364条）、会社に対する責任の一部免除を認める決議における当該免除を受ける取締役（会426条1項）が特別利害関係人にあたることは争いがない。

しかし、解職の対象とされた代表取締役については議論の余地がある。判例は、「代表取締役は、……会社の経営、支配に大きな権限と影響力を有し、したがつて、本人の意思に反してこれを代表取締役の地位から排除することの当否が論ぜられる場合においては、当該代表取締役に対し、一切の私心を去つて、会社に対して負担する忠実義務……に従い公正に議決権を行使することは必ずしも期待しがたく、かえつて、自己個人の利益を図つて行動することすらあり得る」ので、「忠実義務違反を予防し、取締役会の決議の公正を担保するため、個人として重大な利害関係を有する者」として、特別利害関係人に当たると解すべきであると判示した（最二小判昭和44・3・28民集23巻3号645頁）。

多くの学説が判例を支持するが（大隅＝今井（中）200頁など）、反対する見解も有力に主張されている。すなわち、代表取締役の地位の争いは、会社支配をめぐる争いの一環であり、取締役間の利害対立はあっても会社と取締役間に利害対立はないから忠実義務の問題ではなく、特別利害関係人の議決権排除の事由は、取締役の忠実義務と矛盾するような個人的利害関係に限るべきである（龍田＝前田123頁）、株主総会における取締役の選定・解職に関する株主の支配力は、取締役会における代表取締役の選定・解職についても貫徹されるべきであるから、代表取締役の選定の場合の候補者も、解任の対象たる

代表取締役も、ともに特別利害関係人にあたらない（北沢390頁）として反対する。とくに閉鎖会社において経営方針をめぐる二派の争いがある場合、反対派による代表取締役の解職提案がなされることが多いので、当該代表取締役の議決権を排除すべきではないことも主張されている（江頭・422頁注(15)）。なお、取締役の解任議案の株主総会への提出を決定する取締役会決議において、当該取締役を特別利害関係人とした裁判例が存在する（東京地決平成29・9・26金判1529号60頁）。

(ii) 特別利害関係人の議事への参加の可否

特別利害関係人である取締役を取締役会決議から排除する制度は、昭和25（1950）年の商法改正により取締役会制度が法定されたことに伴い、株主総会にならって導入された。株主総会決議の特別利害関係人である株主は「議決権を行使することを得ず」（昭和56〔1981〕年改正前商法239条5項）、その者の「議決権の数は出席したる株主の議決権の数にこれを算入」しないとする規定（同240条2項）とを取締役会決議に準用する形であった（同260条ノ2第2項）。この規定の下で、特別利害関係人は、議決権を行使することはできないが、会議に出席して意見を述べることはできると一般に解されてきた（大濱・前掲「取締役と取締役会」1059頁、松田二郎＝鈴木忠一著『条解株式会社法（下）』〔1952年、弘文堂〕283頁、田中誠二『会社法詳論（上）』〔1967年、勁草書房〕455頁など）。当時の判例も「取締役会の定足数は、原則として、当該会社に現存する全取締役の員数を基礎としてこれを算定すべく、当該決議について特別の利害関係を有する取締役の員数を控除して算定すべきものではない。」としていた（最小一判昭和41・8・26民集20巻6号1289頁。特別利害関係人の議決権を排除するなら、むしろ定足数に算入しない方が、忠実義務違反を防止するという法の趣旨に合致するとして判例に反対する見解として矢沢淳・同判決「判批」ジュリ373号〔1967年〕284頁）。

しかし、株主総会における特別利害関係人については、株主の議決権行使は支配権の延長ともいえるため、事前予防的に議決権の行使を一般的に排除することには従来から批判が多く、特別利害関係人が参加した決議が不当な場合に、決議取消の訴えで事後的にこれを是正することが妥当であると考えられた結果、昭和56年の商法改正時に前記諸規定が削除された。それに対応して、取締役会に関し「特別の利害関係を有する取締役は決議に参加するこ

とを得ず」（平成17年改正前商法260条ノ2第2項）とする規定が新設され、同時に、当該取締役の数は出席取締役の数に算入しないとするだけでなく、定足数算定の基礎となる取締役数からも除く旨の規定が置かれた（同条3項、会社法369条2項に相当）。

　この昭和56年の商法改正後、議論状況は変化した。従前どおり、特別利害関係人は議決権を行使しえないだけで、取締役会に出席して審議には加わることができると解する見解（大隅＝今井（中）196頁、200頁、河本449頁）、さらには特別利害事項に関して意見を述べる意見陳述権も認められるとする見解もある（神崎克郎『商法2（会社法）〔第3版〕』〔1991年、青林書院〕282・284頁）。しかし、上の法改正による特別利害関係人の定足数からの排除は、特別利害関係人には出席・意見陳述権も認められないという考えと整合的であるし、特別利害関係を有する取締役が取締役会に出席して意見を述べることを認めると、審議の過程で他の取締役の判断に影響を及ぼす危険性が否定できないことから、よりひろく取締役会への出席や審議への参加をも排除する趣旨であると解する見解が有力である（コンメ(8)296頁〔森本〕、北沢391頁、前田492頁、江頭422頁注(15)）。

　この問題について、後者の立場に立つ裁判例が存在するが（東京地判平成7・9・20判タ924号271頁。利益相反取引の当事者である取締役が、自己が議長となってその承認決議を主催し、みずからも議決権を行使して承認する旨の決議がなされた事例。特別利害関係人たる取締役は議決権を有せず、取締役会の定足数に算定されないので、取締役会への出席権もないというべきであって、取締役会の構成員から除外されると解するのが相当であると判断した。本件の判例解釈として酒巻俊雄「判批」判タ948号〔1997年〕74頁）、その控訴審判決は、出席権の有無には言及することなく、議決権のない特別利害関係人が議長をつとめた瑕疵、および、議決権を行使した瑕疵により、当該決議を無効と解すべきであるとした（東京高判平成8・2・8資料商事151号143頁）。もっとも、いずれの立場でも実質的には大差のない運用が可能であることが指摘されている（コンメ(8)297頁以下〔森本〕）。

(iii)　特別利害関係人が参加してなされた決議の効力

　設問(2)のように、特別利害関係を有する取締役が参加してなされた取締役会決議の効力に関して、学説の多くが、その者を除外した場合においても決

議が成立した場合には、原則として決議無効事由にならないと解している（コンメ(8)300頁〔森本〕、逐条(4)557頁〔早川勝〕、大隅＝今井（中）200頁）。

　判例として、会社法369条２項と同旨の規定（水産業協同組合法37条２項）に服する漁業協同組合についての最高裁判決が存在する。すなわち、1981（昭和56）年の商法改正前の判例を引用して「理事会の議決が，当該議決について特別の利害関係を有する理事が加わってされたものであっても，当該理事を除外してもなお議決の成立に必要な多数が存するときは，その効力は否定されるものではないと解するのが相当である」として、本件議決を無効とすべき瑕疵があるとはいえないと判断した（最二小判平成28・1・22民集70巻1号84頁）。

　このように多数決の問題に還元して結論を導く考え方に対しては、特別利害関係を有する者が審議を含めて決議の結果に影響を与える可能性の検討が不十分であるとして反対する見解がある（弥永真生「判批」ジュリ1491号〔2016年〕2頁、柳明昌「判批」平成28年度重判解〔2017年〕113頁は、「審議を含めて議決に加わることで決議の結果に影響を及ぼすべき特段の事情の有無を判断する余地を残すべき」であるとする）。

(iv)　特別利害関係人が議長をつとめることの可否

　設問(3)のように、特別利害関係人が議長をつとめて、かつ議決に参加して得られた取締役会決議の効力をどう解するべきなのだろうか。(3)(ii)で述べたように、特別利害関係を有する取締役は取締役会の出席権も意見陳述権もなく、当該議案に関しては取締役会の構成員から除外されるという立場をとるなら、当然、議長の資格も失うと解することになる（東京弁護士会会社法務部編『取締役会ガイドライン』〔2016年、商事法務〕35頁）。裁判例として、(3)(ii)ですでに触れた東京地判平成7・9・20およびその控訴審である東京高判平成8・2・8は、議決権のない特別利害関係人が議決権を行使した瑕疵に加え、議長として議事を主宰した瑕疵があることを理由に、当該取締役会決議は無効と解すべきであるとした。また、東京高判平成3・7・17（議長たる代表取締役が解任議案の対象とされたため、特別利害関係人として議長から排除され、他の取締役が議長となったことにつき当該取締役会決議の効力が争われた事案。資料商事102号151頁）は、「議長としての……権限行使の結果が審議の過程全体に影響を及ぼし、

その態様いかんによっては不公正な決議の結果を導き出すおそれがあること
は明らかなことであるから、議決権の行使さえしなければ議長としての職務
を行っても決議の結果を左右することはないということはできない。」とす
る理由を付加することにより、特別利害関係人は議長としての権限も当然に
喪失するとした第一審判決（東京地判平成2・4・20資料商事74号43頁）を支持し
た。この控訴審判決を、上告審（最一小判平成4・9・10資料商事102号143頁）も
支持した。なお、利害関係人の出席権および意見陳述権を肯定する立場でも
議長にはなることができないとする見解がある（河本449頁）。

　他方で、定款または取締役会規則に特段の定めがない限り、取締役会の議
長となることは許されるとする見解も有力である（大隅＝今井・前掲書196頁）。
しかし、それでも法的にはともかく、望ましいとはいえないことが指摘され
ている（酒巻・前掲「判批」77頁、大隅＝今井（中）196頁も実際上の運用は別であると
する）。

(4) 決議の瑕疵

　取締役会の決議の内容が法令・定款に違反する場合はもちろん、決議を招
集や議事の手続に違法な点がある場合も、株主総会決議と異なり特別の訴え
の制度が存在しないことから、取締役会の決議は、一般原則により無効とな
る。株主総会決議のように裁量棄却を認める規定はないが、取締役会につい
ても、瑕疵が軽微で決議の結果に影響を及ぼさない場合は、救済の余地を認
めてもよいとする見解も存在する（北沢383頁、龍田＝前田125頁）。

【例題1】　株式会社Ｙ社は取締役会設置会社であり，東京証券取引所のマザーズ
市場に上場している。Ｙ社の代表取締役であったＡは、2015年6月15日頃、株式
会社Ｘ社の代表者に対し、Ｙ社の子会社が行う予定の第三者割当増資（以下、「本
件増資」という。）を引き受けるよう勧誘した。Ｘ社はこれに応じ、本件増資に係
る払込みをなし、Ｙ社子会社株式（以下、「本件株式」という。）を取得した。その
後、Ｘ社がＹ社に対し本件株式を売却する旨の2018年2月17日付け株式譲渡契約
書（以下、「本件契約書」という。）が、同月18日に、当時Ｙ社の代表取締役社長で
あったＢをＹ社の代表者として作成された。2017年12月31日時点でのＹ社の総資
産は94億2,000万円、現金および預貯金総額40億円で、同期の損益において、営業
損失が2億7,000万円、経常損失が6億2,000万円と、赤字を計上していた。
　その後、Ｘ社は、本件株式をＹ社が買い取る旨の契約（以下、「本件譲渡契約」

という。）が成立していたことを理由に、払込金額相当額である1億2,000万円の支払を求めた。Y社の取締役会規則は、100万円以上の契約を取締役会決議事項としていたが、本件契約書作成当時、Y社は取締役会決議を経ていなかった。本件譲渡契約は成立していたといえるか。

《参考裁判例》東京高判平成25・2・21資料版商事法務348号29頁

【例題2】 甲社は取締役会を設置する非公開会社である。Aは代表取締役会長であり、現代表取締役社長Cにその地位を譲るまでは代表取締役社長であった。BはAの息子で、甲社の取締役である。

Cは、2018年9月15日、取締役会を開催し、同年9月27日に臨時株主総会（以下、「本件臨時株主総会」という。）を開催して取締役A解任の件を決議する旨の議案を提案し、取締役6名のうち、特別利害関係人であるとしたAを除く取締役5名中3名の賛成を得たため、可決された。その後、Bについても同じことが起こった（以下、「本件取締役会決議」という。）。これを受けて、同日臨時株主総会の招集通知が行われた。なお、A、Bはともに甲社の株主であるが、2人の議決権を合計しても、総議決権の半分に届かない。

AおよびBは、自分たちを議決に参加させずに本件決議を行ったのは会社法369条違反があると主張し、本件臨時株主総会の招集権者であるCに対する会社法360条にもとづく取締役の違法行為差止請求権を本案として、本件臨時株主総会の開催禁止の仮処分命令を求めた。この請求は認められるか。

《参考裁判例》東京地決平成29・9・26金判1529号60頁

（ふるかわ・ともこ）

17 監査等委員会設置会社・指名委員会等設置会社

柿 崎 　 環

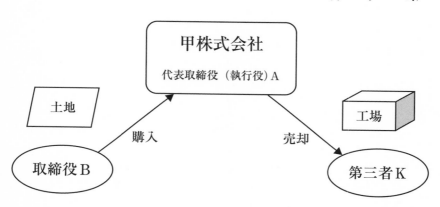

甲株式会社

代表取締役（執行役）A

土地

工場

購入

売却

取締役B

第三者K

【設 問】

　甲株式会社（以下「甲社」という）は、生鮮食品の加工・販売を業とする監査役会設置会社であるが、種類株式発行会社ではない。甲社は、現在、機関設計の変更を考えている。甲社の代表取締役はAで、他に取締役にはB、C、D、E、F、Gと監査役H、I、Jの役員がいる。甲社の定款には、「帳簿価格が1億円以上の金額となる財産の譲渡および処分については、甲社の取締役会の承認を必要とする」旨の定款が定められていた。この事実を前提に以下の(1)(2)の問いに答えなさい。

(1)　甲社は、指名委員会等設置会社へ移行した。甲社の定款には、移行後も、「帳簿価格が1億円以上の金額となる財産の譲渡および処分については、取締役会の承認を必要とする」旨の規定が維持されている。その後、代表執行役となったAが、甲社を代表して、第三者Kに対して帳簿価格3億円で工場施設を売却した。しかし、Aは、甲社の取締役会において当該工場施設の売却について承諾を得ていなかった。このとき、Kからの当該工場施設の引渡しを甲会社は拒むことができるか。Kは、当該工場施設の売却に取締役会の承

認がなかったことは知らされていなかった。当該工場施設の売却が、指名委員会等設置会社への移行前に行われた場合にはどうか。また、甲社が監査等委員会に移行した後に行われた場合はどうか。

(2)　甲社は、監査等委員会設置会社に移行した。その際に、役員全員を取締役とした。その後、甲社は、監査等委員であるBの土地を生鮮食品の加工工場用に5億円で購入した。この取引の前には、監査等委員会で審議し承認を得て、取締役会の決議においても承認を得ている。しかし、加工工場の建設のため土地の掘削をしたところ、土壌汚染が進んでおり食品工場として利用できないことが判明した。甲社の取締役らは、この取引による被った甲社の損害に対する責任を負うだろうか。

1　問題の所在

　株式会社の機関設計は、平成26 (2014) 年会社法改正までは、委員会設置会社と監査役（会）設置会社の選択肢しかなかったが、同改正により、監査等委員会設置会社という第三の機関設計が追加され、それに伴って、従来は委員会設置会社の名称で呼ばれていた会社群が、指名委員会等設置会社という名称に改められた。この3つの異なる機関設計をもつ会社の違いは、その導入の歴史から紐解くことができる（和田宗久「公開型株式会社に関するガバナンス制度の変遷と課題」稲葉威雄＝尾崎安央編『改正史から読み解く会社法の論点』〔2008年、中央経済社〕65頁以下参照）。平成14 (2002) 年に委員会等設置会社の名称で登場した、取締役会に3つの委員会設置を義務付ける機関設計の会社は、それまでの監査役（会）設置会社が抱えるガバナンスの課題に対する反省から導入されたものである。即ち、日本の監査役（会）設置会社では、企業不祥事があるたびに監査役の権限が強化されてきたが、監査役には、取締役会へ

の出席義務はあるものの議決権をもたず、代表取締役の人事に関与できない以上、取締役会の監督機能の発揮に貢献するには不十分であるという欧米からの批判が強くなっていた（高田晴仁「監査役制度の編成：ガバナンスの歴史は取締役会改革へ!?」企業会計68巻8号〔2016年〕37頁参照）。そのため、取締役会がもっぱら監督機能を果たし、執行と監督を分離する米国のモニタリング型と類似した機関設計の委員会等設置会社が導入され、監査役設置会社との選択的適用が可能となった。この当時は、大会社およびみなし大会社のみが、この機関設計を採用できたが、2005（平成17）年商法改正によって、すべての株式会社が要件を満たせば任意に採用できることとなり、平成26年会社法改正によって、監査等委員会設置会社と区別するため指名委員会等設置会社と名称が改められた。指名委員会等設置会社では、会社の代表権は代表取締役ではなく代表執行役にあり、株主総会に提案する取締役候補者の決定を行う指名委員会、取締役・執行役等の報酬を決定する報酬委員会、および取締役・執行役の職務の執行に対する監査を行う監査委員会の3委員会が必置とされ、各委員会の構成員の過半数は社外取締役であることが求められた。もとより取締役会の監督機能の強化のためには、米国のように取締役会の過半数を社外取締役として要請することも考えられる。しかし、それが人材等の面から難しかった当時の我が国の状況に照らして、少数の社外取締役でも監督機能の発揮を可能とするため、指名委員会、報酬委員会の決定を取締役会が覆すことができないように委員会の権限を強化した。また、指名委員会等設置会社の取締役は、法令に定めがある場合を除き、業務の執行はできず（会415条）、使用人を兼務することも認められていない（会331条4項）。もっとも、ドイツのように執行機関と監督機関の兼務を一切禁じるいわゆる二層制とは異なり、社外取締役以外の取締役が執行役を兼務することは認められていることから、執行と監督の分離が制度的にも完全に求められているわけではない。ところが、この機関設計を採用すると、3つの委員会の設置が同時に義務付けられ、かつ取締役候補者の決定権が指名委員会にあることから、事実上、日本の経営者らがその選択を躊躇することが少なくなく、現在の我が国の上場企業においても、その普及率はわずか2％と芳しくない（株式会社東京証券取引所「東証上場会社 コーポレート・ガバナンス白書2017」60頁参照）。

　そこで、平成26年会社法改正時には、第三の機関設計として監査等委員会設置会社が導入された。監査等委員会設置会社は、監査役会設置会社と指名委員会等設置会社のハイブリッド型とも呼ばれ、監査役に代えて監査等委員会を取締役会に設置するが、他の2つの委員会は強制されず、また業務執行の代表権は代表執行役ではなく、代表取締役が担っている。監査等委員会設置会社は、会社の規模や公開性の有無を問わず採択できるが、取締役会設置会社であり、かつ会計監査人設置会社でなければならない。唯一必要とされる監査等委員会の主たる職務は、①取締役の職務の執行の監査および監査報告の作成、②株主総会に提出する会計監査人の選任・解任・不再任に関する議案内容の決定、③監査等委員会が選定する監査等委員が株主総会において述べる監査等委員でない取締役の選任・解任・辞任または報酬に関する監査等委員会の意見の決定（会342条の2第4項、同361条6項）であり、指名委員会等設置会社における指名委員会と報酬委員会の役割を、部分的ながら監査等委員会が担う形をとっている。指名委員会等設置会社と比べれば、極めて不十分なモニタリング体制ではあるが、監査等委員会設置会社の機関設計をとれば、少なくとも取締役会において議決権をもつ取締役が監査等委員会を通じて経営者を監査し取締役会全体で監督することが可能となる建付けであるため、前述した監査役のように人事権のない者が経営者をモニタリングしてもコーポレート・ガバナンスの実効性は上がらないという欧米からの批判には応えることができた。とくに、上場企業に対して上場規則の一部として遵守が求められるコーポレート・ガバナンス・コードが平成27（2015）年から実施され、独立社外取締役を2名以上選任していない場合には、その理由を説明しなければならなくなったことから、そのままでは都合、4名の社外役員が必要となる監査役会設置会社が、監査等委員会設置会社に移行するケースが急増し、平成29（2017）年には、監査等委員会設置会社は上場会社全体の18％に達している（株式会社東京証券取引所・前掲60頁参照）。

　もっとも、監査等委員会設置会社の場合には、コーポレート・ガバナンスを充実させて日本企業の国際競争力を高める目的とも相俟って、かならずしも論理的な根拠が明確でなくとも、監査役（会）設置会社からの転換が容易になるような推奨規定が会社法に置かれている。上記の設問では、こうした

推奨規定が及ぼす監査等委員会設置会社のコーポレート・ガバナンスへの影響についても留意しつつ、検討することが望まれる。また、3つの機関設計において業務執行と監督の分離に関する考え方の違いが、具体的にどのような規定に反映しているのか、その理由をあわせて理解しておくことが求められる。

2　指名委員会等設置会社における「重要な業務執行」の委任

指名委員会等設置会社は、業務執行と監督を制度的に分離することで、機動的な業務執行が図れるように、執行役に対して大幅な権限の委任を認め、トップダウン式の迅速な意思決定を可能にすることを狙った機関設計の会社である。そのため、監査役会設置会社と異なり「重要な財産の処分」は取締役会の専決事項ではない（会416条4項参照）。そのため、設問(1)において、取締役会の決議を得ていないAによる工場施設の売却は、会社法上の代表権制限違反にはならないが、「帳簿価格が1億円以上の金額となる財産の譲渡および処分については、甲社の取締役会の承認を必要とする」旨の定款がある以上、取締役会の承認なしに行われた3億円の工場施設の売却は定款に違反することになる。したがって、甲会社は善意（過失の有無を問わない）の相手方に対しては、取引が無効であるとの主張はできない（会420条3項・349条5項）。

これに対して、指名委員会等設置会社への移行前の監査役会設置会社の段階で土地を譲渡した場合には、「重要な財産の処分」（会362条4項1号）に該当する。にもかかわらず、取締役会の決議なしに代表取締役が専断的に代表行為を行った場合、かかる譲渡の効力は、原則有効だが、取引の相手方が、取締役会決議がないことを知りまたは知ることができたときには、無効になるというのが判例の立場である（最三小判昭和40・9・22民集19巻6号1656頁〔会社法百選［3版］65事件）。このように指名委員会設置会社と監査役会設置会社の場合に生ずる違いは、一般的には会社によって異なる定款内容を取引の相手方が知らない場合とは異なり、監査役会設置会社の「重要な財産の処分」については取締役会の決議が必要となる法定事項であるため、相手方にある程度の調査義務を課しても酷ではないことから説明ができるだろう。

　なお、本件が監査等委員会設置会社への移行後に行われた取引であった場合、「重要な業務執行の決定」を取締役に委任することは原則として禁止されているが、取締役の過半数が社外取締役である場合には、指名委員会等設置会社において取締役に委任できないとされている事項（会416条4項）に相当する事項を除き、取締役会の決議により重要な業務執行の決定を取締役に委任することができる（会399条の13第5項）。これは、「会社法制の見直しに関する中間試案の補足説明」（平成23年12月）の説明によれば、「取締役会の監督機能の充実という観点から、自ら業務執行をしない社外取締役を複数置くことで業務執行と監督の分離を図り……重要な業務執行の決定を業務執行者に委任することを一定程度認め、重要性の特に高い事項についての取締役会の審議を充実させることが適切」との趣旨から説明されている。しかしながら、社外取締役が過半数を占めていなくとも、取締役会の決議によって一定の重要な業務執行の決定等を取締役に委任する旨を定款で定めることもできるため（会399条の13第6項参照）、こうした規定も政策的に監査役会設置会社から監査等委員会設置会社への誘導を狙ったものと説明されている。したがって、社外取締役の員数が必ずしも十分とはいえないガバナンス体制であっても、定款で上記の変更をすれば監査等委員会設置会社へ移行することができるため、結果として指名委員会等設置会社と同様に大幅な権限の委任が監査等委員会設置会社の取締役に認められることになるが、果たして、こうした場合に取締役会における監督機能の実効性はどのように確保されるのか疑問が残るところである。

3　監査等委員会設置会社における取締役の利益相反取引

　監査役設置会社において、利益相反取引に関しては、取締役会の承認が得られている場合であっても、当該利益相反取引によって会社に損害が生じたときは、任務懈怠のあった取締役は、損害賠償責任を負う。取締役による直接取引（会356条1項2号）により会社に損害が生じたときは、①会社法356条1項の取締役、②会社が当該取引をすることを決定した取締役および③当該取引に関する取締役会の承認の決議に賛成した取締役は、その任務を怠ったものと推定される（会423条3項）。これは、利益相反取引を行うことについ

て、取締役に対して特に慎重な判断を求める趣旨によるものである。

　ところが、監査等委員会設置会社において、取締役が利益相反取引を行う場合、監査等委員会の承認を受けたときは、会社法423条3項の任務懈怠の推定規定は適用されない（会423条4項）。即ち、この場合には、利益相反取締役の任務懈怠は推定されないことになる。この趣旨は、業務執行者から独立した立場にある社外取締役が過半数を占める監査委員会が（会331条6項）、会社との利益相反取引について公正かつ妥当であると判断している場合には、原則に戻り、当該取締役の損害賠償責任を追及する側に任務懈怠があることについての立証責任を負わせることが妥当であると説明される。もっとも、こうした監査等委員会設置会社にのみ認められた利益相反規定における任務懈怠の推定規定を排除する特則についても、監査等委員会のチェック機能が、他の監査役会や監査委員会に比べて特段に優っているからとはいえず、その論理的な根拠がかならずしも明確とはいえないとの批判もあるが、他の機関設計に比べて有利な点を与えて、監査等委員会設置会社への転換を促す推奨的規定であると考えられている（江頭589頁）。

　監査等委員会が、いずれかの取締役の求めに応じて、利益相反取引について承認をした場合、会社法423条4項に基づき、同条3項の任務懈怠の推定が適用されなくなる取締役は、当該請求を求めた取締役に限られるわけではなく、同項同号に掲げられている取締役のすべてが対象となると解される。

　ただし、本設問のように利益相反取引において会社と利益が相反する取締役が監査等委員である場合、監査等委員会の判断の公正性を確保するため、任務懈怠の推定規定の適用除外の制度を利用することはできない（会423条4項括弧書）。したがって、利益相反取締役が監査等委員である場合には、当該監査等委員である取締役だけでなく、それ以外の423条3項各号に掲げられている取締役は、全員同条4項の監査等委員会の承認を受けることはできないと解される（塚本英巨『監査等委員会導入の実務』〔2017年、商事法務〕243頁参照）。

　以上のように、設問(2)では、監査等委員会の承認を受けるべき取締役およびその特則の射程範囲が問題となっている。甲社がBの土地を譲り受ける本件取引は、会社法356条1項2号の利益相反取引であり、監査等委員会の承認を得られた場合には、Bだけでなく、当該取締役会に参加したすべての取

締役に任務懈怠の推定が及ばないはずである。しかし、Bは、監査等委員で
あるため、会社法423条4項括弧書きの適用を受けて、会社法423条3項各号
に掲げられたすべての取締役の任務懈怠は原則に戻って推定されることにな
り、甲会社に損害が発生している以上、取締役会の承認があっても、任務懈
怠がなかったことを自ら立証できなければ、甲社が被った損害について連帯
して賠償責任を負うことなる（会423条1項・430条）。

【例題1】　指名委員会等設置会社と監査等委員会設置会社における取締役選任・
解任のプロセスの異同について理由を付して論じなさい。

【例題2】　株式会社甲は指名委員会等設置会社のベンチャー企業であり、代表執
行役Aは、甲社の株式を55％保有している。甲社の取締役会は、A、B、C、D、
E、F、Gである。甲社の指名委員会（構成メンバーはB、C、D）は、Hを取締
役候補者として決定したが、Aはこの人事には不服であり、定時株主総会におい
て、自分の考えに近いIを取締役候補者とする株主提案権を行使し、取締役の交
代を図った。株主総会決議のあと直ちに甲社の株主Xが、当該株主総会の決議取
消の訴えを提起した。この訴えは認められるか。

（かきざき・たまき）

18 監査役の地位および権限

尾崎　安央

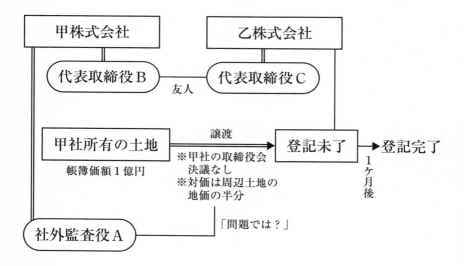

甲株式会社　　　　　乙株式会社

代表取締役B　　友人　　代表取締役C

甲社所有の土地　　　譲渡　　登記未了　　→　登記完了

帳簿価額1億円

※甲社の取締役会
　決議なし
※対価は周辺土地の
　地価の半分

1ケ月後

「問題では？」

社外監査役A

【設　問】

　監査役会設置会社である甲株式会社の非常勤社外監査役であるAは、甲社代表取締役Bが甲社の簿価1億円の不動産をBの友人Cが代表取締役である乙株式会社に対し、独断で、かつ、周辺の地価（時価）の半額で売却しようとしていることを知った。そこで、かつてBの部下であり、現在は常勤監査役であるCにその旨を伝え、この件は、数日後に開催された月例の監査役会において議されることとなった。その監査役会では、Cは次のように発言した。「その事実については、私は、内部告発により知っていた。しかし、甲社としては、それが遊休不動産で処分に困っており、乙社がこれを地価（時価）の半値でも購入してくれることは会社の利益になるものであり、他の監査役には改めて伝えるほどのものではないと判

断し、知らせなかった。」結局、Aの反対にもかかわらず、監査役会としてはこの件につき特に問題としない旨が決議された。その後、同日開催された月例の取締役会において、Aはこの不動産売却の事実について発言したが、取締役会規程で取締役会の議長とされる社外取締役Dは、「この問題については、過日、Aから取締役全員が説明を受け、特段の異論は出なかった。今日の取締役会の議題でもない。特に遊休不動産売却の当否の判断は監査役の権限外のことであり、口を出すべきではない。」と述べ、Aにこれ以上の発言をしないよう命じた。1か月後、当該不動産は、甲社から乙社に譲渡され、移転登記も完了した。

(1)　Aは、上記取締役会から登記完了までの1カ月の間に、監査役として、どのように行動することができたか。また行動すべきであったか。

(2)　取締役会議長Dの取締役会における発言について、どのように考えるか。

1　問題の所在

　会社法上、監査役は、自然人からなる独任機関である（会331条1項1号・335条1項）。それは監査役会設置会社においても異なるところはない。会社法は、監査役会が多数決で、監査の方針、業務・財産の状況の調査の方法、その他の監査役の職務の執行に関する事項決定を行ったとしても、監査役の権限の行使を妨げることはできないとされる（会390条2項）。これは、監査役会という合議機関によって監査役の独任機関のメリットが損なわれてはならないという趣旨である。

　まず、本問の監査役会の審議・決定それ自体が適切なものであったかどうかが問題になろう（「監査方針」決定の正当性）。もとより、それが適法な決議で

あったとしても（会社393条）、監査役会で決定された「監査の方針」に反して、独任機関である監査役Aは、その職務を遂行することができるし、遂行すべき場合であれば遂行しなければならない。

　次いで、代表取締役であるBの甲社所有の土地の売却に対して、Aが甲社監査役として行うことができること（職務）は何か、あるいは何をしなければならないか（職責）が問題となる（小問(1)）。

　さらに、監査役は、代表取締役にいわゆる「専断行為」（本問では土地の売却につき取締役会の決議が必要であるとすれば、それを欠いたまま代表取締役が会社を代表して土地を売却したこと）の疑いがある場合に、取締役会においてどのような発言が許されるのかが問われる（小問(2)）。

2　取締役の違法行為等に対する差止め

　監査役の職務には、取締役の違法行為等についての差止請求がある（会385条1項）。具体的には、取締役が会社の目的の範囲外の行為その他法令若しくは定款に違反する行為をし、またはこれらの行為をするおそれがある場合に、当該行為によって当該会社に著しい損害が生じるおそれがあるときには、当該取締役に対して当該行為を止めることを請求することができる。非監査役（会）設置会社では株主が担う役割（会360条1項）を監査役が担うのである。これに伴い、監査役（会）設置会社の株主は、「著しい損害」ではなく、「回復することができない損害」が生じるおそれがあるときに、差止請求ができるものとされる（同条3項）。注意すべきは、損害が生じる「おそれ」がある場合である。差止めは、行為の効力が発生する前にしなければならず、効力発生後は、この手段は使えない（効力発生後〔譲渡完了後〕について、設問にはないが、監査役としてとりうる行動があるかどうか、各自、考えてみてほしい）。

　本問のケースに差止事由があるか。

　取締役会設置会社の重要な財産の処分については、取締役会の事前の承認決議が必要である（会360条4項1号）。会社にとって重要な意思決定だからである。特別取締役だけによる決定を定めている会社では、特別取締役の会議の判断に委ねることができるが（会373条）、甲社はそのような会社でないようであり、かりにそのような定めがある会社であっても、「独断で」譲渡が

なされようとしている点で、また、そのような行為が事前に監査役Aに知らされていなかった点で、Aがこの問題を監査役会や取締役会で取り上げた時点では、少なくとも取締役会あるいは特別取締役による承認があったとはいえなかったと思われる。それ以前に取締役会に付議されていれば、Aは取締役会に出席していたはずであり、知っていたと考えられるからである。

　もっとも、本問の遊休不動産（土地）が甲社にとって「重要な財産の処分」に該当するかどうかは検討を要する。該当しないならば、取締役会への付議は特に必要ないからである。他方、該当するならば、取締役会の承認が必要となり、それを得ずしてなされた代表取締役による処分は、いわゆる専断行為であり、違法である。

3　重要な財産処分

　処分対象となった財産の重要性は、適用対象である株式会社には、規模、事業の性質、業務・財産の状況等に違いがあることから、具体的事案ごとにさまざまな要素を総合的に判断して決めざるをえない（コンメ(8)223頁〔落合誠一〕）。最高裁判例によれば、総資産の約1.6％に相当する持ち合い株式の譲渡は「重要な財産の処分」に該当するとされたが（最一小判平成6・1・21民集48巻1号1頁。会社法百選［3版］63事件）、この数値はさほど重要ではない。学習態度としては、当該事案の内容を吟味し、その重要性判断がどのようになされたかを検討しておく必要がある。詳細は☞本書「15　代表取締役の代表権」に譲るが、本問では、利用されていない遊休不動産であるとしても、簿価が1億円という高額であることから考えて、重要な財産であるといってよいであろう。したがって、取締役会に付議すべきケースであったと解せよう。かりに重要財産でなかったときは、会社財産の処分等は、業務執行行為として代表取締役の権限内にあると解してよいであろうが、その場合でも、本問では、Bは、自社にとって不利で友人の会社にとって有利な条件で会社財産を処分しようとしている。この点の検討を要する。

　取締役は、会社の犠牲において、自己または第三者の利益を図ってはならない（忠実義務：duty of loyalty）。特に取締役が当事者となって会社と取引をする場合には、事前に取締役会（本問とは異なるが、非取締役会設置会社では株主

総会）において当該取引に関する重要情報を開示したうえで、承認を得てお
かなければならないが（会356条1項2号・365条1項）、本問ではBは当事者に
なっていないため、この規定は適用されない。しかし、代表取締役の権限濫
用行為（代表権限を自己または第三者の利益のために利用する行為）として考えるこ
とができるであろう（後述4）。

　なお、本問では、事前に取締役全員に説明し、取締役からは特段の異議が
なかったという。これをもって取締役会の承認があったということが許され
るのであろうか（会370条参照）。取締役会には監査役の出席が想定されている
ことからすれば（会368条1項・369条3項など）、Aがそのことを知らなかった
という点からみても、適法な取締役会決議があったとはいえないであろう。

4　専断行為・権限濫用行為に対する監査役の権限・責任

　代表取締役は、会社の業務に関する一切の裁判上または裁判外の行為をす
る権限をもち、その権限に加えた制限は善意の第三者に対抗することができ
ない（会349条4項・5項）。会社内部の事情により、取引の動的安全が害され
てはならないからである。他方、会社法が取締役会あるいは株主総会の事前
の決議を要求する行為については、そのような決議をすることを要し、当該
法令等の趣旨を勘案すれば、決議を欠く行為は無効と解される。会社の利益
を保護する必要があるからである。

　このように専断行為については、いずれの利益を優先するかの判断を要す
る場面がまま生じるが、対外的業務行為の場合には、行為の無効は相手方ま
たは第三者の利益を害するおそれがあることを考慮して、たとえば、流通性
のある株式の発行に関して、公開会社における取締役会決議を欠く募集株式
の発行については無効とならないとする判例があり（最二小判昭和36・3・31民
集15巻3号645頁。いわゆる有利発行における株主総会決議を欠く募集株式の発行につき、
最二小判昭和46・7・16判時641号97頁。なお、非公開会社における株主総会決議を欠く
場合つき、最三小判平成24・4・24民集66巻6号2908頁）、また通常の取引行為につ
いても、心裡留保に関する民法93条を類推適用して善意の第三者を保護する
判例が、リーディングケースとして存在する（最三小判昭和40・9・22民集19巻
6号1656頁。会社法百選［3版］64事件）。代表権限の濫用行為についても、判例

は民法93条を類推する（最一小判昭和38・9・5民集17巻8号909頁）。学説には、相手方は過失の有無を問わず保護すべきであるとの批判や、特に権限濫用行為については、代表取締役には行為の効果を会社に帰属させる意思があることから、心裡留保ではないとの批判がある。学説では、内部統制に関する規定（会349条5項）の類推など、様々な理論構成が唱えられている。

　とはいえ、いずれの学説も善意者の第三者を保護しようとする点では違いがない。そして、その前提として、そのような行為が違法であり、原則的には無効であるとする点も（新株発行などの例を除いては）、否定はしていない（募集株式の発行についても、非公開会社については無効説も有力である。最三小判平成24・4・24民集66巻6号2908頁。会社法百選〔3版〕29事件）。

　効力が発生した後では、上記のような問題が生じることからすれば、違法行為を未然に防止し、会社に「著しい損害」が発生しないようにすることが重要である。その役割を監査役が担う。独任機関としての監査役の職責が監査役会の決議に拘束されるものではないことは上述した通りである。会社法は、監査役に情報が不足する場合を想定して、取締役らに対して報告を求めるなど必要な調査権限を付与しており（会381条2項・3項・4項）、これを適切に行使することも監査役の職務である。さらに監査役は、不正の行為をし、不正の行為をするおそれがあるとき認めるとき、または法令・定款に違反する事実や著しく不当な事実があると認めるときは、遅滞なく、その旨を取締役会（非取締役会設置会社では取締役）に報告しなければならず（会382条）、取締役会に出席し、意見を述べなければならない（会383条1項本文）。これらは、取締役会の監督機能を実効あらしめる制度設計である。

　取締役会における社外監査役Ａの発言が、監査役の職務遂行として適切な意見陳述と評価できるか。適切な意見陳述であるとするならば、それを取締役会議長が制止した行為は許されない。もっとも、その発言が経営判断の妥当性に関するものであるとすれば、それが監査役の権限内の発言かどうかが問題となる。監査役の発言が権限外事項であるとすれば、議長の制止もありうることである（後述5）。

5　妥当性監査と適法性監査

　監査役は、当然に取締役の職務執行の適法性を監査できる。さらに進んで、いわゆる経営判断の妥当性まで監査することができるのかは、取締役会の監督機能との違いをどのように理解するかの問題として、会社法の争点の1つとされてきたものである。妥当性の判断は取締役会の専権であると解する適法性監査限定説、一定の事項について相当でないとの意見を表明し、かつ、著しく不当な事項について監査報告をすることになっていることから（会施規129条1項4号など）、その限りでの妥当性監査は可能と考える説、取締役に対する訴訟提起権の行使など取締役の職務遂行の妥当性判断の前提とする場合もあり、監査役の権限は妥当性監査にも及ぶとする説などが対立する。しかし、適法性監査に限るといっても、監査役が取締役の法令違反等を発見する端緒が妥当性への疑義であることも少なくない。その疑義の基づく調査の結果、違法を発見することもありうるであろう。監査役の監査行為の範囲を狭く解する必要はない。ただ、監査役の職務（しなければならないこと）は主として適法性に関するものであることは疑いなく、たとえば、違法行為を知りつつ放置することなどは、監査役自身の任務懈怠になる可能性もある。

　本問では、Bに違法の疑いがあるとの発言は重要であり（適法性に関する意見と考えられる）、取締役会における意見陳述は妨げられてはならないであろう。他の取締役会構成員としては、Aの発言を受け、その疑義に真摯に向き合い、事実の確認等を行い、適切に対応することが求められよう。Aの発言は、そのような慎重な審議を促す契機であり、発言を封ずるのではなく、むしろ監査役が抱く疑義（Bの行為の違法の疑い）を払拭できる説明等がなされなければならないのである。

【例題1】　甲株式会社において、社外監査役であるAらの任期が定時株主総会の終結時に満了することから、次期社外監査役の人選が問題となった。代表取締役Bは、来たる総会でAを不再任とし、現在、社外取締役であるDを社外監査役候補者にする議案を提出しようと考え、その旨を、同総会で再任予定の現常勤監査役であるCに伝えた。監査役会としては、どのように対応すればよいのか。

【**例題２**】　甲社は、完全子会社として、乙社と丙社を有していた。甲社取締役会は、来たる甲乙丙の３社のそれぞれの定時株主総会において、次のような議案を提案しようと考えている。会社法上、問題となる点はあるか。
　(1)　乙社の監査役Ｈを乙社で再任するとともに、丙社の取締役候補者とする。
　(2)　甲社の執行役員で非取締役であるＪを甲社の監査役候補者とする。ただし、監査役就任後も、甲社の執行役員として職務を続ける。
　(3)　丙社の取締役Ｋ（現在、丙社の常務取締役）を再任せず、乙社及び丙社の監査役候補者とする。
　(4)　甲乙丙社の監査役全員について、これまで支給していた賞与と退職慰労金を支給しないこととする。

【**例題３**】　甲株式会社において、株主Ｌから甲社監査役会宛てに代表取締役Ｂの会社に対する責任を追及することを求める文書が届いた。監査役会としては、当該文書に書かれていた通りの違法行為がたしかに存在し、その結果会社に損害が発生していたが、このことは決着したと考えて、提訴しないことにした。会社法上、どのような問題があるか。

【**例題４**】　甲株式会社には、いわゆる内部通報制度がない。また社外取締役も１人いるが、取締役会への出席状況はあまりよくない。監査役としてはどのような対応をすればよいか、あるいはしなければならないか。

（おさき・やすひろ）

19　会社役員の報酬

菊田　秀雄

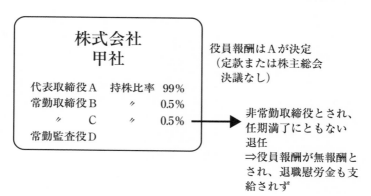

株式会社
甲社

代表取締役A　持株比率　99％
常勤取締役B　　〃　　　0.5％
　〃　　　C　　〃　　　0.5％
常勤監査役D

役員報酬はAが決定
　（定款または株主総会
　　決議なし）

非常勤取締役とされ、
任期満了にともない
退任
⇒役員報酬が無報酬と
　され、退職慰労金も支
　給されず

【設　問】

　株式会社甲社（以下「甲社」という。）は、会社法上の公開会社ではないが、取締役会設置会社である。甲社では、創業者の子であり、甲社の発行済株式総数の99％を保有する代表取締役Aのほかに、常勤取締役としてB及びC（いずれも甲社株式の0.5％を保有）、常勤監査役としてDが選任されている。AないしDの報酬については、会社設立時より、定款に定めがないにもかかわらず、株主総会決議もなされておらず、Aが各自の報酬を決定し、それに従って支給がなされていた。

　そうしたなか、A及びBとCとの間で会社の経営方針をめぐり対立が生じ、Aらは取締役会決議によりCの常勤を解いて非常勤取締役としたうえで（Cはこれに反対）、その報酬についてこれを無報酬とすることを決め、一方的に支給を打ち切った。また、Cが任期満了となった際、これを再任しなかった。なお、退職慰労金については、従来内規に基づき退職時の報酬月額に在任期間の年数を乗じた額を支給する旨が定められており、これも事前に株主総会決議によることなくAの決裁のみによって支給されていたが、無報酬とされたCに対しては退職慰労金を

支給しなかった。

　Cは、無報酬とされた期間において本来ならば支給されるはずであった報酬及び当該報酬額を基準として算定すれば支給されたはずであろう退職慰労金の支払いを求め提訴した。かかる訴えは認められるか。

1　役員報酬規制の趣旨

　会社法上の役員とは、取締役、会計参与及び監査役を指し（会329条1項）、これに執行役及び会計監査人を含めて役員等（会423条1項）と定義される。本稿では、取締役及び執行役の報酬を中心に述べるが、監査役、会計監査人及び会計参与の報酬についても若干触れるものとする。

　会社とその役員との間で締結される任用契約は委任ないし準委任契約であり（会330条）、したがって、その報酬についても無報酬となるのが原則であるが（委任の無償性〔民648条1項〕）、明示ないし黙示の特約の存在を認め、役員に報酬請求権が発生すると解するのが通説・判例（最二小判平成15・2・21金判1180号29頁）である（これに対し、その地位の専門性及び責任の重大性より、取締役の報酬は有償と解すべきであり、取締役は社会的に相当な額の報酬を会社に対し当然に請求できるとする説も主張されている）。

　ただし、こうした特約により生じた報酬請求権も抽象的なものにとどまり、とくに取締役の報酬については、定款または株主総会決議により、その内容及び支給額・支給方法を具体的に定めない限り、取締役は会社に対して具体的に報酬請求することはできないとされている（会361条1項）。

　このように取締役の報酬につき、法が定款ないし株主総会決議を要求する趣旨を、通説・判例はいわゆる「お手盛り防止」に求めてきた。すなわち、

取締役に支払われる報酬の内容は、本来的には任用契約の一部であり、その決定は任用契約の締結、すなわち業務執行行為の一環である。したがって、報酬の決定も業務執行者である取締役自身がこれを行うことになる。ところが、それでは自身について過大な報酬を定め、会社財産を浪費し、株主の利益を害するおそれがあることから、法は定款に定めるか株主総会決議を要求することで、報酬額の適切性を株主の判断に委ねたのである（前掲最二小判平成15・2・21）。これに対し、報酬の内容も任用契約の一部である以上、取締役の選任権限を有する株主総会がいわば選任の条件としてこれを定めるものと解すべきとの見解もある（神田237頁）。以上の趣旨は、指名委員会等設置会社における執行役の報酬についても妥当するが、指名委員会等設置会社については報酬委員会制度が導入され、異なる規制が設けられている。これについては後述する（3(2)）。

　また、報酬規制の趣旨は、業務執行者かそうでないかによって異なる。会計参与、監査役、会計監査人については、とくに経営者からの独立性を確保するために、業務執行者に報酬の決定権限を与えないものとしている。

　以下では、報酬規制の対象となる報酬の意義（2）、具体的な報酬の決定方法及び開示（3・4）について述べたうえで、報酬規制について特に問題となる事項（5）について述べていくものとする。

2　役員報酬の意義

　上記の報酬規制の趣旨が妥当する報酬とは何か。役員報酬もその形態が多様化してきており、報酬規制を受ける範囲が問題となるが、会社法上、取締役が受ける「報酬等」とは、その名目、支給形態、金銭・現物の別を問わず、職務執行の対価として会社から受ける財産上の利益のことをいう（会361条1項）。従来は利益処分の一部とされていたが、役員賞与も「報酬等」に含まれる。このほか、「報酬等」に含まれるかどうかが問題となるものとして、退職慰労金、使用人兼務取締役の使用人分給与、ストック・オプション等がある。

(1)　退職慰労金

　取締役退任後に支給される退職慰労金については、取締役の在職中におけ

る職務執行の対価として報酬の後払い的性質を有する限りにおいて報酬規制
の趣旨が妥当する。具体的な金額の決定に退職慰労金を受ける者は参加しな
いため、お手盛りの弊害が直接的には生じないが、残存する取締役との関係
に鑑みれば、これに準じた弊害が生じ得ることから、「報酬等」に含まれる
とするのが通説・判例（最二小判昭和39・12・11民集18巻10号2143頁〔会社法百選
「3版」61事件〕）である。

(2)　使用人分給与

いわゆる使用人兼務取締役の使用人分給与については、使用人の給与体系
が確立していればお手盛りの弊害は小さいといえる。したがって、この場
合、取締役報酬と使用人分給与の区分が明確であれば、使用人分給与につい
て報酬規制を及ぼす必要はない（最三小判昭和60・3・26判時1159号150頁）。ただ
し、取締役報酬を定める決議に際して使用人分を含まないことを明示してい
なければならない。使用人が受ける退職金についても同様である（大阪高判
昭和53・8・31日下民集29巻5-8号537頁）。なお指名委員会等設置会社における
使用人兼務執行役の使用人分給与については、とくに報酬委員会が決定する
ものとされている（会404条3項後段）。

(3)　ストック・オプション

ストック・オプションとは、取締役に自社の新株予約権（会2条21号・236
条1項）を事前に交付したものである（無償であることが多い）。自社の業績向
上により株価が上昇し、株価が権利行使価格を上回れば、付与された取締役
は新株予約権を行使し自社株を取得することでその差額（キャピタルゲイン）
を報酬として受け取ることができる。このようにストック・オプションは業
績連動型報酬（インセンティブ報酬）の一形態であり、取締役の職務執行の対
価として付与される限り報酬規制の対象となる。報酬としてのストック・オ
プションは、金銭以外の報酬であるとともに、その定め方により確定額の報
酬ないし不確定金額の報酬として報酬決議を要するのみならず、新株予約権
の発行手続にも服する（ただし、新株予約権の公正な評価額が職務執行の対価と釣合
いが取れている限り、たとえ無償で発行される場合であっても、当該新株予約権の付与は
「特に有利な条件」〔会238条3項1号・239条2項1号〕にはあたらない）。

なお、業績連動型報酬については、近時、オプションではなく株式そのも

のを報酬とするもの、すなわちパフォーマンス・シェア（Performance Share. 中長期的な業績目標の達成度に応じて交付される株式）やリストリクテッド・ストック（Restricted Stock. 一定期間の譲渡制限が付された株式）などの利用も検討されている。

3　役員報酬の決定方法

　報酬の具体的な決定方法については、大きく分けて、報酬委員会を有する指名委員会等設置会社とそれ以外の会社とで異なる。以下順に述べていく。

（1）　指名委員会等設置会社以外の会社

　先に述べたように、確定額の報酬等（会361条1項1号）、不確定金額の報酬（業績連動型報酬など）（同項2号）、金銭以外の報酬（現物の給付（低賃料による社宅の提供等）、退職年金の受給権の付与、保険金請求権（会社役員賠償責任〔D&O〕保険）の付与など）（同項3号）の3区分に応じ、それぞれ具体的金額、具体的算定方法、具体的内容について、定款にその具体的な内容を定めるか、または株主総会決議によって定めることを要する（会361条1項。報酬議案にかかる株主総会参考書類の記載事項については会施規82条参照。なお、不確定金額の報酬及び金銭以外の報酬について決議するときは、議案を提出した取締役に説明義務が課される。会361条4項）。実際には定款で定める例はなく、株主総会決議で決定する場合がほとんどである。なお、取締役の報酬がいったん株主総会で決議されたのであれば、改正・変更が無い限り毎年決議する必要はない（大阪地判昭和2・9・26新聞2762号6頁）。また判例は、会社法361条の趣旨を没却するような特段の事情がない限り、事後的に決議することも許されるとする（最三小判平成17・2・15判時1890号143頁）。

　株主総会決議が全くなされない場合でも、株主の全員かまたはそれと同視しうるだけの株主が、報酬の支払いにつき事実上同意しているような場合には、かかる支払いを適法と解する裁判例があるが、これについては後述する（5(1)）。

　確定額の報酬等の決定方法については、定款または株主総会決議で定めるのは取締役全員の報酬等の額を一括したその最高限度額でよく、各取締役の報酬の具体的配分については取締役会に一任することが認められている（前

掲最三小判昭和60・3・26)。各取締役の報酬をそれぞれ別個に決議すれば、その報酬額が公開されることとなるため、当事者において抵抗が強く、また少なくとも最高限度額が定められそれが守られるのであれば、お手盛り防止の趣旨は貫徹できるとして、このような取扱いが認められてきた。さらにまた、取締役会に委ねられた個人別の報酬額の決定をさらに取締役会決議により代表取締役等に一任することの是非について、判例（最二小判昭和31・10・5集民23号409頁）はこれを肯定する。確かに、上に述べたように最高限度額が定められている以上お手盛りの弊害は生じないが、取締役会により選定され、その監督を受けるべき代表取締役等の特定の取締役に一任することは認められないと解すべきであろう（少なくとも取締役全員の同意を要するとする説も有力である）。

　退職慰労金については、退職者が1人であればその金額が明らかとなってしまうため、株主総会決議では退職慰労金の総額ないし最高限度額を定めることすらせず、その決定を取締役会に一任するものとされてきた。このような取扱いについては、退職慰労金の支給基準を定めこれに従う旨の株主総会決議がなされていれば、一定の枠がはめられたものといえ、かかる決議を有効とするのが判例（前掲最二小判昭和39・12・11）である。支給基準の具体的内容について、下級審裁判例には、数値を代入すれば支給額が一意的に算出できる内容のものであることが必要であるとするとともに、かかる支給基準が存在し、株主に対して公開され周知のものであるか又は株主が容易に知り得るものであることに加え、その内容も含めて株主総会において株主に説明がなされるべきであると判示するものがある（東京地判昭和63・1・28判時1263号3頁）。現行法も、このような決定方法を前提として、支給基準の開示について株主総会参考書類（会301条1項・302条1項）の記載事項を省令で定めている（会社則82条2項）。

　ストック・オプションについては、上に述べたように、報酬規制に服するとともに、新株予約権の発行手続にも服することになる。したがって、公開会社でない会社では株主総会の特別決議、公開会社では取締役会決議（有利発行にあたるときは株主総会特別決議）を要することになる（会238条2項・240条1項）。

　なお、監査等委員会設置会社にあっては、監査等委員である取締役以外の取締役に関しては、その報酬内容につき監査等委員会が選定する監査等委員による意見陳述権（361条6項）が定められているほかは同様である。監査等委員である取締役については、それ以外の取締役と区別して報酬が決定され（同条2項）、その決定方法は次に述べる監査役等の報酬決定手続（会387条）と同様である。

　会計参与、監査役及び会計監査人の報酬については、その職務執行の適正を確保するため、経営者からの独立性を保障することを目的として、取締役とは異なる規制が設けられている。すなわち、会計参与及び監査役について、報酬等を定款または株主総会決議により定める点は変わりないが（会379条1項・387条1項）、2人以上ある場合で各人の報酬額が具体的に定められていないときは協議によってこれを定める（会379条2項・387条3項）ほか、報酬等について株主総会における意見陳述権も認められる（会379条3項・387条5項）。会計監査人の報酬等については、会社がこれを定めるが、報酬決定に際しては監査役の同意が必要である（会399条1項）。

(2)　指名委員会等設置会社

　指名委員会等設置会社においては、報酬委員会が設置されていることから、具体的な報酬金額も含めて、定款の定めや株主総会決議によらず報酬委員会の決定によることになる（会404条3項）。これは、指名委員会等設置会社にあっては、取締役は監督者であり、業務執行を行わないことからその報酬は比較的少額であり、取締役で構成される報酬委員会で決定してもお手盛りの弊害は小さいこと（むしろ監督対象である執行役からの独立性を確保する必要があること）、執行役の報酬については、まさにお手盛り防止の必要があることから、社外取締役が過半数を占める報酬委員会によって決定するものとされたのである。

　報酬委員会は、まず報酬方針を策定したうえで（会409条1項）、かかる方針に従って各種の報酬につき、取締役・執行役の個人別の内容を決定する（同条2項）。先に述べたように、使用人兼務執行役の使用人分報酬についても報酬委員会が決定する点（会404条3項後段）も、指名委員会等設置会社以外の会社とは異なる。

4　役員報酬の開示

公開会社においては、報酬額を社内取締役と社外取締役に区分して事業報告で開示し（会435条2項、会施規119条2号・121条4号・5号・124条6号）、備置き及び閲覧に供されるとともに（会442条）、株主に提供される（会437条）。

さらに、金融商品取引法に基づき有価証券報告書（金商24条1項）の提出が義務付けられる会社は、同報告書に役員区分ごとの報酬総額と種類別の総額を記載するとともに、連結報酬総額が1億円を超える役員の氏名・役員区分・報酬額を個別に開示しなければならない。また報酬額及びその算定方法についての決定方針が存するときは、かかる方針の内容及び決定方法もあわせて開示しなければならない（開示府令15条1号イ、第2号様式第2部第4の6記載上の注意(57)）。

5　役員報酬をめぐる問題

(1)　定款規定または株主総会決議が存在しない場合

【設問】では、株主総会決議がされないまま、支配株主でもある代表取締役Aの決定に基づき、長年にわたって役員報酬が支給されているが、かかる支給は適法か。

比較的規模が小さく、閉鎖的な経営が行われている会社にあっては、役員報酬の支給が、剰余金の配当に代わる方法として、株主に対する利益分配として行われるケースが多い（いわゆる「隠れた剰余金の配当」である）。この場合、職務執行の対価ではなく、株主に対する利益配当の意味合いを有していることから、お手盛り防止の弊害は生じないとも考えられる（ただし、後述(2)の問題は生じ得る）。

この点につき、判例は原則として定款の規定か株主総会決議がない限り取締役は会社に対して具体的に報酬を請求できないとするが（前掲最二小判平成15・2・21。退職慰労金についても同様である。最二小判昭和56・5・11判時1009号124頁）、株主全員の同意があれば株主総会決議が無くとも報酬請求し得るとする（前掲最二小判平成15・2・21。一人株主の意思によって報酬決定がされた場合にこれを有効としたものとして東京地判平成3・12・26判時1435号134頁）。さらに下級審裁判例では株主全員の明確な同意がない場合でも、実質的にこれと同視し得る

事情（たとえば、従前から支配株主ないし代表取締役の決定に基づき報酬等が支給されており、他の取締役や株主も何らこれに異議を留めなかったなど）が存することで、取締役による報酬請求を肯定するものが散見される（東京高判平成7・5・25判タ892号236頁ほか）。最高裁も株主総会決議が無いままに退職慰労金が支給された事案において、会社からの不当利得返還請求につき、信義則に反し権利の濫用であるとしてこれを認めなかったが（最二小判平成21・12・28判時2068号151頁）、同判決は事案の特殊性に留意すべきであり、最高裁はあくまで株主総会の決議か株主全員の同意を要するとの立場を崩していないものと考えられる。

(2)　報酬の減額・不支給

　【設問】では、取締役Cがその役職を解かれ、非常勤となるとともに取締役報酬も無報酬とされている。また、退職慰労金についても、退職時の月額報酬額を基準として算定されることを理由として、一切支払われていない。かかる取扱いは適法か。

　取締役報酬に関しては、これまで述べてきたように取締役の高額報酬に対する抑止（いわゆるお手盛りの防止）が規制の主たる目的とされてきたが、我が国においてより問題となるのは、中小規模の閉鎖的な会社における、取締役報酬の一方的な減額ないし不支給である。中小企業においては、(1)で述べたように、役員報酬が株主に対する利益分配の機能を果たしている場合が多く見られる。剰余金の配当であれば、株主平等原則が妥当することから（会454条3項）、配当金が持株数に応じて比例的に支払われることで少数株主も保護される。しかしながら、取締役報酬の支払いについてはこのような制限がなく、あくまで株主の自治に委ねられることから、株主総会決議を通じて株主の意思が明確である以上、これを覆すことは難しい。現行の報酬規制があくまで会社財産の浪費防止の観点から、報酬額の上限を画する機能しか有していないためである。以下、問題となるケースをそれぞれ見ていくこととする。

　まず、取締役の任期中（報酬額決定後）にその報酬を株主総会決議（ないし取締役会決議）により減額することができるか。この点、一度決められた個別取締役の報酬額は、任用契約の内容として、会社・当該取締役の双方を拘束

するから、両当事者の合意がない限り、すなわち当該取締役が合意しない限り、会社側が一方的にこれを減額することはできないとするのが判例である（最二小判平成4・12・18民集46巻9号3006頁〔会社法百選［3版］62事件〕）。ただし、下級審裁判例の中には、役職に応じて報酬が定められており、任期中に役職の変更があった場合には変更後の役職に応じた報酬が支払われるとの慣行について、これを了知したうえで取締役に就任した者に対しては、当該報酬の変更につき黙示の同意があったとしてこれを有効としたものがある（東京地判平成2・4・20判時1350号138頁）。学説も、任期中の報酬額の変更には原則として取締役の同意を要すること、及び役職の変更に伴う報酬額の変更については黙示の同意があればこれを有効と解すべきことに肯定的なものが多い（ただし、黙示の同意の存在は簡単に認められるべきものではないとする見解もある。江頭455頁）。

　次に、任期途中ではなく新任（または再任）取締役の報酬が定められる場合で、①株主総会レベルにおいて報酬決議が無いかまたは無報酬ないし不当に低額の報酬決議がされた場合（これには退任取締役に対する退職慰労金の支給決議のケースも含まれるほか、退職慰労金支給議案が株主総会に提出されない場合〔【設問】のように、株主総会自体が開催されない場合を含む〕も考えられる）、②株主総会において取締役報酬の最高限度額が定められ、具体的な配分が取締役会に一任されている場合（代表取締役に再一任される場合を含む）に、取締役会（又は代表取締役）により、個別取締役に対して無報酬ないし不当に低額の報酬決定が行われた場合とが考えられる。

　①については、退職慰労金支給決議について、あくまで株主の自治に委ねられている以上、株主総会決議が尊重されるべきであり、退職慰労金の支給を望む取締役は、定款に算定基準を盛り込むことを要求し、かつ定款変更を阻止し得るだけの株式を保有すべきとする下級審裁判例がある（東京地判平成19・6・14金判1271号53頁）。②については、株主総会の一任決議の内容に反するような決議をすれば問題となるが、一任された以上、具体的な報酬額の決定は取締役会に委ねられたものと考えざるを得ないであろう（ただしこのような場合、各取締役は報酬額の決定につき善管注意義務及び忠実義務を負い、不相当な額の決定はこれら義務に違反するとする見解がある。再一任のケースにつき、東京高判平成

30・9・26金判1556号59頁参照）。退職慰労金の場合は、明確な支給基準が存在しこれによって支給する旨の総会決議となるはずであるから、これに従わない支給決議（ないし決議そのものの懈怠）は違法性を帯びるものと考えられる。

【例題1】　甲、乙及び丙株式会社（いずれも株式会社の監査等に関する商法の特例に関する法律上の委員会等設置会社ではない。）が定時株主総会において普通決議の方法でした次の各決議について、商法上どのような問題があるか論ぜよ。

　1　甲社では、「本総会終結時に退任する取締役A及び監査役Bに対し当社の退職慰労金支給規程に従って退職慰労金を支給することとし、その具体的な金額、支給時期及び方法の決定は取締役会に一任する。」と決議した。

　2　乙社では、1年前の定時株主総会で任期2年、月額報酬70万円として選任されていたC専務取締役について、取締役会決議によりその職務内容が非常勤取締役に変更されたため、「Cの月額報酬を7万円に変更する。」と決議した。

　3　丙社では、「取締役にストック・オプションとして行使価額の総額を10億円とし、目的たる株式を普通株式合計10万株とする新株予約権を付与することとし、その具体的な発行時期及び方法の決定は取締役会に一任する。」と決議した。

《平成17年旧司法試験商法第1問改題》

【例題2】　乙株式会社（以下「乙会社」という。）は、監査役会設置会社であり、種類株式発行会社ではない。乙会社の取締役の報酬等に関する下記の問いに答えなさい。なお、取締役の報酬等の決定について定款に別段の定めはないものとする。

　問1　乙会社では、定款の定めを変更せずに、各取締役に報酬等としての新株予約権（いわゆるストック・オプション）を付与したいと考えている。このような報酬等としての新株予約権の付与に関する会社法上の決定手続について、規制の趣旨及び決定すべき事項を明らかにしながら説明しなさい。ただし、その発行する募集新株予約権の募集事項の決定手続については、説明する必要はない。

　問2　乙会社の取締役Aが退任することになったため、株主総会において、Aに支給する退職慰労金について、その金額、支給時期及び支給方法を乙会社が定めた役員退職慰労金支給規程に従って決定することを取締役会に一任する旨の決議（以下「本件一任決議」という。）がなされた。当該役員退職慰労金支給規程は、本店に備え置かれている。なお、乙会社は、株主総会参考書類

を交付する義務はなく、任意にも交付していない。

本件一任決議の効力について論じなさい。

《平成25年公認会計士試験論文式企業法第2問》

【例題3】　1　甲株式会社（以下「甲社」という。）は、取締役会及び監査役を置いている。甲社の定款には取締役は3名以上とする旨の定めがあるところ、A、Bほか4名の計6名が取締役として選任され、Aが代表取締役社長として、Bが代表取締役専務として、それぞれ選定されている。また、甲社の定款には、取締役の任期を選任後10年以内に終了する事業年度のうち最終のものに関する定時株主総会の終結の時までとする旨の定めがある。甲社の監査役は、1名である。甲社は種類株式発行会社ではなく、その定款には、譲渡による甲社の株式の取得について取締役会の承認を要する旨の定めがある。甲社の発行済株式及び総株主の議決権のいずれも、25％はAが、20％はBが、それぞれ保有している。

2　甲社は建設業を営んでいたが、甲社においては、Aが事業の拡大のために海外展開を行う旨を主張する一方で、Bが事業の海外展開を行うリスクを懸念し、Aの主張に反対しており、AとBが次第に対立を深めていった。Aは、事業の海外展開を行うために必要かつ十分な調査を行い、その調査結果に基づき、事業の海外展開を行うリスクも適切に評価して、取締役会において、事業の拡大のために海外展開を行う旨の議案を提出した。この議案については、Bが反対したものの、賛成多数により可決された。

甲社はこの取締役会の決定に基づき事業の海外展開をしたが、この海外事業は売上げが伸びずに低迷し、甲社は3年余りでこの海外事業から撤退した。

3　この間にAと更に対立を深めていたBは、取締役会においてAを代表取締役から解職することを企て、Aには内密に、Aの解職に賛成するように他の取締役に根回しをし、Bを含めてAの解職に賛成する取締役を3名確保することができた。甲社の取締役会を招集する取締役については定款及び取締役会のいずれでも定められていなかったことから、Bは、Aの海外出張中を見計らって臨時取締役会を開催し、Aを代表取締役から解職する旨の議案を提出することとした。

4　Bは、Aが海外出張に出発したことから、臨時取締役会の日の1週間前にAを除く各取締役及び監査役に対して取締役会の招集通知を発した。この招集通知には、取締役会の日時及び場所については記載されていたが、取締役会の目的である事項については記載されていなかった。

Aの海外出張中に、Aを除く各取締役及び監査役が出席し、臨時取締役会が開催された。Bは、この臨時取締役会において、議長に選任され、Aを代表取締役から解職する旨の議案を提出した。この議案については、賛成3名、反対2名の

　賛成多数により可決された。

　5　Aが、海外出張から帰国し、Aを代表取締役から解職する旨の臨時取締役会の決議の効力を強硬に争っていたところ、臨時取締役会の決議においてAの解職に反対した取締役のうちの一人が、甲社の内紛に嫌気がさし、取締役を辞任した。そこで、Bは、各取締役及び監査役の全員が出席する定例取締役会であっても、Aの解職の決議をすることができる状況にあると考え、解職を争っていたAを含む各取締役及び監査役の全員が出席した定例取締役会において、念のため、再度、Aを代表取締役から解職する旨の議案を提出した。この議案については、賛成多数により可決された。また、甲社においては、取締役の報酬等の額について、株主総会の決議によって定められた報酬等の総額の最高限度額の範囲内で、取締役会の決議によって役職ごとに一定額が定められ、これに従った運用がされていた。この運用に従えば、Aの報酬の額は、月額50万円となるところ、Bは、この定例取締役会において、Aの解職に関する議案に続けて、解職されたAの報酬の額を従前の代表取締役としての月額150万円から月額20万円に減額する旨の議案も提出した。この議案についても、賛成多数により可決された。この定例取締役会において、BがAの後任の代表取締役社長として選定された。

　問　Aの報酬の額を減額する旨の上記5の定例取締役会の決議の後、Aは、甲社に対し、月額幾らの報酬を請求することができるかについて、論じなさい。
　　　なお、Aが代表取締役から解職されたことを前提とする。

《平成28年司法試験民事系第2問抜粋》

（きくた・ひでお）

20 取締役の競業避止義務

南 健悟

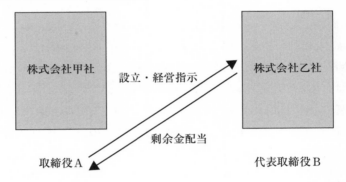

東京都・和菓子製造販売業
（北海道にて土産用和菓子製造販売を企図）

北海道・土産用洋菓子製造販売業

株式会社甲社

設立・経営指示

株式会社乙社

剰余金配当

取締役A

代表取締役B

【設 問】

　取締役会設置会社である株式会社甲社は、東京都において和菓子の製造および販売業を営んでいる。甲社取締役Aが、北海道において土産物用洋菓子の製造および販売業を営む株式会社乙社の設立を企画した。そこで、Aは乙社の全株式を保有しつつ、知人Bを代表取締役に就任させた。しかし、実際には、乙社は、Aの指示に従い経営され北海道における土産物用洋菓子の製造および販売業により乙社は500万円の営業利益を得て、その多くはAへと配当されていた。

(1) 甲社は、北海道において土産用和菓子の販売を計画しており、調査費用等を既に支出し、近い将来、事業を開始する予定だった。このとき、甲社において何らかの手続を踏まなければならないか。

(2) 甲社はAに対して損害賠償請求することができるか。

1　問題の所在

　取締役は、自己または第三者のために会社の事業の部類に属する取引（競業取引）をしようとするときには、取締役会非設置会社の場合には株主総会において、取締役会設置会社の場合には取締役会において、当該取引につき重要な事実を開示し、その承認を受けなければならない（会356条1項1号、365条1項。なお、取締役会非設置会社における株主総会の承認は普通決議によってなされる〔会309条1項〕）。また、取締役会設置会社の場合には、競業取引をした取締役は、当該取引後、遅滞なく、当該取引についての重要な事実を取締役会に報告しなければならない（会365条2項）。なお、支配人の場合には、競業取引のほか、自ら営業をすること、他の会社その他の商人の使用人となること、および他の会社の取締役、執行役もしくは業務執行社員となることが制限されているが（会12条1項各号）、これらは忠実義務のほか、職務専念義務に基づくものである。

　そして、取締役が会社の承認を得ずに競業し、それによって会社に損害を与えた場合は、取締役の任務懈怠責任（会423条1項）が生じ、さらに競業取引によって取締役や第三者が得た利益の額が、損害の額と推定される（同2項）。なお、後述するように、事前に承認を得た場合でも、競業によって会社に損害を与えた場合も、損害額の推定規定は適用されないものの、取締役の任務懈怠責任が生じ得る。

　そうすると、今回の設問において、(1)甲社取締役Aが乙社を設立し、乙社が行った取引が、会社法356条1項1号にいう競業取引に該当し、取締役会への重要な事実の開示と、取締役会での承認を受けなければならないのか、加えて、(2)もし、今回の設問における取引が競業取引にあたるとされ、甲社に損害を生じさせた場合、Aは甲社に対する任務懈怠責任（会423条1項）を

負うのか、負うとするのであれば、賠償すべき損害額（会423条2項参照）がいくらになるかが問題となる。

2　競業取引規制の趣旨と沿革

(1)　競業取引規制の趣旨

　会社法356条1項1号における競業取引規制の趣旨は、取締役は、会社の業務執行またはその決定に関与することから、会社のノウハウ、顧客その他の会社に関する内部情報を知りまたは入手しやすい地位にあり、このような立場にある取締役が、会社と競争する取引に従事するときには、本来会社の事業のために用いられるべき情報や取引関係等が、取締役の行う競争的事業のために利用されるおそれが大きいことが挙げられる（コンメ(8)61頁〔北村雅史〕、伊藤ほか223頁〔伊藤靖史〕。龍田＝前田87頁は、単に秘密を知るだけでなく、取締役は本来の職務である会社の業務執行が個人的利益の影響を受ける点をとらえ、特別の規制を加えたものと述べる）。もっとも、会社の内部情報の不正流用は監査役や会計参与にも認められるにもかかわらず、監査役や会計参与には競業避止義務が法定されていないことから、会社法356条1項1号の趣旨につき、業務執行機関を構成する取締役に会社の事業の部類に属する取引機会を会社に提供することを義務付けるものであると理解する見解もあるが（森本滋『会社法［第2版］』〔1995年、有信堂高文社〕239〜240頁）、そのような取引機会の会社への提供は、競業取引の承認手続の付随的結果に過ぎないと指摘されている（北村雅史『取締役の競業避止義務』〔2000年、有斐閣〕99頁）。

　取締役と会社とは委任関係であることから（会330条）、取締役は会社に対して善良な管理者の注意義務を負うとされ（民644条）、また、会社のため忠実に職務を行わなければならない義務を負うことから（会355条）、取締役は、会社と利益が衝突する立場に置かれたときに、会社の利益を害することが許されない（大系(3)209頁〔川畑正文〕参照）。そのため、取締役の競業避止義務はこのような忠実義務から派生するものあるいは具体化するものであるとの見解がみられる（コンメ(8)62頁〔北村〕参照）。なお、会社法356条1項1号にいう競業取引には該当しないけれども、一般条項である忠実義務に基づき取締役等の一定の競争的行為が規律されることは広く認められており、同号の競業

取引と忠実義務から導かれる競業避止義務とは、その範囲や効果が一致する
わけではないことから、基本的には同号の定める競業避止義務と忠実義務に
基づく競業避止義務とは理論的に区別されるとする見解もみられる（神作裕
之「取締役・執行役の競業避止義務に違反する場合」会社争点140頁）。

(2)　競業取引規制の沿革

　もともと明治32（1899）年商法においては、株主総会の認許があれば競業
取引をなし得るとされていた。しかし、昭和25（1950）年の改正により、株
主保護の強化のため、株主総会において重要な事実を開示し、発行済み株式
総数の3分の2以上の多数により認許を受けた場合に限って競業取引をなし
得るとした（昭和25年改正商264条）。なお、その際、認許を得ればたとえ競業
取引によって会社に損害を与えても当該取締役は責任を負わないと解されて
いた。ところが、取締役を関連会社の代表取締役として派遣するような場合
に、決議要件を満たすこと自体困難な上、かりにそれが可能だとしても機動
的な派遣等が妨げられてしまうという実務界の要望にこたえ、昭和56（1981）
年商法改正により、競業取引につき重要な事実を開示し、取締役会の承認を
得ればよいこととされた（神作裕之「取締役の競業避止義務の免除」学習院大学法学
部研究紀要26号〔1991年〕188頁）。また、平成17（2005）年改正前商法において
は、取締役が競業取引規制に違反して自己のために取引をしたときは、取締
役会はこれを会社のためになしたものとみなすことができる旨の介入権に関
する規定を置いていた（平成17年改正前商264条3項）。これは、取締役会の決議
による会社の一方的な意思表示に基づき、取締役が競業取引規制に違反して
自己のために競業行為を会社のためになしたものとみなす会社の権利である
（注釈(6)221頁〔本間輝雄〕）。しかし、介入権は、取締役が自己のために行った
場合に行使できるにすぎず（「第三者」のために行われ場合には介入権の行使ができ
なかった）、その効力も債権的なものにとどまると解され、その効果には限界
があり、また取締役の会社に対する競業避止義務違反の責任については、既
に損害額の推定規定が存していたことから（平成17年改正前商法266条4項）、介
入権を廃止し、損害額推定規定でカバーすることとなった（コンメ(8)75頁〔北
村〕、相澤・一問一答120頁）。

3　競業取引規制の適用範囲

　今回の設問に即していえば、東京都にある甲社の取締役Ａが乙社に出資し、乙社代表取締役Ｂに対して経営等の指示しながら、北海道における土産用洋菓子の製造および販売業を営んでいる場合に、それらの行為が、①「（甲社の）事業の部類に属する取引」を、②「自己又は第三者のために」しようとしたといえるか、そして、これらの行為について、取締役会に、③「重要な事実を開示」し、承認を得なければならないかが問題となる。

(1)　「事業の部類に属する取引（競業取引）」の意味

　「会社の事業の部類に属する取引」とは、会社が実際に行っている取引と目的物（商品・役務の種類）および市場（地域・流通段階等）が競合する取引である（江頭439頁）。また、これには事業に附帯する取引も含まれる（木工品の製作業を営む会社において、その資材原料の立木等の買入をする取引は、その附帯する取引に含むとした最二小判昭和24・6・4民集3巻7号235頁参照）。会社の事業の部類に属するかどうかの判断は、会社が実際に事業の目的として行っている取引を基準として判断される（コンメ(8)67頁〔北村〕。なお、これに対して、会社が現実に行っていない定款所定の目的事業も「事業の部類」に属すると解する見解として、森本滋「取締役の競業避止義務の立法論的検討」法学論叢106巻1号〔1979年〕7頁）。したがって、会社の定款所定の事業目的に該当する取引でもって判断するのではなく、会社が現に行っている取引を基準とすべきであり、定款所定の事業でも、会社がまったく行っていない事業に属する取引については含まれないと解される（江頭439頁）。会社の現在の事業区域と異なる地域における取引であっても、会社の営業の性質・内容、事業方針などからみて、その地域への会社の進出が合理的に予測されるような場合も競業取引に含み得る（東京地判昭和56・3・26判時1015号27頁、大隅＝今井(中)226頁、渋谷光子「取締役の競業避止義務」鈴木竹雄＝大隅健一郎監修／上柳克郎ほか編『会社法演習』〔1983年、有斐閣〕133頁）。また、例えば、別の製品の製造および販売事業を営んでいたとしても、その製品と類似の製品を製造および販売するような場合も含み得る。とりわけ、今回の設問のように、土産物用「和菓子」の製造および販売に係る取引と、土産物用「洋菓子」の製造および販売に係る取引であれば、市場が競合する可能性がないとはいえないであろう（コンメ(8)67頁〔北村〕参照）。

⑵　「自己又は第三者のために」取引をしようとしているとき

　「自己又は第三者のために」の意義につき、自己または第三者の名におい
て取引をしたものか（名義説）、それとも自己または第三者の計算において取
引をしたものか（計算説）との対立がある。この点、会社法上、「ために」と
「計算において」（会120条１項参照）とは区別して用いられていることから、
後者の見解に与する立場もある（相澤ほか324頁）。他方で、確かに、会社法上、
「ために」と「計算において」とが区別されているが、従前も条文の趣旨等
から条文ごとの解釈論が展開されており、また、名義説によれば、会社の知
名度を利用し取締役・第三者の計算で行う行為を規制できないことから、計
算説に与する立場も少なくない（江頭439頁、東京地方裁判所商事研究会編『類型別
会社訴訟Ⅰ［第３版］』〔2011年、判例タイムズ社〕229頁、大阪高判平成２・７・18判時
1378号113頁）。しかし、取締役が会社のためでなく、会社の事業の部類に属
する取引を行うとすれば、①自己の名で自己の計算で、②自己の名で第三者
の計算で、③第三者の名で自己の計算で、④第三者の名で第三者の計算での
いずれかとなるが、名義説・計算説のどちらによっても、会社法356条１項
１号の規制範囲に含まれる（コンメ⑻68頁〔北村〕）。また、実際、自己または
第三者の計算において、会社の名義で取引をした場合には、計算説によれば
競業取引に該当するが、名義説によってもこのような行為について不当利得
等によって救済を図ることができるとも指摘されている（髙橋ほか192頁〔髙橋
美加〕）。したがって、従前からも競業取引の範囲自体はいずれの説を採用し
ても著しい相違は認められないと指摘されていた（注釈⑹211頁〔本間〕）。平成
17年商法改正前においては専ら取締役が「自己ノ為ニ」競業取引をした場合
にのみ介入権の行使を認めていたこととの関係で議論されていたことに鑑み
れば、いずれの立場に与しても、介入権を廃止した会社法の下では、結論に
大きな影響を及ぼすわけではないようにも思える。ただし、誰のために取引
をしているのかによって、損害額の推定規定との関係で違いが生じ得ること
については注意が必要である。

　ところで、今回の設問では、取締役Ａは乙社を代表して取引をしているわ
けではない。このような場合には、Ａを乙社の事実上の主宰者として捉えた
上で、乙社のために取引をしたものと解することができる（前掲東京地判昭和

56・3・26）。他にも例えば、名目的には競業会社の代表取締役ではないものの、競業会社の過半数の株式を保有し、経営を現実に指揮していたなどの事情がある場合（前掲東京地判昭和56・3・26）、競業会社の過半数の株式を保有していなくとも、取締役が会社の部下を競業会社の代表取締役等に就任させ、事実上、その取締役に逆らうことができない状況であった場合（前掲大阪高判平成2・7・18）、そして、競業会社へはまったく出資していなくとも、競業会社に運転資金の多くを貸し付け、競業会社の重要な取引を担当し、取締役の自宅を競業会社の事務所としていたなどの事情がある場合（名古屋高判平成20・4・17金判1325号47頁）等であれば事実上の主宰者とみることができるものと解される。

(3)　重要事実の開示と承認の手続

取締役会非設置会社の場合には株主総会において、取締役会設置会社の場合には取締役会において、競業取引を行おうとする取締役は重要な事実を開示し、承認を得なければならない。さらに、取締役会設置会社の場合においては、競業取引をした取締役は、取引後遅滞なく当該取引について重要な事実を取締役会に報告しなければならない（会365条2項）。なお、報告を懈怠した場合には、100万円以下の過料に処せられる（会976条23号）。ここで問題となるのは、「重要な事実」の範囲である。承認の前提となる重要事実の開示は、株主総会または取締役会が承認をすべきか否かを判断するための資料を提供するために行われることから、具体的には、取引の相手方、取引の種類、目的物、数量、価格、履行期、取引の期間が挙げられる（コンメ⑻73頁〔北村〕）。株主総会において承認を得る場合には、株主からの質問があれば、説明をしなければならない（会314条）。また、取締役会にて取引の承認に係る決議を行う場合には、競業取引を行う取締役は特別利害関係人に該当し、決議に参加することはできない（会369条2項）。

承認の対象は、個々の取引行為であることから、取締役が競業会社の代表取締役等に就任する場合については、基本的には株主総会または取締役会における承認は不要であり、競業会社が取引をするたびに承認を受けることになる。しかし、実務上、競業会社が行う取引行為のたびに株主総会または取締役会の承認を受けるとすれば、円滑な任務の遂行が不可能になることか

ら、競業会社の代表取締役等になる場合には、包括的な承認を受けるのが通例とされる（江頭439頁、注釈(6)213頁〔本間〕）。ただし、競業会社が会社の完全子会社または完全親会社である場合には、利害対立のおそれがないことから、承認を得なくともよいとされる（大阪地判昭和58・5・1判タ502号189頁）。なお、公開会社において、競業会社の代表取締役を兼ねることが重要な兼職に該当する場合には、事業報告の附属明細書にその旨を付記しなければならない（会435条2項、会施規128条2項）。

　株主総会または取締役会における承認は事後承認でもよいかも問題となる。競業取引については後述するように株主総会または取締役会の承認がなくとも取引自体は有効と解されており、専ら事後承認の効果は損害額の推定規定を破るか否かという点で問題となる。形式的には、会社法356条1項1号は「取引をしようとするとき」に承認が求められ、また会社法365条2項では取引後の報告について定められていること、また、実質的にも事後的に株主総会や取締役会は重要事実を開示されても会社自体が当該取引を行う可能性を考慮することができず、事前の開示・承認とは状況が大きく異なることに鑑みれば、損害額の推定（会423条2項）は破られず、また解任の正当事由（会339条2項）も消滅しないと考えられる（コンメ(8)74頁〔北村〕）。

4　競業取引規制違反の効果

(1)　取引の効力

　競業取引規制に違反してなされた取引は、取引自体は有効であって、たとえ相手方がその取引について株主総会または取締役会の承認を受けていないことを知っていたとしても同様である。競業取引は取締役と第三者との間でなされることから、取引を無効としても直接的には会社の救済にならず、他方、取引の安全も図らなければならないからである（青竹正一『新会社法〔第4版〕』〔2015年、信山社〕288頁）。

(2)　損害賠償責任

　競業取引規制に違反して、株主総会または取締役会の承認を受けずに、競業取引によって会社に損害を生じさせた場合には、取締役は法令違反行為により（会355条）、任務懈怠に基づく損害賠償責任を負う（会423条1項）。そし

て、当該取引によって取締役または第三者が得た利益の額は、会社の損害と推定される（会423条2項）。なお、株主総会または取締役会の承認を得た上で、取締役が競業取引を行い、会社に損害を生じさせた場合も責任を負い得るとされる。なぜならば、取締役会決議は当然のこと、株主総会の普通決議による承認にも取締役を免責する機能がないからである（コンメ(8)76頁〔北村〕。なお、取締役の任務懈怠責任は総株主の同意がなければ免除することができない〔会424条〕）。

　競業取引規制違反により、取締役が競業取引を行い、会社に対して損害を生じさせた場合には、競業取引により会社が被った損害額を立証することは難しいことから、立証責任を軽減し、会社の救済を容易にするために損害額の推定規定が設けられているが、ここにいう損害をどのように捉えるかが問題となる。今回の設問に即していえば、例えば、乙社が得た利益に着目するのであれば、乙社が得た利益を損害額として推定することになるであろうし、他方で、取締役Aのために競業取引が行われたといえるのであれば、Aが得た利益を損害額として推定されうる。なお、会社法423条2項は推定規定であることから、取締役は、会社が実際に被った損害額を証明して、推定額を覆すことは可能である。

【例題1】　東京都においてホテル業を営む株式会社甲社（公開会社・取締役会設置会社）の取締役Aは、東京都において旅館業を営む株式会社乙社の代表取締役Bから、同社の経営指導の依頼を受けた。そこで、Aは乙社の相談役に就任し、Bに対して具体的な経営指導を行った結果、乙社の営業利益は1,000万円となった。なお、BはAに対して相談役の報酬として1,100万円を支払っていた。
　(1)　その場合に、Aが乙社の相談役に就任するにあたって甲社において、何らかの手続を行わなければならないか。
　(2)　甲社がAに対して損害賠償を求める場合、その損害額はいくらだと推定されるか。

【例題2】　東京都において広告業を営む株式会社甲社（公開会社・取締役会設置会社）の取締役Aは、同社の代表取締役Bとの経営方針の違いから対立していた。そこで、取締役Aは、自身の考える広告業を目指すべく、取締役在任中に、広告業を営む株式会社乙社を設立した。その後、Aは甲社取締役を退任し、乙社にお

いて広告業を開始した。

 (1) 甲社は、Aに対して何らかの責任を追及することができるか。

 (2) 甲社取締役退任直前に、Aは部下数名を退職させ、乙社に引き抜いた。このとき、Aは甲社に対して何らかの責任を負うか。

《参考裁判例》大阪地判平成14・1・31金判1161号37頁、前橋地判平成7・3・14判時1532号135頁

（みなみ・けんご）

21　取締役の利益相反取引

藤 林　大 地

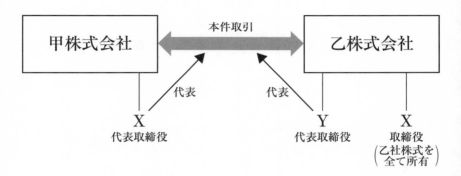

【設　問】

　Ｘは、建設機械の製造を目的とする甲株式会社（取締役会設置会社）の代表取締役であった。またＸは、農業用機械の製造を目的とする乙株式会社の取締役でもあり、同社の株式の全てを有していた。

　甲社は工場の建設用地を探していたところ、乙社の所有する土地（本件土地）が適していることが分かったため、購入を打診することにした。Ｘは、経験を有する不動産鑑定士に本件土地の鑑定を依頼し、10億円の価値を有する旨の鑑定意見を得た。甲社の取締役会は、本件土地を乙社から10億円で購入するという取引（本件取引）について審議を行い、重要な事実の開示を受けた上で、その実行を承認することを決議した。そして、乙社も本件取引に合意し、売買契約（本件契約）が締結された。本件契約は、甲社についてはＸが代表し、乙社については同社の代表取締役であるＹが代表して締結された。

　その後、不動産鑑定士の鑑定意見に重大な誤りがあり、本件土地は５億円の価値しか有していなかったことが明らかになった。

　Ｘは、甲社に対して損害賠償責任を負うであろうか。

1　問題の所在

「取締役が自己又は第三者のために株式会社と取引をしようとするとき」（直接取引）、または「株式会社が取締役の債務を保証することその他取締役以外の者との間において株式会社と当該取締役との利益が相反する取引をしようとするとき」（間接取引）は、当該取引に関する重要な事実の開示を行った上で、取締役会設置会社では取締役会の承認を受けなければならない（会356条1項2号・3号、365条1項。以下では、直接取引と間接取引を併せて「利益相反取引」と呼ぶ）。利益相反取引は株式会社の犠牲のもとに取締役または第三者が利益を得る可能性が高い類型の取引であるため、取締役会の監督に服させる趣旨の規律である。

また、取締役に慎重な判断を促すため、①会社法356条1項の取締役（直接取引における相手方の取締役もしくは第三者を代理・代表した取締役または間接取引において株式会社と利益が相反する取締役）、②株式会社を代理・代表し利益相反取引を行うことを決定した取締役、③利益相反取引に関する取締役会の承認決議に賛成した取締役は、利益相反取引によって株式会社に損害が生じたときは、任務を怠ったものと推定される（会423条3項）。さらに、株式会社の損害において利益を得た取締役がそれを保持するのは不合理であるため、「自己のためにする直接取引」を行った取締役は、任務懈怠が当該取締役の「責めに帰することができない事由によるものであること」（帰責事由の不存在）を立証しても責任を免れないものとされている（会428条1項）。

このように、ある取引が「直接取引」または「間接取引」に該当する場合には取締役会の承認や任務懈怠の推定のルールが適用され、さらに「自己のためにする直接取引」を行った取締役は帰責事由が無い場合でも責任を負うことになる。したがって、「直接取引」や「間接取引」の意義、さらには「自己のためにする直接取引」の意義が問題となる。また、利益相反取引に

おける「任務懈怠」や「帰責事由」の意義についても検討が必要となる。

　本件取引の当事者は甲社と乙社であり、またＸは乙社を代理・代表していないが、本件取引は直接取引や間接取引に該当するのだろうか（直接取引に該当する場合、自己のためにする直接取引に該当するのかも問題となる）。また、Ｘは、経験を有する不動産鑑定士の鑑定意見を得ており、そして取締役会の承認を得て本件契約を締結しているが、任務懈怠が認められるだろうか。

2　利益相反取引の該当性

(1)　直接取引の意義

1)　序　　論

　直接取引の意義に関する議論は難解であるが、その原因の一つは、「自己又は第三者のために」という文言の意義の解釈（名義説・計算説）と「取締役が株式会社と取引を行う」という文言の意義の解釈（形式説・実質説）という二つの問題が併存していることにあると思われる。そこで本解説では、これら二つの問題を区別した上で簡単な整理を行う（詳細については、髙橋美加「『自己のためにする』直接取引——利益相反規制の変遷と解釈のゆれ」飯田秀総ほか編『商事法の新しい礎石』〔2014年、有斐閣〕227頁、235-240頁、244-246頁参照）。

　なお、本解説について留意されたい点として、第一に、本解説では、取締役と株式会社の利益相反の可能性を実質的に検討して「直接取引」として規制を及ぼすために「取締役が株式会社と取引を行う」という文言の意義について柔軟な解釈を行う見解の総称として、「実質説」という名称を用いている。

　第二に、直接取引の意義に関する議論においては、「自己又は第三者のために」という文言の意義の解釈と「取締役が株式会社と取引を行う」という文言の意義の解釈という二つの問題が明確には区別されずに論じられることがあり、例えば、本解説の整理によれば「計算説＋実質説」と位置付けられる見解が、単に「計算説」として言及されることがある。本解説では上記の二つの問題を区別しており、この点で、本解説における「名義説」および「計算説」は、それぞれ「厳格な名義説」および「最も狭義の計算説」とも呼ばれている（髙橋・前掲「『自己のためにする』直接取引」239-240頁参照）。

2)　名義説・計算説

直接取引とは、「自己又は第三者のために」、「取締役が株式会社と取引を行う」ことをいう。

「のために」という文言の意義について、通説とされる名義説は、取引の法律上の当事者（権利義務の帰属）を問題としていると解する（たとえば、大隅＝今井（中）238頁、龍田＝前田81頁、江頭443頁）。すなわち、(a)取締役本人が取引の相手方となる場合を、「自己のために」取締役が株式会社と取引を行う場合と、(b)取締役が相手方である第三者を代理・代表して当該第三者の名義で取引を行う場合を、「第三者のために」取締役が株式会社と取引を行う場合と解する。名義説は、形式を基準とするため「自己のためにする」直接取引の範囲が明確となる点や、会社法が「ために」と「計算において」という文言を使い分けていること（会120条1項参照）と整合的である点で利点を有する。

他方、経済的利益の帰属を問題としていると解する計算説も有力である（たとえば、コンメ(8)81頁〔北村雅史〕、田中（亘）245頁、黒沼118頁）。計算説は、株式会社の利益保護の観点から、帰責事由が無くとも責任を負うことになる「自己のためにする」直接取引の範囲を広く捉えるために、直接取引において利益の帰属が認められる取締役について、「自己のために」直接取引を行ったものと把握しようとする見解である。

3)　形式説・実質説

自己または第三者のために「取締役が株式会社と取引を行う」のでなければ、「直接取引」には該当しない（コンメ(8)〔北村〕、田中（亘）245頁）。具体的には、①取締役本人が相手方となる取引、または、②取締役が相手方である第三者を代理・代表して行う取引でなければ、直接取引とはならない。

なお、「直接取引」に該当する取引の範囲は、名義説と計算説のいずれを採る場合でも同じである。名義説と計算説の相違は、「自己のためにする」直接取引と「第三者のためにする」直接取引を権利義務の帰属で区別するか、経済的利益の帰属で区別するかという点にあるからである（コンメ(8)81頁〔北村〕）。

「直接取引」に該当する取引の範囲は、「取締役が株式会社と取引を行う」

という文言の意義を形式的に解釈するか（形式説）、柔軟に解釈するか（実質説）によって変わることになる。

　たとえば、Ａ社の取締役ＢがＣ社の取締役を兼任している場合におけるＡ社とＣ社の取引に際して、Ｃ社をＢ以外の者が代表するときは、形式説と実質説のいずれを採っても、上記の①にも②にも当たらず、直接取引には該当しない。

　しかし、(ｱ)ＢがＣ社の支配株主であるときやＣ社を代表した者の配偶者であるときなど、Ｃ社の意思決定について大きな影響力を有する場合については、Ｃ社を代表したのはＢであると考えるべきであるとする立場からは、上記の②として直接取引に該当することになる（実質説(a)。前田雅弘「取締役の自己取引——商法二六五条の適用範囲の再検討——」森本滋ほか編『企業の健全性確保と取締役の責任』〔1997年、有斐閣〕291頁、306頁、308頁参照）。

　また、(ｲ)Ｃ社の株式をＢが全て有しているときなど、ＢがＣ社と経済的に一体である場合については、Ａ社の取引相手はＢであると考えるべきであるとする立場からは、上記の①として直接取引に該当することになる（実質説(b)。大隅＝今井238頁、黒沼118頁参照）。

　他方、形式説を採る場合は、(ｱ)や(ｲ)の場合であっても、直接取引には該当しないことになる。

　なお、Ｄ社の取締役Ｅが代表取締役を務めるＦ社との取引において、Ｆ社をＥ以外の代表取締役が代表する場合でも、Ｄ社をＥが代表するときには、ＥがＦ社との取引交渉において不当に譲歩してＤ社の利益が害される可能性があるため、ＥはＤ社のみならずＦ社をも代表したとみるべきであり、直接取引と捉えるべきであるとする見解が有力に主張されている（江頭445頁注(2)、黒沼119頁）。この見解も、「取締役が株式会社と取引を行う」という文言の意義を柔軟に解釈したものと位置付けられるように思われる（黒沼119頁参照）。

　以上のように、「取締役が株式会社と取引を行う」という文言の意義について柔軟な解釈を行う場合には、「直接取引」の範囲は形式説を採る場合よりも広がることになる。

　名義説・計算説のいずれを採るかと形式説・実質的のいずれを採るかは、必ずしも連動するわけではない。ただし、会社法の規制の適用範囲の明確性

や会社法の文言を重視する立場からは、名義説＋形式説が支持されることになろう（久保田安彦『会社法の学び方』〔2018年、日本評論社〕66頁、髙橋ほか195頁〔髙橋美加〕参照）。なお、本解説の整理によれば、名古屋地判昭和58・2・18判時1079号99頁（甲社と乙社の取引において、甲社の取締役の地位を有しない者が乙社を代表したが、甲社の代表取締役Cは乙社の株式の全てを有していたという事案において、Cは自己の計算において甲社と取引を行ったものと評価すべきであると判示）は、計算説＋実質説(b)を採った裁判例と位置付けられることになる。

　形式説を採る場合には「直接取引」に該当する取引の範囲は狭くなるが、それによって直接取引に該当しないことになる株式会社と取締役の利益が相反する取引については、間接取引に該当しないかが問題となることになる（直接取引の意義に関して形式説を採る場合における間接取引の意義の解釈については、久保田・前掲『会社法の学び方』68-71頁、髙橋ほか196-199頁〔髙橋〕参照）。

4)　「自己のためにする」直接取引の意義——名義説・計算説——

　前述のように、名義説と計算説のいずれを採るかによって、会社法428条1項の適用範囲が変わることになる。具体的には、名義説を採る場合、㋐自己の名義で自己の計算で行う直接取引と、㋑自己の名義で第三者の計算で行う直接取引には同規定が適用されるが、㋒第三者の名義で自己の計算で行う直接取引には適用されないことになる。他方、計算説を採る場合、㋐と㋒には同規定が適用されるが、㋑には適用されないことになる。ただし、㋑は現実にはほとんど考えにくいと指摘されている。そうすると、名義説と計算説の実際上の相違は、㋒に会社法428条1項が適用されるか否かとなる（以上の記述は、久保田・前掲『会社法の学び方』74-75頁に負っている）。

　この点に関して、計算説の論者は、㋒にも会社法428条1項を適用すべきであるから、計算説が妥当であるとする。

　他方、名義説の論者は、㋒については、取締役は株式会社の損害に相当する利益を得ているため、会社法428条1項を類推適用することが十分に可能であると指摘している（久保田・前掲『会社法の学び方』76頁、髙橋ほか195頁〔髙橋〕）。

　そのような類推適用が認められるとすれば、「自己のためにする」直接取引の範囲について、名義説と計算説の相違は大きなものではないことになり

(④に会社法428条１項が適用されるか否かに限られる）、「直接取引」の意義をどのように理解するか（形式説と実質的のいずれを採るか）こそが重要な問題となることになる（なお、間接取引に関して、利益が取締役自身に帰属したと同視できる場合について会社法428条１項の類推適用を肯定する見解として、江頭476頁注(7)参照）。

(2)　間接取引の意義

間接取引とは、「株式会社が取締役以外の者との間で行う」、「株式会社と当該取締役との利益が相反する取引」をいう。会社法は、その例として、株式会社が取締役の債務を保証する場合を挙げている。株式会社が取締役の債務を引き受ける場合（最大判昭和43・12・25民集22巻13号3511頁）や、担保を提供する場合（東京地判昭和50・9・11金法785号36頁）も間接取引に該当することに争いはない。しかし、その他にどのような取引が「株式会社と当該取締役との利益が相反する取引」に該当するのかは必ずしも明らかではない。

この点に関しては、株式会社と第三者の間の取引であって外形的・客観的に株式会社の犠牲において取締役に利益が生じる行為が間接取引として規制の対象になるとするのが通説である（江頭446頁）。利益相反取引規制違反の取引の効力については相対的無効説が採られているが（前掲最大判昭和43・12・25）、間接取引の範囲が利益相反性を外形的・客観的に判断できる取引を超えて広がることになれば、取締役会の承認の要否が不明確となり、第三者は予期しない場合に悪意であった（または重過失があった）と主張されることになるためである（伊藤ほか221頁〔伊藤靖史〕）。

(3)　設問の検討

まず、本件取引が「直接取引」に該当するかが問題となる。すなわち、本件取引の当事者は甲社と乙社であり、また乙社を代表したのはＹであるため、「取締役が株式会社と取引を行う」場合に当たるかがまず問題となる。

この点に関して形式説を採る場合、本件取引は直接取引には当たらないことになり、「間接取引」に当たるかが問題となることになる。Ｘは乙社の株式を全て有しており、乙社はＸと経済的に一体であるため、本件取引には甲社とＸの利益相反関係を見出すことができる。この利益相反関係は外形的・客観的に明らかなものであるため、本件取引は間接取引に該当することになる。

　他方、実質説を採る場合、具体的には、実質説(a)を採るときには、Ｘは乙社の支配株主であるため、乙社を代表したのはＸであるとして直接取引に当たることになる。また、実質説(b)を採るときには、Ｘは乙社の株式を全て有しているため、甲社の取引の相手方はＸであるとして直接取引に当たることになる。

　実質説を採る場合には、次に、本件取引は「自己のためにする」直接取引に該当するのか、または「第三者のためにする」直接取引に該当するのかが問題となる。

　この点に関して名義説を採る場合には、権利義務の帰属が基準となるところ、本件取引による権利義務は乙社に帰属するため、「第三者のためにする」直接取引に該当することになる。他方、計算説を採る場合には、本件取引による経済的利益は乙社の全株式の所有を通じてＸに帰属するため、「自己のためにする」直接取引に該当することになる。

3　取締役の任務懈怠責任

(1)　任務懈怠責任の基本構造

　取締役は、任務を怠ったときは、株式会社に対して当該任務懈怠と因果関係のある損害を賠償する責任を負う（会423条１項）。株式会社と取締役の関係は委任に関する規定に従うため（会330条）、任務懈怠とは基本的には善管注意義務違反を意味する（民644条参照）。そして、取締役の株式会社に対する責任の性質は特殊の法定責任であるものの、民法415条と基本的に同様の解釈が妥当すると解されている（田中（亘）277頁、282頁）。したがって、任務懈怠責任を追及しようとする者は、取締役の任務懈怠を主張・立証することになる。

　他方、取締役は、任務懈怠について帰責事由（故意・過失）が存在しないことを主張・立証すれば、責任を免れることになる（会428条１項参照）。ただし、過失とは予見可能性を前提とした結果回避義務違反のことであるから、手段債務の不完全履行においては任務懈怠と過失は重なり合うことになる。そして、事業に関する意思決定や決定事項の執行、監視・監督などの取締役の職務は基本的には手段債務に属するところ、それらの職務については、善良な管理者の注意を尽くして遂行することが任務の内容となるため、任務懈怠と

過失は重なり合うことになる。任務懈怠は肯定されるが過失は否定されるのは、脅迫によって正常な判断が期待できなかった場合などに限られることになる。

なお、何らかの具体的法令に違反した場合には、直ちに任務懈怠が認められることになると理解されている（田中（亘）278頁）。したがって、取締役会の承認を得ずに利益相反取引を行うことは、会社法356条1項・365条1項違反として任務懈怠を構成する。

(2) 会社法423条3項による任務懈怠の推定

①会社法356条1項の取締役（直接取引における相手方の取締役もしくは第三者を代理・代表した取締役または間接取引において株式会社と利益が相反する取締役）、②株式会社を代理・代表し利益相反取引を行うことを決定した取締役、③利益相反取引に関する取締役会の承認決議に賛成した取締役は、取締役会の承認の有無にかかわらず、利益相反取引によって株式会社が損害を被った場合には、任務懈怠が推定される（会423条3項1号・2号）。

(3) 利益相反取引における任務懈怠・帰責事由の意義

利益相反取引における取締役の「任務」の内容は、解釈問題である。とりわけ、会社法428条1項は、「自己のためにする直接取引」を行った取締役について、利益を保持するのは不合理であるとして帰責事由の不存在の主張・立証による免責を否定しているが、当該取締役は会社法の文言上は任務懈怠の不存在を主張・立証すれば免責されるため、任務懈怠や帰責事由の意義をどのように解釈すれば妥当な結論を導けるかが問題となる。

この点に関して、有力な見解は、利益相反取引における取締役の任務は、取引時点において客観的にみて公正な条件・内容で取引を行うことであり、取引時点で取引が客観的に公正な条件・内容で行われていたことを主張・立証すれば任務懈怠がないとして免責されると解する。そして、任務懈怠が認められる場合でも、自己のためにする直接取引を行った取締役以外の取締役は、公正な取引が行われるように注意を尽くしていたことを主張・立証すれば帰責事由（過失）がないとして免責されると解する（田中亘「利益相反取引と取締役の責任（上）」商事1763号〔2006年〕9頁、大杉謙一「役員の責任」株式大系321-322頁）。

(4)　設問の検討

　まず、Xは上記②の「株式会社を代表し利益相反取引を行うことを決定した取締役」に該当しており、そして、甲社は本件取引によって5億円の損害を被っているため、任務懈怠が推定されることになる（なお、Xは、実質(a)を採る場合は「第三者を代表した取締役」として、実質説(b)を採る場合は「取引の相手方の取締役」として、形式説を採る場合は「間接取引において株式会社と利益が相反する取締役」として、上記①にも該当することになる）。

　また、本件取引は実際には5億円の価値しかない本件土地を10億円で購入するものであったため、取引時点で取引が客観的に公正な条件・内容で行われていたとはいえず、Xには任務懈怠が認められる（任務懈怠の推定を覆すことはできない）ことになる。

　そして、(ア)本件取引を「自己のためにする直接取引」と捉える場合（実質説(a)または(b)＋計算説）には、Xは帰責事由の不存在を理由として責任を免れることはできないことになる。

　他方、(イ)本件取引を「第三者のためにする直接取引」と捉える場合（実質説(a)または(b)＋名義説）、または(ウ)「間接取引」と捉える場合（形式説）には、帰責事由の有無が問題となることになる。この点に関しては、Xは専門家（経験を有する不動産鑑定士）の鑑定意見に基づいて本件契約を締結しており、取引が客観的に公正な条件・内容で行われるように注意を尽くしていたと評価できるため（田中（亘）281頁、飯田秀総「判批」ジュリ1476号〔2015年〕99頁参照）、帰責事由はなかったとして免責されることになる。ただし、(イ)や(ウ)の場合に関して会社法428条1項の類推適用を肯定するときは、Xは責任を免れないことになる。

【例題1】 【設問】の事案において、Xが甲社の株式の全てを有していた場合、本件取引を行うにあたって甲社の取締役会の承認は必要であろうか。
　《参考判例》最一小判昭和45・8・20民集24巻9号1305頁

【例題2】 【設問】の事案において、Xが甲社の取締役会の承認を得ずに本件取引を行っていた場合、本件取引が無効であることを主張できるのは誰であろうか。
　《参考判例》最三小判昭和48・12・11民集27巻11号1529頁

【例題３】　甲社（取締役会設置会社）の取締役Ａが乙社の代表取締役を兼任している場合において、Ａが甲社を代理して、甲社が乙社の債務を保証する旨の契約を締結する場合、会社法356条１項に基づく取締役会の承認は必要であろうか。
《参考判例》最一小判昭和45・４・23民集24巻４号364頁

＊校正時に、得津晶「利益相反取引の条文の読み方・教え方」東北ローレビュー６号（2019年）１頁に接した。

（ふじばやし・だいち）

22 取締役の会社に対する 義務と責任

三 浦 治

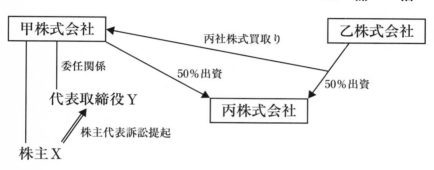

【設 問】

　接着剤、粘着テープ等の製造・販売等を目的とする甲株式会社は、北米で甲社製品を製造販売する目的で、アメリカの乙株式会社と合弁契約を締結し、甲社・乙社が50％ずつを出資して、アメリカで丙株式会社を設立した。甲社は丙社に取締役を派遣していたものの、北米での事業展開であることもあり、丙社経営の主導権は乙社が握り、甲社は技術支援に重きを置いていた。ところが、アメリカ経済の景気後退などもあって丙社の業績は赤字が続く中で、甲社と乙社は丙社の再建方針をめぐって意見が対立するようになった。甲社が保有する丙社株式を乙社に譲渡する案もあったが、甲社取締役会などでの検討・乙社との交渉の結果、甲社が、乙社から一株あたり5万円相当の金額で、その有する丙社株式全部を買い取ることにした。

　甲社の株主Xは、甲社は丙社経営から撤退するべきだと考えていたこともあり、乙社からの丙社株式買取りは、甲社代表取締役Yの甲社に対する義務に違反した行為であり、少なくとも乙社に支払った買取代金は甲社の損害であるとして、Yの甲社に対する責任を追及する株主代表訴訟を提起した。Yの責任の有無はどのようにして判断されるか。

1　受任者としての取締役の特殊性

　取締役は、株主総会における選任決議を受けて（会329条）、会社と契約を締結することによってその地位に就く（通説）。この任用契約の内容は、会社が、会社経営に関する「法律行為」および「法律行為でない事務」をすることを取締役に委託するというものであり（民643条・656条）、その法的性質は委任契約と解される。そこで、会社と取締役との関係は、委任に関する規定に従うこととされている（会330条）。そして、「委任事務」（民644条）を会社法は「職務」と表現していると解されるから（会593条1項4項参照）、取締役は、「委任の本旨に従い、『善良な管理者の注意をもって』その職務を行う義務」を負っていることになる（民法644条は事務処理義務を定めているわけだが、以下、慣例に従い「善管注意義務」と呼ぶ〔こう呼ぶとしても、上記「　」全体が善管注意義務であって、『　』部分だけを善管注意義務と解すべきではない〕）。「善良なる管理者の注意（善管注意）とは、債務者の職業、その属する社会的・経済的な地位などにおいて一般に要求されるだけの注意」（我妻榮『債権各論　中巻二（民法講義V₃）』〔1962年、岩波書店〕671頁、同『新訂債権總論（民法講義Ⅳ）』〔1964年、岩波書店〕26頁）であることを取締役に引き直せば、「その会社の規模・業種・経営状況等の客観的条件により一般に要求される注意」（潮見佳男「民法からみた取締役の義務と責任──取締役の対会社責任の構造」〔2005年〕同『債務不履行の救済法理』〔2010年、信山社〕107頁、112頁）ということになろう。

　ところで、取締役の職務の具体的内容は任用契約によって定まるわけだが（役職などに応じて職務の内容は異なるから、厳密には個々の取締役ごとにその職務は異なる）、取締役の場合、その内容を法が定めている場合も多い（「取締役の会社に対する職務上の義務は，契約当事者の合意の内容のみによって定められるものではなく，契約当事者の意思にかかわらず，法令によってその内容が規定されるという側面を有する」

〔最二小判平成20・1・28民集62巻1号128頁〕）。法が定める職務を果たすこともも
ちろん任用契約の内容に含まれているが、こうした職務の内容は法令の解釈
という形で明らかにされることになる。のみならず、取締役の地位自体、法
が定めている（その意味で定型的な）ものゆえ、この点でも民法が想定する受
任者とは異なる面があるし（契約自由は制限される）、取締役の地位は会社との
関係でのものだから、同じ受任者でも医師などとも異なる面がある（医師な
どと同じ意味で取締役が専門家であるというわけではなく、たとえば、経営者としての能
力に劣る取締役が絶好のビジネス・チャンスを逃したとしても、それによる逸失利益〔消
極的損害〕は、そのような者を選任した会社に帰せしめられるべきものである）。さら
に、取締役が目指すべき会社の「最善の利益（best interest）」とは目の前の
行為の金銭的利益に限られるわけではないから（金銭的には損失でも、福祉事業
などへの寄付は会社の評判を高めるかもしれないし、短期的には赤字が見込まれる事業へ
の投資も通常あることである）、目の前の患者の治癒を目指すべき医師などより、
受任者として認められる裁量の幅は広い（イメージとしてだが）はずである。
「委任事務」「職務」の内容を一言でまとめると会社経営だから、他人には考
えつかない、あるいは他人なら躊躇してしまう（リスクの大きな）行為を行う
ことも認められる。一定程度類型化できる事案が問題になることも多いが、
そうでない（一回限りの）行為が問題になることもまた多い。

　取締役の義務や責任を考える際も、民法所定の委任規制や債務不履行責任
規制などをベースにしつつ、その特殊性が認められるべき側面もあることに
も留意しておくべきであろう。

2　取締役の義務構造

　上記のように、取締役は会社に対して善管注意義務を負っている（会330条、
民644条）。

　また、学説は、会社法355条の「忠実に」という文言を、「取締役は、会社
の利益を犠牲にして自己または第三者の利益を図ってはならない」あるいは
「取締役が、会社の利益と衝突する立場に立った場合には、会社の利益を優
先しなければならない」という意味と解釈しており（アメリカ法の影響である）、
いかなる職務を行うに際してもこうした義務を負っていると解している（忠

実義務）。この忠実義務に違反する行為が善管注意を尽くして行われた職務の一環としての行為とはおよそいえないから、忠実義務違反は必ず善管注意義務違反ということであり（逆は真ではない）、忠実義務は善管注意義務のひとつの内容と解されることになる（昭和25年商法改正以来、善管注意義務と忠実義務との関係は大いに議論されてきたが〔この議論につき、三浦90頁など〕、いずれにせよ、上記の内容を指して「忠実義務」と呼ぶことに異論はない）。

　さらに、すべての職務の執行に際し、その時々で関連してくる法令や定款・株主総会決議に反してはならないということも求められるが（会355条）、これを「法令遵守義務」と呼ぶことも多い。「遵守すべき法令」に善管注意義務や忠実義務の規定（一般的義務規定ともいわれる）が含まれるのは当然だが、「法令違反行為」という語を使う場合は、一般的義務規定を除いた法令（具体的法令ともいう）に違反した行為を指していることが多い（善管注意義務違反も法令違反とはいえるが、通例、そうは呼ばず、単に「善管注意義務違反」という）。具体的法令には、①取締役を名あて人とし、一般的義務規定を「具体化する形で取締役がその職務遂行に際して遵守すべき義務を個別的に定める規定」のほか、②会社法「その他の法令中の、会社を名あて人とし、会社がその業務を行うに際して遵守すべきすべての規定もこれに含まれる」（最二小判平成12・7・7民集54巻6号1767頁──野村證券損失補塡事件判決）。②が含まれるのは、取締役が会社をして法令に違反させることのないようにすることも、取締役の職務だからである。そして、具体的法令を遵守する義務は、「善管注意を尽くして具体的法令を遵守しつつ職務を行う義務」である（以下、本章では「具体的法令」を単に「法令」という）。

　そのほか、監視という職務を善管注意を尽くして行う義務を「監視義務」、内部統制システムを構築・運用するという職務を善管注意を尽くして行う義務を「内部統制システム構築義務」などと呼ぶことも多いが、これらは特定の職務についての善管注意義務を指す用語（善管注意義務の個々の内容を指している用語）である。

　このように特別に名称が付せられていることも多いが、義務構造としては、取締役が会社に対して負う義務は善管注意義務というに尽きている。もっとも、善管注意義務というだけでは、その内容は抽象的であり（それより

少し具体的ではあるが忠実義務もやはり抽象的である）、裁判例や学説などにより、事案ないし事案類型に即してその具体的な内容が明らかにされていくべき義務でもある（種々の手続規定などをはじめとして法令がある場合は、その内容は——法令解釈の余地があるとしても——明確になる）。

3　取締役の対会社責任規制

(1)　規制の概要

　上記のとおり、取締役は会社に対して任用契約に基づく義務を負っているが（その側面で取締役は会社に対する債務者である）、それは、そのすべての職務につき善管注意をもって行うという義務である。そこで、取締役がこの善管注意義務に違反したときは「その任務を怠ったとき」（会423条1項、任務懈怠）に該当するし、逆に任務懈怠とは善管注意義務違反のことである。そして、会社法423条1項が定める責任の法的性質は、債務不履行に基づく損害賠償責任と解されることになる（ただし、「法によってその内容が加重された特殊な責任」とされる——前掲最二小判平成20・1・28）。

　これが原則規定であり（一般的責任規定と位置づけられる）、以下ではこれを取り扱うが、会社法は、そのほか、この一般的責任規定の特則を定めるとともに、特別の法定責任も定めている（図参照）。なお、特別法定責任の規定は、一般的責任規定の適用を排除するものではない。

　会社法423条1項は、①取締役（役員等）に、②任務懈怠（つまり善管注意義務違反）があり、④会社に損害が生じた場合に、⑤そのうち任務懈怠と因果関係がある損害について、取締役が会社に対して⑤の損害を賠償すべきことを定めている（任務懈怠責任とも呼ばれる）。そして、債務不履行責任の一般原則より、③任務懈怠に「責めに帰すべき事由」（民415条、帰責事由）があることも、要件のひとつと解するのが一般である（会社法428条が「責めに帰することができない事由」を定めていることを、その根拠とする見解もある）。一般原則どおり、①②④⑤につき債権者である会社側（株主代表訴訟では原告株主）が、③については債務者である取締役が、立証責任を負う（④⑤については、会社に損害が生じていること、そのうち任務懈怠と因果関係がある損害があること、そしてその具体的な損害額である）。

図　取締役（設立時取締役を除く）の対会社責任関連の規定

- 423 I 　一般的責任規定（損害賠償責任）
    - ・特則①423 II 　　　　必要な承認決議がない競業取引
    - ・特則②423 III IV 　　利益相反取引
    - ・特則③428 I 　　　　自己のために直接取引をした場合

- 連帯責任（430）

- 責任免除
    - ・総株主の同意による責任免除（424）
    - ・一部免除（425 ～ 427、なお 428 II ）

- 特別の法定責任を定めた規定（損害賠償責任ではない）
    - ・120 IV
    - ・213 I II 、286 I II
    - ・213 の 3 I 、286 の 3 I
    - ・462 I 、465 I
    - ・464 I

- 連帯責任（120 IV ／ 213 IV 、286 IV ／
    　　　　 213 の 3 、286 の 3 II ／ 462 I 、465 I ／ 464 I ）

- 責任免除
    - ・総株主の同意による責任免除（120 V ／ 465 II ／ 464 II ／なお 462 III ）

(2)　一元説・二元説

　債務不履行責任の一般原則からは、(1)①－⑤が任務懈怠責任の要件と解されるが、③を独立の要件と考えるかどうかには、会社法学説上、争いがある。法令違反行為がある場合にどう考えるかが中心的な問題であり、法令違反行為すなわち任務懈怠（②）と判断するか（二元説）、法令違反行為があっても、法令遵守につき善管注意を尽くしていれば任務懈怠とならないと判断するか（一元説）のちがいである（もっとも、一元説・二元説の語は多様に用いられており、論者により意味が異なる場合がある）。たとえば、ⓐ証券会社の取締役が損失補塡行為を行ったが、その当時、専門家も含めて日本中の誰もそれが独占禁止法19条に違反するとは考えていなかった場合（前掲最二小判平成12・7・7の事例）、ⓑ上場会社の取締役が利益供与（会120条1項違反）を行ったが、供与の相手方から脅迫（さらにいえば、反社会的勢力の存在をちらつかせる脅迫）を受

けていたという事情がある場合（最二小判平成18・4・10民集60巻4号1273頁の事例——蛇の目ミシン事件）、どう考えることになるか。

　一元説によると、任務懈怠（②）の有無について、ⓐでは「誰も法令違反と認識していない状況下で行った法令違反行為について、善管注意を尽くしたといえる場合があるか」（より微妙な事例では、法令違反であることの認識可能性の程度などが問題となる）、ⓑでは「脅迫を受けていた取締役が法令違反行為を行ったが、そうした状況下で善管注意を尽くしたといえる場合があるか」（脅迫の程度・態様などが問題になる）が判断されることになる。つまり、「誰も法令違反と認識していない状況下にある取締役」「脅迫を受けていた取締役」が善管注意を尽くしたかが、任務懈怠の有無の判断基準となる。しかしそうすると、認識可能性の程度や脅迫の程度によって異なることになり、どこまでの個別事情が客観的基準として勘案されることになるのか（善管注意とは何か）といった問題が生じる。任務懈怠の有無の判断は当該取締役に特有の事情により異なることになり、同じ法令違反行為であっても、行為者によって任務懈怠とされたりされなかったりするということになる。

　それに対して、二元説では、法令違反行為すなわち任務懈怠と判断する。そのうえで、ⓐの「行為の当時、誰も法令違反と認識していない状況下」であったこと（あるいは「当該取締役の法令違反であることの認識可能性の程度など」）、ⓑの「脅迫を受けていた」という事情（ないし「脅迫の程度・態様など」）は、帰責事由（③）の有無の判断として考慮することになる。つまり、法令違反行為は「善管注意を尽くして具体的法令を遵守しつつ職務を行う義務」に違反した行為であって、任務懈怠にあたると判断する。そこでは、「その会社の規模・業種・経営状況等の客観的条件により一般に要求される注意」を尽くしたかどうかを判断基準とし、善管注意を尽くした法令違反行為などありえないというように善管注意概念を客観的に捉えているわけである。そして、個々の取締役に特有の事情は帰責事由（③）の有無の問題とする（当然のことながら、同じ法令違反行為であっても、帰責事由の有無は取締役ごとに異なりうる）。

　このようにして、一元説では③を独立の要件と考える必要はないと考えることになるが（②の判断の中に含まれる）、二元説では②のほか③も独立の要件と解することになる。一元説・二元説の対立は、善管注意という概念をどう

捉えるかのちがいを投影している面もある。

　法令違反行為がない事例では、任務懈怠の有無の考慮事由と、帰責事由の
それとはほぼ重なるといわれる（コンメ(9)219頁、237頁〔森本滋〕など参照。手段
債務一般について、大村敦志『新基本民法4　債権編』〔2016年、有斐閣〕97頁など）。帰
責事由を故意・過失と解し、過失を注意義務（ないし具体的行為義務）違反の
ことだと解するとすると（我妻・前掲『新訂債権総論』106頁、153頁、奥田昌道編
『注釈民法(10)』〔1987年、有斐閣〕400頁〔北川善太郎〕など）、理論的にも両要件は重
なることになる。一元説は、こうした事例を取締役の責任理論の原則事例と
位置づけ、法令違反行為の事例も一元説で捉えようとするわけである（取締
役の債務は手段債務だと強調される）。

　「法令違反であることの認識可能性の程度など」や「脅迫の程度・態様な
ど」に関する事情については、取締役に立証責任を負わせた方がよいとの考
慮から、二元説を支持する見解もある（田中（亘）279頁など）。それに対して、
一元説からは、法令違反が立証されれば、注意義務違反が推定され、取締役
が相当の注意を尽くしたことを証明する必要に迫られることになるとされる
（江頭473頁注(4)）。

　帰責事由を故意・過失と解する根拠はないし（前掲ⓐの判決は「故意又は過失」
と判示したが、その後、民法学説でも、帰責事由を故意・過失とする解釈は「旧通説」と
されるに至っている〔大村・前掲『新基本民法4　債権編』88頁以下〕）、取締役の債
務が本質的には手段債務だとしても、法令遵守義務は結果債務に近い。つま
り取締役の職務はもともと多様なのであって、法令違反行為がない場合を原
則事例と位置づける必然性もない。債務不履行責任の一般原則どおり二元説
に立ち、両要件の考慮事由が事実上重なる場合もあると捉えておいてよい。
前掲ⓐの判決により、判例は二元説に立つものと解されている（取締役の行為
は法令違反行為だが、損害賠償責任を負うには、その違反行為につき取締役に故意又は過
失があることを要すると判示した）。

　なお、平成29（2017）年改正民法（未施行）では、取締役の任務懈怠と、当
該任務懈怠が「責めに帰することができない事由によるもの」（平成29年改正
民415条1項但書）でないこと（免責事由がないこと）との二元説ということにな
り、法令違反行為がない場合は、任務懈怠があるとの判断は免責事由がない

との判断とほぼ重なるということになるのであろう。もっとも、一元説・二元説の対立は、帰責事由を故意・過失と解することが大きな原因であるとも思われ、改正民法がこれを否定するものだとすれば、この対立自体、理論面以外には大きな意義を持たないものになるのかもしれない。

4　任務懈怠の有無の判断

(1)　総　　説

　任務懈怠責任の法的性質は債務不履行責任であり、任務懈怠は「債務の本旨に従った履行をしないとき」(民415条) にあたる。この不履行の有無の判断は、一般には「義務内容の確定、現実に行われた行為の特定、行為の適合性判断という順で行われる」(大村・前掲『新基本民法4 債権編』93頁。なお、平井宜雄『債権総論［第二版］』〔1994年、弘文堂〕65頁参照)。いわゆる法的三段論法である。取締役の任務懈怠の有無の判断もこのように行われるのが基本だが(下記(2))、これとは異なる判断方法がとられる場合もある (下記(3))。取締役の職務は会社経営であって、その内容は多様ゆえ、任務懈怠の有無の判断のしかたにもバリエーションが生じることになる。

(2)　義務内容を確定できる場合

　取締役の行為が法令違反かどうかの判断 (二元説では、任務懈怠があるかどうかの判断ということになる) に際しては、問題となる法令の解釈によって、行為の当時に取締役が行わなければならなかった (あるいは行ってはならなかった) 行為が明らかにされることになる。3(2)ⓑ判決のように、「会社から見て好ましくないと判断される株主が議決権等の株主の権利を行使することを回避する目的で，当該株主から株式を譲り受けるための対価を何人かに供与する行為は」会社法120条1項にあたるといった、新たな解釈が示されることもある。

　法令違反が問題になっていなくても、事案ごとに取締役の義務内容を明らかにするのが基本の形である。たとえば、新規事業として株式投資を開始した取締役の経営判断に対し、「株式会社の取締役は、会社に対し、会社の資力及び規模に応じて会社を存亡の危機に陥れないように経営を行うべき善管注意義務を負っているのであり……新規事業については、会社の規模、事業

の性質、営業利益の額等に照らし、その新規事業によって回復が困難ないし不可能なほどの損失を出す危険性があり、かつ、その危険性を予見することが可能である場合には、その新規事業をあえて行うことを避止すべき善管注意義務を負う」としたものもある（東京地判平成5・9・21判時1480号154頁——善管注意義務違反ありと判断した）。単に「新規事業を行うに当たり善管注意を尽くす」というよりは具体的な内容が明らかにされ、この事案における経営判断に善管注意義務違反があるかどうかが判断される視点（回復不可能な損失を出す危険性の程度やその予見可能性の程度など）が示された。

こうした判決では、裁判所の判断が妥当であったかの検証を容易にするし、多少とも行為規範が明らかになり、また、後の事例の参考ともなる（それらが、法的判断に上記の基本の形が求められる意味である）。

(3) 義務内容を確定できない場合——経営判断の原則——

設問の題材とした事例では（東京地判平成8・2・8資料商事144号111頁〔セメダイン・セメダイン通商事件〕）、丙社は、甲社のメインバンクからも融資を受けていたり、日本の自動車メーカーへの製品・サービスの供給も行っていた。多くの取引関係が形成されている中で、甲社は、そのブランドイメージを守り、顧客の信用を維持するために丙社の倒産を回避して事業を継続するには、甲社が主体となって収益改善のための方策を実施する必要があると判断し、乙社から丙社株式を買い取る判断をした。こうした経営判断が任務懈怠（善管注意義務違反）にあたるかどうか、どのように判断すべきであろうか。

上記のような経営判断に、正解はないだろう。ビジネスには常にリスクがあり、また、甲社は丙社経営だけを行っているわけではないから、甲社にとっての丙社の位置づけなども含む諸状況などに応じて、時にはリスクを果敢に取り、時には安全志向の判断を下しながら、会社全体として最善の利益を追求していくことになる。取締役は、株主総会において、会社経営を託するにふさわしいと判断されて選任される。別の者が取締役なら別の判断をしたかもしれないが、それが取締役の個性というものであり、誰でも同じ判断をしないといけないというのでは会社経営の本質に反する。どう判断するかは株主総会が選任した取締役の裁量に委ねるというのが会社法のしくみであって、裁判所が、後から、取締役はこう判断すべき義務があったと義務内容を

確定することは、基本的に認められるべきではない（経営判断に対する尊重）。

　そこで、(1)(2)のような任務懈怠の基本的な判断方法はとりえず、「『その判断は、どう見ても会社の最善の利益を図ったものとはいえない』といえるかどうか」が任務懈怠（善管注意義務違反）の有無の判断基準となる（たとえば、設問事例において、一株あたり5万円という買取価格が、どうにも根拠づけられない高額であるという場合は、善管注意義務違反となろう）。これが「経営判断の原則」といわれる判断基準である。

　設問事例では、「一株あたり5万円で、乙社から丙社株式を全部（50%分）買い取る」という内容の経営判断が問題となる。ただし、経営判断の内容について「どう見ても会社の最善の利益を図ったものとはいえない」と法的に評価できるかどうかも、簡単なことではない（単なる経営評論なら簡単かもしれないが）。取締役は会社経営を担っているわけだから、当然、時間・費用などの制約もあるし、会社の現状、社会の状況をどう踏まえるか、将来の見通しなども取締役の判断に委ねられている事項である。そこで、上記の評価ができるかどうかを、当該経営判断がどのようにして下されたか（経営判断の過程）にも着目して行うという方法がとられる。経営判断の「過程」と「内容」をどう捉えるかも、学説上、一致していないが、ここでは、上記のような決定自体を「内容」と捉え（損害との因果関係の有無の対象となる決定ないし判断）、その決定に至るまでのすべての行為・判断（上記の決定に至るまでにもさまざまな判断が下されている）を「過程」とまとめる。

　設問の題材とした判決では次のように判示された。「進むか退くか、市場におけるこうした企業行動の決定は、流動的かつ不確実な市場の動向の予測、複雑な要素が絡む事業の将来性の判定の上に立って行われるものであるから、経営者の総合的・専門的な判断力が最大限に発揮されるべき場面であって、その広範な裁量を認めざるをえない性質のものである。もともと、株式会社の取締役は、法令及び定款の定め並びに株主総会の決議に違反せず、会社に対する忠実義務に背かない限り……広い経営上の裁量を有しているが、右のようなもっとも困難な種類の経営判断が要請される場面においては、特にそのことが妥当するというべきである。したがって、右のような判断において、その前提となった事実の認識に重要かつ不注意な誤りがなく、

意思決定の過程・内容が企業経営者として特に不合理・不適切なものといえ
ない限り、当該取締役の行為は、取締役としての善管注意義務ないしは忠実
義務に違反するものではないと解するのが相当である」。

　最高裁は、別の事件で、より簡明直截に「その決定の過程、内容に著しく
不合理な点がない限り、取締役としての善管注意義務に違反するものではな
い」と判示した（最一小判平成22・7・15判時2091号90頁——アパマンショップ事件判
決）。従来の多数の下級審判決と表現は異なるが、実質的に異なる判断基準
をとったわけではない。

(4)　経営判断の原則のポイント

　「経営判断」という語に厳密な定義はない。学説上、「経営判断の原則」の
理解も定まっているわけではないが、次のように理解すればどうだろうか
（なお、三浦治「判批（名古屋地判平成29・2・10金判1525号50頁）」私法判例リマークス
57号〔2018〈下〉〕104頁）。

　原告が特定した（争おうとしている）経営判断の内容が、それだけで著しく
不合理と判断されれば、それを理由として任務懈怠と判断されてよいが、そ
れは難しい場合がほとんどだから、当該内容の経営判断が下された過程に着
目される。ただし、その過程も、より細かな（経営）判断の積み重ねである。
たとえば、新たにどれだけ情報収集するかも時間・費用などの制約のもとに
判断されることであるし、情報の精度・会社の現況や将来見通しの評価・検
討、専門家の意見を徴するかどうかなども（経営）判断である。また、丙社
を早期に再建するのか、しばらく様子を見るのかということも、そうした活
動の中で固まっていく（経営）判断である。これらの判断およびその実行の
積重ね（「過程」）を経て、（損害と因果関係があると原告が主張する）一定の決定
（「内容」）に結実するわけである（原告は、その決定がその通りに実行されたことに
よって損害が生じたと主張する）。そして、「過程」に対する裁判所の審査は、「内
容」を見据えつつ、上記の諸要素を相関的に判断していくことになるから、
やはり義務内容を確定するのは困難かつ不適切な場合が多い。ゆえにやはり
「著しく不合理」といえるかどうかが基準となる。

　論理的・観念的には、㋐合理的・㋑不合理だが著しくはない・㋒著しく不
合理という区別ができそうだが、当該経営判断がこのいずれに属するかを確

定したうえで⑦の場合のみ任務懈怠とするという判断をしているわけではない。経営判断の是非について、裁判所は⑦か①かを区別することはできないのであり（義務内容——当該状況において合理的とされる経営判断の内容——を特定できないわけだから、いわば区別のための物差しがない）、「本来①⑦なら任務懈怠とされるべきところ、著しくない場合（①）は免責する」といった責任軽減の判断基準であるわけではない。しかし裁判所も、⑦か①かは特定できなくとも、⑦であるとの判断はできると考えるべきであり（「著しく不合理」というのは、程度を指しているのではなく、「不合理であることが明らか」ということを指す語と捉えるべきである）、これが任務懈怠（善管注意義務違反）の有無の判断基準となるわけである。

　会社経営の性質上、他の会社と異なる行為も行われることが前提であり、それは取締役の判断に委ねられている。裁判所が、あたかもその会社の取締役であるかのように、自らの（経営）判断をもってこう判断すべきであったと後から判示することは、基本的に認められない。任務懈怠といえるとすれば、法令違反も忠実義務違反もないことを前提として、「その判断は、どう見ても会社の最善の利益を図るために下したものとはいえないでしょ！」といえる場合に限られるべきだということである（ただし、このようにいえる場合、判決文では、(2)で取り扱ったように、著しく不合理な点に着目した義務内容が定立されることも多かろう）。このような判断基準がとられることで、私人の経営の自由（取締役を自由に選任することができることも含む）に対する国家（裁判所）による介入の限度が画されているともいえる（自由な経営の確保）。

【例題１】　大手百貨店である甲株式会社は、乙株式会社との間で、乙社がゴルフ場の用地買収・造成等を行い、その完成後に甲社がゴルフ場事業を引き継ぐ契約を締結し、預託金を交付し、また、甲社の子会社丙社を通じて金銭を貸し付けた。しかし結局、ゴルフ場開発は頓挫し、乙社は破産した。

　甲社の株主Ｘは、丙社代表取締役Ａは途中から多額の融資金が使途不明金となっていることを認識していたのに甲社に知らせずにいたとして、甲社はＡに対して民法709条に基づく損害賠償請求権を有しているとし、これを行使するよう甲社に求めたが、甲社は応じなかった。そこで、Ｘは、甲社代表取締役Ｙに対し、上記損害賠償請求権を行使しなかったことは甲社に対する義務違反行為であると

して、株主代表訴訟を提起した。Ｙの甲社に対する義務違反の有無は、どのように判断されるか。

《参考裁判例》東京地判平成16・7・28金判1239号44頁

【例題２】　ホテル事業を営む甲株式会社は、複数のホテルを別会社として開業させ、甲ホテルグループを形成していた。しかし、乙株式会社（甲社がその35％の株主である）を含むそれらのホテルは、開業時から業績不振が続いており、甲社が運転資金を融資したり、金融機関から乙社らが借り入れをするにあたり保証をするなどして支援していた。乙社の倒産や融資金の回収不能が具体的に予見できる状況ではなかったが、甲社は金融機関からグループ全体の再建要請を受けたこともあり、経営改善３カ年計画を策定し、その一環として、乙社に対する債権放棄と新たな融資（以下「本件融資等」という）を行った。

(1)　本件融資等にあたり、甲社の取締役会決議が必要となるとすると、どのような場合が考えられるか。

(2)　本件融資等について、甲社代表取締役の甲社に対する義務違反が問われる場合、どのように判断されることになるか。

《参考裁判例》大阪地判平成14・1・30金判1144号21頁、さいたま地判平成23・9・2
金判1376号54頁

（みうら・おさむ）

23 違法行為の差止めおよび 株主代表訴訟

山田　泰弘

●本件土地の売買契約

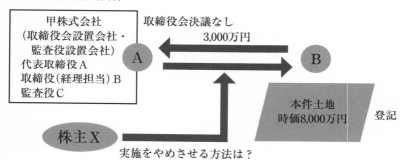

●株主代表訴訟の提起

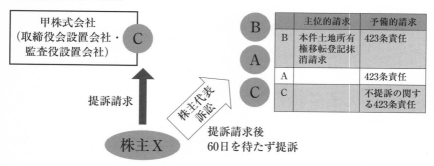

	主位的請求	予備的請求
B	本件土地所有権移転登記抹消請求	423条責任
A		423条責任
C		不提訴の関する423条責任

【設　問】

　取締役会設置会社・監査役設置会社である甲株式会社（甲社）の代表取締役Aは、Aの息子であり甲社の経理担当取締役であるBの借金の返済の原資を獲得する目的で、甲社が保有する時価8,000万円の土地（以下、本件土地）をBに3,000万円で売却し、Bにそれを転売させることを計画した。<u>Aは、取締役会で議論をすれば他</u>

の取締役監査役に反対されることをおそれ、取締役会決議による承認を得ることなく、甲社を代表して、本件土地の売買契約（以下、本件契約）をＢと締結した①。

　Ｂは、本件契約に基づき本件土地を取得し、所有権移転手続を行った。甲社株主Ｘは、本件契約の事実とともに、本件土地が転売されていないことを知った。そこでＸは、本件土地の明渡しと本件土地に関する所有権移転登記の抹消請求をＢに、予備的に本件契約に関するＡＢの会社法423条責任を追及するよう、甲社監査役Ｃに提訴請求した。Ｃが甲社を代表してＡＢに対して訴訟提起をしないので、Ｘは、Ｃへの提訴請求から60日が経過していないが、本件土地の所有権移転登記の抹消手続の実施をＢに求め、予備的にＡＢの本件取引に関する会社法423条責任とＣの不提訴判断に関する同条の責任を追及する株主代表訴訟を提起した②。

(1)　下線部①の実施した甲社株主Ｘは、未だ本件土地の所有権移転登記が実施されていないことから、その実施をやめさせたいと考えている。どのような請求を求めればよいか、またその請求は認められるか。

(2)　下線部②につき、ＸのＡＢＣに対する株主代表訴訟の提起は認められるか（請求が認められるかまでは解答しなくてもよい）。

1　問題の所在

　取締役の業務執行の監督は、取締役会および会社の監査機関の監督権の発動によって本来実施されるべきである。しかし、取締役間または役員間の関係性を考慮すれば、取締役の業務執行を監督することは懈怠されかねない。また、役員等（会423条1項）が株主総会で選任されることから支配株主と役員等にも人的関係があり、取締役の業務執行の違法行為を抑止したり、それによって会社が被った損害の賠償を取締役に求めたりすることは、株主総会の主導では実行されない可能性もある。これらの点を考慮して、日本の会社

法制は、監督是正権（共益権）として、取締役の違法行為の差止請求権（会360条）と、会社のために取締役の会社に対する責任の追及等の訴えを提起すること（会847条以下）を、アメリカ州法の取扱いに倣い、昭和25（1950）年商法改正より単独株主に認めている（現在の制度では、単元株式制度を採用する場合には単元未満株主は行使することができないと定款で定めることが可能である〔会189条2項〕）。取締役の違法行為差止権は事前の予防手段であるのに対し、取締役等の責任追及等の訴えの提起は事後的な救済の手段を株主に認めることを意味する。【設問】の(1)は会社法360条の利用につき問い、(2)は会社法847条の利用について問うている。

　取締役の違法行為の差止めや、会社のために取締役に対し責任追及等の訴えを提起することを株主に認めるとしても、提訴株主には直接の利得はなく、実施する動機が経済的合理性からは認めにくい場合が多い。また、提訴株主が自身または第三者の個人的で不正な利益の実現（例えば、金銭喝取など）に利用する懸念もないではない。このため、監督是正権を株主が不当に利用することを抑止しつつ、適正な監督是正権の行使を妨げない制度設計が会社法制ではなされている。

2　違法行為の差止請求権

(1)　差止請求権の要件

　取締役が会社の目的の範囲外の行為その他法令もしくは定款に違反する行為をし、または、これらの行為をするおそれがある場合に、一定の要件を満たす単独株主は、当該取締役に対し当該行為をやめることを請求することができる（会360条。指名委員会等設置会社においては会社の業務執行を担う執行役に対しても同様の差止権が認められる〔会422条〕）。差止対象行為に会社の目的の範囲外の行為が例示されるのは母法であるアメリカ州法の伝統に依拠する（江頭504頁注(13)頁）。

　会社法360条による差止請求は、取締役による法令・定款違反行為が完了してしまった後には、できなくなる。当該行為が会社の契約に基づく場合には、契約が成立すれば会社は履行義務を負うため、契約の履行行為を差し止めることもできない。ただし、相手方が契約の違法性につき悪意であるなど

契約が無効であれば、履行行為を差し止めることはできよう。

　差止請求権が行使できる株主は、公開会社でない会社では制限がないが（会360条2項）、公開会社では6ヶ月前から引き続き株式を有する株主に限られる（会360条1項。定款でこれを下回る期間を設定することもできる。株主代表訴訟提起権も同様の手当がなされる）。公開会社では株式の流動性が高い分、差止権の濫用の可能性も高くなることに対処するものである。

　会社に業務監査機関が存在しない場合、株主の監督是正権の行使に会社運営の適切性担保の役割が強く期待されるため、当該行為によって会社に著しい損害が生じるおそれがあれば、株主に取締役の違法行為の差止めが認められ、監査役・監査等委員・監査委員の違法行為止権（会385条1項、399条の6第1項、407条）と同等となる。他方、会社に業務監査機関があれば、まずは会社の自律的な対応が優先されるべきであるから、株主による違法行為差止権を行使する範囲は「回復することができない損害」が生ずるおそれがある場合に限られる（会360条3項）。

　株主による違法行為の差止めは訴えによらなくてもよいが、訴訟による場合は、株主個人が原告となり、取締役・執行役を相手方とする。株主の差止請求権の行使については、専属管轄は定められず、普通裁判籍に基づき管轄が判断される。差止請求権の行使は株主が実質的に会社の代表機関的地位に立ち行使するものであるという理解（コンメ(8)128-131頁〔岩原紳作〕）を前提に、会社の役員に対する訴えとして会社の普通裁判籍（民訴5条8号ロ、4条4号）の所在地を管轄する裁判所に提起することができる。このほか、被告取締役の普通裁判籍（民訴4条2項）の所在地を管轄する裁判所にも提起することができると解さざるを得ない（坂井芳雄「新株発行の差止および取締役に対する行為の差止の仮処分」村松還暦（下）226頁参照）。

(2)　「回復することができない損害」

　「回復することができない損害」は、「著しい損害」より量的に大きく、損害の発生により会社が破綻してしまうような「会社に回復困難な重大な損害」というように理解することもできる（森本滋「判批」商事1574号64頁。東京地決平成17・11・11金判1245号38頁も参照）。他方で、「著しい損害」が量のみを問題とするのに対し、「回復することができないない損害」は会社に損害が発

生するおそれがあることに加え、会社の損害賠償その他の方法による回復可能性がないこと（相当に困難であること）の立証を求めることになるとの理解も有力である（注釈(6)427頁〔北沢正啓〕、464頁〔鴻常夫〕）。後者の見解によれば、事後的な救済などによっては会社に十分な損害回復ができない場合（違法行為を実施する取締役の資力に対して会社の被る損害が大きく、事後的な損害賠償では回復が不十分な場合など）も「回復することができない損害が生ずるおそれがあるとき」に該当する。【設問】(1)のような代表権濫用または承認なき利益相反取引に該当する土地の売却も、第三者に転売されたときには会社は取り戻すことが困難となり、事後的な損害賠償で十分な回復が図られないのであれば、「回復することができない損害」に該当するといえよう。

(3)　法令の範囲

　法令または定款に違反する行為の法令につき、かつて、一般株主が取締役による会社の業務執行にみだりに干渉するべきではないとして、具体的な会社法規定に違反し、会社の目的の範囲外の行為と同様に会社の行為としては無効となる場合に限定する見解も示された（松田二郎＝鈴木忠『条解　株式会社法（上）』〔1951年、弘文堂〕331頁）。

　しかしながら、会社の目的による権利能力の制限（民34条）の規定の適用にあっては、目的自体に包含される行為だけでなく、客観的抽象的に目的遂行に必要である行為の全てが目的の範囲内に含まれるとされることから（最二小判昭和27・2・15民集6巻2号77頁）、実質的に無効とされることはない。会社の目的の範囲は、対外的取引の効力にかかわる場面と会社内部のガバナンスに関連する場合では質的に機能が異なることから、機能性を考慮し、合理的に別異に解されることになる（北村雅史「判批」会社法百選〔第3版〕7頁）。このため、会社の目的の範囲外の行為が例示列挙されていることは差止対象行為が会社としての行為として無効となるかをメルクマールとするとの理解の根拠とはなり得ない。むしろ、会社の目的の範囲外の行為を取締役が実施することは、善管注意義務（会330条・民644条）・忠実義務（会355条）に違反することを示す。この点、現在、通説的には、法令に違反する行為は、法令の具体的な規定に違反する行為だけでなく、取締役の善管注意義務・忠実義務違反行為も含む（差止対象の業務執行行為につき善管注意義務・忠実義務違反の有無

を判断する際に経営判断原則を用いるものとして、東京地決平成16・6・23金判1213号61頁）。法令は会社法のみならず行政法規などあらゆる法令を含む（畠田公明「株主・監査役・監査委員による取締役の行為の差止めの要件と効果」会社争点146頁参照）。

【設問】(1)では、本件土地売買契約の締結が会社法365条1項・356条1項2号の承認を得ずに実行されるという法令違反および会社の利益を犠牲にしてBの利益を図るという忠実義務違反があることから、本件土地売買契約の締結前であれば、Aの契約締結自体を会社法360条で差し止めることができる。契約が締結されていても、契約は無効であり、Aによる代金の受取りまたは本件土地の所有権移転登記の実施をXは差し止めることができる。

具体的に会社法360条が利用された裁判例としては、①取締役会決議なき重要財産の取得の差止め（東京地判昭和37・9・20判タ136号103頁［認容]）、②取締役会決議なき利益相反取引の実施の差止め（東京地判平成22・5・10金判1343号21頁［認容]）、③善管注意義務に違反する業務執行行為の差止め（東京地決昭和56・10・29判タ476号200頁［否定]、東京地決平成2・12・27判時1377号30頁［否定]、東京高判平成11・3・25判時1686号33頁［否定]・東京地判平成8・12・19判時1591号3頁［否定]、前掲・東京地決平成16・6・月23［否定]）、④招集手続に重大な過失のある株主総会の開催の差止め（東京高決平成17・6・28判時1911号163頁、前掲・東京地決平成17・11・11［否定]）などがある。

(4)　差止めの仮処分

株主は、会社法360条に基づく差止請求訴訟を基礎として、違法行為をなそうとする取締役に対しその不作為を命じる仮処分（民保23条2項）が認められる。この仮処分は被保全権利（会360条）そのものを実現するため、満足的仮処分に該当する。本案の確定に時間がかかることから、通常は仮処分をもって取締役の違法行為の差し止めが行われる。仮処分命令は、株主に「著しい損害または急迫の危険を避けるために」仮処分を必要とする時に発せられ（民保23条2項）、事前差止めを命じなければならないほどの違法性が明白に存することが必要とされ、満足的仮処分に当たることから、被保全利益に関して高度の疎明が要求される（前掲・東京地決平成16・6・23）。

なお、募集株式の発行等の差止めに関する仮処分命令に違反する募集株式発行が新株発行の無効原因となることと異なり、取締役の違法行為の差止め

に関する仮処分は、取締役に不作為義務を課すに留まるから、仮処分に違反して実施される会社の行為の効力に影響を及ぼさない（江頭505頁。東京高判昭和62・12・23判タ685号253頁参照。反対、コンメ(8)143頁〔岩原〕）。

3　株主代表訴訟の仕組み

会社の役員等に対する請求権は、通常の会社の権限秩序に基づけば、代表取締役（代表執行役）の判断により行使される。もっとも、代表取締役（代表執行役）のみに任せていては、その実現を期待しがたい。

業務監査機関が存在しない会社にあっては、株主総会や取締役会が訴訟代表者を定めることができるとされる（会353条、364条）。業務監査機関が存在するのであれば、取締役（執行役）の会社法上の責任追及の決定・実施権限がそれに専属する（会386条1項・399条の7第1項・408条1項）。訴訟外の追及も、監査役（選定された監査等委員、選定された監査委員）に専属すると理解すべきである（大隅＝今井＝小林271頁注204)参照）。

もっとも、取締役が株主総会で選任される体制の下では、取締役は支配株主と近い立場にあり、業務監査機関は取締役（執行役）に近い立場にある。会社のみが役員等に対する請求権を行使するとしても、その実現はやはり困難かもしれない。会社法は、株主に会社のために責任追及等の訴えを提起することを認める（会847条3項・1項）。株主による会社のための責任追及等の訴えは、株主が自身の名で会社の権利を行使するものであり、提訴株主は、会社と他の株主に判決効を及ぼす形で訴訟提起をすることから、総株主を代表し、会社の代表機関的地位に立つとも評価でき、株主代表訴訟と呼ばれる。

株主代表訴訟には、損害填補機能と、取締役らの職務の遂行の適正さを確保するという抑止機能（逸脱行為の実施を抑止すること）があり、取締役らの個人資産と会社の事業規模を比較すれば、とくに大企業にあっては抑止機能の存在が重視される。

株主代表訴訟は、単独株主（公開会社であれば、提訴請求時の6ヶ月前から株式を保有する株主）が、会社に対する発起人等（会847条）の責任や払込みを仮装した設立時募集株式の引受人などに対する会社の請求権を会社のために行使

して提起する訴訟であり（会847条3項）、法定訴訟担当とされる。株主代表訴訟にあっては、原告株主の勝訴敗訴にかかわらず、訴訟の当事者とならない会社が判決の拘束力を受ける（民訴115条1項2号）。会社と被告との間の法的関係が確定されたことにより、提訴株主以外の株主も同一事件につき争うことができなくなると説明される（反射効）。

　会社法は、株主が会社に提訴請求を行い（会847条1項）、会社が提訴をしないまま60日が経過したときに、提訴請求株主に会社のために責任追及等の訴えを提起することを原則として認める（同条3項）。会社に対する提訴請求は、会社に事実関係の調査の機会と提訴判断の機会とを付与するとともに、内部的な是正の機会を付与することを目的としている。

　本来、会社が提訴請求を受けたときに、会社が提訴すべきではないと適正に判断するのであれば、株主が会社のために責任追及等の訴えを提起することを認めないとすることも考えられる。しかし、提訴請求の拒絶の当不当を訴訟の初期の段階で裁判所が審査することは難しい。このため、提訴請求を受けた後、会社が60日間不提訴であれば、株主にいったん責任追及等の訴えの提起を認め、株主の訴訟提起に問題があると会社が判断すれば、会社が訴訟参加し（会849条1項）、株主の訴訟追行を牽制することを認め、原告株主の訴訟活動を適正化する方策が採用された。提訴した原告株主は会社に訴訟告知し（同条4項）、訴訟告知を受けた会社は株主に通知・公告をする（同条6項。非公開会社につき9項）。これにより原告以外の株主と会社とに訴訟参加の機会が保障される。判決が確定してから原告株主と被告取締役とが共謀して責任追及等の訴えに係る訴訟の目的である会社の権利を害する目的で判決をさせたことが発覚すれば、再審の訴えの提起が認められる（853条）。これらの仕組みにより株主の訴訟追行の適切性が担保される（山田泰弘『株主代表訴訟の法理』〔2000年、信山社〕33-35頁参照）。

(1)　株主代表訴訟によって追及し得る責任の範囲

　会社法は、120条3項の利益の返還求める訴えや、102条の2第1項、212条1項または285条1項の支払を求める訴えというように、請求権を基準として代表訴訟によって追及し得る会社の権利の範囲を決定するとともに、発起人、設立時取締役、設立時監査役または役員等（取締役、会計参与、監査役、

執行役または会計監査人）というように（これらの者を「発起人等」とする）、債務者を基準として代表訴訟によって追及し得る権利の範囲を決定する（会847条1項。仙台高判平成24・12・27判時2195号130頁参照）。代表訴訟が債務者を基準として代表訴訟によって追及し得る権利（債務者の責任）の範囲を決定する類型につき、当該債務者が会社に負担する責任であれば、その全てにつき代表訴訟によって追及することを株主に認めてよいかが議論される。とくに、代表訴訟によって追及し得る取締役の責任の範囲の問題として議論が集積され、最三小判平成21・3・10民集63巻3号361頁（以下「最高裁平成21年判決」という）が示された。

　株主代表訴訟によって追及し得る責任の範囲を巡っては、提訴請求を実施し、60日が経過すれば、それだけで、たとえ、会社が提訴すべきではないと判断している場合であっても、株主は会社のために、会社の取締役に対する請求権を訴訟上行使できることになることから、会社の経営事項に干渉し、経営判断の裁量を制約しないかが問題となるとして議論が進んだ。

　まず、取締役の会社に対する責任のほか、取締役が会社に対して負う一切の債務を株主は会社のために代表訴訟により追及できるとする見解（全債務説）が挙げられる。これは、株主代表訴訟が役員相互の仲間意識から、役員の責任が追及されないまま放置される危険性があることから認められたものであることを踏まえ、その危険性は取締役が会社に対して負う一切の債務に存在することを根拠とするものであり、通説的な見解である。

　これに対して、提訴請求を受けた会社の不提訴判断の是非を審査して代表訴訟の係属を認めるアメリカ法と異なり、会社が不提訴の場合に一律に代表訴訟の係属を許容する日本法の下では、提訴懈怠可能性があるもの全てにつき代表訴訟の提起を許容すれば、会社の経営上の判断の余地を制約しすぎるとして、株主代表訴訟によって追及し得る取締役の責任の範囲を、責任追及に取締役会・監査役等の裁量が認められず、総株主の同意によってのみ免責が可能とされる会社法上の責任に限られるとする立場（限定債務説）がある（江頭494頁注(2)など）。

　このほか、全債務説と限定債務説を両極として中間的な見解が示されている（詳細は、山田泰弘「判批」会社法百選［3版］67事件を参照）。

　最高裁平成21年判決は、株主代表訴訟で追及し得る取締役の責任の範囲につき、取締役の地位に基づく責任のほか、取締役の会社に対する取引債務についての責任も含まれると解するのが相当であるとし、取引債務の履行請求については行使を認めたが、土地の所有権を巡る会社と取締役個人の紛争の一環として提起された、会社の所有権に基づく真正な登記名義の回復請求は行使できないとした。

　最高裁平成21年判決は、請求の一部を認めなかったことから全債務説には立たず、会社法上の責任に限定していないことから、限定債務説とも異なる。会社に対する取引債務についての責任が含まれる根拠は、それが取締役の地位に基づく責任に準じるものであることと考えられる。会社に対する取引債務の発生原因である取締役・会社間の取引は、直接取引として、利益相反取引規制に基づく手続（会356条1項2号、365条1項）を経て行うことが義務づけられ、取引相手である取締役は、その地位に基づく職務に関連するものとして、当該取引債務を忠実義務に則して履行しなければならないからである。履行されないことにより会社に損害が発生すれば、会社法423条1項に基づく請求権が発生し、会社法上の責任となるが、そうなる前の段階においても株主代表訴訟によって追及できるとしたのだと評価できる。そうであれば、最高裁平成21年判決は、限定責任説を基礎として、会社法上の責任を株主代表訴訟の対象とし、取締役の職務関連性から忠実に履行すべき債務についても例外的に対象としたと評価できよう（北村雅史「判批」民商142巻2号〔2010年〕198-200頁）。この線引きは、提訴懈怠可能性の是正と会社経営陣による経営判断の余地を確保すべきという相反する要請を調整することを意図し、株主代表訴訟の利用を一定範囲に留めようとする試みといえよう。取引債務には、履行債務のみならず、取引が無効である場合の不当利得返還債務、解除された場合の原状回復義務、取引の債務不履行時の損害賠償義務が含まれると考えられる。【設問】でXが主位的に求める本件土地の所有権移転登記抹消請求も甲社と甲社取締役Bとの利益相反取引に起因するものといえ、株主代表訴訟によって行使することが認められよう。

　なお、利益相反取引が無効である場合に、無効であるとして不当利得返還請求権を行使するか、追認するかという判断も取締役会は可能なはずで、株

主代表訴訟の対象とすれば十分に経営判断の余地を確保できていないとも評価し得なくはない。しかし、提訴請求がなされ、会社が不提訴判断をしたために株主が訴訟提起をしたとしても、会社は株主代表訴訟に訴訟参加をし、当該利益相反取引につき追認をしたとして訴訟の早期の棄却を申し立てることができ、取締役会の判断を尊重することができるため、問題はない（このような株主代表訴訟の仕組みを前提とすれば、全債務説をとっても、経営判断の裁量を一定程度保障できるため、最高裁判所のように株主代表訴訟の利用を一定の範囲に留めようとすることの合理性につき疑問も示される）。

(2) 提訴請求の意義

株主は、代表訴訟を提起するにあたっては、事前に会社に対し、責任追及等の訴えを提起することを請求しなければならない（会847条1項）。なぜなら、取締役等の責任を追及する訴訟を提起する権能は、本来は会社にあることから、訴訟を提起するかどうか判断する機会を会社に与え、内部的な調査を尽くさせるためである。

提訴請求は、被告となるべき者と請求の趣旨および請求を特定するのに必要な事実（特定請求原因〔民訴規53条1項かっこ書〕となる〔東京高判平成28・12・7金判1510号47頁〕）を、書面の提出または電磁的方法により提出しなければならないとされる（会施規217条）。この書面による提訴請求（提訴請求書）を受け付けるべき会社の機関は、原則として、会社を代表する業務執行機関である。しかし、取締役や執行役に対する責任追及訴訟に関する提訴請求について「自身または同僚が自身または同僚に対する責任追及の実施の可否を判断する」のは適切でない。会社法は、会社の機関設計に応じて取扱いを変更する。

業務監査機関のある会社では、業務監査機関が取締役・執行役する請求追及訴訟に関する提訴請求を受け付ける。監査役（会）設置会社では、監査役が提訴請求を受け付ける（会386条2項1号。ただし会計監査に職務範囲を限定された監査役（会389条7項）しかいない場合は業務監査機関のない会社として扱われる〔2条9号〕）。監査等委員会設置会社では、被告とされる者を除いた監査等委員が提訴請求を受け付ける（会399条の7第5項）。指名委員会等設置会社では、被告とされる者を除いた監査委員が提訴請求を受け付ける（会408条5項1号）。

　これに対して、業務監査機関のない会社では、通常の業務執行と同様に取締役（代表取締役）が提訴請求を受け付けざるをえない（会349条）。被告とされる者のみが取締役である場合には、提訴請求を受け付けた取締役は、責任追及の要否を判断する代表者を選任するよう株主総会（取締役設置会社では取締役会）に付議する義務を負うと解されよう（大系(4)440頁〔松山昇平＝門口正一〕）。株主総会または取締役会が責任追及等の訴えの提起を決定すれば、会社代表者を株主総会または取締役会で選ぶこともできる（会353条、364条）。

　提訴請求を受けた会社は、提訴請求書に記載の事項につき社内調査を行い、事実を確認し、請求に理由があるかを検討し、自身が提訴すべきかを判断する。会社が提訴請求を受けて60日以内に提訴をしない場合、提訴請求株主または提訴請求で被告とされた発起人等は、会社に対し、責任追及等の訴えを提起しない理由を書面等で通知するよう請求できる（会847条4項）。不提訴理由を開示させることで、社内調査を徹底させるとともに、証拠資料の収集能力の乏しい株主は提訴に必要な証拠資料を入手する機会を得ることになる（相澤・解説218頁参照）。

　なお、会社として提訴判断をする監査機関等が不提訴と判断することには善管注意義務・忠実義務を負う。不提訴判断にどの程度の裁量が認められるかには争いがある（前掲東京高判平成28・12・7。山田泰弘「判批」金判1515号〔2017年〕2頁を参照）。

(3)　瑕疵ある提訴請求の効果

　株主が提訴請求をしたが、会社がそれからの60日間に責任追及等の訴えを提起しないということが、提訴請求株主が代表訴訟を提起するための要件である（会847条3項）。提訴請求が会社に提訴判断の機会を保障することからは、提訴請求書の情報を、会社として提訴を判断する機関が正確に認識し、自ら提訴を判断し得る状況にあることが必要となる。このため、原則として、提訴請求の名宛人となるべき会社代表者を誤った提訴請求は効力を有さず、それを基礎に提訴された代表訴訟は、提訴後に改めて正当な会社代表者に提訴請求を行ったとしても、不適法であるとして却下される（東京地判平成4・2・13判時1427号137頁）。なぜなら、提訴請求の実施は、提訴のための単なる事前手続ではなく、株主代表訴訟の原告適格を認めるための訴訟要件だか

らである（笠井正俊「責任追及等の訴えの提訴前手続と審理手続」神作裕之編『会社裁判にかかる理論の到達点』〔2014年、商事法務〕399頁）。

【設問】(2)において監査役Ｃの423条責任の追及に関する提訴請求は代表取締役Ａに対して行わなければならず、不適法却下とされる可能性がある。もっとも、提訴請求の受領権限のない者に対してなされた提訴請求であっても、本来提訴請求を受領すべき会社代表者が、提訴請求の書面の記載内容を正確に認識し、自ら提訴を判断し得る機会があったと認められるのであれば、適式な提訴請求書が送付されたのと同視することができ、代表者を誤った提訴請求を行った株主より提起された代表訴訟は、却下されない（最三小判平成21・3・31民集63巻3号472頁）。代表者を記載せず、単に会社宛てになされた提訴請求も、即座には不適法な提訴請求とはされないだろう（大阪地判平成12・5・31判タ1742号141頁）が、却下判決を免れるためには、原告株主の側で、本来、提訴請求を受領すべき会社代表者が提訴請求の書面の記載内容を正確に認識し、自ら提訴を判断し得る機会があったこと（会社代表者の支配領域に到達していること）の立証が必要とされる。代表取締役等に提訴請求の本来の受領者に提訴請求の書面を回付する義務があることを肯定できれば（大阪弁護士会＝日本公認会計士協会近畿会編『社外監査役の理論と実務』〔2012年、商事法務〕436頁注3）〔三浦洲夫〕）、会社に送付された提訴請求書は、本来提訴請求を受領すべき会社代表者に回付され、その者は、提訴請求書の記載内容を認識し自ら提訴を判断し得る機会があったと原告株主は主張でき、この立証は容易となる。しかし、代表取締役等が法的に提訴請求書面を回付する義務を負うとは評価しにくいかもしれない（佐久間毅「判批」平成21年度重判解82頁）。

なお、瑕疵ある提訴請求の後に提起された代表訴訟に、会社が訴訟参加して提訴株主の原告適格につき取り立てて争わないときは、手続欠缺による瑕疵は治癒されたものと解される（共同訴訟参加につき東京地判昭和39・10・12判タ172号226頁。補助参加につき東京高判平成26・4・24金判1451号8頁）。

このほか、提訴請求をして60日が経過するのを待っていては会社に回復することができない損害が生ずるおそれがあれば、提訴請求要件を満たす株主は、直ちに責任追及等の訴えを提起することが認められる（会847条5項）。「60日の経過により株式会社に回復することができない損害が生ずるおそれ

がある場合」とは、例えば、取締役が財産を隠匿して無資力になるとか、会社の責任追及等の対象者に対する損害賠償請求権が時効にかかるおそれがある場合である。

4　多重代表訴訟（完全親会社等の株主による完全子会社発起人等の責任追及）の導入

　会社が持株会社化され、その事業が子会社で営まれている場合には、実際に事業を行う子会社取締役の任務懈怠行為によって発生する損害を回復するためには、持株会社株主には持株会社の取締役の責任を追及する道しか残されておらず、救済手段としては不十分となりかねない。この点を治癒するために、完全親会社等の一定の株主に、完全子会社のためにその発起人等の責任追及のための訴訟提起を認めるのが、多重代表訴訟である。しかしながら、グループ企業の実体は、全ての子会社につき一律に親会社株主に子会社取締役の責任を追及する多重代表訴訟の提起を許容するものではない。子会社といっても、(A)親会社の一事業部署（製造工場など）に等しいものから、(B)親会社から独立した事業主体としての実質を持つもの、さらには、(C)現実に収益を上げているという実績からくる力関係の逆転現象が発生している会社（事実的には、子会社取締役の発言力が強く、親会社取締役が十分なコントロールができないような会社）までバリエーションがある。多様な親子会社関係を想定すれば、問題となる事例を捕捉し、必要な範囲で多重代表訴訟の提起を許容すればよい。平成26（2014）年改正会社法は、完全親子会社に限り、総株主の議決権の100分の1または発行済株式の100分の1以上の株式を有する最終完全親会社等の株主にのみ追及し得る責任の範囲を限定すること（特定責任とされる）で多重代表訴訟の提起を認めた（最終完全親会社等の株主による特定責任の追及の訴え。会847条の3）。

　多重代表訴訟の導入に伴い、株式交換・株式移転が行われ、完全子会社となる会社の株主が、その会社の株主資格を失い、完全親会社となる会社の株主となることによる完全子会社となる会社の発起人等の責任追及の訴えの帰趨に関する取扱いについても見直しが行われた。訴訟係属中に株式交換・株式移転が行われた場合の処理規定（851条）に加え、株式交換・株式移転の効

力発生前に責任追及等の訴えが提起されていなくとも、完全子会社となった
会社の旧株主に、株式交換・株式移転の効力発生前に原因となる行為が行わ
れた責任に関する責任追及等の訴えの提起を認めることになった（旧株主に
よる責任追及等の訴え。会847条の２）。

【例題１】　冒頭の設問において、株主ＸとＡまたは甲社との間で次の(1)〜(3)のよ
うな関係性がある場合（それぞれは互いに独立している）、Ｘは株主代表訴訟の提起
を認められるか、また、ＡはＸに対して担保提供を請求できるか。
　(1)　ＡとＸとは兄弟であり、遺産相続でもめ、甲社の経営を巡って対立してお
　　　り、Ｘが牽制手段として株主代表訴訟を提起しているが、請求に法的・事実
　　　的根拠が全くないといえない場合
　(2)　Ｘの提訴が売名目的や社会正義の実現が提訴の主要な動機である場合
　(3)　Ｘが株主代表訴訟の提起・係属を種に甲社から金銭を喝取しようとしてい
　　　る場合
　《参照条文》会社法847条１項ただし書、847条の４第２・３項
　《参照判例》東京地判昭和61・５・29民集47巻７号4893頁・判時1194号33頁、京都地判
　　　　　　　平成16・12・27LEX/DB2810029、東京高判平成元・７・３金判826号３
　　　　　　　頁、大阪高決平成９・11・18判時1628号133頁

【例題２】　冒頭の設例において、株主代表訴訟係属中にＢが本件土地を転売し、
その対価を自身の借金の返済に当ててしまい、ＡＢＣの資力では甲社に対する損
害賠償請求に十分に応じられない状況であるとする。このとき、以下の問いに答
えなさい。
　(1)　甲社はＡＢＣの損害賠償責任を軽減（一部免除）することができるか。そ
　　　のためには甲社はどのような手続きを実施すればよいか。
　(2)　誰も株主代表訴訟に参加せず、ＸとＡＢＣとの間で和解が成立した。Ｘ以
　　　外の株主または甲社が後に同一の訴訟原因につきＡＢＣの損害賠償責任を追
　　　及する訴えを提起しないようにするためには、誰がどうしたらよいか。
　《参照条文》(1)会社法424〜428条、(2)会社法850条
　《参考文献》山田泰弘「取締役等の責任の一部免除と和解」会社争点164頁

【例題３】　甲銀行（監査役会設置会社の東証一部上場会社）は乙株式会社（公開会社
でない取締役会設置会社）に対する融資が不良債権化する可能性が高い状況である
のにかかわらず、乙社の新規事業の資金としてさらに200億円の融資を行った。甲
銀行の代表取締役Ａ、取締役ＢＣは、経営会議で、乙社に対する200億円の融資

の実行を決定した。その際、融資部より乙社への融資の不良債権化は否めずこれ
以上の融資はすべきでないとの指摘を受けていたが、これまでの関係を考慮して
融資を決定していた。財務状況が悪化している乙社は、平成30年6月に甲社は民
事再生を申し立てた。甲銀行の本件融資は、そのうち80億円が回収不能となった。

　甲銀行は、従前からの計画に従い、地方銀行を完全子会社として有する純粋持
株会社である丙ホールディングス（監査役会設置会社、東証一部上場会社）と経営
統合をするため、丙ホールディングスを完全親会社、乙銀行を完全子会社とする
株式交換契約を締結し、平成30年5月に、乙銀行と丙ホールディングスは、株式
交換契約等を備置開示し、同年6月末にはそれぞれの定時株主総会で株式交換契
約が承認された。株式交換契約の効力発生日は、同年9月29日とされた。

　甲銀行行員であるXは、銀行融資部に所属しており、乙社への融資についても
警鐘を鳴らしたにもかかわらず、ABCが融資を実行したことは問題であると感
じていた。Xは甲銀行入社時（1973年）から甲銀行株1,000株を有していたことか
ら、甲銀行を退職するにあたり、ABCの本件融資に関する会社法上の責任を追
及するべく、平成30年8月10日に、甲銀行監査役Eに提訴請求を行った。甲銀行
が提訴せず60日が経過したことから、同年10月12日に代表訴訟を提起した。この
ときすでに株式交換契約の効果により、Xは、乙銀行株主ではなく、丙ホールデ
ィングスの株主となっていた。

　(1)　Xの訴訟提起は認められるか。

　(2)　丙ホールディングスの発行済株式の2％を同社設立以来有するGは、AB
　　　Cの甲社に対する責任を追及し得るか。仮に、本件融資が平成30年9月29日
　　　以降である場合はどうか。

《参照条文》会社法847条、847条の2、847条の3

（やまだ・よしひろ）

24 取締役の第三者に対する責任

中村 信男

(1)

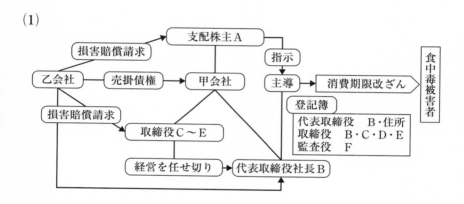

(2)

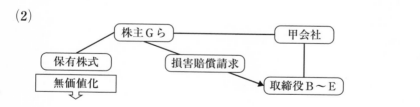

【設 問】

甲株式会社（以下、「甲会社」という。）は、食肉加工食品の製造販売を主たる事業として営む公開会社であり、Aが発行済株式総数の80％を保有している。甲会社は、会社法上の大会社ではなく、株式を金融商品取引所に上場していない。同社の取締役は、B、C、DおよびE（以下、「取締役Bら」と総称する。）であり、Aの配偶者Bが代表取締役社長である。同社は、監査役設置会社であり、監査役はFである。また、甲会社の株主は、Aのほかは、同社の取引先関係者Gらである。

　甲会社の業務執行は代表取締役社長Bに一任され、C〜Eは月額20万円の取締役報酬を受け取りながら、同社の経営の一切をBに任せきりにしていた。また、Bは、日常業務を除く重要な業務執行についてはAの指示を仰いで決定し、これを執行するのを常としている。そのため、Aは同社では「オーナー」と称され、同社の業務執行に大きな影響力を行使している。甲会社は、ここ数年、取扱商品の販売が振るわず、在庫が嵩んでいたことから、事態打開のため、消費期限切れの在庫品の消費期限を書き換えて販売してきた。この措置は、販売低迷と在庫増を憂慮するAの指示を受けたBが主導したものであるが、C〜EおよびFには知らされなかった。ところが、同社の販売商品を食べた消費者が、同商品の腐敗を原因とする食中毒となり損害を被った。その後、同社の工場労働者が、同社の販売商品の消費期限の改ざんを内部告発し、同社における食品表示法違反の事実が発覚した。また、同社の販売商品を食べて食中毒となり損害を被った被害者が続出したことから、甲会社は被害者の損害の全額を賠償することができなくなり、事実上倒産するに至った。そのため、甲会社に原材料を販売し売掛債権を有していた債権者の乙会社は、売掛金1,000万円を回収することができなくなった。さらに、甲会社の株式の価値が無価値化した。

　以上の事実を前提に、以下の小問(1)および(2)に解答せよ。なお、小問(1)および小問(2)は、それぞれ独立した問題である。

(1)　乙会社は、取締役Bらのほか、支配株主Aに対し、会社法429条1項に基づき損害賠償責任を追及することができるか。なお、甲会社では、これまで株主総会が一度も開催されていないため、取締役Bらの選任手続が正式にとられたことがなく、株主総会を招集・開催したこととして議事録を作成し、Bらの取締役選任登記およびFの監査役選任登記を行ってきたが、乙会社は、このことを知らなかった。

(2)　甲会社の少数株主Gらは、同社株式の無価値化により被った損害の賠償を会社法429条1項に基づき取締役Bらに対して請求することができるか。なお、小問(2)では、取締役Bらの選任手続は適法かつ有効に行われたものとする。

1　問題の所在

　本間は、第1に、株式会社の取締役が当該株式会社に関連する法令（本間では食品表示法5条および内閣府令の食品表示基準）に違反する行為を行って会社に損害を被らせ、これにより第三者に損害を被らせたケース（間接損害事例）につき、当該行為を主導した代表取締役および代表取締役に経営の一切を任せきりにしていた名目的取締役の当該第三者に対する会社法429条1項所定の損害賠償責任の成否が、まず検討すべき問題となる。

　第2に、小間(1)では、甲会社において取締役選任手続が正式に行われたことがないとされていることから、取締役Bらは法律上の取締役（de jure director）ではない。そのため、判例・多数説によれば役員等の任務懈怠を前提とするものとされている会社法429条1項の責任が、どのようなアプローチで、法律上は取締役でないBらに課されるべきかが、問われている。また、支配株主Aは甲会社の取締役でなく、取締役としての登記もないが、同社のオーナーと称されて甲会社の重要な業務執行についてBに指示を行い、Bはこれに従って重要業務を執行するのを常としていたこと、Aは甲会社の経営破綻や乙会社の債権回収不能を招来することとなった法令違反行為を代表取締役Bに指示していたことを勘案すると、Aの責任を不問に付すことは妥当でない。そこで、取締役に指示を行って当該行為を行わせ第三者の損害発生を招来した支配株主Aについても、第三者に対する損害賠償責任を課すための法的手法の如何が問題となる。

　第3に、小間(1)の乙会社のような会社債権者が会社法429条1項の「第三

者」に含まれることにはほぼ異論がない。これに対し、小問(2)の少数株主Ｇ
らのような株主が同項の「第三者」に含まれるかどうかを巡っては、本問の
モチーフとなった裁判例はこれを否定的に解する立場を採用する。しかし、
学説上は肯定説と否定説の対立があり、重要な論点である。

2　会社法429条１項の役員等の第三者に対する責任の法的性質・成立要件

(1)　会社法429条１項の役員等の第三者に対する損害賠償責任の趣旨

　役員等の第三者に対する損害賠償責任を定める会社法429条１項の趣旨と
同項所定の責任の法的性質について、最大判昭和44・11・26民集23巻11号
2150頁は、取締役が株式会社以外の第三者との間では直接の法律関係に立た
ないため、善管注意義務等に違反して第三者に損害を被らせたとしても、当
然には損害賠償責任を負うことはないとしつつ、「法は、株式会社が経済社
会において重要な地位を占めていること、しかも株式会社の活動はその機関
である取締役の職務執行に依存するものであることを考慮して、第三者保護
の立場から、取締役において悪意または重大な過失により右義務に違反し、
これによつて第三者に損害を被らせたときは、取締役の任務懈怠の行為と第
三者の損害との間に相当の因果関係があるかぎり、会社がこれによつて損害
を被つた結果、ひいて第三者に損害を生じさせた場合であると、直接第三者
が損害を被つた場合であるとを問うことなく、当該取締役が直接に第三者に
対し損害賠償の責に任ずべきことを規定した」と判示する。この立場は、そ
の後の最高裁判決でも踏襲され（最一小判昭和45・７・16民集24巻７号1061頁、最
三小判昭和49・12・17民集28巻10号2059頁、最一小判平成元・９・21金判835号３頁等）、
判例法理として確立している。
　これに対し、学説上は見解の対立があり、当該責任法定の趣旨を悪意・重
過失のある役員等の責任厳格化に求める責任厳格化説（大阪谷公雄「取締役の
責任」田中耕太郎編『株式会社法講座　第三巻』〔1956年、有斐閣〕1135頁～1137頁、大隅
＝今井（中）262頁、コンメ(9)343頁～344頁〔吉原和志〕、大隅＝今井＝小林248頁等）と、
主観的要件を民法の一般不法行為責任よりも厳格化することで役員等の責任
を軽減することに求める責任軽減説（松田二郎『株式会社法の理論』〔1962年、岩
波書店〕285頁～286頁）とに大別される。多数説は前者の責任厳格化説であり、

わが国の株式会社の圧倒的多数を占める中小規模の同族的株式会社において
は株主の有限責任享受のための前提条件ともいうべき計算関係の公開が十分
に行われていないこと等を勘案し、会社法429条1項の責任が法人格否認の
法理の代替機能を果たすことを、前提理解とする（コンメ(9)342頁〜343頁〔吉
原〕）。他方、後者の責任軽減説は少数有力説であるが、本来的な株式会社と
いうべき大規模公開性の株式会社では、複雑かつ大量の会社業務の迅速・効
率的な処理を求められる取締役がその職務を円滑に遂行できるようにするた
め、責任の合理化が求められ、同項はその観点から、株式会社役員等の第三
者に対する不法行為責任を、当該役員等に軽過失がある場合には免責とする
ものと解するものである（松田・前掲『株式会社法の理論』285頁）。

　このように両説は主として念頭に置く株式会社像に大きな違いがあるた
め、学説の評価にあたっては、そのことに十分留意する必要があるが（この
点につき、上村達男『会社法改革』〔2002年、岩波書店〕222頁以下が示唆に富む。）、役
員等の第三者に対する責任が、団体法理からすれば例外的な政策的責任であ
ることは確かである。

　そこで、その政策目的を探ると、これと同様の責任が、会社法上は持分会
社の業務を執行する有限責任社員について法定され（会597条）、会社法以外
の法令でも、他の有限責任制組織について業務執行者に同種の責任が規定さ
れていること（消費生活協同組合法31条の4第1項、農業協同組合法35条の6第8項、
中小企業等協同組合法38条の3第1項、森林組合法49条の3第8項、水産業協同組合法39
条の6第8項、保険業法53条の35第1項、有限責任事業組合契約に関する法律18条1項等）
が注目される。株主・社員等の有限責任制との関連を踏まえると、この責任
法定の趣旨は、株主・社員等の間接有限責任制のもと、自己の悪意または重
大な過失のある任務懈怠行為により、会社債務の弁済の唯一の引当てとなる
会社等の財産の減少・欠缺を招来した役員等に対し、特別の責任を負わせる
ことで、会社債権者の利益保護を図ろうとしたことに求められると考えられ
る（中村信男「取締役の対第三者責任の政策目標とその機能領域」今中還暦544頁〜545
頁。先行研究の山下友信「支払見込みのない手形振出と取締役の対第三者責任」上柳還暦
297頁も同旨。）。そうだとすれば、会社法429条1項に定める役員等の第三者に
対する責任は、会社債権者を中心とする第三者保護のための責任と解される

ことになろう。

　その一方で、現行法制上のガバナンスの規律面の違い、計算関係の公開および公開される計算書類等に対する会計監査の有無等を勘案すると、これらの面での規律の脆弱な中小株式会社と法制上の規律が比較的厳格に設計されている大規模公開株式会社とでは、役員等の第三者に対する責任の認定の在り方が差別化されるべきであろう。こうした観点からは、責任厳格化説を基調とした場合でも、大規模公開株式会社については責任軽減説の問題意識を共有し、中小非公開株式会社よりも、役員等の第三者に対する責任が認められるケースを限定的に捉えることも一考に値する。

(2)　会社法429条１項に定める役員等の第三者に対する責任の法的性質・成立要件

　判例・多数説によれば、前述のように、会社法429条１項に定める役員等の第三者に対する責任は株式会社役員等の責任厳格化のためのものと捉えられるが、この立場にあっても、その法的性質を巡り見解の対立が見られる。判例は、前述のように、この責任を、第三者保護の観点から法定された、不法行為責任とは異なる法定特別責任と理解する（法定特別責任説）。多数説の中でもこれと同旨の見解（大阪谷・前掲「取締役の責任」1135頁～1136頁、鈴木＝竹内306頁、コンメ(9)346頁〔吉原〕、前田483頁）が比較的多く見られる。これに対し、この責任の法的性質を不法行為責任と捉えた上で、当該責任の立法趣旨を第三者保護に求める立場から、一般不法行為責任よりも成立し易く設計された特殊の不法行為責任と捉える特殊不法行為責任説（田中（上）693頁、大隅＝今井（中）262頁等）も有力に提唱されている。

　しかし、第１に、法定特別責任説と特殊不法行為責任説との違いこそあれ、判例（前掲最大判昭和44・11・26の多数意見、最一小判昭和51・6・3金法801号29頁）・多数説は、有責役員等の悪意・重過失が当該役員等の任務懈怠について認められれば足りると解する点で共通するため、第三者の損害発生に対する認識または認識可能性のあることを要求せず（大阪谷・前掲「取締役の責任」1135頁、鈴木＝竹内307頁、田中（上）693頁、大隅＝今井（中）262頁、コンメ(9)380頁～381頁〔吉原〕、大隅＝今井＝小林249頁、前田483頁）、この点で違いはない。

　第２に、有責役員等が第三者に賠償すべき当該第三者の損害の範囲につい

て、判例は、前記最大判昭和44・11・26（多数意見）が判示するように、悪意または重大な過失のある役員等の任務懈怠によって会社が損害を被り、その結果として第三者が損害を被った間接損害のケースと、有責役員等の悪意または重大な過失のある任務懈怠により第三者が直接損害を被った直接損害のケースの双方において、役員等が自己の悪意または重大な過失による任務懈怠と相当因果関係のある第三者の損害を賠償すべきものとする両損害包含説の立場に立つ。

　これに対し、学説は見解の対立があり、(I)判例と同様の両損害包含説（大阪谷・前掲「取締役の責任」1135頁〜1136頁、鈴木＝竹内307頁〜308頁、田中（上）681頁、大隅＝今井＝小林249頁〜250頁等）、(II)役員等の第三者に対する責任の射程を債権者の間接損害に限定する間接損害限定説（佐藤庸『取締役責任論』〔1972年、東京大学出版会〕133頁・138頁）、(III)債権者については両損害包含説の立場に立ちつつ株主については当該責任の射程が直接損害に限定されるとする説（大隅＝今井（中）269頁〜270頁、前田484頁〜486頁）とに大別される。このうち、II説は、直接損害は不法行為法理による救済に委ね、株主の間接損害は株主による責任追及等の訴え（会847条）による会社損害の回復を通じた救済に任せるべきものとする（佐藤・前掲『取締役責任論』138頁〜139頁・195頁・198頁）。III説も、株主の間接損害については、その救済を株主による責任追及等の訴えを通じた会社の損害回復により図るべきことを主張する（大隅＝今井（中）269頁〜270頁、前田484頁〜485頁）。

　このように、会社法429条1項の責任の射程を巡り学説上は対立があるが、小問(1)では、乙会社が被った損害は間接損害に当たると考えられる上に、会社債権者が「第三者」に含まれると解することには、上記学説のいずれに立脚しても異論がないから、有責取締役の乙会社に対する会社法429条1項の責任が成立する余地があると解される。

(3)　小問(1)への当てはめ

①　代表取締役Bの責任の有無

　そこで、小問(1)について検討すると、第1に、甲会社の代表取締役Bが主導した販売商品の消費期限の改ざんは、食品の製造・販売を事業として営む甲会社の取締役が遵守すべき法令である食品表示法等に違反し、Bの任務懈

怠（会社法355条違反）を構成する。本問では、Ｂに関連法令違反についての悪意があったことが明示されていないが、甲会社の事業内容からすれば、消費期限の改ざんが関連法令に違反することは容易に知り得たといえるから、代表取締役Ｂに任務懈怠について重大な過失があったといってよい。したがって、消費期限の改ざんを主導した代表取締役Ｂには悪意または重大な過失のある任務懈怠が認められ、これにより甲会社の損害を生じさせ、ひいて会社債権者の乙会社に損害を被らせたと考えられるため、Ｂが法律上の取締役であれば、会社法429条１項に基づく乙会社に対する損害賠償責任を負うと解することに異論はないであろう。

②　名目的取締役Ｃ〜Ｅの責任の有無

第２に、甲会社の登記簿上の取締役のうち取締役ＣないしＥは、同社の経営の一切をＢに任せきりにしていたとされ、このこと自体、取締役会設置会社の代表取締役以外の取締役に課される監視義務を懈怠するものといえる。前述のように、判例・多数説によれば、会社法429条１項に基づく役員等の第三者に対する責任の成立要件である「悪意又は重大な過失」は役員等の任務懈怠について存すれば足り、第三者の損害発生について認められる必要がないと解されているため、悪意または重大な過失により監視義務を懈怠し特定の取締役の任務懈怠を許した役員等も、そのことと因果関係のある第三者の損害を賠償すべき責任を負うものとされている。現に、最高裁判例（前掲最大判昭和44・11・26、最三小判昭和48・5・22民集27巻5号655頁、最三小判昭和55・3・18判時971号101頁）は、会社業務の一切を代表取締役に任せきりにしていた名目的取締役について、取締役会上程事項のみならず代表取締役の業務執行一般に対する監視義務を負う旨を判示し、問題となった名目的取締役の悪意または重大な過失による監視義務の懈怠を理由に、当該名目的取締役の第三者に対する責任を認めている（なお、因果関係の否定により有限会社の名目的代表取締役の責任を否定した最高裁判例として、前掲最一小判昭和45・7・16参照）。

もっとも、下級審裁判例を見ると、中小同族会社の名目的取締役が監視義務を尽くしてもワンマン経営者の失当な業務執行を是正することが事実上不可能であったケース等には、当該名目的取締役の重過失を否定したり（大阪高判昭和54・3・23下民集30巻1〜4号137頁、大阪地判昭和55・3・28判時963号96頁、

東京地判昭和55・4・22判時983号120頁、東京高判昭和56・9・28判時1021号131頁、東京高判昭和57・3・31判時1048号145頁、浦和地判昭和58・6・29判時1087号130頁等）、悪意または重過失による任務懈怠と第三者の損害との間の因果関係の存在を否定したりして（名古屋高判昭和54・9・20下民集32巻5～8号572頁、東京地判昭和58・2・24判時1071号131頁、東京高判昭和59・11・13判時1138号147頁、東京地判平成6・4・26判時1526号150頁、東京地判平成6・7・25判時1509号31頁等）、名目的取締役の第三者に対する責任を否定することも少なくなかった（注釈(6)334頁～335頁〔龍田節〕、コンメ(9)394頁～396頁〔吉原〕、黒沼149頁）。このように会社法制定・施行前の事案に関する前記下級審裁判例が名目的取締役の責任を否定する実質的理由は、平成17（2005）年改正前商法がすべての株式会社に取締役会の設置を義務付け、3名以上の取締役の選任を強制していた（同法255条）ため、員数揃えのための名目的な取締役が存在していたことにある（江頭515頁）。

　しかし、会社法下では、公開会社でない株式会社について取締役会の設置が任意化され、取締役会を設置しない場合は取締役の員数が1人で足りる（会326条1項）ため、名目的取締役による員数揃えの必要がなくなっている。現に、最近の下級審裁判例を見ると、各事案の事実関係の特性に因ると思われる面（先物取引等の被害者からの損害賠償請求を求める事案が目立つ。）もあるものの、名目的代表取締役や名目的取締役について、たとえ無報酬であったとしても取締役としての義務を免れないとした上で、悪意または重大な過失による任務懈怠を認定し、第三者に対する損害賠償責任を肯定するケースが少なくない（東京地判平成20・12・15判タ1307号283頁、東京地判平成22・4・19判タ1335号189頁〔外国為替証拠金取引関連〕、東京地判平成22・10・26先物取引裁判例集61号69頁〔海外商品先物取引関連〕、東京高判平成23・12・7判タ1380号138頁〔金融商品取引まがいの詐欺的取引関連〕、東京地判平成23・12・21先物取引裁判例集65号261頁〔新株予約権付社債の販売名下の詐欺行為関連〕、東京地判平成24・1・16先物取引裁判例集64号407頁〔未公開株詐欺関連〕、仙台地裁大河原支判平成24・3・23先物取引裁判例集65号298頁〔リゾート施設利用権の詐欺的取引関連〕、東京地判平成25・11・26先物取引裁判例集70号199頁〔詐欺的な社債発行関連〕、東京地判平成26・1・28先物取引裁判例集70号282頁〔投資詐欺〕、大阪高判平成26・2・27判時2243号82頁、大阪地判平成28・1・13判時2306号77頁〔投資詐欺〕、東京地判平成28・9・8先物取引裁判例集76号81頁〔投資詐欺〕、大阪高

判平成29・4・20判時2348号110頁〔和牛預託取引関連〕、名古屋地判平成29・12・27金判1539号16頁〔組織的投資詐欺関連〕等）。

　これを踏まえて本問について検討すると、甲会社は会社法上の公開会社（会2条5号）であるが、現実の問題としてその種の株式会社である必要が必ずしもないのであれば、その場合は、名目的取締役の責任がむしろ重くなることが指摘されているため（江頭515頁）、取締役C〜Eの責任が否定されることは考えにくい。また、甲会社が公開会社である必要がある場合は、会社経営の一切を代表取締役に任せきりにすること自体、会社法の予定する業務執行の在り方から大きく逸脱するものであって、代表取締役の業務執行に対する適切な牽制を行っていない取締役C〜Eは、悪意または重大な過失による任務懈怠があるといわざるを得ない。したがって、いずれにせよ、C〜Eには取締役としての任務の懈怠があり、そのことにつき悪意または重大な過失があるといえるため、Bと連帯して乙会社に対し会社法429条1項の責任を負うことになろう（会430条）。

3　選任手続を欠く登記簿上の取締役および事実上の主宰者

(1)　選任手続を欠く登記簿上の取締役の責任——取締役B〜E関係——

　小問(1)では、Bらについて甲会社の株主総会における有効な取締役選任決議が存在しないため、取締役として登記されているBらは、法律上は取締役の地位を有していない。判例・多数説によれば、会社法429条1項の責任が任務懈怠を前提とするものとされるので、同項により第三者に対し損害賠償責任を負う「役員等」は、有効な株主総会決議により役員等として選任された法律上の役員等であることが必要であるとされている（最一小判昭和47・6・15民集26巻5号984頁）。そのため、乙会社は、法律上の取締役でないBら登記簿上の取締役に対し会社法429条1項の責任を問えないことになるのかが問題となる。

　この点について、前掲最判昭和47・6・15は、登記簿上の取締役について、平成17年改正前商法14条（＝会908条2項）にいう「不実の登記事項が株式会社の取締役への就任であり、かつ、その就任の登記につき取締役とされた本人が承諾を与えたのであれば、同人もまた不実の登記の出現に加功した

ものというべく、したがつて、同人に対する関係においても、当該事項の登
記を申請した商人に対する関係におけると同様、善意の第三者を保護する必
要があるから、同条の規定を類推適用して、取締役として就任の登記をされ
た当該本人も、同人に故意または過失があるかぎり、当該登記事項の不実な
ことをもつて善意の第三者に対抗することができないと解するのを相当とす
る。」との規範を定立した上で、取締役就任登記に承諾を与えた上告人（被
告・控訴人）に登記事項が不実であることを知らなかったことにつき過失が
あるとの原審の認定に基づき、第三者に対する損害賠償責任を免れることが
できない旨を判示する。

　この最高裁判決は判例法理として以後の下級審裁判例によって踏襲されて
いるが、学説上は、第三者が取締役選任登記の存在すら知らずに株式会社と
取引を行い、当該株式会社の役員等の責任追及の段階で初めて登記を確認し
た場合であっても、会社法908条2項の適用が認められると解するのが多数
説であり（田邊光政『商法総則・商行為法〔第4版〕』〔2016年、新世社〕137頁）、判
例もこれを暗黙の前提としているとされていることもあり、登記簿上の取締
役の第三者に対する責任の追及事例では、登記に対する信頼保護という問題
が生じないケースが少なくない。そのためか、下級審裁判例は、登記簿上の
取締役については取締役でないことを善意の第三者に対抗することができな
いとしつつ、重過失の否定等により第三者に対する責任を否定する事例の方
が多いとされている（藤田友敬「いわゆる登記簿上の取締役の第三者責任について」
米田古稀15頁、江頭516頁）。

　しかし、上記の判例の基本的アプローチに対しては、学説上、取引安全保
護のための平成17年改正前商法14条・会社法908条2項を根拠として、登記
簿上の取締役につき、外観法理でない会社法429条1項に基づく責任を導く
ことに対し批判的な見解がある（竹内昭夫「判批」同『判例商法I』〔1976年、弘文
堂〕294頁以下）。また、この判例・多数説のアプローチによれば、悪意の第三
者が保護されないことになるが、会社法429条1項の責任追及による第三者
保護の必要性が比較的高いと考えられる中小会社においては、債権者となっ
ている取引先が当該中小会社で株主総会不開催が常態化していることを知っ
ているケースも少なくない。そのようなケースで、悪意または重過失による

　自らの失当行為により第三者に損害を被らせた登記簿上の取締役が、当該第三者において当該取締役が法律上の取締役でなく登記事項が不実であったことを知っていたことを理由に、自己の免責を主張することができるとすれば、問題であろう。

　そこで、学説上、英米法の事実上の取締役（de facto director）法理を参考に、第三者が悪意である場合でも、取締役としての外観のもと継続的に取締役としての職務を行う事実上の取締役は、当該第三者に対する関係でも会社法429条1項の要件を満たす限り同項の損害賠償責任を免れないとする事実上の取締役理論（石山卓磨『現代会社法講義〔第3版〕』〔2016年、成文堂〕230頁～231頁・325頁）が有力に提唱されている。この理論の提唱者は、登記簿上の取締役のうち本問の取締役Bのように取締役としての外観と継続的職務執行の双方が認められる者を狭義の事実上の取締役と捉えた上で、取締役C～Eのように名目的存在の登記簿上の取締役は、継続的職務執行こそ欠けるものの、取締役就任登記に承諾したことで取締役の地位を引き受けたといえるため、これを広義の事実上の取締役と位置づけ、いずれについても第三者の善意・悪意を問わず、事実上の取締役としての悪意または重過失による任務懈怠が認定される限り、会社法429条1項の類推適用により第三者に対する責任を認めるべきと主張する（石山・前掲『現代会社法講義〔第3版〕』325頁）。

　このように、登記簿上の取締役の責任を導くアプローチは、現状、不実登記の効力による判例法理と事実上の取締役理論とに分かれるが、小問(1)では、乙会社はBらが甲会社の法律上の取締役でないことを知らなかったとされているため、判例法理に立っても、乙会社の主観的事情を理由に乙会社に対するBらの取締役としての責任が否定されることはない。他方で、従来の判例によれば、小問(1)で乙会社が甲会社の登記簿を見て取引関係に入ったものでない場合は、Bらの乙会社に対する責任が否定される余地も残るが、少なくとも代表取締役Bの責任は否定されるべきでないであろう。これに対し、事実上の取締役理論によれば、まさしくBが甲会社の代表取締役として行為し問題となった法令違反行為を主導しているため、乙会社に対する責任が認められるであろうし、C～Eの責任も肯定されるものと思われる。

(2)　事実上の主宰者の責任──A関係──

　小問(1)で、乙会社は代表取締役Bに経営上の指示を行っていた支配株主A
の責任を追及しようとしているが、Aの責任を導くことができるとすれば、
どのような法的手法によることになるか。Aは甲会社の支配株主であって、
登記簿上も甲会社の取締役とされていないため、会社法429条1項の責任を
負わせることができないとの結論もあり得る。しかし、甲会社の重要な業務
執行は代表取締役BがAの指示を仰いで決定し、これを執行するのを常とし
ているため、Aが同社では「オーナー」と称され、同社の業務執行に大きな
影響力を行使しているとされていること、乙会社の損害発生の引き金となっ
た法令違反行為も、取扱商品の販売低迷と在庫増を憂慮するAの指示に従っ
て行われたとされていることを踏まえると、Aの乙会社に対する責任を否定
することは妥当な結論といえない（同様の問題意識として、田中（亘）366頁・コ
ラム4-82）。

　そのため、学説上は、第1に、会社法429条1項の責任の法的性質を不法
行為責任と解する立場から、解決策を共同不法行為責任に求めた上で、Aの
ように会社業務に通例的な指揮を行う支配株主を不法行為の教唆者と捉え、
民法719条2項を介して、これに有責取締役との連帯責任を課すことができ
るとの見解が提唱されている（田中（上）696頁、大隅健一郎「親子会社と取締役の
責任」商事1145号〔1988年〕45頁～46頁）。この見解は会社法429条1項の責任を
不法行為責任と解する立場を前提とするため、同項の責任を不法行為責任と
異なる特別な法定責任と解する判例およびこれと同旨の学説では、同様の結
論を導くことができない憾みがある（田中（上）696頁）。しかし、小問(1)のよ
うなケースで支配株主の責任を肯定すべきとの結論が妥当であるとすれば、
法定特別責任説の立場でも通用するアプローチの方が有用かつ必要である。

　そこで、第2に、取締役として選任されていないものの会社の業務執行を
取締役に対し通例的に指揮している支配株主等を影の取締役（shadow director）
と称して、取締役の義務・責任に関して取締役概念に包摂し、取締役として
の義務・責任を課すイギリス会社法の影の取締役法理に倣って、会社業務を
実質的に決定する実質的経営者を取締役に準じる事実上の主宰者（実質的経
営者）と捉え、これに会社法429条1項の責任を課すべきとの理論が提唱さ

れている（中村信男「判例における事実上の主宰者概念の登場」判タ917号〔1996年〕116頁）。この説は、取締役概念の実質的把握により第三者に対する責任を負担すべき者を探るアプローチであるため、法定特別責任説でも通用する汎用性があり、不法行為法理を介する第1の見解よりもメリットがある。また、このアプローチでは、支配株主等が取締役に対し会社の重要業務執行事項について通例的な指揮を行っていることが、当該支配株主等を当該会社の事実上の主宰者と認定するための要件と解されるため（中村・前掲「判例における事実上の主宰者概念の登場」118頁～119頁）、Aを甲会社の事実上の主宰者と認定することが可能である。これによりAを会社法429条1項の「取締役」として扱うことができるため、Aがその指揮を受け行為していたBとともに乙会社に対する損害賠償責任を免れないと解することができるであろう。なお、本問でAは甲会社内で「オーナー」と称されていたことから、Aのような支配株主を事実上の主宰者と認定し取締役に準じて扱うための要件として、当該会社の実質的経営者としての外観の存在が必要かどうかは、一つの解釈上の問題となる。しかし、ここでは会社経営の意思決定に対する支配と責任との相関・一致が問われている以上、事実上の主宰者（実質的経営者）の認定に当たっては、外観の存在は不可欠の要件でないというべきであろう（中村・前掲「判例における事実上の主宰者概念の登場」119頁）。

　ちなみに、近時の下級審裁判例を見ると、このアプローチ自体を否定するものが僅かながら存在するものの（東京地判昭和55・11・26判時1011号113頁、東京地判平成5・3・29判タ870号252頁）、事実上の主宰者アプローチの有用性を踏まえてか、支配株主を事実上の主宰者（事実上の取締役）と認定し平成17年改正前商法266条ノ3第1項・会社法429条1項の類推適用によって当該支配株主の第三者に対する責任を肯定するケースが少なくない（東京地判平成2・9・3判時1376号110頁、大阪地判平成4・1・27労判611号82頁、京都地判平成4・2・5判時1436号115頁、名古屋地判平成22・5・14判時2112号66頁、東京地判平成29・2・28〔2017WLJPCA02288012〕）。こうした下級審裁判例の展開は、妥当なものと評価することができるが、他方で、これまでの裁判例では、支配株主等を事実上の主宰者（事実上の取締役）と認定する要件が明確化されていない（黒沼150頁）上に、会社との間に任用契約関係のない支配株主の「任務」を導くための法

律構成も明示されておらず、理論上の課題が残されていることに留意する必要がある（これらの点につき、中村信男「判批」金判1379号〔2011年〕6頁～7頁参照。また、最近の関連研究として、品川仁美「『事実上の取締役』の第三者責任に関する判例の検討」石山卓磨〔監修〕『検証 判例会社法』〔2017年、財経詳報社〕283頁以下がある）。

4　間接損害を被った株主と会社法429条1項の「第三者」

(1)　判例と学説の状況

　小問(2)は、甲会社が食中毒被害者に対する多大な損害賠償債務の負担により事実上倒産したことで保有株式の無価値化という損害を被った少数株主Gらが、会社法429条1項にいう「第三者」として有責取締役に対し直接、損害賠償請求を行うことができるかが問われている。Gらの損害は甲会社の損害発生により生じた間接損害であるところ、取締役の悪意または重大な過失による任務懈怠によって間接損害を被った株主が会社法429条1項の第三者として有責取締役に対し損害賠償請求を行えるのかどうかが、小問(2)のポイントである（関連する先行研究として、伊藤雄司「会社財産に生じた損害と株主の損害賠償請求権（四・完）」法協124巻3号〔2007年〕649頁以下参照）。

　この点について、判例は、公開会社で業績悪化による株式の無価値化を理由に株主が取締役の損害賠償責任を追及した事例を扱った東京高判平成17・1・18金判1209号10頁が、基本的に、株主は株主代表訴訟により会社の損害回復を図るべきであり、特段の事情のない限り、会社法429条1項や民法709条により取締役に対して直接に損害賠償責任を追及することができない旨を判示する。その論拠として、(i)会社の損害が回復すれば株主の損害も回復すること、(ii)取締役への直接的な責任追及を株主に認めると、取締役は、会社のみならず株主に対しても責任を負うことになり、2重責任が生ずるが、これを避けるために、株主に対し直接責任を負担した分だけ会社に対する責任を減額すると、会社に対する任務懈怠責任の免除に総株主の同意を要する会社法424条と矛盾すること、(iii)株主による直接的な損害賠償請求を間接損害について認めると、会社債権者に劣後すべき株主が債権者より先に会社財産の分配を受ける結果を招き、会社法における株主・会社債権者間の利害調整秩序に違反する上に、株主相互間でも不平等を生じさせることが挙げられて

いる。もっとも、同判決は、「株式が公開されていない閉鎖会社においては、株式を処分することは必ずしも容易ではなく、違法行為をした取締役と支配株主が同一ないし一体であるような場合には、実質上株主代表訴訟の遂行や勝訴判決の履行が困難であるなどその救済が期待できない場合も想定し得るから、このような場合には、前記の特段の事情があるものとして」、株主は民法709条に基づき取締役に対し直接株価の下落による損害の賠償を請求することもできると解すべきである、とも判示する。同判決は、この点に関して公開会社と解釈上の区別を示唆しており（同旨、田中（亘）362頁・コラム4-80）、注目される。

　他方、株主の第三者性を巡る学説の状況を見ると、学説は、株主の直接損害のみならず間接損害についても第三者性を肯定し有責取締役に対する会社法429条1項に基づく直接的な損害賠償請求を認める肯定説（大阪谷・前掲「取締役の責任」1136頁～1137頁、田中（上）683頁～684頁、江頭513頁（注3）、相澤ほか354頁～355頁、黒沼148頁等）と、株主の間接損害についてはこれを否定する否定説（大隅＝今井（中）270頁、大隅＝今井＝小林251頁注192）、田中（亘）361頁。結論同旨、佐藤・前掲『取締役責任論』195頁）とに見解が分かれる。肯定説は、その論拠として、取締役と支配株主とが一体である閉鎖型タイプの株式会社の場合、少数株主の間接損害の救済を株主代表訴訟に限ると、加害が繰り返され実効的な救済にならない例が多くなること（江頭513頁注(3)）や、株主が取締役の悪意または重大な過失のある任務懈怠によって下落した株価で株式を処分した場合は、その者はもはや株主ではないため責任追及等の訴えを提起することができないし、他の株主が当該取締役を被告とする責任追及等の訴えを提起して勝訴し、会社の損害の回復に成功しても、元株主の上記損害は回復されないこと（黒沼148頁）を挙げる。また、肯定説の論者の中には、有責役員等が株主に対し間接損害の賠償を行えば、その分、会社に対する責任が消滅し、二重責任の負担を回避し得ると解すべきであると主張するものもある（田中（上）684頁）。

　これに対し、否定説は、判例と同様の論拠に加え、間接損害を回復した株主は会社財産の回復による利益も享受することとなるという株主間の不平等も論拠とする（以上につき、コンメ(9)382頁～383頁〔吉原〕）。

(2)　検討と本問への当てはめ

　以上の判例・学説を踏まえて、株主の間接損害についての第三者性の有無を検討すると、第1に、肯定説では株主と会社債権者との利害調整バランスを崩すという問題を踏まえ、肯定説に立つ場合でも、株主の間接損害についての取締役に対する損害賠償請求は、会社が債務超過でないことを条件として許容するという修正が必要であろう。小問(2)では、甲会社が事実上倒産しているため、株主Ｇらに取締役Ｂらに対する損害賠償請求権を認めると、会社法429条1項に基づく損害賠償請求権を有する債権者としての立場を併有する株主Ｇらが、甲会社に対し損害賠償請求権を有する被害者や債務の弁済を受けていない取引先等の会社債権者よりも、有責取締役Ｂらから回収しうる損害賠償金を先取りすることを許すことになる。したがって、前記肯定説に立つ場合でも、小問(2)では、会社債権者との利害調整を考え、株主Ｇらの請求を劣後させる必要があろう。

　第2に、甲会社は会社法上の公開会社であるが、非上場会社であって株式の流動性が低いこと、株主構成や支配株主Ａと代表取締役Ｂとの一心同体ともいえる関係を勘案すると、株主Ｇらの間接損害について責任追及等の訴えによる実効的な救済は期待できないであろう。そのため、前掲東京高判平成17・1・18にいう特段の事情が認められるので、判例およびこれと同旨の立場からも、株主Ｇらが取締役Ｂらに対し、会社法429条1項の第三者として損害賠償責任を追及し得ると解する余地が出てこよう（参考判例として、福岡地判昭和62・10・28判時1287号148頁）。他方で、その請求を認めると、会社債権者に劣後すべき株主が会社財産を事実上先取りする結果を招くため、やはり株主Ｇらの請求を会社債権者の請求権よりも劣後させるべきではなかろうか。

　【例題1】　甲株式会社（以下、「甲会社」という。）は、公開会社であり、Ａ、Ｂ、ＣおよびＤが取締役として登記されている。代表取締役はＡである。Ｄは、Ａとの甲会社の経営方針を巡る考え方の違いから、同社の取締役を辞任し、Ａに対し辞任の意思表示を行うとともに、取締役就任登記の抹消も依頼した。しかし、ＡはＤの登記を抹消しなかったため、依然として、Ｄが甲会社の取締役として登記されている。Ｄはこのことを承知していたが、そのうち登記の抹消が行われるものと期待し、放置していた。その後、代表取締役Ａが無謀な事業計画を推進し、

悉く事業が失敗したため、これにより損害を被った甲会社は支払不能に陥り、債権者の乙会社が債権回収を受けられなくなった。そこで、乙会社は、甲会社の登記簿を確認し、AないしCのみならず、Dに対しても、悪意または重大な過失による任務懈怠があったと主張して会社法429条1項の損害賠償責任を追及した。この場合、Dは乙会社に対し責任を負うことがあるか。なお、甲会社の定款には取締役の員数に関する定めは置かれておらず、取締役選任手続は適法かつ有効に行われたものとする。

　《参考判例》最一小判昭和62・4・16判時1248号127頁（会社法百選［3版］148頁〔久保寛展〕）。

【例題2】　東京証券取引所一部上場会社である甲株式会社（以下、「甲会社」という。）の取締役A〜F（以下、「取締役Aら」という。）は、上場を廃止し株主構成を再編することで事業の立直しを行おうと考え、株式公開買付と全部取得条項付種類株式の取得による二段階買収（以下、「本問買収」という。）を実施することとした。取締役Aらは、買収コストを節約するため、本問買収の計画公表の数カ月前に業績の下方修正により同社の業績を実績値よりも悪く公表した（以下、「本問公表」という。）。これにより同社の株価が本問公表前の6カ月間の平均株価2,000円より40％値下がりし、今も株価1,200円程度という状態が継続している。こうした状況のもと、取締役Aらは、本問買収について公表し、その時点の過去6カ月の平均株価1,200円に300円のプレミアムを載せて公開買付を実施したところ、多くの株主がこれに応募したため、その後の全部取得条項付種類株式の取得も株主総会の特別決議により承認され実行されることとなった。甲会社の株主Gらは、こうした背景事情を知らされず、本問買収により保有株式を1株当たり1,500円で譲り渡したが、後日、内部告発があり、本問公表の背景事情が判明した。そこで、Gらは、取締役Aらに対し、本問公表により保有株式を適正価格より低廉な価格で手放すことを余儀なくされたと主張し、会社法429条1項に基づく損害賠償を請求した。この場合、Gらの請求は認められるか。

　《参考判例》東京高判平成25・4・17判時2190号96頁（会社法百選［3版］112頁〔玉井利幸〕）。

（なかむら・のぶお）

25 新株の有利発行

和田　宗久

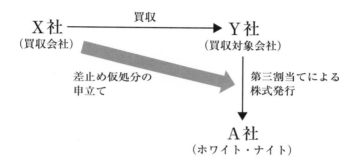

X社 ──買収→ Y社
（買収会社）　　　（買収対象会社）

差止め仮処分の
申立て

第三割当てによる
株式発行

A社
（ホワイト・ナイト）

【設　問】

　X社は、東京証券取引所第二部市場に上場しているY社を買収することを計画
し、同市場において徐々にY社の株式を取得していった。その結果、Y社の発行
済株式総数1,630万株のうちの600万株を保有するに至った。

　その後、X社はY社が平成30年6月末に開催を予定していた定時株主総会に先
立ち、自らが推薦する取締役5名および監査役1名の選任を議案とすることを求
めて同年4月27日に株主提案を行った。

　X社によるこうした株主提案を自社の経営に対する脅威と感じたY社の代表取
締役Bは、訴外A社を割当先とする第三者割当増資を実施することにした。Bは
平成30年5月18日開催の取締役会においてA社に対する新株の発行に関する提案
（発行株式数は770万株、払込金額は1株あたり400円、払込期日は平成30年6月3日とす
るといったこと等）を行い、同取締役会は当該提案に従う形で新株の発行を行う旨
の決議を行った。この時の1株あたり株400円という払込金額は、Y社が依頼した
専門家により、いわゆる類似業種算定法に基づいて算出された1株あたりの株式
価値、将来の売上高および営業利益等の予想値から算出された1株あたりの株式

価値、および事業年度末（平成30年3月30日）より前6か月の間の平均市場価格、の計3つを平均して算出された価額であった。加えて、Y社は前記定時株主総会の議決権行使にかかる基準日に先立ち、株主総会において権利行使をすることができる株主につき、定款上の基準日（事業年度末である3月31日）ではなく、本件新株発行がなされた後の平成30年6月4日に株主となっている者とする旨の基準日に関する公告を行った。

　これに対し、Xは、前記取締役会決議の前日のY社株式の市場価格が1,010円であったこと、当該決議日の前日から6か月前までの期間の平均市場価格が720円であったことからすれば、1株あたり400円という払込金額は有利発行に該当し、それにもかかわらず、本件株式の発行に際して株主総会決議を経ていないことは法令違反に当たるとして、会社法210条に基づき、株式発行の差止めの仮処分を申し立てた。Xによるこうした申立ては認められるか。

1　問題の所在——設問の意図——

　募集株式の発行等が、株主割当以外の方法、とくに第三者割当ての方法によって行われ、その際の払込金額が引受人にとって「特に有利な金額」である場合（以下、こうした募集株式の発行等を本稿において「有利発行」ということにする）、非公開会社はもとより、いわゆる授権資本制度の下で原則として募集株式の発行等に関する権限が取締役会に認められている公開会社についても、株主総会において取締役がそのような払込金額によって募集を行うことを必要とする理由を説明したうえ、募集事項の決定を特別決議によって行わなければならない（会199条2項・3項、201条1項、309条2項5号等参照）。

　会社法がこうした手続を要求している趣旨については、一般に、有利発行が株式価値の顕著な希釈化を生じさせることから、それによって既存株主が被る経済的利益の毀損に対する保護にあるといわれる。また、有利発行は、見方によっては、当該株式の発行を受ける引受人に対して実際の株式価値と比して有利な価格で株式を取得させる一方、既存株主に対してはその保有する株式価値の低下を生じさせることになるから、会社における前記手続は、そうした株式引受人における利益の獲得と既存株主における不利益の発生という状況に対する、株式引受人と既存株主との間での利害調整を正当化するための手続である、とも捉えることができよう。

　ただ、有利発行に関する問題を考えていくうえでは、そもそもいかなる状況の下における、いかなる発行価額での募集株式の発行等が有利発行と評価されるか、といったことからして難しい問題がある。本稿の設問は、とくに上場会社に関して有利発行が問題となりやすい、敵対的企業買収の際にいわゆるホワイト・ナイト（敵対的な企業買収が行われた場合に、買収対象会社と有効的に合併を行ったり、または第三割当てを引き受けたりする会社等）に対して募集株式の発行等が行われる場合を念頭に置き、いかなる場合に有利発行に該当すると法的に判断されるかということを中心に検討をしてもらうことを意図して出題したものである。ただ、上記の設問のような場面以外にも有利発行が問題となる典型的な場面はいくつかある。読者の皆さんには、以下の記述を参考にしつつ、有利発行に関連する判例や学説全般について確認してもらいたい。

2　募集株式の発行等における払込金額のディスカウント

　最初に確認しておきたいのは、募集株式の発行等というエクイティ・ファイナンスが行われる場合、理論的必然として、既存株主には株式価値の希釈化に伴う経済的不利益が生じるということである。なぜなら、募集株式の発行等は発行済株式総数の増加を生じさせ、それに伴って、既存株主における持株比率の低下（ただし、株主割当ての方法で行われる場合で、株主が株式を引き受ける場合は除く）や保有株式一株あたりの利益や配当（額）等の希釈化を生じさせるからである。

　加えて、とくに上場会社等が市場価格のある株式について募集株式の発行等を行う場合は、市場における当該株式の需要と供給のバランスが多少なりとも崩れ、そのことによって市場価格が下がるということが考えられる。そのため、そうした状況の下でもすべての募集株式が引受けられ、資金調達の目的が達せられるよう、発行する株式の払込金額については多少のディスカウントが行われるのが一般的である。ただ、そうしたディスカウントは、既存株主に対して、市場株価よりも低い価額の株式が市場に流入することに伴う、さらなる株式価値の低下という経済的不利益を生じさせることになる。

　以上のような募集株式の発行等におけるディスカウントに関し、わが国では、昭和40年代以降、上場会社を中心にいわゆる公募増資が行われるようになっていった頃は、取締役会における募集事項の決定の前日の市場価格から10％〜15％ものディスカウントを行う例も多かったようである。判例も当初はそうした実務を容認し、最高裁の判例の中にも「……普通株式を発行し、その株式が証券取引所に上場されている株式会社が、額面普通株式を株主以外の第三者に対していわゆる時価発行をして有利な資本調達を企図する場合に、その発行価額をいかに定めるべきかは、本来は、新株主に旧株主と同等の資本的寄与を求めるべきものであり、この見地からする発行価額は旧株の時価と等しくなければならないのであって、このようにすれば旧株主の利益を害することはないが、新株を消化し資本調達の目的を達成することの見地からは、原則として発行価額を右より多少引き下げる必要があり、この要請を全く無視することもできない。そこで、この場合における公正発行価額は、発行価額決定前の当該会社の株式価格、右株価の騰落習性、売買出来高の実績、会社の資産状態、収益状態、配当状況、発行ずみ株式数、新たに発行される株式数、株式市況の動向、これらから予測される新株の消化可能性等の諸事情を総合し、旧株主の利益と会社が有利な資本調達を実現するという利益との調和の中に求められるべきものである」との判示を行ったうえ、株式の発行に関する取締役会決議を行った日の前日の終値、同決議の前1週間の終値平均、および同決議の前1か月間の終値平均の3つの値の平均値を基礎とし、その値から10％のディスカウントを行って決められた発行価額が著しく不公正な発行価額には該当しないとするものもみられていた（最三判

昭和50・4・8判時778号22頁）。

　しかし、そのような高いディスカウント率では、既存株主に大きな不利益が生じてしまうことが否めない。そのため、1980年代中盤以降は、有価証券届出書の公募価額の記載に関する取扱いが変わったことなどを受け、取締役会で払込金額として具体的な金額を定める代わりに、払込期日の直前の一定の日（算定基準日）の株式の市場価格に対して、一定割合（たとえば97％）の額を払込金額とするという、いわゆる「算式表示方式」が実務において用いられるようになっていった（コンメ(5)30頁〔吉本健一〕、加藤政仁＝鈴木健嗣「日本の公募増資時のディスカウント率の決定要因について──公募増資制度の変更とその影響──」経営財務研究33巻1・2合併号〔2013年〕40頁以下参照）。

　ただ、そうした算式表示方式に対しても、引受人となる投資者の一部が株式の空売り（株式を第三者から借りて市場において売却すること）を行い、それによって算定基準日の市場価格を引き下げようとするといった問題あることが指摘されるようになった。そのため、その後はいわゆるブックビルディング方式（引受証券会社が機関投資家等に対して需要状況の調査をおこなったうえで、払込金額を決める方式）が採られるようになっていった。そのうえで、そうした実務をサポートすべく、平成13（2001）年の旧商法の改正時には、市場価格のある株式の募集については、募集事項の決定の際に具体的な払込金額を定めるのではなく、「公正な価額による払込を実現するために適当な払込金額の決定の方法」を定めればよいとされ、同趣旨の規定は現在の会社法201条2項に引き継がれた。

　こうした経緯を経て、現在では、とくに公募による募集株式の発行等が行われる場合、ブックビルディング方式によるという実務が定着し（コンメ(5)30頁〔吉本健一〕）、近時のディスカウント率は3％台程度になったといわれる（加藤＝鈴木・前掲「日本の公募増資時のディスカウント率の決定要因について」45頁以下、田中（亘）480頁参照）。

　さらに、既存株主の経済的利益の保護という観点からは、もともとイギリスその他のヨーロッパ諸国において行われることが多かった、ライツ・オファリングという増資手法の利用も考えられ得る。ライツ・オファリングとは、会社が株式の発行による資金調達を行う際に、まず既存株主に対して新

株予約権の無償割当てを行い、割当てを受けた株主において、当該新株予約権を行使して増資に応じ、それによって株式価値の希薄化を回避するか、または、新株予約権を行使することなく、持分の希薄化を受け入れる一方、当該新株予約権を市場取引において売却するか、もしくは、証券会社等に対して売却するなどし、それによって株式価値の希釈化等に伴う経済的損失の発生を回避するという選択肢が与えられる増資手法である。このライツ・オファリングについては、近年、会社法、金融商品取引法および上場制度における関連規定等の整備も行われ、実際に一定数の実施事例もみられるようになってきている（太田洋＝有吉尚哉「ライツ・オファリングの最新動向」商事法務2045号〔2014年〕62頁参照）。

　では、以上のことを前提に、募集株式の発行等において、どのような払込金額で発行する募集株式の発行等が有利発行に該当すると法的に評価されることになるのであろうか。また、有利発行はどのような形で法的紛争として顕在化することになるのであろうか。

　一般論としては、「特に有利な（払込）金額」とは、株式の「公正な価額」よりも特に低い価額をいう（東京地決平成16・6・1判時1873号159号）とか、そうした価額よりも著しく低い金額であるとされる（伊藤ほか316頁〔松井秀征〕）。ただ、この問題について考えていくうえでは、そもそも株式の「公正な価額」とは何か、または、「公正な価額」は如何にして導き出されるのか、といった点について難しい問題がある。以下、そうした点を、非上場会社の場合と上場会社の場合とに分けてみていくことにする。

3　非上場会社における有利発行

　本稿の設問とは直接の関係はないものの、まず、非上場会社の場合から考えてみたい。

　当然のことであるが、非上場会社では、その発行する株式に市場価格というものがない。そのような株式については、一般に、いわゆるDCF法その他の評価手法（配当還元方式、収益還元方式，類似会社比準方式、純資産方式等）を用いて評価を行い、それらによって導き出された価額を公正な価額とみることが考えられるところである（伊藤ほか89-92頁〔田中亘〕参照）。しかし、それ

らの評価手法のうち、どの手法を用いることが適切であるか、また、法的に許容されるのか、といったことについては事例ごとで様々であるうえ、場合によっては、それらの手法が複合的に用いられることもあり得る。加えて、具体的な評価額を決定するために用いられる数値も、評価者の主観に左右される面が大きいといわれており、ある程度合理的根拠のある評価方法を採ってさえいれば、公正な評価がなされていたと認めざるを得ないともいわれている（江頭771頁。なお、同書によれば、中小企業に関する事例においては、時価に注意を払うことなく、平成13年改正前商法の下で発行されていた額面株式の券面額を払込金額とした第三割当ての方法による募集株式の発行等について差止めが認められたという例は稀ではないようである）。近時、最高裁も、客観的資料に基づく一応合理的な算定方法によって発行価額が決定されたという事情が認められる場合、当該価額による発行は、特別の事情がない限り、有利発行には該当しないとの考え方を示している（最一小判平成27・2・19判時2255号108頁参照）。同事件は、株式上場を計画していた会社が、従前の一株あたりの配当額を用いて、国税庁から公表されている財産評価基本通達における配当還元法の算式で用いられている資本還元率で還元した価額を発行価額としたという事案であったが、最高裁は、上述の趣旨の判示を行ったうえで、結論としてそのようにして決められた発行価額による発行が有利発行に該当しないとした。ただし、学説の中には、上場を計画中の会社について、そうした原始的な評価方法を用いることに合理的根拠は認めがたいとの見解もみられている（江頭771-772頁参照）。

4　上場会社における有利発行

　上場会社のように発行する株式に市場価格がある会社に関しては、とくに募集株式の発行等が第三割当ての方法によって行われる場合に、払込価額が「特に有利な金額」に該当するのではないかとして法的に争われる典型的なパターンが2つある。以下では、まず、それらのうちの1つのパターン、すなわち最初に挙げた設問ように、敵対的な企業買収が行われ、対象会社が同意していない状況の下で株式を買占められたり、または公開買付けが行われた場合に、対象会社が買占めへの対抗措置として募集株式の発行等を行う場合について考えていきたい。

(1)　株式の買占めに対する対抗措置として第三割当て増資

　上場会社については、その発行する株式が買占めの対象となり、市場価格が高騰している状況において、買占対象会社の経営陣側が買占めに対する措置として、いわゆるホワイト・ナイトに対して第三割当ての方法による募集株式の発行等を行うという例がみられることがある。この場合、募集事項の決定については、（多くの場合において買収者による継続的な株式の買占め等が進められていることなどに起因する）時間的な制約などの問題もあり、取締役会決議のみで行うことも多い。そして、そうした際、1株あたりの払込金額について、買占め等の影響を受けていない、当該取締役会決議直前の市場価格からは相当低い価格を基準として決められることがある。そのような場合、買収者やその関係者等が、募集株式の発行等が特に有利な払込金額で行われようとしているにもかかわらず、株主総会の特別決議を経ていないとして、法令違反に基づく発行の差止め（会210条、とくに同条2号参照）の仮処分（民保23条2項参照）を申し立てることがある（なお、こうしたケースでは、募集株式の発行等が、現経営陣側の支配権の維持・確保目的で行われ、それが「著しく不公正な方法により行われる場合」に該当し、差止（仮処分）の対象となるかについて同時に争われることも多い。その点の問題については、☞本書「26　新株の不公正発行」を参照されたい）。

　このようなケースに関し、かつての判例の中には、大量買占めの影響を受けていない時期の市場価格が当該企業の客観的価値を反映しているとし、そうした価格を基礎として払込金額の決定を行った事案について、有利発行該当性を否定するものがみられた（大阪地決昭和62・11・18判時1290号144頁）。学説においても、買占めが行われている場合は、買占め者は取得株式の平均コストが採算にあう限り、市場価格がいかに高騰していようと買い注文を出すものであるし、そうした買占めに便乗買いする投機的株主も跋扈するため、そのようにして形成される市場価格は効率的市場仮説とは無縁のものであって、株式の実体価値とは大きく乖離するとして、そのような判例の考え方を有力に支持するものがある（江頭772頁）。

　しかし、平成に入って以降、裁判所の判断には変化がみられている。すなわち、その後の判例において、裁判所は「……発行会社が上場会社の場合には、会社資産の内容、収益力および将来の事業の見通し等を考慮した企業の

客観的価値が市場価格に反映されてこれが形成されるものであるから、一般
投資家が売買をできる株式市場において形成された株価が新株の公正な発行
価額を算定するにあたっての基準になるというべきである。そして、株式が
株式市場で投機の対象となり、株価が著しく高騰した場合にも、市場価格を
基礎とし、それを修正して公正な発行価額を算定しなければならない。なぜ
なら、株式市場での株価の形成には、株式を公開市場における取引の対象と
している制度からみて、投機的要素を無視することはできないため、株式が
投機の対象とされ、それによって株価が形成され高騰したからといって、市
場価格を、新株発行における公正な発行価額の算定基礎から排除することは
できないからである。もっとも、株式が市場においてきわめて異常な程度に
まで投機の対象とされ、市場価格が企業の客観的価値よりはるかに高騰し、
しかも、それが株式市場における一時的現象に止まるような場合に限って
は、市場価格を、新株発行における公正な発行価額の算定基礎から排除する
ことができるというべきである。」と判示し、市場価格を算定の基礎から除
外して発行価額を決定していたという事案について有利発行該当性を認め、
差止め仮処分の申立てを認容したものがあらわれた（東京地決平成元・7・25判
時1317号32頁。また、東京地決平成2・6・22判時1346号100頁も同様の判示を行ってい
る）。その後の判例の中には、買占め者が買い占めた株式の高値引き取り要
求を行っていたという事情のあった事案について、一般に許容される限度を
超える不当な目的をもった大量買い占めのため、市場において極めて異常な
程度にまで投機の対象とされ、その市場価額が企業の客観的価値よりはるか
に高騰し、かつ、それが当該不当な買い占めの影響を受ける期間の現象に止
まるような、極めて例外的な場合であったとして、新株発行価額決定直前の
市場価額を発行価額の算定の基礎から排除することが許されるとしたもの
（大阪地決平成2・5・2金判849号9頁）もみられたが、有利発行該当性に関す
る基本的な判断の枠組み自体は前記の判例の立場を維持してきている。

(2)　自主ルールの登場とその位置づけ

　ところで、(1)で述べたように、平成に入って以降、裁判所が、対象株式が
異常な投機の対象とされ、一時的な市場価格の高騰を招いている場合を除
き、基本的には市場価格を重視して発行価額を決めるべきという立場を採る

ようになっていった一方で、日本証券業協会は、平成元年8月に以前から同
協会が公表していた「時価発行増資に関する考え方」の改訂を行い、払込金
額について「取締役会決議の直前日の終値又は直前日を最終日とした6か月
以内の任意の日を初日とする期間の終値平均に0.9を乗じた価額以上とする」
という自主ルールを定めた（なお、この自主ルールの策定については、前掲東京地決
平成元・7・25において、有利発行該当性が認められたことが影響していたようである。
丹羽昇一「『時価発行増資に関する考え方』の一部改訂──第三割当て増資に関連して
──」商事1191号〔1989年〕26頁以下参照）。その後、この自主ルールは平成15年
3月に改訂され、払込金額は、原則として、あくまで、①「株式の発行に係
る取締役会決議の直前日の価額」とすべきであるが、例外的に、②「直近日
又は直前日までの価額又は売買高の状況等を勘案して、当該決議の日から発
行価額を決定するために適当な期間（最長6か月）をさかのぼった日から当該
決議の直前日までの間の平均の価額に0.9を乗じた額以上の価額」とするこ
とができる、という内容に改められた。現在の自主ルールもこの内容をほぼ
引き継いだものとなっている（日本証券業協会「第三者割当増資の取扱いに関する
指針」〔平成22（2010）年4月制定〕参照）。

　こうした自主ルールについては、平成15（2003）年の同ルールの改訂前の
判例の中には、募集事項の決定にかかる取締役会決議の前の約1か月の間に
株価が高騰したという事情の下で、同ルールに従う形で本件新株発行価額に
ついて、取締役会決議の前日から6か月の間の市場における終値平均に0.9
を乗じて算出した価額を発行価額としたという事案について、そうした発行
価額の合理性を否定しなかったものもみられていた（東京地決平成元・9・5判
時1323号48頁）。

　その後、最初に挙げた設問のモデルとなった前掲・東京地決平成16・6・
1判時1873号159頁において、裁判所は、発行価額は原則として決定直前の
株価に近接していることが必要であるが、諸事情を総合して決められるもの
とした前掲最三判昭和50・4・8を引用しつつ、平成15年3月改訂後の自主
ルールについて「……旧株主の利益と会社が有利な資本調達を実現するとい
う利益との調和の観点から日本証券業協会における取扱いを定めたものとし
て一応の合理性を認めることができる」とし、そのうえで、同事件における

発行価額は株発行決議の直前日の価額に0.9を乗じた額と比較して約43％、また、本件発行決議日の前日から6か月前までの平均の価額に0.9を乗じた額と比較しても約60％にすぎないとし、自主ルールの前記①および②の両方から導き出される価額を参照しながら、有利発行該当性を認めた。

　こうした判例の変遷から、現在は、自主ルールに則った払込金額であれば、差止めの対象とはしないとの基準が確立したとの見方もなされている（江頭772頁）。

　思うに、前掲東京地決平成元・7・25も判示しているように、上場会社が発行する株式は、原則、その市場価格が客観的な企業価値を反映しているとの前提に立つとすれば、まず、自主ルールの①に基づく価額を払込金額の原則とすることが妥当であるように思われる。

　ただ、市場価格は、当然のことながら、相場操縦が行われている場合などのように企業価値を客観的に反映しているとはいえないこともある。加えて、株式の買占めや買収がされたときを想起してみても、そうした際の株式の高騰は、㋐シナジーの発生等によって企業価値が高まるであろうという株式市場の合理的な期待を反映したもの、および㋑買占め者が対象会社による高値買取りや市場での売り抜けを狙っており、そのような投機的な買占めを反映したもの、の2つの要因による株価上昇が含まれている可能性がある。この場合、㋐による株価上昇分については、払込金額の算定の基礎から排除されるべきではないと考えられよう。とはいえ、市場における価格の上昇分から㋐と㋑のそれぞれの上昇分を切り分けることは容易ではない（田中亘「（東京地決平成16・6・1）判批」会社法百選［3版］49頁参照）。そのため、例外的に自主ルールの②に基づいた払込価額を認めることにしておくことにも一定の合理性があるように思われる。

　しかし、このような自主ルールにおける取扱いについても、批判的な見解や問題の指摘がみられている。たとえば、もし株価の高騰が前記の㋐の要因によるものでだけである場合には、たとえ短期間であったとしても、本来は高騰した価格を基準にして払込金額を決めるべきであって、自主ルールにおける②に基づく価額を払込金額とすることはやはり許容されるべきではないし、さらに、②に基づく価額を払込金額とすることが許容されていることに

より、買占めが行われた際、株価の高騰した期間が相当長期にわたっていると判断されないうちに、直ちに株式の発行を決議しようというインセンティブを買占め対象会社の経営陣に与えかねないとの指摘もある（田中・前掲「（東京地決平成16・6・1）判批」49頁）。

また、自主ルールは、②に基づく価額を用いるべき場合を買占めの際に限定しているわけでなく、あくまで「直近日又は直前日までの価額又は売買高の状況等を勘案して」としているにすぎない。このため、たとえば、新たなプロジェクトに関する情報を反映して株価が上昇した後、比較的短期間（たとえば、1か月）で募集株式の発行等に関する決議がされた場合、自主ルールは、本来の発行価額としてあるべき価額をプロジェクトの情報が株価に反映していない期間（最長5か月）の株価によって「薄める」ことを容認することにならないか、といった指摘を行ったうえ、自主ルールに従っていれさえいればよい、という運用がされていくことへの危惧も示されている（藤田友敬「株式会社の企業金融(2)」法教265号〔2002年〕77頁参照）。

そのうえで、近時は、高騰した市場価格を発行価額算定の基礎から排除すべき場合は、詐欺的な行為によって市場価格がつり上げられている場合や、単なる転売への期待によって市場価格が高騰している場合、そして、買占め者が違法な私的利益の獲得を企図し、その取得によって株価が高騰している場合に限られるべきであり、具体的には、そのような形で市場価格が高騰していることを会社側が疎明・立証できる場合に限られるべきであって、株式取得者（買占者）が違法ではない形で私的利益の獲得を企図している場合などは、高騰している市場価格を発行価額算定の基礎から排除すべきでないとする見解もみられている（松中学「市場価格が高騰している場合の有利発行の判断基準」商事1911号〔2010年〕27頁以下参照）。

(3)　自主ルールに関する近時の判例等の動向

前掲東京地決平成16・6・1以降の判例をみてみると、まず、株価の高騰が買占め等ではなく、主に業績発表の影響によるものであると認められた下で、自主ルールにおける②に基づき、募集事項の決定にかかる取締役会決議の日の前日から3か月前までの終値の平均から導き出した価額から約6％のディスカウントを行って発行価額とした事案について、有利発行該当性を否

定した事例ものがある（横浜地決平成19・6・4金判1270号67頁）。

　その一方で、株式会社ではない、投資法人における投資口の発行に関する事案についてではあるが、いわゆる自主ルールの②に基づく価額が払込金額として公正な金額と認められるためには、「市場価格の急激な変動や当時の市場環境の動向などの当該承認の直前日の市場価格によることが相当とはいえない合理的な理由が必要である」と判示したうえ、同事案では、投資口発行の承認の日の6か月前から17％超の市場価格の上昇がみられていたものの、投資口の一時的な高騰を招くような買占めが行われていたという事実や、資法人の投資口の価格の上昇を招くような公表事実はなかったことから、「……投資口の市場価格が上昇傾向にあったことをもって、市場価格によることが相当とはいえない合理的な理由とまでは認めることはできない。」として、投資口の発行承認日の前取引日の直近3か月の投資口の普通取引終値の平均価格に0.9を乗じた発行価額について、それが公正な金額であるとはいえないとしたものがある（東京地決平成22・5・10金判1343号21頁）。

　本稿の設問について解答するにあたっては、以上の判例や学説等の変遷を踏まえつつ、検討を行ってほしい。

　なお、現在、東京証券取引所は、上場会社が第三割当てを行う際、払込金額の算定根拠およびその具体的な内容を適時開示の対象としている。加えて、同取引所が必要と認める場合は、「払込金額が割当てを受ける者に特に有利でないことに係る適法性に関する監査役、監査等委員会又は監査委員会の意見等」の開示を求めるとともに（有価証券上場規程施行規則402条の2第2項(2)参照）、上場会社が第三者割当の払込金額について、一定期間における株価の平均価額を基準とする場合（自主ルールの②に基づく価額とする場合）は、「取締役会決議の直前日の価額を勘案しない理由及び当該期間を採用した理由について説明を求めるとともに、それらの内容についての具体的かつ分かりやすい開示を要請」するとしている（東京証券取引所自主規制法人上場管理部「上場管理業務について——不適切な第三者割当の未然防止に向けて——」〔2010年9月〕における事例2参照）。こうした点も留意しておきたいところである。

5　友好的買収・企業提携に伴う募集株式の発行等の場合

　次に、上場会社について有利発行が法的に問題となるもう一つの典型的な
パターンは、友好的な買収・企業提携に伴って募集株式の発行等が行われる
場合である。たとえば、A社が上場株式であるB社を友好的に買収したり、
または、両者が業務提携を行うことを企図し、一定の資本関係を構築するこ
とを目的としてB社がA社に対して第三割当ての方法による募集株式の発行
等を行うような場合である。

　こうした場合、A社によるB社の買収または両者の企業提携に関する情報
が市場に伝達された段階で、買収または企業提携によるシナジーの発生とそ
れによるB社の企業価値が上昇するとの期待から、市場価格が上昇すること
が考えられる。では、この場合、B社は上昇前の市場価格と上昇後の市場価
格のいずれを前提として払込金額を決定すべきであろうか。

　古い判例の中には、企業提携の機運を前提とする投機的思惑によって異常
に高騰したと認められる株価上昇分を排除したうえ、提携先企業との間で一
定の協議を行って決定された発行価額について、それが不公正であるとはい
えず、むしろ公正かつ適正であるとしたものがある（東京地判昭和47・4・27判
時679頁70頁、およびその控訴審である東京高判昭和48・7・27判時715号100頁参照）。

　学説では、以上のような問題について、買収や企業提携から生じるシナジ
ーの「B社とその既存株主」および「A社」との間における分配に関する問
題であると捉えたうえ、上昇前の市場価格を払込金額とすることは、シナジ
ーを募集株式の発行等が行われた後の持株比率に比例させて両者間に配分す
ることを意味し、その配分割合が両者間のシナジー発生への貢献割合に照ら
して不公正であるということは通常は考え難く、基本的には上昇前の市場価
格を払込金額としても公正であるとする見解が有力に主張されている（江頭
772頁。なお、江頭憲治郎『結合企業の立法と解釈』〔1995年、有斐閣〕227頁以下も参照
されたい）。また、仮に上昇後の市場価格を払込金額とすると、上昇後の市場
価格にシナジーに対する期待分が100％折り込まれていた場合に、A社は当
該シナジーにかかる恩恵を何ら受けないこととなる。そうなれば、A社にお
いて買収や企業提携に対するインセンティブが減殺されたり、交渉の選択肢
を非常に狭めることになりかねないとの指摘もある（仮屋広郷「（東京高判昭和

48・7・23）判批」会社法百選［3版］199頁参照）。

　思うに、仮に上昇前の市場価格を払込金額を導き出す際の基礎としたとしても、B社株式の市場価格が買収や企業提携によるシナジー分を折り込んでいれば、募集株式の発行が行われた後もその市場価格は、買収や企業提携の情報が伝達されて上昇する前の価格と比して高い状態を維持するであろうから、B社の既存株主もその限度ではシナジーの恩恵を受けることになる（藤田・前掲「株式会社の企業金融(2)」78頁、仮屋・前掲「（東京高判昭和48・7・23）判批」199頁参照）。そのため、とくにB社の既存株主に対しては特段の配慮や保護は必要ではないということも考えられる。

　ただ、B社の既存株主が多少でもシナジーの恩恵にあずかれればそれで十分であるとすることでは足りない可能性もある。たとえば、B社にとっては、買収や企業提携にあたっては、A社よりも魅力的な（より多くのシナジーが発生する可能性のある）他の買収・提携相手が存在するかもしれず、A社1社だけを検討対象とするのではなく、他の買収者による買収等の可能性も考慮にいれた行為規範を取締役等に課すということも考えられるところである（田中（亘）500頁、伊藤ほか19頁〔大杉謙一〕）。また、買収・企業提携が問題となるケースは、単なるプロジェクトのための資金調達が問題となる一般的な募集株式の発行等のケースとは異なっており、そもそも買収等の対象会社に対して発行する株式の価額を含む事項について取締役会で決定できるということに対して、それは取締役会の決定すべき判断を超えているのではないか、との指摘もみられるところである（藤田・前掲「株式会社の企業金融(2)」79頁参照）。

　この点、現状の会社法には、支配権変動が生じるような募集株式の発行、具体的には、募集株式の引受人が保有することになる株式数が総株主の議決権数の2分の1を超える場合には、総株主の議決権の10分の1以上を有する株主が会社に対して当該引受けに反対する旨を通知したときは、株主総会普通決議による承認を受けなければならないとする特則が設けられている（会社法206条の2参照）。また、東京証券取引所は、上場会社が第三者割当てを行う際、前述した開示の要請に加え、とくに希薄化率が25％以上となるときや支配株主が異動することとなる募集株式の発行等を行う場合は、経営者から

一定程度独立した者から第三者割当の必要性および相当性に関する意見を入手するか、当該第三者割当に係る株主総会の決議等による株主の意思を確認することも求めている（有価証券上場規程432条）。

　こうした現行制度の下で、友好的な買収・企業提携における前述したようなパターンにおいて、前記「Ｂ社とその既存株主」と「Ａ社」との間での適切なシナジー分配がなされているといえるか、仮にそのようにいえないとすれば、どのような法解釈やさらなる制度上の手当てが必要となるか、といったことについては今後も検討していく必要があろう。

【例題１】　募集株式の発行等が有利発行によってなされた場合、募集株式の発行等の無効の訴え（会828条１項２号・３号）の対象となるか（公開会社とそうでない会社を分けて考えること）。また、有利発行が行われた場合に、取締役その他の役員等および株式の引受人などに対し、会社法上の責任を生じさせることが考えられるか、ということについて検討しなさい。

　《参考判例》最一小判平成27・２・19判時2255号108頁およびその控訴審判決である東京高判平成25・１・30判タ1394号281頁、東京地判平成30・３・22 LEX/DB25552566

【例題２】　株式ではなく、新株予約権の発行が行われようとしている場合を念頭に置き、その有利発行が認められる場合について、株式の有利発行の場合と比較しながら検討しなさい。

　《参考判例》東京地決平成17・３・11判タ1173号143頁、東京地決平成18・６・30判タ1220号110頁、札幌地決平成18・12・13金判1259号14頁

（わだ・むねひさ）

26 新株の不公正発行

尾 形 　 祥

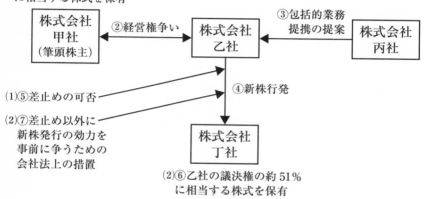

①乙社の議決権の約35%
に相当する株式を保有

株式会社
甲社
（筆頭株主）
　②経営権争い　
株式会社
乙社
　③包括的業務
提携の提案
株式会社
丙社

(1)⑤差止めの可否

(2)⑦差止め以外に
新株発行の効力を
事前に争うための
会社法上の措置

④新株行発

株式会社
丁社

(2)⑥乙社の議決権の約51%
に相当する株式を保有

【設　問】

　株式会社甲社は、上場会社である株式会社乙社の株式の議決権の約35％に相当する株式を保有する筆頭株主であった。その後、甲社と乙社の経営陣との間で乙社の経営権をめぐる争いが生じる中、株式会社丙社は乙社に包括的業務提携を提案すると、乙社の取締役会は、その実現のために必要な資金を獲得するため、第三者割当ての方法により、株式会社丁社に募集株式を発行（本件新株発行）する旨の決議をした。本件新株発行がなされると、丁社は乙社の株式の議決権の約51％に相当する株式を保有することとなる。

　(1)　甲社は、本件新株発行を差し止めることができるか。

　(2)　甲社は、本件新株発行の効力をその発生前に争うために、差止め以外に、会社法上いかなる措置を講じることが考えられるか。

1　問題の所在——募集株式の発行手続と割当て自由の原則の限界——

　募集株式の発行は、株主にその持株数に応じ、株式の割当てを受ける権利を与えてする株主割当ての方法（会202条1項）と、それ以外の方法とに分類される。後者の方法としては、募集株式を不特定多数の者に発行する公募と、それを特定の者に発行する第三者割当発行が挙げられる。会社法の下では、公開会社（会2条5号）でない会社（全株式譲渡制限会社）が株主割当て以外の方法で募集株式を発行する場合には、募集事項の決定について、株主総会の特別決議が必要とされるとともに（会199条2項・309条2項5号）、当該募集株式を「特に有利な払込金額」で発行（有利発行）するときには、取締役は有利発行を必要とする理由を説明しなければならないとされている（会199条3項）。これらの規定は、平成17（2005）年改正前商法の下での株主の新株引受権排除と有利発行に関する規定を一体化したものである（前田299頁）。

　他方、公開会社では、有利発行の場合を除き、原則として、取締役会決議で募集事項を決定することができる（会199条・201条）。また、公開会社において株主割当て以外の方法で募集株式を発行する場合には、既存株主に差止めの機会を与えるため（神田151頁）、払込期日または払込期間の初日の2週間前までに募集事項を公告するか、または株主に通知しなければならない（会201条3項4項。ただし、金融商品取引法に基づく届出をしている場合は上記の公告または通知は不要である〔同条5項〕）。

　株主割当て以外の方法により募集株式を発行しようとする場合に、会社は、募集株式の申込みをしようとする者に対して法が定める事項を通知し（会203条1項・5項。ただし、金融商品取引法に基づく目論見書を交付した場合等〔会

203条 4 項〕と総株引受けの場合〔会205条 1 項〕は、この手続は不要とされる）、株式の申込みがあると、これに対して割当てをする。なお、割当ての決定権限を有する者（例えば、公開会社において譲渡制限株式以外の株式を割り当てる場合には、取締役会が割当ての決定権限を有する〔会社204条 1 項〕）には、申込者のうち誰に何株を割り当てるかを原則として自由に決定することができるという割当て自由の原則が認められる。

　もっとも、割当て自由の原則にも限界があり、経営者が支配権の維持を図る等の目的で特定の者に募集株式を発行したときには、新株の不公正発行に該当するとしてそれが差し止められるおそれがある。設問(1)では、乙社による新株発行が不公正発行に該当するか否かが問題となる。

　次に、第三者割当ての方法により、株主以外の特定の第三者に対し大量の新株が発行されると、支配株主の異動が生じることがある。そこで、会社法は、平成26（2014）年会社法改正に際して、後述するように、一定の場合に一定の条件の下で、公開会社が支配株主の異動をもたらす募集株式の発行をするときには、株主総会決議を要するとする特則を設けた（会206条の 2）。ただし、会社の財産の状況が著しく悪化している場合で会社の事業の継続のため緊急の必要があるときは、当該決議は不要とされる（会206条の 2 第 4 項）。

　本設問(2)は、会社法206条の 2 の規定を通じて、乙社による新株発行の効力をその発生前に争うことができるか否かを問うものであるところ、「緊急の必要」の有無を踏まえて、その可否を検討する必要がある。

2　不公正発行の該当性の判断基準
(1)　不公正発行の該当性が争点とされた裁判例の状況

　会社が、著しく不公正な方法による株式の発行を行い、これによって株主が不利益を受けるおそれがある場合には、株主は、その効力発生前に、会社に対しその株式の発行をやめること（差止め）を請求することができる（会210条）。

　特に、会社支配権をめぐる争いがある状況の下で第三者割当発行がなされた場合に、株主が不公正発行を理由として新株発行差止の仮処分を申請する事案が多数みられる。これらの事案は、①敵対的買収に対する防衛策（東京

地決平成元・7・25判時1317号32頁、東京地決平成元・9・5判時1323号48頁、大阪地決平成2・7・12判時1364号104頁等）や②安定株主工作を目的として第三者割当発行がなされる事案（大阪地決平成16・9・27金判1204号6頁）、さらには、③小規模会社において株主間に経営支配権をめぐる争いがある場合（東京地決昭和52・8・30金判533号22頁、京都地決平成4・8・5判時1440号129頁等）、あるいは④公開（上場）会社において経営者と株主間に経営支配権めぐる争いがある場合に第三者割当発行がなされる事案（東京地決平成16・7・30判時1874号143頁、東京高決平成16・8・4金法1733号92頁、東京地決平成20・6・23資料版商事293号227頁、札幌地決平成20・11・11金判1307号44頁、東京地決平成21・3・27金判1338号57頁、東京高決平成21・3・30日金判1338号50頁、仙台地決平成26・3・26金法2003号151頁等）に分類され得る（上記分類につき、布井千博「判批」金判1209号58頁参照）。設問は、④の事案に分類されると考えられる。

　ところで、裁判例は不公正発行の該当性の判断基準として、取締役会が第三者割当発行を決定した種々の動機のうち、自派で議決権の過半数を確保する等の不当目的達成動機が他の動機に優越する場合にその発行の差止めを認めるとする「主要目的ルール」を採用してきている。しかし、実際に不当目的達成動機が優越していると認定される事案は稀であり、資金調達の必要性が認定されれば取締役会の判断が尊重される傾向が強いといわれる（江頭773頁）。これに対して、裁判例の中には、資金調達の前提となる事業計画の合理性や資金調達の必要性を詳細に認定するものもみられる（前掲・東京高決平成16・8・4、前掲・東京地決平成20・6・23、前掲・札幌地決平成20・11・11等）。

(2)　不公正発行の該当性をめぐる学説の状況

　資金調達の必要性もないのに、もっぱら支配的地位を維持するという意図の下においてのみ、第三者割当発行が行われる場合には、当該第三者割当発行は不公正発行と判断されざるを得ない（鈴木竹雄『商法研究Ⅲ　会社法(2)』〔1971年、有斐閣〕225頁）。しかし、真の資金調達の必要性と現経営陣が自らの支配的地位を維持するという意図が併存する場合において第三者割当発行がなされるときには、当該第三者割当発行が不公正発行に該当するか否かについて個別具体的判断が必要とされるところ、その判断をめぐり学説に争いがある。

　この点、会社支配権をめぐる争いがある場合でも、会社に資金調達の必要性があれば、割当て自由の原則により募集株式を誰に割り当てるかは取締役会の裁量の問題であるから、取締役会は第三者割当発行を行うことができ、その結果として会社支配権の帰趨に決着が付くとしても不公正発行とはならないとする説（割当て自由の原則説。鈴木＝竹内422頁等）がある。

　しかしながら、会社に資金需要がないと断定できるケースは通例稀であるため（龍田節「企業の資金調達」竹内昭夫＝龍田節編『現代企業法講座　第3巻』〔1985年、東京大学出版会〕21頁）、資金需要があるだけで不公正発行の該当性を否定してしまうのは会社法210条の意義を否定することになりかねない。そこで、会社支配権をめぐる争いは、会社の実質的所有者である株主の意思により決せられるべきであり、取締役会が新株発行を通じてこの争いに介入することは、機関権限分配秩序に違反し、不公正発行になるとする説（権限分配秩序説。森本滋「新株発行と株主の地位」法学論叢104巻2号〔1978年〕17頁、川濱昇「株式会社の支配争奪と取締役の行動規制（三・完）」民商95巻4号〔1986年〕9頁等）が主張された。

　もっとも、同説に対しても、支配権争奪時には取締役の資金調達面での裁量が平時と比べて大きく制約されるとみるのは、新株発行権限を原則として取締役会に与えた昭和25（1950）年改正後のわが国の会社法制とは相容れないとの批判がある（コンメ⑸122頁〔洲崎博史〕。なお、取締役会は会社支配権維持を目的とする新株発行を行う権限を有しており、この権限行使に経営者の経営判断を認めるべきであるとする説〔経営判断原則説。並木俊守『企業買収の防衛と第三者割当』〔1989年、中央経済社〕262頁以下等〕もある）。

　このように、不公正発行の該当性の判断をめぐり学説の対立がみられる一方、この点について裁判例が集積される中で、割当て自由の原則説と権限分配秩序説の中間的な立場（主要目的ルール説）が主張されるようになった。学説の中にも主要目的ルール説を支持する見解（洲崎博史「不公正な新株発行とその規制（2・完）」民商94巻6号〔1986年〕17頁以下、吉本健一「新株の発行と株主の支配的利益」判タ658号〔1988年〕31頁以下、田中（下）1003頁以下等）がみられる。

　主要目的ルール説は、上述したように、種々の目的ないしは動機から不当目的達成動機が優越する場合に不公正発行の該当性を認めるものであるが、

資本提携や従業員持株制度のため等正当な目的を排除するものではなく、第三者割当発行を必要とする特別の事情（合理的必要性）が認められれば、当該発行は不公正発行に該当しないと解されている（洲崎・前掲「不公正な新株発行とその規制（2・完）」23頁）。

(3)　不公正発行の該当性の具体的判断基準

　主要目的ルール説の下で、第三者割当発行の合理的必要性の有無により不公正発行の該当性を判断する場合には、いかなる事情が考慮されるべきであろうか。

　この点、上述したように、わが国では不公正発行の該当性が争われた裁判例の集積があり、それらは、概ね次のような事情を総合的かつ相関的に考察し、何が主要な目的であるかを判断しているようである。すなわち、①支配権争いの実態が存在すること、②新株発行が支配権争いに多大な影響を及ぼすこと、③新株発行が支配権維持目的にあることを疑わせるその他の事情、④資金調達の一般的な必要性が存在すること、⑤資金調達計画の実体性、合理性、⑥資金調達方法の相当性（資金調達計画の確実性や経済合理性等）である（若松亮「主要目的ルールに関する裁判例の検討」判タ1295号〔2009年〕69頁）。①ないし③の事情は支配権維持目的を、④ないし⑥の事情は資金調達目的をそれぞれ推認する事情になり得るものと考えられる。

　もとより、上記の諸事情が併存し、支配権維持の目的が唯一の目的ではない場合もあり得る。もっとも、そのような場合でも、特定の株主の持株比率を著しく低下させる第三者割当発行の合理的理由が積極的に証明されるべきであるとの指摘（上村達男『UFJ vs. 住友信託 vs. 三菱東京 M&Aのリーガルリスク』〔2004年、日本評論社〕147頁）がある。特に上記①から③の事情が認められるときには、取締役が、支配権の維持・強化といった自己の利益を図るという意味での利益相反を疑われる状況での新株発行となり得る。そのため、このような場合は、通常の経営判断としての資金調達とは次元が異なり、第三者割当によることの合理性や割当先の相当性まで踏み込んで、その正当性・適正性が検証されるべきであると解されている（川島いづみ「判批」中東正文ほか編『M&A 判例の分析と展開Ⅱ』〔2010年、経済法令研究会〕146頁）。

⑷　株主が不利益を受けるおそれ

募集株式の発行の差止めが認められるためには、当該募集株式の発行が会社法210条2号にいう「著しく不公正な方法による株式の発行」に該当し、かつこれによって「株主が不利益を受けるおそれがある」（同条柱書）ことが必要とされる。ここにいう不利益とは、持株価値の低下のみならず、持株比率の低下も含まれる（髙橋ほか293頁〔久保田安彦〕）。

裁判例の中には、従来個人株主が中心で上位10名の持株比率が合計で18%弱であったにもかかわらず、第三者割当発行により、取締役の多数派とこれを支持する株主が20.21%の持株比率を保有し、事実上の多数派を構成することを考慮し、従前の株主構成と比較して、既存の株主に看過できない持株比率の低下があるとして、「株主が不利益を受けるおそれ」があるとしたもの（前掲・東京地決平成20・6・23）がある。

3　公開会社における募集株式の割当等の特則

⑴　規制の内容と趣旨

公開会社においては、募集事項と割当先の決定を取締役会決議により決定することができるところ、このことは既存株主の持株比率を著しく低下させ、容易に新たな支配株主を生み出すことを可能とする。もっとも、支配株主の異動は、合併等に準じる「会社の基礎の変更」であり、これを取締役会決議のみで決定すべきではない（江頭763頁）。そこで、平成26年会社法は、公開会社における募集株式の割当等の特則（本特則）を設け、公開会社が募集株式の発行等を行うについて、募集株式の引受人（その子会社等〔会2条3号の2〕を含む）がその引受募集株式の株主となった場合に有することとなる議決権の数が、当該募集株式の全員がその引き受けた募集株式の株主となった場合における総株主の議決権の数に対する割合が2分の1を超える場合には、払込期日（会199条1項4号）の2週間前までに、株主に対して、当該引受人（特定引受人）の氏名、または名称および住所、当該特定引受人が有することとなる議決権の数その他の法務省令で定める事項（施行規42条の2）を通知（会206条の2第1項）、または公告（同条2項）しなければならないと定める。本特則は、議決権の過半数基準を採用しており、確実に支配株主の異動があ

ったといえる場面のみを対象とするものである（岩原紳作「『会社法制の見直し
に関する要綱案』の解説(2)」商事1976号〔2016年〕7頁）。

　上述した通知・公告の日から2週間以内に総株主の議決権の10分の1以上
（これを下回る割合を定款で定めた場合にあっては、その割合）の議決権を有する株
主が特定引受人による募集株式の引受けに反対する旨を公開会社に対し通知
したときは、当該公開会社は、株主総会の決議によって、当該特定引受人に
対する募集株式の割当てまたは当該特定引受人との間の総株引受契約（会205
条1項）の承認を受けなければならない（会206条の2第4項）。この株主総会の
決議は、議決権を行使することができる株主の議決権の過半数（3分の1以上
を定めた場合にあっては、その割合以上）を有する株主が出席し、出席した当該
株主の議決権の過半数（これを上回る割合を定款で定めた場合にあっては、その割合
以上）をもって行わなければならない（会206条の2第5項）。その趣旨は、公開
会社であっても、支配権の異動を伴う募集株式の発行をする場合には、会社
の実質的所有者である株主自身に決定させようとすることにある（田中（亘）
482頁）。

　上記の株主総会決議による承認が必要である場合において、払込期日の前
日までに承認決議を得ずに募集株式の発行をすることは法令違反となり、募
集株式の発行の差止めの対象となり得る（神田秀樹編『論点詳解平成26年改正会
社法』〔2015年、商事法務〕70-71頁〔松尾健一〕）。

(2)　解釈上の問題点

　本特則は、過半数の議決権の取得という形式基準を採用していることか
ら、規制の潜脱の危険性がある。例えば、第三者割当てにより、特定の者に
議決権の49％に相当する株式を取得させ、その後に、全体の3％の自己株式
を取得すれば、この特定の者の持株比率（議決権比率）は50％を超えることと
なり、形式的には本特則が適用されない事態が引き起こされる。この場合、
各取引が全体として一連の取引であると考えられるときには、本特則が適用
されるべきであるとする有力説（中東正文「募集株式の発行等」株式大系424頁）
がある。もっとも、こうした解釈には、エンフォースメントの面から無理が
あるとの批判がある（村田敏一「支配株主の異動を伴う募集株式の発行等に関する規
律の新設について」藤田古稀114頁注7）参照）。

　ただ、有力説のような解釈を採ることができないとしても、そのことが直ちに本特則の意義を乏しくするわけではなく、むしろ本特則が新設されたことから、平成26年会社法は事実上の支配権移転について差止めを通じた規律づけを強化すべきであることを暗に示しており、同法の下では不公正発行の認定のあり方にも変化が生じて然るべきであるとする指摘もある（久保田安彦「第三者割当」商事2041号〔2014年〕30頁）。平成26年会社法の立法趣旨をこのように理解すれば、裁判所が主要目的ルール説の枠組みの下で、特に資金調達の合理的必要性の有無について厳密に検討し、不公正発行の該当性の判断を慎重に行うようになることが期待されよう。

4　「緊急の必要があるとき」の意義

　支配株主の異動を伴う第三者割当てによる募集株式の発行の中には、会社を倒産の危機から救済するための資金注入目的のものがあり、この場合には、上記3で述べた本特則にいう株主総会の決議による承認を受ける時間的余裕がないことがあり得る（江頭763頁）。そこで、例外として、当該公開会社の財産の状況が著しく悪化している場合において、当該公開会社の事業の継続のため緊急の必要があるときは、上記株主総会の決議による承認は不要とされる（会206条の2第4項ただし書）。

　「緊急の必要があるとき」とは、倒産の危機が迫っている場合等、株主総会を開催していては公開会社の存立が危ぶまれるような緊急の事態が生じている場合といったように限定的な場面を意味するものと解されている（坂本三郎『一問一答平成26年改正会社法』〔2014年、商事法務〕133頁。なお、森本大介「第三者割当増資に関する規律および子会社株式等の譲渡に関する改正」商事1985号〔2012年〕27頁によれば、民事再生手続の開始原因となる「破産手続開始の原因（＝支払不能等）となる事実の生ずるおそれがあるとき」（民再21条1項）等よりはゆるく考える必要があるとされる）。

> **【例題1】**　株式会社甲社は、公開会社である株式会社乙社の株式の議決権の約35％に相当する株式を保有する筆頭株主である。乙社は、移動体通信店舗事業がほぼ唯一の事業であり、売上げのほぼ半分が甲社との代理店委託契約に基づく取引で占められていた。

　平成28年10月、甲社と乙社の経営陣との間で乙社の経営権をめぐる争いが生じると、乙社は甲社に対し上記代理店委託契約の終了を求めて協議を行った。その一方で、乙社は新規顧客の獲得や代理店収益の改善等を図るべく、携帯電話の店舗販売を運営する会社の買収を計画した。平成29年7月には、乙社は当該買収資金が必要であるとして、丙銀行に融資を打診した。その後、同年10月、乙社は、通信関連機器等の販売を営む株式会社丁社から、携帯電話販売代理店の全国展開のため乙社を子会社化したい旨の説明を受けた。同年12月、A銀行から融資は実行できない旨が告げられると、乙社は、甲社との代理店委託契約終了に関する協議の進展が見込めないこともあり、資金繰りや移動体通信店舗事業の運営においてきわめて危機的な状況であるとして、丁社との協議を本格化させることとした。

　かかる状況の下で、平成30年2月28日、乙社の取締役会は、第三者割ての方法により、普通株式を丁社に大量に発行（本件新株発行）する旨の決議をした。なお、本件新株発行がなされると、丁社の議決権比率は約51％となる。

　(1)　甲社は、本件新株発行を差し止めることができるか。

　(2)　甲社は、本件新株発行の効力をその発生前に争うために、差止め以外に会社法上いかなる措置を講じることが考えられるか。乙社の反論を踏まえて、検討せよ。

《参考裁判例》仙台地決平成26・3・26金法2003号151頁

【例題2】　公開会社である株式会社甲社の取締役会は、Aを唯一の引受人として第三者割当ての方法により募集株式を発行する旨の決議をした。当該募集株式が発行されると、Aが甲社の株式の議決権の過半数を有することになる。そこで、甲社の株式の議決権の15％に相当する株式を保有するBが、当該募集株式の発行に反対する旨を甲社に通知した。

　この場合、甲社は、会社法上、いかなる手続をとる必要があるか。また、甲社がその手続をとらなかった場合、Bは、当該募集株式の発行の効力をその発生前に争うために会社法上いかなる措置を講じることができるか。

（おがた・しょう）

27 新株発行の無効と不存在

吉本 健一

設問 I

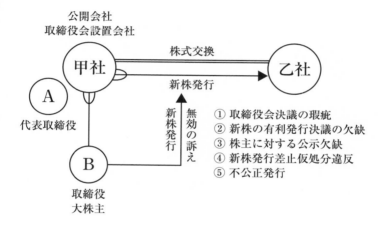

公開会社
取締役会設置会社

甲社 ── 株式交換 ── 乙社

新株発行

A
代表取締役

B
取締役
大株主

新株発行

無効の訴え

① 取締役会決議の瑕疵
② 新株の有利発行決議の欠缺
③ 株主に対する公示欠缺
④ 新株発行差止仮処分違反
⑤ 不公正発行

設問 II

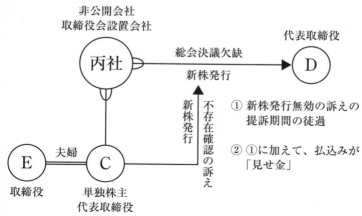

非公開会社
取締役会設置会社

丙社 ── 総会決議欠缺 ── D

新株発行

代表取締役

E ── 夫婦 ── C
取締役

単独株主
代表取締役

新株発行

不存在確認の訴え

① 新株発行無効の訴えの
　提訴期間の徒過

② ①に加えて、払込みが
　「見せ金」

【設問Ⅰ】

　甲株式会社は、子供服の製造販売を主たる目的とする非上場の公開会社であり、種類株式発行会社、監査等委員会設置会社および指名委員会等設置会社のいずれでもない。甲社は近年業界における激しい競争にさらされて業績が低下しており、代表取締役Aを含む経営陣は、同じ業界で新興の乙株式会社の傘下に入ることで生き残りを図ろうと考えた。具体的には、乙社との間で、株式交換によって甲社が乙社の完全子会社となるという選択肢が基本合意された。しかし、甲社の創業者一族で発行済株式総数の35％を有する取締役兼株主Bはこれに強硬に反対し、次回の定時株主総会で甲社の経営陣を入れ替えるため、役員選任議案を株主提案すると通告してきた。代表取締役Aは、Bに対抗して乙社との提携を進めるため、乙社を引受人とし、発行済株式総数と同数の新株を第三者割当て（株式総数引受契約）により発行した。以下のような事実があるとき、この新株発行につき、Bによる新株発行無効の訴え（会828条1項2号）は認められるか。

① 　本件新株発行の募集事項を決定する取締役会につき、AはBに招集通知を発しなかったため、Bは当該取締役会に出席しなかった。

② 　本件新株発行の払込金額は乙社に特に有利な金額である（有利発行）にもかかわらず、募集事項を決定する株主総会決議がなかった。

③ 　本件新株発行につき、株主に対する通知・公告がなかった。

④ 　本件新株発行につき、Bの申立てによる裁判所の新株発行差止仮処分命令が出されたが、Aはこれを無視して本件新株発行を行った。

⑤ 　本件新株発行は、著しく不公正な方法による新株発行（不公正発行）に該当するものであった。

【設問Ⅱ】

　丙株式会社は、所有する商業用ビルの賃貸を主たる目的とする公開会社でない会社（以下、「非公開会社」という）であり、種類株式発行会社ではない。丙社の創業者で単独株主でもある代表取締役Cは高齢で体調が優れないため、甥で後継者と目されていた取締役Dを代表取締役にして経営を任せていた。しかしDは、このままCが死亡すると、Dと折り合いの悪い取締役E（Cの妻）が相続人として丙社の単独株主となり、Dを追い出しにかかることをおそれ、発行済株式総数の2倍の数の新株を自己に発行し会社支配権を握ろうと考えた。DはCおよびEに無

断で新株発行手続を行い、払込金額全額を払込取扱銀行に払い込んだ上で、新株発行に関する変更登記を行った。以下のような事実があるとき、この新株発行につき、Cによる新株発行不存在確認の訴え（会829条1号）は認められるか。

① Dが秘密裏に本件新株発行を行ったため、Cが本件新株発行に気づかないまま新株発行無効の訴えの提訴期間が徒過した。

② ①の事実に加え、本件払込みが「見せ金」によるものであった。

1　募集株式の発行等と無効の訴え
2　無 効 原 因
3　募集株式の発行等の不存在

1　募集株式の発行等と無効の訴え

新株発行（以下、本稿では自己株式の処分を含む会社法上の募集株式の発行等を「新株発行」という）は、株式会社に資本の流入をもたらし、その物的組織を拡大させるが、他方では株主の増加をももたらし、その人的組織を拡大させる。したがって、新株発行に際しては、会社債権者との関係において資本充実の要請があるのみならず（この点では、会社設立時の株式発行とほぼ同様の規制がある）、既存株主と新株主との利益調整が会社法の重要な任務となる。既存株主は、新株発行により剰余金配当などの財産的利益や議決権を中核とする支配的利益に影響を受けるからである（ただし、新株の割当てを受ける権利が既存株主に付与される株主割当てでは、このような観点からの規制は後退する。会202条3項、5項参照。）。もっとも、会社法は新株発行に関する規制につき、公開会社と非公開会社を分けて、公開会社では資金調達の機動性確保の要請から、発行可能株式総数（会37条）の範囲内における新株発行については、募集事項の決定を取締役会の権限としつつ（会201条1項）、その払込金額が引受人に特に有利な金額である場合に限り、株主総会の特別決議を要求している（財産的利益の保護：会199条1項～3項、201条1項）。これに対し、非公開会社については、既存株主の支配的利益（持株比率の維持）の確保を重視して、原則として募集事項の決定を株主総会の特別決議に委ねている（支配的利益の保護：会199

条2項、309条2項5号）。

さて、そのような手続的規制の下で、違法ないし不当な新株発行がなされたときは、これにより利益を害された既存株主の救済が必要となる。新株発行の効力発生前は株主に新株発行差止請求権が認められ（会210条）、既存株主はこれにより自己の利益を守ることができる。この権利は新株発行の効力が生ずる前に行使する必要があることから、それは通常、新株発行差止請求訴訟を本案とする新株発行差止仮処分（民保23条2項）の申立てによることになる。

これに対して、新株発行の効力発生後は、その効力を否定するために、新株発行の無効による救済が認められる。しかし、新株発行の効力が生じると、これを前提とする法律関係の安定確保の要請から、新株発行の無効主張は制限を受ける。すなわち、新株発行の無効は、公開会社では新株発行の効力発生日から6か月以内、非公開会社では1年以内に、株主等（株主、取締役、監査役または清算人）が会社を被告とする訴えをもってのみ主張することができ（会828条1項2号・3号、2項2号・3号、834条2号・3号）、その請求を認容する確定判決は第三者に対しても効力を有するが（対世効：会838条）、将来に向かってのみその効力を有するとされている（将来効：会839条）。

2 無 効 原 因

(1) 各種の瑕疵と無効原因該当性

新株発行にどのような瑕疵がある場合に当該新株発行が無効となるかについて会社法には定めがなく、解釈に委ねられている。判例・学説は、一般に新株発行をめぐる法的安定性を重視して、新株発行の無効原因を厳格に解している（無効原因を検討する近時の学説として、草間秀樹「新株発行の無効原因」法律論叢80巻2＝3号〔2008年〕77頁以下参照）。

設問Iの①は、取締役であるBに招集通知を発しなかったため、公開会社において募集事項を決定する取締役会にBが出席できなかったという瑕疵がある。これは、取締役会の招集手続の瑕疵となり、当該取締役会決議は原則として無効となる（最三小判昭和44・12・2民集23巻12号2396頁）。したがって、有効な取締役会決議を経ずに新株発行を行ったことになるが、公開会社にお

けるこのような瑕疵について、判例（最二小判昭和36・3・31民集15巻3号645頁、最一小判平成6・7・14判時1512号178頁）は無効原因とならないと判示し、学説上も多数がこれを支持する（学説の状況については、加藤勝郎「必要な決議を欠く新株発行の効力」『商法の争点Ⅰ』〔1993年、有斐閣〕172-173頁参照）。これに対して、非公開会社において募集事項を決定する適法な株主総会決議を欠くことは、新株発行の無効原因であると解されている（最三小判平成24・4・24民集66巻6号2908頁、江頭779頁注(4)）。

②は、公開会社において有利発行（具体的にどのような場合に有利発行となるかについては、本書「25　新株の有利発行」参照）に必要な株主総会決議がないという瑕疵であるが、これについても無効原因とはならないというのが判例（最二小判昭和46・7・16判時641号97頁、最二判昭和48・4・6金法683号32頁、最三小判昭和52・10・11金法843号24頁）・多数説である（学説の状況については、家田崇「判解」会社法百選［3版］53頁参照）。

③は、新株発行に関する株主への通知・公告（会201条3項・4項）がなかったという瑕疵であり、判例（最三小判平成9・1・28民集51巻1号71頁、最二小判平成10・7・17判時1653号143頁）・多数説は、株主に対する通知・公告は株主の新株発行差止請求権行使の機会を保証するための制度であるから、これを欠くという瑕疵は、新株発行差止を請求したとしても、差止事由がないためにこれが許容されないと認められる場合でない限り、無効原因となると解している（学説の状況については、戸川成弘「判解」会社法百選［3版］59頁参照）。なお、官報によって公告を行ったため、株主が新株発行を知ることができず差止請求の機会を逃した場合でも、新株発行の無効原因とならないとするのが下級審裁判例である（東京高判平成19・3・29金判1266号16頁、東京地判平成20・10・29・2008WLJPCA10298016）。しかし、このような場合も無効原因と認める立場もある（宍戸善一「会社支配権と私的財産権：第三者割当増資再論」江頭還暦（上）386-388頁）。

④は、新株発行差止仮処分命令に違反する新株発行であり、判例（最一小判平成5・12・16民集47巻10号5423頁）・多数説は、差止仮処分命令違反の新株発行が無効とならないとすると、新株発行差止請求権を認めた法の趣旨が没却されるとして、無効原因に該当すると解している（学説の状況については、砂田

太士「判解」会社法百選［3版］206頁参照）。

　⑤は、著しく不公正な方法による新株発行（不公正発行。具体的にどのような場合に不公正発行となるかについては、本書「26　新株の不公正発行」参照。）であるが、このような瑕疵は新株発行差止事由ではあるが（会210条2号）、無効原因とはならないとするのが判例（前掲最判平成6・7・14）である。しかし、この判例に対しては学説の多くは批判的であり（学説の状況については、山下友信「判解」会社法百選［3版］209頁参照）、少なくとも非公開会社については、不公正発行は無効原因となるとするのが多数説であろう（小林俊明「閉鎖会社における公示の瑕疵に基づく新株発行と不公正発行」専修法学102号〔2008年〕42頁、山下・前掲209頁参照。非公開会社における不公正発行には、株主総会招集手続の瑕疵や株主割当てにおける割当通知の欠缺のような瑕疵も想定され、当該瑕疵はそれ自体無効原因に該当すると解される。しかし、そのような手続的瑕疵を伴わない不公正発行のケースがあるとすると、不公正発行自体を無効原因と解する意味があろう。）。また、非公開会社については、判例でも既存株主の支配的利益の保護が重視されているが（前掲最判平成24・4・24参照）、本件甲社は公開会社であるため、判例の立場では、無効事由とはならない可能性がある。

(2)　無効原因の体系的整理

　以上のような判例の立場は、新株発行の無効原因につき、どのような判断基準をとっていると理解できるであろうか。問題となるそれぞれの瑕疵に特有の要素があるとはいえ、新株発行規制が既存株主と新株主ないし会社債権者の利益調整手段であるとすると、体系的・統一的な観点からの整理が必要である。

　判例では、新株発行が業務執行に準ずる行為であるという性質論とともに、新株発行をめぐる取引の安全確保（その具体的内容は、善意の株式引受人の保護〔前掲最判昭和36・3・31〕から、新株取得者および会社債権者の保護〔前掲最判昭和46・7・16が引用する最二判昭和40・10・8民集19巻7号1745頁参照〕を経て、会社と取引関係に立つ第三者を含む広い法律関係の安定〔前掲最判平成6・7・14〕へと、変化してきている。吉本健一「新株発行・自己株式の処分の無効事由・不存在事由」『会社法の争点』〔2009年、有斐閣〕86頁。なお、判例のいう取引の安全の中身についての鋭い批判として、小出篤「会社法における『取引の安全』の機能」法時79巻8号〔2007年〕147頁

参照。）が、新株発行の無効を否定する根拠として挙げられている。ところが、新株発行差止仮処分違反および新株発行の公示義務違反につき新株発行の無効原因該当性を認めた前掲最判平成5・12・16および前掲最判平成9・1・28では、このような新株発行の法的性質や取引の安全はまったく触れられておらず、もっぱら新株発行差止請求による既存株主保護の実効性確保が根拠とされている。このような判例の立場は、一見すると整合性がないようにも思われる。新株発行の瑕疵がどのようなものであっても、新株発行の法的性質は変わらないし、新株発行をめぐる法的安定性（とくに債権者保護）の必要性がなくなるわけではないからである。おそらく判例の立場は、新株発行をめぐる既存株主と新株主の利益調整は、第一段階として新株発行の差止めという事前の救済手段に委ねられ、特定の瑕疵につき差止請求の機会がありながらこれを行使しなかった場合には、これを無効原因と認めないという考えに立っていると思われる（吉本・前掲『会社法の争点』86頁参照）。したがって、第二段階として、新株発行差止事由があるにもかかわらず差止請求権行使の機会が奪われた場合（③）や、裁判所の新株発行差止仮処分命令があるにもかかわらずこれを無視して新株発行がされた場合（④）には、当該瑕疵を無効原因として認めるというものであろう。

　しかし、新株発行規制が既存株主と新株主の利益調整の問題であるという理解に立つならば、まず第1に、問題となる瑕疵が既存株主のどのような利益を害するのか、それを救済するにはどのような措置が適切かという観点から、無効原因該当性を判断するという立場も十分成り立つであろう。そしてこの立場では、純然たる手続的瑕疵は、原則として既存株主の具体的な利益を害するものではないとして無効原因とならず、また既存株主の財産的利益を侵害する有利発行に関する瑕疵は、取締役・執行役の損害賠償責任（会社法423条1項によるか429条1項によるかは争いがある）の問題として処理すべきであって、無効原因には該当しないという結論が導かれる。他方、既存株主の支配的利益を侵害する不公正発行の場合は、損害賠償による救済では十分でないため、新株発行の効力を否定し既存株主の支配的利益を回復するために、これを無効原因と解する必要があることになる（詳しくは、吉本健一「新株発行による既存株主の法益侵害とその救済」同『新株発行のメカニズムと法規制』〔2007

年、中央経済社〕77-79頁参照）。

　しかし第2に、善意の新株主保護のために、悪意または重過失のある株式取得者が保有する新株のみが無効の対象となると解すべきである。不公正発行の場合には、善意の株主が保有する株式は無効としなくても、既存株主の支配的利益の侵害はないといえるからである。したがって、この関係では、新株主のうちに善意無重過失者と重過失・悪意者が存在する場合には、重過失・悪意の新株主の保有する株式のみを無効とすべきことになる（一部無効）。

　第3に、会社債権者は、新株発行の無効の場面では、利益保護の対象として考慮すべきではないと解される（吉本・前掲『新株発行のメカニズムと法規制』87頁、山下・前掲209頁）。会社債権者の保護を理由に新株発行の無効を認めないとすれば、おそよ新株発行の無効が認められるケースは生じないことになってしまうからである。

3　募集株式の発行等の不存在

(1)　新株発行不存在の意義

　会社法829条は、1号において新株発行不存在確認の訴え、2号において自己株式処分不存在確認の訴えを規定する。同条項は、平成17（2005）年改正前商法の下で、判例（最三小判平成9・1・28民集51巻1号40頁、最一小判平成15・3・27民集57巻3号312頁）・学説上認められていた新株発行不存在確認の訴えを明文化したものである。

　設問Ⅰにおいて検討した新株発行無効の訴えは、新株発行の効力発生後に新株発行の効力を否定して利害関係者の救済を図るものであるが、上述したように、新株発行をめぐる法的安定性の確保を重視して、当該無効主張は一定の期間内の訴え提起に制限している。したがって、当該提訴期間が徒過すると、原則として新株発行の無効主張はできないことになる（例外的に、提訴期間経過後の新株発行無効の訴えを認めた例として、東京地判平成16・3・31・2004WLJPCA03310012、名古屋地判平成28・9・30金判1509号38頁参照。また、学説では、既存株主が新株発行の事実を知ることができなかったため新株発行無効の訴えの提訴期間を徒過した場合には、株主が当該新株発行を知ったあるいは知り得た日から提訴期間を算定すべきであるとの見解も有力である。代表的なものとして、砂田太士「判批」ひろ

ば41巻4号〔1988年〕71頁参照。）。しかし、新株発行の瑕疵が重大で新株発行が発行時から存在するとは認められない場合には、提訴期間の経過によっても新株発行の効力を認めるべきでないという判断があり得る。そのような場合は、新株発行は始めから不存在であり、誰でもいつでもその不存在（無効）を自由に主張できると解されてきた。

　そしてまた、新株発行の登記があるなど新株発行の外観がある場合には、対世的に新株発行不存在を判決により確認するために、新株発行不存在確認の訴えを提起することができるとされてきた（前掲最判平成9・1・28、前掲最判平成15・3・27）。この訴えには提訴資格や提訴期間の制限はなく、訴えの利益（確認の利益）があれば誰でも提訴が認められ、確認判決には将来効もないため新株発行はその発行時から存在しなかったことになる。

(2)　新株発行不存在の要件

　問題は、どのような場合に新株発行の不存在が認められるかであるが、判例・学説では新株発行の実体がないのに登記などの新株発行の外観がある場合が挙げられてきた（判例の分析として、吉本健一「新株発行不存在の判断要素――最近の裁判例の分析――」神戸学院法学47巻2＝3号〔2018年〕151頁以下参照）。しかし、かつての株主総会決議不存在確認の訴えに関する議論を参考に、新株発行不存在はこのような場合（物理的不存在）に限られず、新株発行の手続的・実体的瑕疵が著しく新株発行が不存在であると評価すべき場合（評価的不存在）も含まれるとの立場も有力となっている（東京高判昭和61・8・21判時1208号123頁、金沢地判平成3・2・8民集51巻1号51頁、名古屋高金沢支判平成4・10・26民集51巻1号60頁、徳島地判平成10・10・13判タ1042号245頁、高松高判平成15・7・29・LEX/DB25470875参照。学説上も多数説の観を呈している。代表的なものとして、岩原紳作「判批」ジュリ947号〔1989年〕122頁、松井秀征「新株発行不存在確認の訴えについて（2・完）」立教法学71号〔2006年〕49頁参照。）。新株発行の実体がないという判断も一定の法的評価の結果であるとすると、物理的不存在と評価的不存在を明確に区別することは困難で、両者はむしろ連続性があるといえよう。

　設問Ⅱでは、Dが単独株主Cや取締役Eに無断で新株発行を行ったとされていることから、非公開会社において新株発行の募集事項を決定する株主総会決議がないまま新株が発行されたことになる。このような新株発行は原則

として無効原因があるが（前掲最判平成24・4・24参照）、しかし①では、株主総会が開催されておらず、また、非公開会社では株主に対する通知・公告がされないため（非公開会社では、原則として募集事項の決定は株主総会で行うし、定款に定めがあれば株主割当ての場合は取締役ないし取締役会で決定できるものの〔会202条3項1号・2号〕、この場合もいわゆる割当通知がなされるから〔同条4項〕、いずれにしても株主が新株発行を知ることができるとの前提で、株主に対する通知・公告は不要とされている）、単独株主Cが知らないまま新株発行無効の訴えの提訴期間が徒過している。このような場合には、原則として新株発行無効の訴えを提起することはできないため、提訴期間の制限のない新株発行不存在確認の訴えによる救済が問題となる。

　新株発行を物理的不存在に限る立場では、新株発行を丙社の代表取締役Dが行い、また払込みも行われていることから、不存在事由はないと判断される可能性がある。他方、評価的不存在を認める立場では、新株発行無効の訴えの提訴期間が徒過した原因が、新株発行に関する株主総会が開催されなかったことだけでなく、新株発行後も会社が新株発行の事実を秘匿し続けたことにあるとすれば、そのような会社に帰責性がある提訴期間の徒過という結果を、株主の不利益に帰せしめることは適切でないという考慮が働いてくる。また、既存株主の救済という観点からは、本件のような会社支配権を奪う新株発行は不公正発行の典型として、当該新株発行の効力を否定する救済でなければ、既存株主の侵害利益は回復されないことになる（非公開会社では、会社支配権の価値を算定することが困難なため、損害賠償という救済は十分なものとならない）。したがって、㋐閉鎖会社（少なくとも非公開会社）における不公正発行で、㋑会社に新株発行無効の訴えの提訴期間の徒過に帰責性があり、㋒新株保有者の悪意、という要件を充足する場合には、新株発行不存在が認められるべきである（吉本健一「小規模閉鎖会社における新株発行の不存在について」民商154巻4号〔2018年〕118-119頁）。つまり、株主が新株発行の事実を知っていれば新株発行無効の訴えを提訴期間内に提起することができ、かつ新株発行無効判決による救済が受けられたと認められる場合、新株主の悪意を要件に新株発行の不存在を認めることになる。非公開会社において株主総会決議がないままなされた新株発行には無効原因があるとするのが判例・通説であり

（前掲最判平成24・4・24など。なお、仮に株主総会決議はあったが取消事由〔たとえば招集通知漏れ〕があるときは、新株発行後は新株発行無効の訴えにおいて株主総会決議に取消事由があることをもって新株発行無効を主張できると解されているが〔吸収説〕、総会決議取消事由は総会の日から3か月以内に主張することを要するので〔会831条1項参照〕、新株発行無効の訴えも総会決議の日から3か月以内に提起しなければならないと解されている。江頭769-770頁注(4)参照。反対、久保田安彦「非公開会社の株式発行規制」法セ730号〔2015年〕108頁。）、またより直截に不公正発行を無効原因と解する立場も有力である。さらに、閉鎖会社における会社支配権をめぐる争いでは、しばしば新株発行無効の訴えの提起を回避するために、意図的に新株発行の事実が秘匿され、当該訴えの提訴期間内は対内的にも対外的にも新株発行がなかったとの取扱いが継続する状況が生じる。このようなケースでは、新株発行の実体がないという評価も可能であろうし、また提訴期間の経過により新株発行の瑕疵が治癒されたものと見ることも適切でないともいえよう。本件でも、丙社が新株発行後も当該事実を秘匿し続けた結果、新株発行無効の訴えの提訴期間が徒過したという事情があれば、新株発行不存在が認めらるべきであろう。

　②では、①の事実に加え、さらに払込みが「見せ金」によるものであるという事実が加わっている。「見せ金」とは、典型的には株式引受人が第三者から借りた金銭をもって払込みを行い、新株発行直後に会社が引き出した資金（払込金）を引受人に貸し付け、引受人が第三者に返済するという一連の行為で、実態として会社の事業資金としての利用がないため、このような払込みは仮装行為として無効であると解されている（最二小判昭和38・12・6民集17巻12号1633頁。詳しくは、本書「28 株式の払込の仮装」参照。）。そうすると、代表取締役Dが行ったとはいえ、必要な株主総会決議がなく、かつ払込もないので、新株発行の手続的・実体的瑕疵が著しく、新株発行は不存在であるといえよう。実際に、下級審裁判例では、株主総会決議の欠缺と出資の履行がない場合には新株発行不存在が認められる傾向が強い（東京地判平成21・3・18・2009WLJPCA03188015、東京地判平成25・2・25・LEX/DB25510794、東京地判平成26・3・19・LEX/DB25518358など。吉本・前掲「新株発行不存在の判断要素」171頁参照。）。なお、学説には、仮装払込みに基づいて発行された株式は未成立（不

存在）であり、引受人は払込相当額を支払うことにより株主となる一種のコール・オプションを有している（会209条2項参照）と解する見解もある（江頭112頁注(2)）。

【例題1】　設問Ⅰについて、以下のような事実があるときはどうか。

⑥　本件新株発行は、会社法206条の2第1項の要件に該当するにもかかわらず、同条項および2項所定の株主に対する通知・公告がなかった。

⑦　Bによる本件新株発行無効の訴えが継続中に、甲社と乙社の株式交換の効力が発生し、Bは乙社の株主となった。

【例題2】　設問Ⅱについて、以下のような事実があるときはどうか。

③　Dは、取締役選任決議に関し1株につき10個の議決権を有するという内容の新株を発行した。

（よしもと・けんいち）

28 株式の払込みの仮装

久保田　安彦

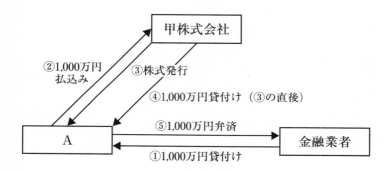

【設　問】

　甲株式会社は、近年、財産状態が悪化したうえに、そのことが取引先に伝わって、取引を敬遠され、それが財産状態の更なる悪化をもたらすという状況に陥っていた。そこで甲社は、第三者割当てによる募集株式の発行を行い、それを取引先に知らせることで、信用不安を払拭したいと考えた。しかし、甲社は募集株式の引受人を見つけることができなかったため、やむを得ず、以下のような計画（以下、「本件計画」という）を立てた。すなわち、①甲社の支配株主であるAが引受人となる、②ただし、Aは自己資金がないため、金融業者から1,000万円の融資を受けて、それを募集株式の払込金額の払込みに当てる、③募集株式の発行後すぐに、甲社がAに1,000万円を貸し付け、Aはその1,000万円を金融業者に弁済する、という計画である。その後、本件計画は現実に実行に移され、甲社はAに対し、募集株式の発行を行った（以下、当該募集株式を「本件株式」、当該募集株式の発行を「本件株式発行」という）。

(1)　本件計画に関して、Aは甲社に対し、どのような責任を負うか。

(2)　Aは、本件株式につき、甲社から剰余金の配当を受けることができるか。

(3) Aによる本件株式に係る払込みは有効な払込みとみるべきか、本件株式は有効に成立するか、仮にそれを肯定するとして、本件株式発行に無効原因が認められると解すべきか。

1 問題の所在

会社法には、仮装払込みに関する規定が置かれている。規定の適用場面は、①設立時の株式発行（会52条の2〔発起人による仮装払込み〕、102条3項、102条の2、103条2項・3項〔設立時募集株式の引受人による仮装払込み〕）、②募集株式の発行等（会209条2項・3項、213条の2、213条の3）、③募集新株予約権の発行（会282条2項・3項、286条の2第1項1号・2項、286条の3）、④新株予約権の行使による株式の発行（会282条2項・3項、286条の2第1項2号・3号、286条の3）に際して、払込みが仮装された場合である。

会社法は、これらの場合について、引受人・発起人・取締役等に対し、払込みを仮装した金額の全額を会社に支払う責任を課している。そのうえで、そうした支払責任の履行があるまで、引受人および悪意・重過失の株式譲受人は仮装払込みに係る株式について株主としての権利を行使できないとする一方、善意・無重過失の株式譲受人は権利行使ができることを定めている。

もし本件株式に係るAの払込みが、上記の規定が適用される仮装払込みに該当すれば、Aは、甲社に対して、払込みを仮装した金額の全額（1,000万円）を支払う責任を負うことになる（設問(1)）。また、かかる支払責任の履行があるまで、Aは本件株式について株主としての権利を行使できないから、甲社から剰余金の配当を受けられないことになる（設問(2)）。そうすると、ここでの問題は、そもそも上記の規定が適用される仮装払込みとはどのようなもの

なのか、また、それに該当するかどうかはどのような基準で判断されるか、である。

　他方、会社法は、仮装払込みの払込みとしての効力、仮装払込みに係る株式の成否、仮装払込みに係る株式発行の効力といった点（設問(3)）については、特に規定を置いていないから、それらの点をどのように解すべきかは、完全に解釈に委ねられる。後述するように、学説上さまざまな見解が唱えられているが、いずれの見解が妥当なのであろうか、また、そもそも学説上の見解の対立軸はどこにあるのであろうか。

　以下ではまず、本問で問題になっている募集株式の発行等の場合について、会社法上の仮装払込みに関する規定の内容をもう少し詳しく確認したうえで、上記の問題を順次検討することにしよう。

2　募集株式の仮装払込みに関する会社法の規定

(1)　関係者の責任

　募集株式の引受人が払込金額の払込みを仮装すると、既存株主から当該引受人への利益移転が生じる。つまり、払込みを仮装した株式引受人は、財産を拠出することなく株式を取得することになる。その一方で、財産が拠出されないまま発行済株式総数が増加することにより、既存株主が有する株式1株あたりの価値が減少（希釈化）するから、既存株主から株式引受人への利益移転が生じる（坂本三郎編『一問一答　平成26年改正会社法』〔2014年、商事法務〕138-139頁）。また、会社債権者としても、募集株式の発行によって新たな財産が会社に拠出されたから、債権も回収できるであろうと信じていたのに、実は財産が拠出されていなかったということになれば、債権回収の見込みが外れて、不測の損害を被るかもしれない。

　そこで、株主および会社債権者を保護する観点から、会社法上、募集株式の引受人が払込金額の払込みを仮装した場合には、①当該引受人および②かかる仮装払込みに関与した取締役・執行役は、払込みを仮装した払込金額の全額を会社に対して支払う責任を負うものとされている（会213条の2第1項1号、213条の3第1項本文）。現物出資が行われたときに、募集株式の引受人が現物出資財産の給付を仮装した場合には、当該引受人は、(a)給付を仮装した

現物出資財産の給付をする責任、または、(b)会社が当該給付に代えて当該財産の価額に相当する金銭の支払を請求した場合には当該金銭の支払をする責任を負う（会213条の2第1項2号）。仮装給付に関与した取締役・執行役については、(a)の責任は負わせても履行が期待できないため、(b)の責任だけが課されている（会213条の3第1項本文）。ただし、仮装払込みや仮装給付に関与した取締役・執行役も、その職務を行うについて注意を怠らなかったことを証明すれば、上記の責任を免れる（会213条の3第1項ただし書）。

　取締役・執行役の責任はもちろん、仮装払込み・仮装給付をした引受人の責任も、適切な責任追及が必ずしも期待できないことから、株主代表訴訟の対象になるとされている（会847条1項）。

　なお、取締役・執行役が上記の支払責任を履行した場合でも、株式が当該取締役等に帰属するとする規定は置かれていないため、引受人またはその承継人に株式が帰属すると解すべきである（坂本編・前掲『一問一答平成26年改正会社法』144頁、松尾健一「資金調達におけるガバナンス」商事2062号〔2015年〕33頁）。そのうえで、支払責任を履行した取締役・執行役は、払込みを仮装した引受人に対して支払額を求償できる（民500条・501条）と解される（山本爲三郎「仮装払込による募集株式の発行等」鳥山恭一＝福島洋尚『平成26年会社法改正の分析と展望』〔2015年、経済法令研究会〕44頁）。

(2)　株主権の行使の制限

　会社法上、引受人や取締役・執行役が上記の支払責任を履行しない場合は、履行するまでの間、当該引受人は、仮装払込みまたは仮装給付が行われた募集株式について株主の権利を行使できない旨が規定されている（会209条2項）。これは、(1)の冒頭で触れたように、仮装払込みが行われた場合には、支払責任が履行されない限り、既存株主から引受人への利益移転が生じるため、引受人の権利行使を禁じる（例えば、剰余金の配当も受けられないとする）という方法で利益移転を是正しようとしたものと理解される。ただし、仮装払込み・仮装給付がなされたことを知らずに株式を譲り受けた者にまで権利行使を認めないことにすると、株式の取引の安全が害される。そこで、募集株式の譲受人は、悪意または重過失がない限り、株主の権利を行使することができるとされている（会209条3項）。

3　仮装払込みの意義とその該当性の判断基準

(1)　仮装払込みの意義

　仮装払込みに関する規定は、平成26（2014）年会社法改正によって新設された
ものであるところ、同改正前の判例によれば、仮装払込みとは、「実質
的には会社の資金とするの意図なく単に払込の外形を装つたに過ぎないも
の」をいう（最二小判昭和38・12・6民集17巻12号1633頁〔会社設立時の仮装払込みの
事例〕）。理解は分かれうるが、このような判例の見解は、改正法上の仮装払
込みに関する規定が適用される仮装払込みの意義についても当てはまる（射
程が及ぶ）と理解するのが素直であろう。というのも、上記のような場合に
は実質的には払込みがない以上、株主および債権者保護の観点から、仮装払
込みに関する規定を適用して、引受人は支払責任が履行されないかぎり株主
権を行使できないとするのが妥当であると考えられるからである。

(2)　仮装払込みに該当するかどうかの判断基準

　それでは、個々の事例において「実質的には会社の資金とするの意図なく
単に払込の外形を装つたに過ぎないもの」に該当するかどうかは、どのよう
な基準によって判断すべきなのであろうか。この点、上記の判例（最二小判
昭和38・12・6）は、会社設立時において、発起人が払込取扱機関から借り入
れた金銭をもって出資を履行し、その後それを会社の口座から引き出して当
該払込取扱銀行に対する借入金の返済に充てた事例（払込取扱機関の役職員との
通謀は認定されていないために、預合いの事例〔すぐ後で説明する〕には該当せず、それ
ゆえ、いわば消去法的に見せ金の事例に該当すると理解されている）について、①会
社成立後に（会社設立時の仮装払込みの事例なので「会社設立後に」となっているが、
募集株式の発行等の場合であればその効力発生後になる）、引受人（当該事例では発起
人）が会社の口座から払込金を引き出して借入金を返済するまでの期間の長
短、②払込金が会社資金として運用された事実の有無、③払込金を引受人の
借入金の返済に充てたことが会社の資金関係に及ぼす影響の有無等を総合的
に考慮して、払込みの仮装性を判断すべきであるとした。

　このうち①の基準は、会社が払込金を事業活動資金として利用する機会が
与えられていたかどうか、②の基準は、仮にそのような機会が与えられてい
たとしても、実際に事業活動資金として利用していたかどうか（払込金を会社

の資金とする意図がなければ、利用機会があっても利用しないであろうから、利用していないことは払込みの仮装性を認定する方向に作用する）に着目するものであると理解される。これに対し、③の基準がどのような意味を持つのかは判然としない。上記判例の差戻控訴審（名古屋高判昭和41・5・23民集23巻7号1086頁）は、当該事例において、借入金がいったん払込金に宛てられた後に、当該払込金がそのまま返済に回された結果、会社は全くの無資産になったことをもって払込みの仮装性を認定する一要素としている。しかし、なぜそのような事情が仮装性の認定につながるのかも明らかではない。仮に当該払込金がそのまま（会社が事業資金として用いて増やすこともなく）返済に回されたために、会社が無資産になったという点に着目しているとすれば、③は②と実質的に同じ基準であることになる。

典型的な仮装払込みとしては、上記のような見せ金の事例のほかに、いわゆる預合いの事例（引受人が払込取扱機関の役職員と通謀して行う仮装払込み〔最三小決昭和35・6・21刑集14巻8号981頁、最三小決昭和36・3・28民集15巻3号590頁、最一小判昭和42・12・14刑集21巻10号1369頁〕）もある。より具体的に、預合いの事例としては、(a)引受人が払込取扱機関の役職員と通謀して当該払込取扱機関からの借入金で払込みを行ったうえで、その後すぐにそれを会社の口座から引き出して借入金の返済に充てる場合や、(b)引受人が払込取扱機関の役職員と通謀のうえで払込取扱機関から借入れをし、それを払込みに充てたうえで、借入金を引受人が返済するまでは会社は口座にある払込金の払出しを請求しないこととする旨を約する（不返還の合意をする）場合が挙げられる。

このうち、まず(a)は上記判例の基準に照らすと、「実質的には会社の資金とするの意図なく単に払込の外形を装つたに過ぎないもの」に該当するであろう。なぜなら、会社は払込金を事業活動資金として用いる機会が与えられていない（当然、会社は実際に事業活動資金として利用してもいない）からである。さらに(b)も、払込後、引受人が借入金を返済して会社が口座にある払込金の払出しをできるようになるまでの期間が長ければ、その間、会社は払込金を事業活動資金として利用する機会が与えられないことになるから（当然その間は実際に用いることもない）、仮装払込みに該当するものと考えられる。

このように考えると、判例のような立場をとる限り、いわゆる見せ金か預

合いかを区別して論じる意味合いは乏しいといえる（実際、判例もそのような論じ方はしていない）。単に仮装払込みとは「実質的には会社の資金とするの意図なく単に払込の外形を装つたに過ぎないもの」をいうとしたうえで、それに該当するかどうかを上記①②（および③）の基準によって判断すれば足りることになるであろう。

(3)　本問への当てはめ（設問(1)・(2)の解答）

以上を本問の事例に当てはめると、Aは、本件株式発行後すぐに、甲社から払込金と同額の1,000万円の貸付けを受けて、金融業者からの借入金の返済に当てている。このため、甲社は、Aによる払込金を事業活動資金として用いる機会が与えられていない（当然、甲社は実際に事業活動資金として利用してもいない）ことになる。もしAが甲社からの貸付金1,000万円を短期間のうちに甲社に弁済することが予定されているといった特別の事情があれば別であるが、本問の事例では、Aは自己資金がないのであるから、甲社に貸付金1,000万円を短期間に返済することはおよそ期待できないであろう。したがって、Aによる払込みは、「実質的には会社の資金とするの意図なく単に払込の外形を装つたに過ぎないもの」であり、それゆえ、会社法上の仮装払込みに関する規定が適用されると解される。

この結果、Aは、仮装払込みを行った引受人として、（仮装払込みに関与した取締役とともに）甲社に対し、払込みを仮装した金額の全額（1,000万円）を支払う責任を負う（会213条の2第1項1号、設問(1)）。また、Aまたは取締役による支払責任の履行があるまで、Aは本件株式について株主としての権利を行使できないから（会209条2項）、甲社から剰余金の配当を受けられず、仮に剰余金の配当を受けた場合には、それを甲社に返還すべきことになる（設問(2)）。

4　その他、仮装払込みをめぐる法律関係

先に触れたように、仮装払込みに関する規定は、平成26年改正によって新設されたものである。しかし、改正法は，特定の解釈を前提とせずに立法作業が行われたという経緯（坂本編・前掲『一問一答平成26年改正会社法』144-145頁）もあって，いまなお仮装払込みの法律関係には不明確な点が残されている。設問(3)はその点について問うものである。

(1)　仮装払込みの払込みとしての効力

　第1の問題は、仮装払込み（上記のような仮装払込みに関する規定が適用されるもの）の払込みとしての効力である。払込有効説も有力に主張されているが（弥永・リーガルマインド293頁）、学説の多くは払込無効説に立っている（野村修也「資金調達に関する改正」ジュリ1472号〔2014年〕31頁、笠原武朗「仮装払込み」法時87巻3号〔2015年〕29頁、松尾・前掲「資金調達におけるガバナンス」31頁、山本・前掲「仮装払込による募集株式の発行等」42頁、久保田安彦「株式・新株予約権の仮装払込みをめぐる法律関係」阪大法学65巻1号〔2015年〕122頁）。払込無効説の主たる根拠は、払込有効説の立場では、なぜ引受人・取締役等に支払責任が課されることの説明が難しいのに対し、払込無効説の立場では、すぐ後に述べる第2の問題についてどのように解するかによって説明は異なりうるものの、比較的無理のない説明が可能であることに求められる（例えば、後述する株式発行無効原因説や株式発行有効説では、仮装払込みの場合について、払込みがないときには引受人が失権する旨の規定〔会208条5項〕は適用されないと解するため、引受人は依然として出資履行義務を負い続けていることになり、それを確認的に定めたのが引受人の支払責任を定める規定であると説明される）。

(2)　仮装払込みに係る株式の成否と株式発行無効原因の有無

　第2の問題は、払込みが仮装された株式は有効に成立するか、また、仮にそれを肯定した場合には、株式発行に無効原因が認められると解すべきかである。この問題については、学説上、3つの見解が主張されている。すなわち、①払込みが仮装された株式は未成立（不存在）であるとする見解（江頭112頁注(2)・767頁注(6)）、②株式は引受人の下で一応有効に成立するが、引受人または悪意・重過失の譲受人の手許に株式がある場合は、株式発行の無効原因が認められるとする見解（久保田・前掲「株式・新株予約権の仮装払込みをめぐる法律関係」122頁以下。また山本・前掲「仮装払込による募集株式の発行等」43頁も参照）、③株式は引受人の下で有効に成立し、株式発行の無効原因もないとする見解（野村・前掲「資金調達に関する改正」31頁、笠原・前掲「仮装払込み」29頁、松尾・前掲「資金調達におけるガバナンス」32頁）である。

　それでは、上記のいずれの見解が妥当だろうか。ポイントは、いずれの見解であれば、(a)他の株主に十分な救済手段を与えることができるか、(b)仮装

払込みに関する会社法上の規定と整合的であるか（解釈論としての無理のなさ）である。

　まずは(a)株主の救済手段を考えてみよう。①説・②説・③説とも、株主は引受人・取締役等の支払責任を株主代表訴訟によって追及できる。ただし、それだけでは必ずしも十分ではないと考えられる。第1に、善意・無重過失の者に株式が譲渡されると、支払責任の履行前でも株主権が行使されてしまうから、かかる株式譲渡を防止する手段も必要になる。第2に、引受人・取締役等が資力を有しないなどの理由で、支払責任が履行される見込みが薄い場合も少なくないと予想されるから、支払責任の追及も実効的な救済手段になるとは限らない。

　この点について、①説だと、引受人から善意・無重過失の者に株式が譲渡され、当該者による株主権の行使が行われるのを防ぐため、当該株式不存在確認の訴えを本案として、引受人による株式譲渡の禁止を命じる仮処分（民保23条1項）を求めること、②説だと、株式発行等無効の訴え（会828条1項2号3号）の提訴期間内であれば、当該訴えを本案として同様の仮処分（民保23条2項）を求めることも可能になるから、これらの点で①説・②説は、③説よりも優れている。ただし、②説・③説の論者の一部からは、株主は、株主権に基づく妨害予防請求権を被保全権利として同様の仮処分（同項）を求めうる（申立期間の制限はない）とする解釈論も主張されているから（笠原・前掲「仮装払込み」29頁、久保田・前掲「株式・新株予約権の仮装払込みをめぐる法律関係」127-128頁）、こうした解釈論を前提にすると、①説・②説・③説の間に優劣はないことになる（なお、仮処分は債務者である引受人等を拘束するだけであり、仮処分に違反して株式譲渡が行われても当該譲渡は有効であると解されるから、もともと仮処分の実効性は限定的である）。

　また、既述のように、引受人等による支払責任の履行の見込みが薄い場合もありうるところ、そのような場合に株主は、①説だと株式不存在確認の訴え（提訴期間の制限はない）、②説だと株式発行無効の訴え（会828条1項2号。提訴期間の制限がある）を提起することができる。請求認容の確定判決が得られれば、支払責任が履行されないまま引受人等が株主権を行使したり、善意・無重過失の者に株式を譲渡したりする危険が根本的に取り除かれるから、こ

の点で①説・②説は、③説よりも優れている。

　他方、(b)規定との整合性という点をみると、①説では、なぜ株式が未成立なのに善意・無重過失の譲受人は権利行使できるのかの説明が難しいうえに（会社法209条３項に権利創設効があるとみるほかないが、そのような効力は極めて異例である）、なぜ引受人も支払責任の履行後だと権利行使できるのかの説明も難しい（引受人は支払の履行によって株式を取得できる一種のコール・オプションを取得すると説明されている〔江頭112頁注(2)〕）という問題がある。これに対し、②説・③説の立場では、募集株式の発行等は有効（②説だと無効判決が確定するまでは有効）であるから、善意・無重過失の譲受人が権利行使できるのは当然であり、ただ、引受人や悪意・重過失の譲受人の場合は権利行使が制限されるとする比較的無理のない説明が可能である。また、②説・③説に立つときは、所定の期間内に払込みがない場合には引受人が失権する旨の規定（会208条５項）との関係が問題になるが、当該規定は外形上も払込みがない場合に限って適用され、仮装払込みの場合には適用されないという説明が可能である（野村・前掲「資金調達に関する改正」31頁、松尾・前掲「資金調達におけるガバナンス」31頁）。このように(b)規制の整合性（解釈論としての無理のなさ）という点では、②説・③説は、①説よりも優れているといえるであろう。

【例題１】　非公開会社において、出資の履行をすることなく会社支配権を獲得・強化することを目的として、特定の株主が募集株式に係る仮装払込みを行った場合を念頭に置きながら、他の株主が講じることのできる是正策としてどのようなものが考えられるかを検討せよ。なお、他の株主は、募集株式の発行後にはじめて仮装払込みが行われていたことを知って、是正策を講じたいと考えるに至ったものとする。

【例題２】　【設問】の甲社は、その後、乙社との間で、甲社を存続会社、乙社を消滅会社とする吸収合併について定める合併契約を締結した。そして、甲社は、株主総会を開催して、当該合併契約を承認する決議（以下、「本件総会決議」という）を行ったうえで、乙社との吸収合併（以下、「本件合併」という）を実施した。本件総会決議が成立したのは、Ａが本件株式についても賛成の議決権を行使したからである（仮にＡが本件株式について議決権行使しなかったとすれば本件総会決議は成立しなかった）という事情があった場合、本件合併に無効原因は認められるか。

　なお、Aまたは甲社の取締役は、本件総会決議の時点で、甲社に対する支払責任（会213条の2第1項1号）を履行していないものとする。

（くぼた・やすひこ）

29　新株予約権

尾関　幸美

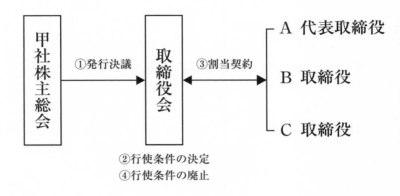

甲社株主総会 ①発行決議 → 取締役会 ③割当契約 ↔ A　代表取締役　B　取締役　C　取締役

②行使条件の決定
④行使条件の廃止

【設　問】

甲株式会社（以下「甲社」という）は、取締役会設置会社であり、監査役設置会社である。また、種類株式発行会社ではないが、その定款には、譲渡による甲社株式の取得について甲社の取締役会の承認を要する旨の定めがある。

甲社取締役会は、将来の株式上場を目指して、会社の業績増大のインセンティブを取締役に付与する目的で、ストックオプションを実施することとした。

平成a年6月の甲社の定時株主総会において、取締役に特に有利な条件で本件新株予約権を発行することを必要とする理由が説明され、次の①～⑤を内容とする新株予約権を無償で発行することを特別決議により決定した。①割当てを受ける者は新株予約権発行日に甲社の取締役である者とし、②募集新株予約権の総数6万個を割当てること（目的となる株式は新株予約権1個につき普通株式1株）、③募集新株予約権1個当たりの目的である株式の数を1株とすること、③募集新株予約権の行使に際して出資される財産の価額を1個につき5,000円とすること、④募集新株予約権の行使期間を平成a年7月2日から5年間とすること、⑤募集新株

予約権の行使条件として、権利行使時に甲社の取締役であること（以下、「取締役条件」とする）、その他の行使条件は甲社の取締役会に一任すること、⑥募集新株予約権の割当日を平成 a 年 7 月 1 日とすることである。

　この株主総会直後に開催された取締役会で、取締役全員の一致により、甲社は代表取締役 A に 4 万個、取締役 B と C にそれぞれ 1 万個の新株予約権を割当てる旨、および甲社株式が国内の金融商品取引所に上場された後 6 か月を経過するまでは、本件新株予約権を行使することはできないとする行使条件（以下、「上場条件」という）が決議された。

　平成 a 年 7 月 1 日、甲社は A らとの間で新株予約権割当契約を締結し（以下、「本件新株予約権割当契約」とする）、本件新株予約権 6 万個を発行した。

　その後、甲社は業績が急激に悪化し、株式の公開が困難な状況となり、平成 a ＋ 2 年 6 月19日、甲社取締役会は上場条件を撤廃する決議をした。同日、甲社は上場条件を廃止する旨の本件新株予約権割当契約の変更契約を各取締役と締結した。A は同年 6 月21日に払込みをしたうえで、本件新株予約権 1 万個を行使し、甲社から普通株式の発行を受けた。

(1)　甲社の監査役 X は、A が交付を受けた甲社株式の効力について争いたい。会社法上、どのような主張をすることが考えられるか。また、その主張は認められるか。

(2)　(1)で検討したような問題を避けるために、甲社は本件新株予約権の発行に際し、会社法上、いかなる方法を取ることが考えられるか。また、その手続はどのようなものか。

1　ストックオプションとして新株予約権を発行する場合に、会社法上、どのような手続を要するか

　新株予約権は、新株予約権者が一定の期間（権利行使期間）内に、一定の価額（権利行使価額）を株式会社に払込めば、当該会社の株式の交付を受けることができる権利をいう（会2条21号・236条1項2-4号）。新株予約権は株式を買う権利であり（コール・オプションの一種である）、これを行使するか否かは新株予約権者の任意である。会社が株式による資金調達を主たる目的とするならば、募集株式の発行手続による方が効果的である。したがって、会社が新株予約権を利用するのは、資金調達そのものでなく、これに付随する目的、例えば将来の状況の変化を見ながら、段階的な資金調達や支配権取得をする、あるいはストックオプションや敵対的企業買収に対する防衛策として利用する場合が多いといえるだろう。

　新株予約権者は権利行使価額を払込めば、会社から株式を付与されるので、株式の時価が権利行使価額を上回っている場合は、これを市場で売却し、その差額を利益として得ることができる。逆に、時価を下回っている場合は、新株予約権者は権利を行使しないことが合理的であると考えられる。株価が権利行使価額を上回る可能性がある限り、将来的に、新株予約権は利益を獲得できる金融商品であり、何らかの経済的価値を有することになる。

　こういった仕組みを、取締役や従業員に対するインセンティブ報酬の一種として利用するのがストックオプションである。取締役や従業員の努力の結

果、会社の業績が増大すれば、それが企業価値に反映され、株価の上昇に繋がる。株価と権利行使価額の差が大きくなれば、その分だけ、ストックオプションを行使して、得られる利益が増大する。

　新株予約権をストックオプションとして利用する場合、その発行目的は取締役や従業員に企業価値を高める努力をするインセンティブを付与することであるから、これを十分に実現するために、発行された新株予約権の第三者への譲渡を制限する、あるいは取締役・従業員の地位が終了したら、新株予約権が消滅する等の行使条件を設定することが必要となる。

　株式会社が新株予約権を発行する方法は、基本的に募集株式の発行と同様であり、ストックオプションとして利用する場合、募集新株予約権の第三者割当の方法で発行されることになる（会238条・199条）。この場合、募集事項として、募集新株予約権の内容・数、募集新株予約権と引換えに金銭の払込みを要しないこととする旨、募集新株予約権の割当日等、一定の事項を定めなければならず、これは募集毎に均等でなければならないとされている（会238条5項）。非公開会社において、募集事項は株主総会の特別決議で決定しなければならない（会238条1項2項・236条・309条2項6号）。公開会社の場合は、取締役会でそれぞれ決定し、株主に対して、募集事項を通知・公告しなければならない（会240条1‐3項・238条2項）。

　また、募集新株予約権の内容とは、例えば、新株予約権の目的である株式の数（新株予約権1個を行使した場合に、割当てられる株式の数・種類）、新株予約権の行使に際して出資される財産の価額またはその算定方法、新株予約権の行使期間、あるいは新株予約権の譲渡制限等である（会236条1項）。

　公開会社であれば、新株予約権と引換えに金銭の払込みを要しないこととすることが、募集新株予約権を引受ける者にとって、特に有利な条件あるいは金額であるときを除き（いわゆる有利発行の場合）、取締役会決議で募集新株予約権を第三者割当で発行することができる（会238条3項・240条1項）。有利発行の場合、募集株式の場合と同様に、取締役は株主総会において、特に有利な条件あるいは金額で発行する理由を説明し、その特別決議を得なければならない（会238条2項・3項・309条2項6号）。

　ストックオプションの場合も、一般的に新株予約権は金銭の払込みを要せ

ずに発行されるが、これは取締役等の職務執行（労務提供）の対価であり、あくまで金銭の払込みが求められないという外形的事実を意味するのであり、無償発行というわけでない。したがって、有利発行には当たらないから、株主総会の特別決議は不要であるようにも思われる。しかしながら、取締役にインセンティブ報酬として、ストックオプションを付与する場合、取締役等の報酬規制により、定款の定めまたは株主総会の決議が必要となる（会361条1項。ただし指名委員会等設置会社は除く。会404条3項）。株主総会における報酬決議には、①報酬額が確定しているものについてはその額（会360条1項1号）、②報酬額が確定していないものについては、その具体的な算定方法（同条1項2号）、③非金銭報酬については、その具体的な内容（同項3号）の3種類があるが、ストックオプションの場合、①および③に該当するものと考えられる（伊藤ほか228頁〔伊藤靖史〕）。①の事項として、新株予約権の公正な価格の最高限度が決議され、③の事項として新株予約権の概要が決議される。

　また、募集新株予約権の払込金額の払込みは（会246条1項・238条1項3号）、金銭出資の他、現物給付または当該会社に対する債権をもって相殺することも可能であるが（会社法246条2項）、この場合、新株予約権という1種の債権の取得に過ぎず、株式の払込みそのものではないことから、検査役の調査は要求されないと解されている（相澤哲＝豊田祐子「新株予約権」商事1724号〔2005年〕23頁）。

2　株主総会の委任を受けて取締役会で決定した行使条件を取締役会決議で変更できるか

　前述したように、ストックオプションの発行目的を実現するために、新株予約権の権利行使に関して、条件を付けることが実務上必要となるが、これが募集事項である新株予約権の内容に含まれるかにつき、条文上は直接規定していない（会236条）。しかし、一般的に、このような行使条件も新株予約権の内容に含まれるから、発行決議機関（株主総会あるいは取締役会）の決議で設けることができると考えられている（会911条3項12号ハ。相澤ほか226頁）。

　また、株主総会決議により、新株予約権の行使条件の決定を取締役会に委

任できるか否かについて、新株予約権の発行目的や株主総会の委任決議の趣旨から、学説・判例上、一定の範囲内でこれを認めることは肯定されている（吉本健一・金判1327号〔2009年〕2頁、片木晴彦・判評2075法〔2010年〕198頁、荒谷裕子・ジュリ1417号〔2011年〕161頁。最三小判平成24・4・24民集66巻6号2908頁〔会社法百選〔3版〕29事件〕）。

　ストックオプションを発行したが、その後、景気が後退し、当初予想していたほど会社の業績は増大せず、株価が権利行使期間内に権利行使価額を超えることがほぼ不可能となってしまった、あるいは会社の株式の上場がほぼ期待できなくなってしまった場合には、インセンティブ報酬としての意義を失ってしまう。このように、いったん発行した新株予約権の内容や行使条件を事後的に変更することが妥当なケースも十分に生じ得る。

　この場合の手続について、前掲最三小判平成24・4・24は、変更したい事項が新株予約権の内容に含まれるものであれば、非公開会社においては、株主総会の特別決議で変更することは可能であるとする。また、株主総会の決議により募集事項の決定を取締役会に委任し（会239条1項）、これに基づき取締役会が新株予約権の行使条件を決定した場合に、取締役会決議でこれを変更できるかという問題について、新株予約権の内容の実質的な変更に至らない行使条件の細目的な変更にとどまるものでない限り、新たに新株予約権を発行したのと等しく、新株予約権の発行の都度、株主利益保護のために株主総会の決議を要求する法の趣旨に反することを理由に、新株予約権の発行後に行使条件を変更することができる旨の明示の委任がないときは、当該新株予約権の行使条件を取締役会決議によって変更することは原則として許されず、これを変更する取締役会決議は無効と解されている。

　したがって、本問においては、行使条件の変更について株主総会の明示の委任はなく、また、新株予約権の発行目的が株価上場を目指して、取締役に会社の業績増大のインセンティブを付与するためのストックオプションであることからすれば、上場条件を廃止することは新株予約権の内容の実質的な変更に当たる行使条件の重要な変更であり、細目的なものにとどまるとはいえず、取締役会決議のみで変更することはできないと考えられる。

3　行使条件に反した新株予約権の行使により発行された株式の効力

　会社法は、株式会社設立後の株式発行に瑕疵がある場合、その効力について争う手段として、株式発行無効の訴えを設けている（会828条1項2号）。そして、株主、取締役、監査役、清算人等の提訴権者が、この訴えをもってのみ、株式発行の無効を主張することができ、提訴期間は公開会社においては株式発行の効力が生じた日から6か月以内、非公開会社は1年以内とされている（会828条1項2号・2項2号）。

　また、株式発行無効の訴えの具体的な無効事由について、会社法は何ら規定しておらず、解釈に委ねられているが、発行後の株式譲渡の取引の安全と資金調達が無効とされることによる債権者に与える影響等を根拠として、判例・通説は、従来、これを限定的に解してきた。すなわち、株式発行を業務執行に準ずるものとして位置づけ、株主総会あるいは取締役会の必要な決議を欠いたとしても、発行された株式はあくまで会社内部の手続の欠缺に過ぎず、代表権ある者が行う以上、これは無効にはならないとされてきた（取締役会決議を欠く場合につき、最二小判昭和36・3・31民集15巻3号645頁、株主総会決議を欠く有利発行の場合につき、最二小判昭和46・7・16判時641号97頁〔会社法百選〔3版〕24事件〕等がある）。

　無効事由として、一般的に認められてきたのは、定款の発行可能株式総数を超える株式の発行あるいは定款に定めのない種類株式を発行した場合である。そして、募集事項の公告・通知を欠く新株発行がなされ、差止事由があったにもかかわらず、公告・通知がなかったために、株主に募集株式発行の差止請求権（会210条）を行使する機会を与えられなかった場合には、株主の利益を著しく欠くことになるから、これを無効事由になると解する（最三小判平成9・1・28民集51巻1号71頁〔会社法百選〔3版〕27事件〕。江頭779頁）。

　本件新株予約権の上場条件を変更するには、株主総会の特別決議を要することは前述したとおりである。そして、取締役会決議により上場条件を廃止する変更決議は無効であり、したがって、上場条件は依然として有効であり、甲社株式は上場していないにもかかわらず、Aにより新株予約権の行使がなされたが、これは行使条件違反という瑕疵ある違法な株式の発行であり、その効力が問題となる。

　前述の最三小判平成24・4・24は、会社法の下では、非公開会社が株主割当以外の方法により株式を発行するには、株式の募集事項の決定を取締役（取締役会設置会社は取締役会）に委任した場合を除き、株主総会の特別決議を必要としていること（会199条）、および株式発行無効の訴えの提訴期間が1年とされていることに鑑みると（会828条1項2号）、その趣旨は、非公開会社については、会社の支配権に関わる持株比率の維持の利益の保護を重視し、その意思に反する株式の発行は、株式発行無効の訴えにより救済することであるとした。そのうえで、非公開会社において、株主総会の特別決議を経ずに、株主割当以外の方法により募集株式の発行がされることは、その発行手続に重大な法令違反があるというべきであり、これは株式発行の無効事由になると解するのが相当であるという。

　そして、非公開会社が株主割当以外の方法により発行した新株予約権に、株主総会の決議により行使条件が付された場合、この行使条件が当該新株予約権を発行した趣旨に照らして、重要な内容を構成しているときは、これに反した新株予約権の行使による株式の発行は、既存株主の持株比率がその意思に反して影響を受けることになる点において、株主総会の特別決議を経ずに、株主割当以外の方法により募集株式の発行がされた場合と異なるところはないとした。

　本問におけるストックオプションの発行目的からすれば、上場条件は明らかに本件新株予約権の重要な内容を構成していると考えられる。したがって、本問の行使条件に反する新株予約権の行使により発行された株式には、無効事由があることになる。

　発行された株式の無効の主張方法について、前掲最三小判24・4・24は、株式発行無効の訴えの対象となると判断するが（無効原因説）、これに対し、株式発行の無効の訴えをまたずに当然に無効または不存在であるとする有力説もある（当然無効説。江頭808頁）。

　すなわち、当然無効説は同人が保有しているのは株式ではなく、依然として新株予約権であると解されるから、行使条件に反する新株予約権の行使による株式の発行の場合も、これと平仄を合わせるならば、会社が株式を発行しても、株式発行無効の訴えを待たずに当然に無効または不存在と解すべき

であることをその理由とする（江頭808頁）。

　新株予約権者が権利行使に際し、出資の履行（金銭の払込み・現物出資財産の給付）を仮装した場合、会社に対し、仮装した払込金額・財産の給付等の全額の支払・給付義務を負い（会286条の2第1項2号3号、286条の3）、これを履行するまで、新株予約権の目的である株式につき、その権利を行使できないとされている（会282条2項。ただし、当該払込・給付義務を負う者から当該株式を善意無重過失で譲受けた者は、それらの支払・給付義務が履行される前でも、株主の権利を行使することができる（会282条3項））。

　また、募集株式の発行に際して、出資の履行の仮装による払込み、または現物出資の給付がなされていないことは、判例上、新株発行の無効事由とはならないとされている（前掲最三小判平成9・1・28）。新株予約権の行使による株式発行の場合も同様に考えられるであろう。

4　新株予約権の譲渡制限・取得条項

　新株予約権者は、原則として、その有する新株予約権を当事者の意思表示のみで譲渡することができるが（会254条1項）、新株予約権証券を発行する旨の定めのある新株予約権の場合（証券発行新株予約権。会249条3号二）、新株予約権証券の交付を行わなければ譲渡の効力を生じない（会255条1項）。また、新株予約権の譲渡について、会社その他の第三者に対する対抗要件を具備するには、新株予約権原簿に記載・記録を要する（会257条1項。なお、証券新株発行新株予約権の場合は別である（同条2項3項参照））。

　しかし、ストックオプションや敵対的買収に対する防衛策として、用いられる場合は、新株予約権が譲渡されると、その発行目的を達成できなくなるため、実務において、新株予約権に譲渡制限を設けることが多い。

　設問(1)で検討した問題を避けるためには、本件新株予約権に譲渡制限を設けておくことが適切である。新株予約権に譲渡制限を設ける場合、株式の譲渡制限とは異なり、特に定款の定めを要せず、新株予約権の発行の際に、権利内容として、その譲渡による取得につき会社の承認を要するものと定めればよい（会236条1項6号・278条1項1号・3項。なお、会243条2項2号）。これは、新株予約権の段階においては、投下資本の回収という要請が前面に出ないこ

とによるものであるという（伊藤ほか341頁〔松井秀征〕）。

　譲渡制限新株予約権者が、その有する新株予約権を他人に譲渡しようとする場合、あるいは当該譲渡制限新株予約権を取得した者は、株式会社に対して譲渡承認請求を行う（会262条・263条1項）。後者の場合、新株予約権を取得した者は、新株予約権原簿に記載・記録された者と共同で行うことを要する（会263条2項）。譲渡承認請求を受けた株式会社は、新株予約権の内容として別段の定めを置いた場合を除き、株主総会（取締役会設置会社は取締役会）の決議で承認の可否について決定し、その内容を請求者に通知しなければならない（会265条）。

　新株予約権の譲渡について、新株予約権者または新株予約権を取得した者が会社から譲渡等の承認を得たうえで、新株予約権原簿の名義書換えをしなければ、会社に対し（証券発行新株予約権以外の新株予約権についてはその他の第三者に対しても）、その譲渡・取得を対抗することができない（会257条1項2項・261条）。この承認機関、ならびに手続等は譲渡制限株式の場合と同様である（会262-266条）。

　また、譲渡制限株式の場合と異なり、会社が当該譲渡を承認しない場合に、会社による新株予約権の買取りおよび指定買取人制度は設けられていないため（会138条1号・140条との対比）、譲渡制限新株予約権は、事実上、譲渡禁止とすることができる。これも、譲渡制限株式と異なり、投下資本の回収の要請が強く働かないこと、あるいは会社が望む特定の者に取得させることで新株予約権の発行目的を達成させることによるものであるという（伊藤ほか341頁〔松井〕）。

　さらに、取締役等に対し、インセンティブ報酬として新株予約権を付与したところ、その者が短期間で退職した場合、株主の利益になる企業買収提案があるので、ポイズン・ピル目的で発行した新株予約権を消滅させたい場合、あるいは株式交換・株式移転により完全子会社となる会社に新株予約権が残存しては困る場合等、権利行使期間の満了前に会社がそれを強制取得したい場合があり得る。そこで、取得条項付株式（会107条1項3号・108条1項6号）に相当する新株予約権の強制取得手続が定められている（会236条1項7号）。

　設問(1)の問題を避ける方法として、前述した譲渡制限を設けることに加えて、本件新株予約権に取得条項を付することも有益である。その場合、新株予約権の発行を決定する際に、権利内容として、その取得事由および取得の対価等を定めることを要する。そして、取得の日、取得対象新株予約権を会社が決定する場合におけるその決定機関、取得対象新株予約権の新株予約権者・登録新株予約権質権者に対する通知・公告、取得の効力発生については、基本的に取得条項付株式と同じである（会236条1項7号ロハ・273-275条、293条1項1号の2第2項2号・3項・5項）。

【例題1】　本件新株予約権発行後、甲社は業績不振となり、金融商品取引所への上場がほぼ不可能となったため、甲社取締役会は上場条件を変更しようと考えた。その場合にどのような手続が必要となるか。また、Aが新株予約権を行使し、発行された株式の効力について検討しなさい。

【例題2】　取締役Bは、甲社取締役会決議により、上場条件が廃止された後、その保有する新株予約権をDに譲渡した。この場合の譲渡の効力と権利行使に関して、甲社、BおよびDの法律関係はどうなるか。

（おぜき・ゆきみ）

30　剰余金配当および財源規制

松岡　啓祐

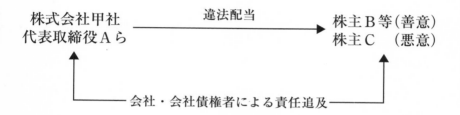

【設　問】

　株式会社甲社は定款に株式の譲渡制限の定めがない「公開会社」（会2条5号）
であり、「監査役会設置会社」（会2条10号）である。甲社の経営は苦しく、厳しい
財務状況にあったが、株主から配当金を増やすよう強く要求されていた。そのた
め、同社の代表取締役Aらは計算書類の不正な会計操作によって売上げと利益等
を大幅に水増しし、配当財源を無理に捻出することにより実質的に分配可能額を
超える配当を実施した。その剰余金配当（金銭による配当）の実施に際しては、取
締役会の全員賛成の決議を経て、株主総会の普通決議による承認も得ていた。し
かし、数年後にそれらの不正会計ないし粉飾決算が不祥事として発覚し、同社の
経営者らについて主に会社法462条および463条に基づく責任が問題となった。

- (1)　甲社の株主B等は分配可能額を超えることを知らずに配当を受け取ってい
たが、大株主Cはそうした事情を知っていながら配当を受領していた。株主
B等と大株主Cの剰余金配当に関する責任はどうなるか。
- (2)　甲社の代表取締役Aやその他の取締役の違法配当の責任はどのように考え
られるか。

1　問題の所在

　剰余金の配当等の払戻し行為は会社財産の流出を意味するため、会社債権者の保護ないし資本維持の観点から横断的な財源規制が設けられている。剰余金の配当は原則として株主総会の普通決議により配当財産の種類等を定めて実施されるが（会454条1項）、株主に交付する金銭等の帳簿価額の総額はその行為が効力を生ずる日における分配可能額を超えてはならない（会461条1項）。このような分配可能額による財源規制の対象には剰余金の配当のみならず、自己株式の有償取得や資本金・準備金の減少に伴う払戻しも広く含まれる（同項各号）。分配可能額は剰余金を中心としており、実際の分配可能額算定の基礎はその他資本剰余金（資本金の取崩し額等）とその他利益剰余金（利益の蓄積等）になる（会461条2項、446条等）。

　剰余金の分配に関する財源規制に違反してなされた配当は違法配当である。違法な配当には罰則も定められているほか（会963条5項2号）、違法配当に関与した役員等は会社に対する任務懈怠責任（会423条1項）や第三者に対する責任（会429条1項・2項）を追及されることもありうる。そして、【設問】では違法配当に関して、主に会社法462条および463条に基づく株主の返還義務と業務執行者等の責任等が問われている。

2　財源規制違反の規制とその効力

　財源規制違反の剰余金配当に関する株主総会の決議や取締役会の決議は決議内容が法令に違反しており、無効である（会830条2項等）。それに対し、そうした無効な決議に基づく剰余金配当等の効力を巡っては争いがあり、業務執行者等の責任の前提として重要になる。有効説は、会社法463条1項の

「効力を生じた日」といった文言等のほか、無効説では特に財源規制に違反した自己株式の取得の場合に株主と会社との間で不当利得返還請求権（自己株式の返還と対価の返還等）が同時履行の関係に立ち問題が生じうること等を根拠にする（体系(3)409頁〔永沢徹〕、田中（亘）440頁等）。現物配当の場合にも、無効説によれば株主は会社法462条1項の支払義務と現物の返還義務の二重払を強いられると考える。

　しかし、多くの学説は、無効な株主総会の決議に基づく行為や強行法規違反は無効と解するのが自然であることに加え、有効説では自己株式の取得の場合に譲渡人（相手方株主）が会社に対し株式の交付を請求できなくなり譲渡人の利益が害されうることなどを理由として無効説を採り、会社法462条1項は交付財産の返還ではなく金銭支払義務を株主に負わせる不当利得返還義務の特則であるとしている（黒沼243頁等）。多数説によれば、会社法463条1項等の文言は「行為が違法でなかったとすれば効力を生じたはずの日」等と解釈すればよく、同法462条は財源規制違反の自己株式の取得の場合に株主と会社との間に生じる同時履行の抗弁権を排除していると考えられるほか、現物配当の場合の返還義務は支払義務に転化していると解される等として有効説に反論している。なお、定款違反の配当決議が取り消された場合等（会831条1項2号）には、原則通り株主は一般的な不当利得の返還義務を負うこととなり、業務執行者等が会社法462条の特別の責任を課されることはない。

3　株主の違法配当の返還義務と業務執行者等の責任等

(1)　株主の違法配当の返還義務と責任免除等

【設問】のように財源規制に反する違法な剰余金配当がなされた場合、金銭等の交付を受けた者（剰余金配当を受領した株主）は当該株式会社に対し、交付を受けた金銭等の帳簿価額に相当する金銭（分配額）を支払う義務を負う（会462条1項）。株主は名簿上の株主に限られない。違法配当は会社財産の不法な流出であるから、不当利得返還義務の特則として特に会社債権者の利益を保護し、交付を受けた財産に代えて金銭の支払義務を負わせている。

　株主の支払義務の対象は分配可能額を超える部分ではなく交付を受けた金銭すべてに及んでおり、最低限の債権者保護の範囲を超える会社財産の回復

を求めている。支払義務は過失の有無を問わず発生する厳しい責任であるが、返還請求を受ける株主の範囲については見解が分かれうる。業務執行者等による求償の対象からは後述のように「善意の株主」は除外されているにもかかわらず（会463条１項）、会社と株主に対する関係では明確な規定がないためである。この点、返還義務の対象を悪意の株主に限定する見解は、業務執行者等の求償規定の趣旨や経営判断の現場から遠い一般の株主について取締役等と同程度に帰責性を認めるのは妥当でないこと等を理由として、善意の株主は支払義務を負わないとする。これに対し、現在の通説は、善意の株主が会社債権者よりも保護される理由はないこと、会社法463条１項が善意の株主も義務を負うことを前提にしていると解されること、債権者と株主との利益調整秩序等を根拠として善意株主包含説を採っている（コンメ⑾204頁〔黒沼悦郎〕等）。そこで通説によれば、悪意の株主Ｃはもとより、善意の株主Ｂ等も返還請求に応じなければならない。

　こうした株主の違法配当額の返還責任については、会社が免除することができるか否かも重要になる。責任免除を肯定する見解は会社法462条３項のような規定（後述）が株主にないこと等を理由とする（伊藤ほか288頁〔伊藤靖史〕等）。また、責任免除を肯定する場合であっても、株主平等の原則（会109条１項）に反する免除の方式は許されないとすれば善意の株主の義務のみを免除することはできないであろう。もっとも、責任免除を否定する見解も少なくない。否定説は会社債権者の保護を重視する観点から、総株主の同意や業務執行機関の権限で責任を免除すべきではないとして、業務執行者等の責任免除規定（会462条３項）との均衡等の理由により債権者を害する形での免除を否定し、少なくとも分配可能額の超過部分については会社による免除を一律に無効と解する（論点体系⑶632頁〔土田亮〕）。

(2) 業務執行者等の責任と責任免除・求償等

　違法な剰余金配当がなされた場合、前述のように株主（金銭等の交付を受けた者）は当該株式会社に対し、分配額を支払う義務を負う（会462条１項）。しかし、多数の株主が存在する場合等に会社がその返還を求めるのは通常手続的に困難であり、コストの面からも見合わない。完全な返還請求の実現も株主数のきわめて少ない閉鎖的な会社を除き、一般的には難しい。

　そこで、そうした行為に関する職務を行った業務執行者（業務執行取締役（指名委員会等設置会社では執行役）、その他当該業務執行取締役等の業務の執行に職務上関与した者）、および株主総会や取締役会に剰余金の配当議案を提案した取締役（会462条1項6号）に対しては、連帯して分配額を支払う義務が課されている（同条1項柱書）。【設問】の代表取締役Aは職務執行を行った業務執行者に当たる。剰余金配当に関するその他の関与者としては、①金銭等の交付に関する職務を行った取締役および執行役、②その決定に係る株主総会において剰余金の配当に関する事項について説明した取締役および執行役、③剰余金の配当に関しその決定に係る取締役会の決議に賛成した取締役、④分配可能額の計算に関する報告を監査役（監査等委員会や監査委員会を含む）または請求に応じて会計監査人に対して行った取締役および執行役が挙げられている（会計則159条8号等）。

　また、分配可能額を超える剰余金の配当が株主総会の決議に基づいて行われる場合の「総会議案提案取締役（会462条1項1号イ・6号イ）」には、株主総会に配当議案を提案した取締役に加え、議案の決定に同意した取締役会非設置会社の取締役、その提案に取締役会の決議で賛成した取締役が含まれる（会計則160条）。さらに、剰余金の配当等が取締役会の決議で行われる場合の「取締役会議案提案取締役（会462条1項1号ロ・6号ロ）」としては、取締役会に議案を提案した取締役および執行役が示されている（会計則161条）。この責任は一般に不真正連帯債務と解されており、株主代表訴訟（会847条1項）による責任追及の対象にもなる（神田311頁）。このように多くの者に対し支払義務を課すことで、会社財産の回復と違法な払戻しの抑止が図られているのである。

　他方、業務執行者等がその職務を行うについて注意を怠らなかったことを証明したときは義務を負わない（会462条2項）。立証責任の転換された過失責任であり、免責を受けるためには、実際に注意を怠らなかったことを取締役の側で証明しなければならない。この点、業務執行者等の負うべき責任の程度は、それぞれの地位や職務およびその者に期待される能力によっても異なると考えられる。したがって、計算書類の作成に関与した取締役や執行役については無過失の立証が困難である反面、他の取締役または執行役の責任に

関しては実際の職務担当の状況に加え、会計監査人の無限定適正意見や監査役等の適法意見があれば原則として無過失が認定されることもありうる。

　これらの責任に関しては、株主や他の業務執行者等が支払義務を履行していれば、その分だけ支払義務の範囲は少なくなる。業務執行者等が義務を負うこととなった場合、原則としてその義務を会社が免除することはできない（会462条3項）。もっとも、総株主の同意がある場合は免除することが可能であり、その場合の免除できる額は会社債権者保護のため、その行為時の分配可能額を超えない範囲に限定されている（同項ただし書）。業務執行者等の免責要件は任務懈怠責任の場合（会424条）と比べて厳格になっており、一部免除の規定（会425条〜427条）の適用は否定されるが、別途訴訟上の和解はありうる（会850条4項）。この点、一部の業務執行者等のみに対して責任の免除が行われ、その責任を会社が他の連帯債務者に請求するような局面では、弁済した他の連帯債務者から免除者への求償について定款や契約等によって回避する措置が必要になるかもしれない（江頭480頁）。

　さらに、業務執行者等が違法配当額を弁済したときは、株主に対し求償することができるのが原則であるが、会社法463条1項によれば、分配可能額の超過につき「善意の株主」は求償の請求に応ずる義務を負わないとして、その求償の対象は悪意の株主に限定されている（民499条の特則）。ここでは、株主が分配可能額の超過につき善意か悪意かにより、その扱いを異にしている点に注意が必要である。その趣旨は、自ら違法行為を行った業務執行者等が善意の株主に求償を求めるのは不当であり、一般的な株主が財源規制違反であったことを知らなくてもやむを得ない面があることから、業務執行者等に対し一種の制裁として求償の対象を制限するところにある（奥島孝康＝落合誠一＝浜田道代編『新基本法コンメンタール　会社法2』〔2010年、日本評論社〕398頁〔伊藤壽英〕）。

　そこで、【設問】でＡらが弁済責任を果たした場合、悪意であった株主Ｃのみに対し求償することができる。もっとも、業務執行者等の責任が過酷なものになることを避けるため（後述の東京地判平成29・4・27を参照）、上場会社等において多くの株主がおり、かつ日々変動しているような場合には求償の困難性や賠償金額の不合理性等を理由として、会社法462条1項ではなく同

法423条1項の任務懈怠責任に限定し、割合的因果関係に基づき妥当な額を算定する等といった業務執行者等の責任額を合理的な範囲に止める解釈論が求められるかもしれない。

(3) 会社債権者による返還請求

違法配当の場合、会社の債権者も直接株主に対し、交付を受けた金銭等の帳簿価額（その額が当該債権者の会社に対して有する債権額を超える場合にあっては、当該債権額）の範囲において返還を請求することが可能である（会463条2項）。債権者自身が株主に対して、会社への支払ではなく、直接自己に対する給付を求めることができると解されている（多数説）。債権者代位権（民423条1項）の特則である。債権者が株主の善意・悪意を問わずに請求できるかどうかは、前述の会社法462条1項の責任を善意の株主が負うと解するか否かによるが、通説である善意株主包含説によれば請求が認められることになる。

この場合、会社（債務者）の無資力を要件とすべきか否かについては見解が分かれる。多くの学説が採る不要説は債権者代位権の特則との観点から専ら会社債権者の保護を重視する（高橋ほか391頁〔久保大作〕）。ただ、会社債権者と株主との利害調整において無資力要件を不要にすると会社債権者の権利が強くなりすぎると考える要件説も有力である（江頭687頁）。なお、会社による株主の責任免除の是非については前述のように議論がある。

4 剰余金の配当と期末の欠損填補責任等

【設問】では直接問われていないが、取締役等の期末の欠損填補責任（会465条）も、違法配当に関する責任と密接に関係しており、理解しておく必要性がある。そうした点が財源規制に関連して問題になる可能性も少なくない。欠損填補責任として、事後的に配当をした事業年度に係る計算書類の確定時に分配可能額がマイナスになった場合（欠損の発生）、業務執行者（前述の会社法462条と同様）は当該株式会社に対し、連帯して、その欠損の額（分配額が上限）を支払う義務を負う（会465条1項、会計則159条）。資本維持の原則の一環として業務執行者に対し、事後に欠損が生じる可能性があれば配当等を行わない義務を課すものであり、法定の特別責任になる（尾崎安央「余剰金，分配可能額の定め方、その違反の効果」会社争点185頁）。とはいえ、欠損填補責任は

そうした配当を禁止する規定ではないため、欠損の発生による無効の問題は生じない。

　欠損塡補責任は、業務執行者が当該事業年度の損益状況の予測を誤ったときに問題となることから、健全な財務状況を維持させるため慎重に予測を立てる義務を負わせるものといえる。もっとも、この義務は職務（分配行為）の執行上注意を怠らなかったことを証明すれば免れることができる（会465条１項ただし書）。立証責任の転換された過失責任になる。代表訴訟の対象になる点等は前述した会社法462条と同様である。実際に、代表取締役と財務担当取締役に対し欠損塡補責任を認定しつつそれ以外の取締役の責任を否定した重要判例には、東京地決平成12・12・８金判1111号40頁がある。この責任は総株主の同意によって免除することが可能であるため（会465条２項）、立法論としては債権者保護の観点から批判が見られるほか、同条を現在の株主と将来の株主の利害を調整する趣旨の規定と解する見解もある（コンメ⑾228頁〔黒沼〕）。

　他方、こうした責任を負わない場合として３つの例外が設けられている（会465条１項10号イ・ロ・ハ）。第一に、剰余金の配当が定時株主総会（または計算書類等を承認する取締役会）の決議に基づく場合である。そして、第二と第三は、資本金・準備金の減少に伴い行うものであって配当額が当該資本金・準備金の減少額を超えない場合である。責任が否定されている理由は、前者の決算の承認と同時になされる場合の配当を対象にすると、過度に配当に消極的になり株主の利益に反するおそれがあること、後者の資本金・準備金の減少手続と同時になされる配当の場合には債権者異議手続がとられることなど（会449条）、にある。いずれにしても、財源規制等に反する違法配当の場合、取締役等の業務執行者については、【設問】で問われている会社法462条の財源規制違反の責任に加え、同法465条の欠損塡補の責任が重畳的に問題となる可能性がある。そうした場合、一方の責任が履行されれば、他方の責任は消滅するとも解する余地もあるが、一方の責任免除がなされた時に他方の責任にどのような影響を及ぼすかといった点等に関しては明確な手当てがなされていない（論点大系⑶650頁〔前田修志〕）。

　その他、【設問】のような粉飾決算において問題となる役員等の会社法等

に基づく責任には種々のものがある。第一に、役員等の第三者に対する虚偽開示責任がある（会429条2項）。会社法429条2項は、取締役および執行役が計算書類等の重要な事項について虚偽の記載等をした場合、第三者（会社債権者等）に生じた損害を賠償すべき旨を定めている（同項1号ロ）。監査報告等に虚偽記載等がある場合には、同項2号以下により監査役や会計監査人等の責任も生じうる。会社法429条2項の責任は過失責任とされつつ立証責任が転換されており、その行為について注意を怠らなかったことを証明したときは免責される（同項ただし書）。粉飾決算のような事例の責任は第三者の直接損害と解しうる。

　また、計算書類の虚偽記載等に直接関係しなかった役員等も、監視義務違反等により職務上の悪意又は重大な過失があったときは第三者に生じた損害を賠償する責任を負うため（会429条1項）、そのような責任を追及される可能性がある（東京地判平成19・11・28判タ1283号303頁等。黒沼悦郎「計算書類の虚偽記載と対第三者責任」会社法百選［3版］150頁）。ただ、会社法429条1項と2項では、2項の責任を追及する方が立証責任が転換されており、悪意・重過失を要件とせず軽過失でも責任を負う点で有利である（論点大系(3)457頁〔江頭憲治郎〕）。

　第二に、善管注意義務や忠実義務（会330条・355条等）の違反に基づく任務懈怠の責任（会423条1項）が問題になりうる。不正会計事件において任務懈怠責任と違法配当の責任（会462条）等が同時に主張された結果、粉飾決算に関与した取締役に巨額の責任を認めた判例があり（東京地判平成29・4・27資料版商事400号119頁等）、賠償額の妥当性等を巡って議論がなされている。

　第三に、上場会社等に関する金融商品取引法上の虚偽（不実）開示の責任も重要である。会社法上の計算書類とほぼ同様の内容を含む財務書類をその内容とする有価証券報告書等の重要な事項について虚偽の記載があった場合、役員等の責任が生じうる（金融商品取引法24条の4）。特に金融商品取引法21条の2に基づく投資者（当該有価証券の取得者等）による虚偽記載のある有価証券報告書等の提出者に対しての損害賠償請求の規定は、立証責任が転換されていることに加え、損害額の推定規定（同条3項）や減額の規定（同条5項・6項）も整備されている（山下友信＝神田秀樹編『金融商品取引法概説［第2版］』

〔2017年、有斐閣〕194頁以下〔小出篤〕等）。そのため、同規定は不正会計事件等における投資者による損害賠償訴訟で活発に用いられており、実効性が大きい（東京高判平成29・2・23資料版商事402号61頁等）。

【例題１】　取締役会設置会社である株式会社甲社は、剰余金の配当を実施した。ところが、その事業年度の決算を確定する時期になって分配可能額がマイナスになり、同社には欠損が生じた。株主のＡは、どのように同社の業務執行者の欠損塡補責任（会465条）を追及できるか。

【例題２】　株式会社甲社は公開会社であるが、役員等が同社の計算書類に虚偽の記載をしていたことがわかり、そうした事実が公表された。甲社の債権者Ａおよび株主Ｂは、同社の役員等に対し、会社法429条２項に基づき損害賠償を請求することができるか。賠償請求のための要件はどのようになるか。

【例題３】　上場会社である株式会社甲社において不正な会計処理（いわゆる粉飾決算）が行われ、貸借対照表等を含む有価証券報告書について重大な虚偽の記載がなされていたことが発覚した。
  (1)　甲社の株価下落により損害を被った投資者Ａらは、有価証券の発行者である甲社に対し、いかなる要件の下で金融商品取引法21条の２の虚偽開示に基づく損害賠償を請求できるか。同条による賠償額の算定はどのようになされるか。
  (2)　甲社の株価下落により損害を被った投資者Ｂらは、財務状況が悪化している甲社ではなく、甲社の役員であるＣらに対し、金融商品取引法24条の４等に基づいて損害賠償を請求したい。そうした場合、どのような要件を満たすことが必要になるか。

（まつおか・けいすけ）

31 会社の設立

髙橋　聖子

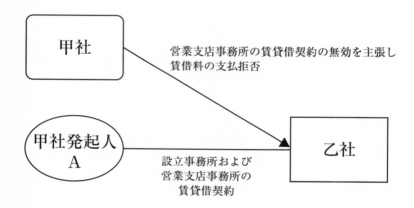

【設　問】

2008年5月に設立登記された雑貨販売を目的とする甲社の発起人であるAは、2008年1月に設立事務所の賃貸借契約を乙社と締結し、設立事務所としての使用を開始した。また、同2月には、営業支店となる事務所として5か所の賃貸借契約も乙社と締結した。しかし設立登記後、当該営業支店事務所のうち3か所の立地が営業に適していないことが判明した。そこで甲社は、発起人Aがなした営業支店契約は発起人の権限外であったとして、賃借料の支払いを拒否し、契約の無効を主張した。甲社の主張は認められるか。

1　問題の所在

　株式会社は登記によって成立する（会49条）が、登記の瞬間に株式会社という実体が俄かに出現するわけではない。登記に至るまでに諸々の設立手続きを発起人が行うことが求められ、設立事務所の賃借や目論見書等の必要書類の印刷等に関わる諸費用（設立費用）および契約の締結等が必要となる。また、会社の設立に直接必要ではないものの、会社が成立した際に迅速に企業活動を行うことを可能とするために、あらかじめ従業員の雇い入れや原材料の仕入れ等を行う場合もある（開業準備行為）。しかし、これらは株式会社成立前の行為であるため、当該行為をどのように位置付けるのか、その法的効果の帰属先はいずれにあるのかという問題が生じる。当該行為が発起人の権限内であれば、その効果は会社成立前は設立中の会社（後述）に帰属し、会社が成立すれば当然会社に帰属することになると解するのが、今日の通説である。そこで、発起人の権限の範囲をどう考えるかが本設問の中心的論点となる。また、当該行為が発起人の権限の範囲外であるとされた場合に、これを会社が追認できるか否かということも問題となる。

2　会社の成立と設立中の会社

　株式会社は、その本店所在地において設立の登記をすることによって成立する（会49条）が、そのために必要な一定の要件が法定されている。すなわち、定款の作成（会26条）、株主の確定（会25条2項、36条3項、60条、63条3項）、出資の履行（会34条、63条）、取締役等の機関の選任（会38条、88条）等である。

　設立の種類としては、設立に際し発行される株式（以下「設立時発行株式」）の全部を発起人が引き受ける発起設立（会25条1項1号）と、発起人が設立時発行株式を引き受けるほか、設立時発行株式を引き受ける者の募集をする募集設立（会25条1項2号）があるが、現在では主に発起設立が選択されている。発起設立であれば設立の手続に要する期間は、1日という場合もある。募集設立は最短で4－5日、通常で2週間程度である（江頭60頁）。

　この設立手続の期間に、発起人は多くの法律行為を行うことになる。その行為の時点では会社は未成立であるため、なぜ会社成立前の発起人の行為の効果が成立後の会社に帰属することになるのかについての理論構成が求められる。これについて「設立中の会社」という概念により説明する（ドイツの判例・学説に由来。北沢正啓「設立中の会社」〔1955年〕同『株式会社法研究』〔1976年、有斐閣〕4頁以下）のが通説である。すなわち、会社の成立を目的とする権利能力なき社団である「設立中の会社」の存在を認め、法人格の有無の違いはあるが設立中の会社と成立後の会社は同一の存在であるから（同一性説）、設立中の会社の機関として発起人が設立のために行った行為の効果は、会社の成立と同時に当然に会社に帰属することと解する（江頭107頁、北沢・前掲「設立中の会社」4頁以下）。判例（東京高判昭和51・7・28判時831号94頁、東京高判平成元・5・23金法1252号24頁等）も設立中の会社の概念を認めている。

　なお、発起人が複数存在する場合には民法上の組合契約である発起人組合が存在するとされる（大判大正7・7・10民録24輯1480頁）が、これは発起人間の契約であり、設立中の会社と併存していると考えられる（北沢・前掲「設立中の会社」9頁以下）。

3　発起人の権限

　発起人が、設立中の会社の機関として会社設立の目的の範囲内でなした行為の効果については、設立中の会社に帰属し、会社が成立すれば会社に帰属する。しかし、それはあくまで発起人の権限内であることが前提であるため、発起人の権限に属する行為の範囲はどこまでかが問題となる。なお、当該行為が権限内であってもその費用が過大となると、会社の財産基盤を危うくしかねないため、設立費用の定款記載が規定されている（会28条4号）。

　発起人の権限の範囲につき、以下のように複数の学説がある。

　〔第一説〕会社の設立自体を直接の目的とする行為に限定する見解。これ
に属するものとしては、たとえば、株主の募集（会57条１項）や創立総会の招
集（会65条）といった行為や、株式の引受けによって払い込まれた金額また
は給付された目的物に対する権利といったものが考えられる。いわゆる株式
会社の成立要件的行為であり、これらが発起人の権限に含まれることは明ら
かである。この説は、会社発足に当たり資本充実に重点を置いている法の趣
旨を考慮すべきとの立場である（河本96頁）。そもそも設立中の会社は、会社
成立のために必要な団体法上の行為および会社設立のために法律上必要な行
為の効果が成立後の会社に帰属する関係を説明するためにのみ認められる法
技術的な存在であり（森本滋「会社設立中に会社のためになされる行為の法的扱い」
法学論叢92巻４～６号〔1972年〕276頁）、発起人の権限を広く解すると、説明の
ための法技術的概念に過ぎない設立中の会社の概念を実体視しすぎ、成立時
の会社の財産的基礎を危うくする可能性を含んでいる（江頭107頁以下）ため、
発起人の権限は会社の設立それ自体を直接の目的とする行為に限られるべき
とする。この立場からは、定款に記載された財産引受けを、成立した会社の
活動のために例外的に厳格な条件の下、許容したものと解している。（石井照
久＝鴻常夫『会社法 第一巻』〔1977年、勁草書房〕103頁）。

　第一説に対しては、発起人のなす会社設立のために必要な取引行為によっ
て生ずる権利は設立中の会社に帰属するが義務は帰属しないと解すること
（たとえば、現物出資の目的物を受領する権利を有しながら、それを管理保管するための
契約に伴って発生する債務を会社が負わないことになるなど）は合理的でなく、相手
方が不当に害されることになるとの批判がなされている（平出慶道「発起人の
契約」北大法学論集12巻１号〔1961年〕52頁以下、大隅健一郎「株式会社の成立と権利義
務の帰属」〔1955年〕同『新版会社法の諸問題』〔1983年、有信堂高文社〕72頁）。

　〔第二説〕会社の設立にとって法律上経済上必要な行為も含むとする見解。
たとえば、有価証券の募集に関する届出、設立事務所の賃借契約や設立事務
員の雇入れ、定款等の書類の印刷等から生じる権利義務等も含まれることと
なる見解である（北沢・前掲「設立中の会社」13頁）。この説は、発起人が設立中
の会社の機関たる発起人名義をもってなした会社の設立に必要な行為から生

ずる権利義務について、会社の成立と同時に当然これに帰属するものと解し、定款の記載に左右されないとしている〔なお、発起人個人の名においてなされたような場合には、債務引受等の特別の移転行為なくしては決して成立後の会社に帰属するものではないとしている〔大隅・前掲「株式会社の成立と権利義務の帰属」68頁以下、北沢・前掲「設立中の会社」16頁以下〕〕。その理由として、会社の第三者に対する債務負担の範囲が定款の記載等の会社の内部的な事項によって左右されるとすると、第三者が不安定な地位におかれることになるし、債務総額が定款記載額を超えた場合にその超過額について生ずる問題等も起こりうることから、定款には左右されるべきではないとする。この見解に対しては、当該行為が設立に必要な行為であるか否かが明らかでない場合の判断の難しさがあるとの指摘がある。たとえば、文房具や備品の購入等は、設立事務に必要な行為ではあるが、開業準備行為の側面もあり、さらに、発起人が個人的目的で使用する可能性もありうるという問題が存在する。

〔第三説〕上記二説の範囲に加え、会社の将来の開業の準備に必要な行為（開業準備行為）も含まれるとする見解。この見解によると、将来の営業のために必要な、たとえば、工場建設のための土地購入等が含まれることとなる（鈴木＝竹内63頁、弥永・リーガルマインド282頁）。この説は、会社設立の目的を法人格取得に尽きるものではなく会社を通じた事業活動の遂行にあるとし、それゆえ事業活動に適した実体形成を円滑迅速に行わせることに重きを置く立場から主張されている（逐条(1)232頁〔酒井太郎〕）。しかし、発起人の目的を会社の設立のみにあると解する立場からは、権限を拡大しすぎると批判されている。

なお、第三説の範囲を超え、営業行為を含むあらゆる種類の行為が発起人の権限に属するとする考えもありうる。また、発起人の権限の範囲は、会社の設立に直接必要なもの以外は、会社の成立を条件とする行為に限られ、かつ、本来はかかる行為一般に及ぶものであるという見解に立ちながら、財産引受けと同様の要件を満たす限り、一切の行為につき権限を有するとするものもある（平出・前掲「発起人の契約」111頁以下）。

判例は、平成17年改正前「商法一六八条一項六号〔会28条2号〕の立法趣旨からすれば、会社成立自体に必要な行為のほかは、発起人において開業準備

行為といえどもこれをなしえず、ただ原始定款に記載されその他厳重な法定
要件を充たした財産引受のみが例外的に許される」（最三小判昭和38・12・24民
集17巻12号1744頁）としており、開業準備行為が発起人の権限に含まれないと
していることは明らかであるが、第一説と第二説のいずれであるかは明確で
はない。

4　定款に記載された財産引受けと「その他の開業準備行為」

　開業準備行為は、定款に記載された財産引受け契約と、それを除くその他
の開業準備行為（以下「その他の開業準備行為」という）に分けることがで
きる。財産引受けとは、発起人が会社のため会社の成立後に特定の財産を譲り受け
ることを約する契約であり、定款で目的たる財産、その価額、譲渡人の氏名
を特定しなければ、その効力を生じないと規定されている（会社28条2号）。
さらに、裁判所の選任する検査役の調査等も求められている（会社33条）。本
規定が導入された昭和13（1938）年改正前までは、判例・学説ともに、財産
引受けを無効としていた。現物出資規定の潜脱としての利用を危惧していた
からである。しかし、成立後の会社のために財産を確保しておく実際上の必
要性を考慮して、昭和13年改正において、現物出資と同様の制約の下で財産
引受けを認めることとした（注釈(2)97頁〔上柳克郎〕）。

　法定の財産引受けと「その他の開業準備行為」との関係をどう考えるか。
開業準備行為は発起人の権限の範囲外とする第一説および第二説の立場から
は、実務上の要請が強いため財産引受けのみ例外的に認めたものとする見解
（コンメ(1)312頁〔江頭憲治郎〕）（以下A説）が支持されており、近時多数説であ
る。この立場によると、財産引受けに関する規定は、厳格に制限的に解する
ことが求められ、「その他の開業準備行為」は発起人のみに帰属することに
なる（最二小判昭和33・10・24民集12巻14号3228頁）。したがって、「その他の開業
準備行為」の効果を成立後の会社に帰属させるためには、相手方との合意に
より発起人の契約上の地位を成立後の会社が個別に譲り受けることを要する
（江頭75頁）。

　他方、第三説のように開業準備行為が発起人の権限に含まれることを前提
にしたうえで、濫用防止の視点から財産引受けを制限したとする立場もある

（以下B説）。この立場は、そもそも設立中の会社は、営業をなしうる状態にある会社を設立することが目的であるのだから、そのために必要な行為である開業準備行為が発起人の権限内であることは当然とする。しかし、開業準備行為につき発起人の権限を無制限に認めると、会社の財産的基礎が害されるおそれがあり、これを制限する必要があるため、財産引受けに関する規定が制定されたと解している。したがって、「その他の開業準備行為」についての規制が無いことを理由にこれが無制限に認められるとはせず、同規定の類推適用をすべきとしている。その根拠は、資金の借入れ等の「その他の開業準備行為」と財産引受けとの間に、会社の財産的基礎を害する危険性の点では特に相違は認められず、両者を区別する合理的理由はないからである（弥永・リーガルマインド282頁以下、久保田光昭「発起人の開業準備行為」会社法百選［3版］14頁）。なお、濫用のおそれのない開業準備行為（財産の贈与、営業免許や特許権の申請等）は、定款への記載等は求められないとされる（平出・前掲「発起人の契約」59頁）。

　B説に対しては、財産引受けに関する検査役の調査は、その対価の定め方が適切か否かの調査であって、それが成立後の会社のために適当なものか否かに関する調査ではないから、「その他の開業準備行為」にまで財産引受けに関する規制を拡張することは認められないとする批判（注釈(2)110頁〔上柳〕）がある。また、発起人が契約上の債務について責任を負わないため相手方にとっては不利益となるといったことなどを理由に、財産引受けの規定を財産の取得行為に準ずる財産の賃借にまで拡大して適用を認めること以上に拡大ないし類推適用をする必要性が疑問視されている（森本滋・前掲「会社設立中に会社のためになされる行為の法的扱い」269頁）。他方、財産引受けと「その他の開業準備行為」のいずれも危険性の点で相違が認められないというB説と同じ論拠に立ったうえで、そのように危険な行為の効果のすべてを成立後の会社に帰属させることは設立に関する厳格な規定の精神に反するために、財産引受けのみが例外的に認められているのであるから類推適用はすべきではないという批判もある（北沢・前掲「設立中の会社」15頁）。

　なお、B説の立場を徹底すると、設立のために必要な行為から生ずる権利義務のすべてが設立中の会社に帰属することとなるため、会社不成立の場合

などについては修正を加えて具体的妥当性を考慮するとしており、そのような場合については結論としてはＡ説と大きく異なるところはない。

　上記二説以外に、財産引受けについて、発起人が本来ならば自由に行いうる行為を財産引受けに限って制限して厳重な条件の下に許したものとする説（鈴木＝竹内63頁）の下、財産引受けと「その他の開業準備行為」を区別し、後者については手続の規定が一切存在しないため、これを無制限になしうると解する立場も考えられないことはない（なお、営業行為については、これを含まないという説（長浜洋一「発起人の開業準備行為」会社百選［５版］16頁））。

5　開業準備行為の追認

　発起人の権限に関する第一説および第二説（有力説・判例）によれば、開業準備行為は、法定の要件を充たした財産引受けを除き、発起人の権限に属さないとされる。したがって、定款に記載のない財産引受けや「その他の開業準備行為」は無効と解され、成立後の会社に帰属しないこととなる。では、この無効は、成立後の会社の追認によって効力を補完しうるか。

　定款に記載のない財産引受けについて、判例は絶対的に無効とし追認を否定している（最一小判昭和28・12・３民集７巻12号1299頁）。学説も追認を否定する立場が多数であるが、その論拠は様々である。定款に記載されていない財産引受けの追認は設立中の会社が意味あるものとして承認される限界を外れることになる（石井＝鴻・前掲『会社法　第一巻』101頁）、財産引受けを厳格な取締に服させている法の趣旨が没却される（大隅＝今井（上）254頁）などがある。

　他方、追認を肯定する立場は、定款に記載のない財産引受けは、設立中の会社の機関である発起人の無権代理行為にすぎないため、成立後の会社は追認することができるとしている（鈴木＝竹内63頁、平出・前掲「発起人の契約」65頁）。会社の名において開業準備行為がなされた場合には、取引の相手方はそれが会社のためになされていることを前提としていることから、追認により会社に帰属することが相手方の保護にも資するとされている。また、開業準備行為の効果が成立後の会社に帰属することが会社の財産的基盤にとって危険であるため、発起人の権限外の行為と解さなければならないのであるから、成立後の会社の判断で追認するか否かを決定することまで妨げる必要は

ないし、むしろ追認するか否かの選択に加えて追認せずに新たに契約を締結
することもでき選択の幅が広くなり会社の保護に資するとの主張もある（北
沢・前掲「設立中の会社」44頁）。これに対して追認を否定する立場からは、肯
定説が強調している「設立中の会社の名」が実際上どのような表示なのかの
客観的基準を見出すことが困難であり、取引の相手方に不測の損害を与える
恐れがあると批判されている（森本・前掲「会社設立中に会社のためになされる行
為の法的扱い」273頁）。また開業準備行為と発起人がなす営業行為は厳密には
区別できないため、問題が後者の追認にも拡大しようし、そうなると会社に
有利な取引のみを選択して追認することが現実的に不可能となる、また有効
な財産引受けは定款への記載以外に検査役の調査等が要求されており、追認
を認めることは法の潜脱につながるとの批判もされている（コンメ(1)315頁〔江
頭〕）。

　なお、開業準備行為に限らず、発起人の行為がその権限に属するかについ
ては実質的分類を行い、その行為がいずれの名においてなされたかについて
は形式的分類を行うという説がある。この説によると、たとえ発起人の権限
内に属する行為でも、設立中の会社の名においてなされないときは、設立中
の会社との関係で無権代理行為となることはありえないため、追認は問題と
なりえないとし、特別の移転行為によらなければ成立後の会社に帰属しない
こととなる。他方、発起人の権限外の行為でも、設立中の会社の名において
なされた場合は、成立後の会社との関係で無権代理となり、追認によって成
立後の会社に帰属しうるとしている（北沢・前掲「設立中の会社」17頁）

6　発起人の責任

　発起人が設立中の会社の名において開業準備行為を行ったが、会社が成立
しなかった場合や、成立したものの会社が追認をしなかった場合等、発起人
の行為の効果が成立後の会社に帰属しない場合、発起人はいかなる責任を負
うか。

　会社が成立しなかった場合であっても、取引の相手方が設立中であること
を知っていたあるいは過失によって知らなかったと認められるならば、発起
人の無権代理人としての責任は否定される（民117条2項）。他方、会社が成立

しているかのように代表取締役の肩書きを用いて発起人が開業準備行為をなし、成立後の会社が追認をしない場合に、発起人が無権代理人に準ずる責任を負うとした判例がある（最二小判昭33・10・24民集12巻14号3228頁）。

　設問においては、設立事務所の賃貸借契約は、いずれの説によっても発起人の権限の範囲内となり、その効果は成立後の会社に帰属する。他方、営業支店契約は、開業準備行為にあたる。発起人は、会社の成立を目的とするものであり、また、設立に関する法の趣旨は、会社の財産的基盤の安全性にある。したがって、「その他の開業準備行為」は発起人の権限の範囲外であろう。もっとも、現実には成立した会社が迅速に営業を開始できることも求められる。その点からすると、開業準備行為を発起人の権限内としたうえで、財産引受けと同様の規定に従うことを求めることにより、会社と取引相手双方の保護につながるとも考えられうる。しかし、会社内部の定款に左右されることは取引相手の地位を不安定にすることになり、取引相手が複数いる場合には、その関係を複雑化することになる。また、前述のように、現在の会社法の下では、設立に必要な期間は短い。その数日を待つことなく設立中に開業準備行為を行う必要性は低いと考えられ、発起人の権限の範囲外とすることを妨げない。

> 【例題１】　甲社は、設立費用として300万円と定款に記載していた。しかし、設立事務所、株主募集の広告費が予定額を超えたため、500万円となった。発起人は200万円を支払い済みである。残金300万円の債務の帰属先はいずれにあるか。

> 【例題２】　発起人総代が発起人全員の同意を得ることなく、発起人組合の名においてなした開業準備行為の効果は、成立後の会社に帰属するか。

（たかはし・さとこ）

32 事業譲渡

坂 本 達 也

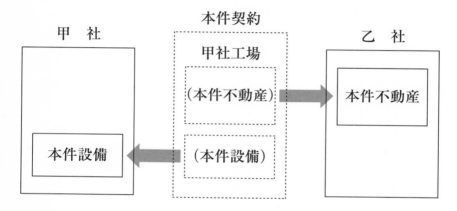

【設 問】

　株式会社甲社は、製材加工業および製材加工製品の販売等を主に行っている公開会社（会2条5号）である。株式会社乙社は、アンティーク家具の販売を主な事業活動としている公開会社である。甲社および乙社は、種類株式発行会社ではなく、また、指名委員会等設置会社および監査等委員会設置会社のいずれでもない。

　甲社および乙社は、甲社が所有する工場とその土地（以下、「本件土地」という。）を乙社に譲渡することについて契約（以下、「本件契約」という。）を締結した。本件契約においては、両社は、甲社は乙社に対し同工場の建物（以下、「本件建物」という。）と本件土地（以下、本件建物と本件土地を、「本件不動産」という。）を譲渡するものとし、同工場内にある全ての設備（以下、「本件設備」という。）については、甲社はこれを乙社に譲渡しないものとすることを合意した。甲社は、本件設備および本件設備で働いていた従業員を同社が稼働させている他工場に移転し、その後、甲社は、本件契約に基づき、本件建物と本件土地を乙社に譲渡した（以下、「本件

譲渡」という。）。

　甲社は、本件契約について、会社法467条1項所定の株主総会の承認を受けていない。本件譲渡の効力は、否定できるか。

1　問題の所在

2　事業譲渡の法理

1　問題の所在

　事業譲渡は、株式会社がその事業を他の者に譲渡する取引行為である。株式会社は事業活動を通じて営利を追求する法人であることから、事業譲渡は、株式会社、ひいては株主にとって影響を及ぼすものである。したがって、会社法は、一定の場合の事業譲渡について、株主に与える影響が大きいことから、株主保護を考慮して、株主総会の承認を要することを規定している（会467条1項）。

　株式会社が、株主総会の承認を得る必要があるにもかかわらず、これを得ずに事業譲渡を行った場合には、当該事業譲渡の効力が問題となり、当該事業譲渡は、無効とされる。このことから、株式会社が行う取引行為が事業譲渡に該当し、株主総会の承認が必要なのか否かということを考慮する必要がある。

　以上のことから、事業譲渡をどのように解すべきなのかということが、事業譲渡を理解するうえで重要な点となり、ここでの問題である。

　以上のように、事業譲渡の意味を明確にすることは、株主保護のため、また事業譲渡の法的安定性の確保のために役立ち、重要な意義を有する。

2　事業譲渡の法理

(1)　会社法の規制

　会社法が規定する事業譲渡の規制の概略は、次のようなものである。株式会社（譲渡会社）は、①事業の全部の譲渡または②事業の重要な一部の譲渡をする場合には、当該譲渡の効力発生日の前日までに、株主総会の特別決議

によって、当該譲渡に係る契約の承認を受けなければならない（会467条1項1号2号、309条2項11号）。

　上記の①および②のうち、②の事業譲渡については、当該譲渡により譲り渡す資産の帳簿価額が譲渡会社の総資産額として法務省令で定める方法により算定される額の5分の1（定款で、これを下回る割合を定めた場合には、その割合）を超えないものは、株主総会の承認は求められていない（会467条1項2号括弧書き。法務省令につき会施規134条参照。）。これは、簡易事業譲渡と呼ばれる。株主総会の承認を不要としているのは、一定規模以下の事業譲渡を一律に規制の適用から外すことにより、取引の迅速および取引の安全を図るためである（田中（亘）678頁）。また、譲渡会社は、譲受会社が譲渡会社の特別支配会社である場合には、事業譲渡について株主総会の承認を得る必要はない（会468条1項。特別支配会社の定義については、会468条1項括弧書き、法務省令につき会施規136条参照。）。これは、略式事業譲渡と呼ばれる。株主総会の承認を不要とするのは、株主総会を開催する意味が乏しいからである（神田349頁）。

　事業譲渡においても、反対株主には株式買取請求権が認められている（会469条）。ただし、上記①事業の全部の譲渡に関しては、譲渡会社において当該譲渡に係る契約についての株主総会の決議と同時に当該譲渡会社の解散についての株主総会の決議（会471条3号）がされたときは、反対株主の株式買取請求権は認められない（会469条1項1号）。このことは、簡易事業譲渡の場合も同様である（田中（亘）678頁）。

　また、略式事業譲渡に関しては、特別支配株主は株式買取請求権を有しない（会469条2項2号括弧書き。江頭965頁）。

(2)　事業譲渡と会社分割

　上述のように、事業譲渡は、譲渡会社が事業の全部または事業の重要な一部を取引行為として他人に譲渡する行為である。他方、会社分割は、株式会社（または合同会社）がその事業に関して有する権利義務の全部または一部を分割後承継会社または設立会社に承継させることを目的とする会社の行為である。事業譲渡は、事業を他者に移転するという点で会社分割と同様の効果を得ることができる。しかし、事業譲渡と会社分割には異なる点がある（以下の異なる点につき田中（亘）678頁以下、江頭958頁）。第一に、事業譲渡は事業を

対象とするが、会社分割の対象は事業としての実質を有する必要はないと解されている。第二に、事業譲渡では、事業を構成する債務や契約上の地位を相手方が引き受けるためには、民法の一般原則に従って、個別に債権者や契約の相手方の同意を得る必要がある。会社分割の場合は、そのような個別の同意を得る必要はなく、分割契約書または分割計画書に従って、債務や契約上の地位が包括的に移転する。事業譲渡においては、債務等を譲受会社に移転しようとすれば、個別に債権者等の同意を要する点で手続は煩瑣であるが、吸収分割契約の備置・開示に相当する手続を要求されず、また会社分割で求められる債権者異議手続を経る必要もない。第三に、会社分割の無効は、会社法828条1項9号または10号に基づき、無効の訴えによってのみ主張することができる。事業譲渡については、無効の主張の利益がある限り、いつでも誰でも無効を主張することができる（判例や学説につき、下記「(5) 必要な株主総会決議がない事業譲渡の効力」参照。）。第四に、事業譲渡の相手方は、会社に限らず、自然人でもよいが、会社分割の相手方は会社に限られる（以上の異なる点につき、田中（亙）678頁〜679頁、江頭958頁）。

(3) 規制の変遷──営業から事業へ──

事業譲渡について株主総会の特別決議が必要とされる旨の規定は、昭和13(1938)年商法改正により導入された（司法省民事局編『商法中改正法律案理由書〔総則会社〕』〔1937年、清水書店〕132頁、寺澤音一編著『改正商法審議要綱』〔1941年、法文社〕271頁、松本烝治『株式会社法改正の要点』〔1940年、厳松堂〕104頁、烏賀陽然良ほか「商法改正法案を評す(13)」法学論叢36巻2号〔1937年〕347頁。規制の変遷につきコンメ(12)21頁以下〔齊藤真紀〕)。この規定が導入されるまでは、事業譲渡に関する規定はなく、会社は事業の譲渡をなすことができるのか、事業の譲渡をなすことができるものとするとしても、その方法はどのようなものか、株主総会の普通決議で事業譲渡をすることができるのか等の点について疑義があった（司法省民事局編・前掲『商法中改正法律案理由書〔総則会社〕』133頁、寺澤編著・前掲『改正商法審議要綱』271頁）。これを受け、明確さを確保するために、1938(昭和13)年改正商法245条によって、「営業ノ全部又ハ一部ノ譲渡」（1項1号）は、株主総会の特別決議を得て行うことができるとされた（司法省民事局・前掲『商法中改正法律案理由書〔総則会社〕』132頁、寺澤編著・前掲『改正商法審議要綱』

271頁、松本・前掲『株式会社法改正の要点』104頁、烏賀陽ほか・前掲「商法改正法案を評す⒀」347頁）。また、株式会社の営業の全部の譲渡は、解散事由とされた（司法省民事局編・前掲『商法中改正法律案理由書〔総則会社〕』230頁、寺澤編著・前掲『改正商法審議要綱』383頁、松本・前掲『株式会社法改正の要点』104頁。1950〔昭和25〕年改正前商404条3号参照。）。

　昭和25（1950）年商法改正において、取締役会制度が採用されたことにより、「営業ノ一部」の譲渡については、「営業ノ重要ナル一部」（245条参照。）の譲渡に変更された（鈴木竹雄＝石井照久『改正株式会社法解説』〔1950年、日本評論社〕114頁、大隅健一郎＝大森忠夫『逐条改正会社法解説』〔1951年、有斐閣〕219頁）。これは、重要ではない一部の譲渡は、取締役会の決定に委ねられることになったからである（鈴木＝石井・前掲『改正株式会社法解説』114頁、大隅＝大森・前掲『逐条改正会社法解説』219頁）。このほか、昭和25年改正においては、営業の全部の譲渡を解散事由とするのではなく、営業の全部を譲渡した会社が会社の目的を変更して新しい事業をすること等もありうることから、営業の全部の譲渡は解散事由から外された（1950〔昭和25〕年改正商法404条。鈴木＝石井・前掲『改正株式会社法解説』323頁～324頁、大隅＝大森・前掲『逐条改正会社法解説』530頁）。また、営業譲渡に関して、反対株主の株式買取請求権が認められた（1950〔昭和25〕年改正商法245条ノ2以下。鈴木＝石井・前掲『改正株式会社法解説』132頁、大隅＝大森・前掲『逐条改正会社法解説』220頁）。

　平成17（2005）年改正前商法では、「第1編　総則」および「第2編　株式会社」において、「営業」の譲渡という用語が使われていたが、平成17年改正により成立した会社法においては、「事業」の譲渡という用語が採用された。「事業」という用語は、次のようなことが考慮されて採用された（相澤・解説139頁）。すなわち、個人商人は、一個の営業につき一個の商号を用いるという考えに基づき、個人が複数の営業を営むときには複数の商号を用いることができるとされているが、他方、会社は法人としての名称が商号とされ、一個の商号しか持てないため、仮に会社が複数の営業を営んでいたとしても、一個の営業として取り扱うほかないという問題があった。これを考慮して、会社法は概念の差異を整理し、会社が行うべきものの総体については、個々の営業とは区別して、事業という用語を用いることにした（相澤・

解説139頁）。これに加え、会社法が他の多くの法人法制や組織法としての基本的な役割を果たしていることも「事業」という用語の採用に関して考慮された（相澤・解説139頁）。

以上のように、会社法において、「営業」の譲渡から「事業」の譲渡へと文言が変更されたが、これは、用語を整理したにすぎず、実質的な変更がなされたものではなく、したがって、従来から提示されている営業譲渡に関する解釈論は、会社法における事業譲渡にも妥当する（神田348頁注1）、田中（亘）675頁、コンメ⑿25頁〔齊藤〕、相澤・解説140頁）。

(4) 事業譲渡の意味

事業譲渡はどのように解されているのかについて、最大判昭和40・9・22民集19巻6号1600頁は、「〔平成17年改正前〕商法二四五条一項一号〔会467条1項1号、2号〕によつて特別決議を経ることを必要とする営業の譲渡とは、同法二四条〔商法15条〕以下にいう営業の譲渡と同一意義であって、営業そのものの全部または重要な一部を譲渡すること、詳言すれば、一定の営業目的のため組織化され、有機的一体として機能する財産（得意先関係等の経済的価値のある事実関係を含む。）の全部または重要な一部を譲渡し、これによつて、譲渡会社がその財産によつて営んでいた営業的活動の全部または重要な一部を譲受人に受け継がせ、譲渡会社がその譲渡の限度に応じ法律上当然に同法二五条〔商法16条。会社法につき21条。〕に定める競業避止義務を負う結果を伴うものをいう」とし、また、「〔平成17年改正前〕商法二四五条一項一号の規定の制定およびその改正の経緯に照しても、右法条に営業の譲渡という文言が採用されているのは、商法総則における既定概念であり、その内容も比較的に明らかな右文言を用いることによつて、譲渡会社がする単なる営業用財産の譲渡ではなく、それよりも重要である営業の譲渡に該当するものについて規制を加えることとし、併せて法律関係の明確性と取引の安全を企図しているものと理解される。」（以上、引用文中の〔　〕は筆者）と述べる。

本判決によれば、事業譲渡は、①一定の営業目的のため組織化され、有機的一体として機能する財産（得意先関係等の経済的価値のある事実関係を含む。）の全部または重要な一部の譲渡であり、②譲渡会社がその財産によって営んでいた営業的活動の全部または重要な一部を譲受人に受け継がせ、③譲渡会社

が法律上当然に競業避止義務を負うことになるという①②③の要件を充たす
ものである。

　学説について見ると、従来からある多数説は、事業譲渡につき判例と同様
に解する立場をとる（鈴木竹雄『商法研究Ⅲ』〔1971年、有斐閣〕86頁、280頁、鈴木
竹雄「営業譲渡と総会の決議」鈴木竹雄ほか編『商法演習Ⅰ』〔1966年、有斐閣〕134頁以
下、上柳克郎『商事法論集』〔1999年、有斐閣〕275頁、田中（上）481頁以下。学説の分
類につき、コンメ⑿27頁以下〔齊藤〕）。同説は、総則と同じ文言が使われている
ため、同一に解すべきであること、営業活動の承継および競業避止義務の負
担により、法律関係が明確になり、取引の安全も強化されることを根拠とす
る（田中（上）481頁～482頁）。少数説は、営業的活動の承継を伴わない会社の
営業財産の譲渡についても、譲渡会社の運命に影響を及ぼす行為であるか
ら、事業譲渡として株主総会の特別決議を要すると解する（松田二郎＝鈴木忠
一『條解株式会社法 上』〔1951年、弘文堂〕225頁～226頁、松田二郎『会社法概論』〔1968
年、岩波書店〕427頁）。少数説については、事業譲渡という文言から離れてお
り、また昭和25年商法改正により取締役会制度が導入され、昭和56（1981）
年商法改正により、重要な財産の処分が取締役会の専決事項（会社法につき、
362条4項1号参照。）とされたこともあり、近時では一般的に支持されていな
い（田中（亘）676頁、藤田友敬「営業譲渡の意義」商総百選〔5版〕39頁）。近時の有
力説は、事業譲渡の要件は、「一定の事業目的のため組織化され、有機的一
体として機能する財産」の譲渡で足りるとする（江頭960注(1)、竹内昭夫『判例
商法Ⅰ』〔1976年、弘文堂〕158頁以下、鈴木＝竹内249頁注8）。これによれば、上記
の判例が提示した上記②と③は要件とならない。同説は、会社法総則の事業
譲渡（または商法総則の営業譲渡）の諸規定（会21条から23条の2、商16条から18条の
2）は、譲渡人が競業避止義務を負うことにより譲受人を保護すること（会
21条1項、商16条1項参照。）、譲渡人の債権者が知らない間に営業主体が交代し
てしまう場合等に関する債権者の保護（会22条1項、商17条1項参照。）、および
譲渡人の債務者が知らない間に営業主体が交代してしまう場合に関して、譲
受人に弁済した債務者を一定の要件のもとに保護すること（会22条4項、商17
条4項参照。）等、いずれも事業の承継を前提としたものであるが、会社法467
条が事業譲渡につき株主総会の特別決議を要求するのは、譲渡会社の株主の

利害に大きな影響を及ぼすからであり、この観点から事業の承継は要件として不要であることを論拠とする（竹内・前掲『判例商法Ⅰ』158頁以下。藤田・前掲「営業譲渡の意義」39頁参照）。上記③に関しては、判例は、会社法467条の事業譲渡は総則の事業譲渡と同じと考えることから、譲渡会社は競業避止義務を負うという当然の結果が生ずることを述べたにすぎないと解する説（藤田・前掲「営業譲渡の意義」39頁）、また、仮に競業避止義務の負担が会社法467条の事業譲渡の要件とするならば、同一の法典内では同一の意味であるという判例の立場からすると、競業避止義務の負担は会社法21条以下の事業の譲渡の要件にもなるが、会社法21条は、競業避止義務を事業の譲渡の効果として規定していることから、条文の適用関係につき不自然さが生ずるという批判がある（田中（亘）677頁）。

　以上のように、近時の有力説は、上記①②③の要件を充たすものを事業譲渡と解する最高裁の立場とは異なり、会社法467条の事業譲渡を、「一定の事業目的のため組織化され、有機的一体として機能する財産」の譲渡と解している。

(5)　必要な株主総会決議がない事業譲渡の効力

　譲渡会社が会社法467条1項所定の株主総会の承認を受けていない場合には、当該事業譲渡の効力はどのようになるであろうか。この問題に関して、最一小判昭和61・9・11判時1215号125頁は、「本件営業譲渡契約は、譲渡をした被上告会社が……株主総会の特別決議によつてこれを承認する手続を経由しているのでなければ、無効であり、しかも、その無効は、……広く株主・債権者等の会社の利害関係人の保護を目的とするものであるから、本件営業譲渡契約は何人との関係においても常に無効であると解すべきである。……そして、営業譲渡が譲渡会社の株主総会による承認の手続をしないことによつて無効である場合、譲渡会社、譲渡会社の株主・債権者等の会社の利害関係人のほか、譲受会社もまた右の無効を主張することができる」とし、「譲受会社がこれを主張することができないとすると、譲受会社は、譲渡会社ないし利害関係人が無効を主張するまで営業譲渡を有効なものと扱うことを余儀なくされるなど著しく不安定な立場におかれることになるからである。」と述べる。

　以上のように、この判決は、①譲渡会社が事業譲渡について株主総会の特別決議による承認を得ていない場合には、当該事業譲渡は、何人との関係においても常に無効であり、②譲渡会社、譲渡会社の株主・債権者等の会社の利害関係人、または譲受会社のいずれも、事業譲渡の無効を主張することができるとしている。

　本判決においては、最高裁は、本件営業譲渡契約は譲渡会社の株主総会の承認がなかったため、無効であるとしたうえで、譲渡会社である被上告会社は本件営業譲渡契約に基づく債務をすべて履行ずみであり、他方譲受会社である上告会社は被上告会社の履行について苦情を申し出たことがなく、また、上告会社は、本件営業譲渡契約が有効であることを前提に、被上告会社に対し本件営業譲渡契約に基づく自己の債務を承認し、その履行として譲渡代金の一部を弁済し、かつ譲り受けた製品・原材料等を販売または消費し、しかも、上告会社は、本件営業譲渡の契約後約20年を経て、株主総会を経由していないことを理由として本件営業譲渡契約の無効を、初めて主張するに至ったものであり、両会社の株主・債権者等の会社の利害関係人が上記理由に基づき本件営業譲渡契約が無効であるなどとして問題にしたことは全くなかったことを認め、本件営業譲渡契約の無効の主張は、平成17年改正前商法245条1項1号（会467条1項1号2号。本件では2号。）の規定違反を根拠に、すでに遅滞に陥った本件営業譲渡契約に基づく自己の残債務の履行を拒むためのものであり、信義則に反し許されず、したがって、上告会社が本件営業譲渡契約の無効を主張することは、これを許さない特段の事情があると述べた。

　以上のように、本判決によれば、事業譲渡の無効は、信義則に反する事実が認められるのであれば、主張することが認められない。

　学説を見ると、通説は、株主総会の承認がない事業譲渡契約は無効であると解する（江頭961頁〜962頁、神田352頁）。このほか、株主総会の決議を欠く事業譲渡は元来無効であるが、取引安全の見地から、事業譲渡が必要な株主総会決議を欠くことについて悪意または重過失がなかった譲受人に対しては、譲渡会社は無効を主張することはできないと解する有力な説もある（鈴木＝竹内249頁注8)、鈴木竹雄『商法研究Ⅱ』〔1971年、有斐閣〕54頁）。後者の説について

は、株主の利益を考慮すると、取引の安全のみで問題を処理することには疑問があり、今日では買収対象会社（ここでは譲渡会社）に対し実地調査を行うことが多くなっており、相手方（譲受会社）にとって事業譲渡の要件を充たしているのか否かの判断をすることが困難とも言えなくなっていることからも、必要な株主総会決議を欠く事業譲渡は当然無効と解してよいとの批判（江頭963頁注(8)）、または会社法においては、取引の安全は簡易事業譲渡の制度によって相当程度図られており、簡易事業譲渡の要件を充たさないほど重要な規模の取引であれば、株主総会の承認があるのか否かを譲受会社は確認しなくてはならないとすることも必ずしも不合理ではないとの批判がある（田中（亙）678頁）。

　以上のように、判例・学説によれば、譲渡会社は株主総会の承認を得る必要があるにもかかわらず、その承認を得ずに事業譲渡をした場合には、当該事業譲渡契約は無効となると解している。判例によれば、必要な株主総会の承認を欠く事業譲渡は何人との関係においても常に無効であり、無効の主張は、原則として、譲渡会社、譲渡会社の株主・債権者等の会社の利害関係人、または譲受会社のいずれも主張することができる。ただし、判例によれば、無効の主張は、信義則に反する場合には、認められない。

【例題1】　株式会社甲社および株式会社乙社は公開会社であるが、種類株式発行会社、指名委員会等設置会社および監査等委員会設置会社のいずれでもない。

　甲社は、精密機械の製造および販売等を営んでいた。甲社の代表取締役Ａは、乙社の代表取締役Ｂとの間で、甲社が同社の製造および販売部門の一部（以下、「本件製造販売部門」という。）を乙社に譲渡するという契約（以下、「本件契約」という。）を締結した。その後、本件契約に基づき、甲社は、本件製造販売部門を乙社に譲渡した（以下、「本件譲渡」という。）。甲社は、本件契約について株主総会の承認を受けていなかった。

　本件製造販売部門は、一定の営業目的のため組織化され、有機的一体として機能する財産であり、得意先関係等の経済的価値のある事実関係を含むものであった。乙社は、本件契約に基づいて、本件製造販売部門を譲り受け、これにより、甲社が本件製造販売部門で営んでいた営業的活動の全部を引き継ぎ、本件製造販売部門を活用して、精密機械の製造および販売を営んでいた。甲社は、本件譲渡の結果、会社法21条1項の競業避止義務を負っていた。

　本件譲渡が実行されて間もなく、甲社の経営陣の大幅な交代があり、同社経営陣は刷新され、同社代表取締役はＣになった。

　甲社は、本件契約について株主総会の承認がないことを理由として、本件譲渡の無効を乙社に対し主張することができるか。

【例題２】　株式会社甲社および株式会社乙社は、公開会社であるが、種類株式発行会社、指名委員会等設置会社および監査等委員会設置会社のいずれでもない。

　甲社は、パンの製造販売を主な事業としていた。甲社は、Ａ地方において一つの工場（以下、「Ｂ工場」という。）を保有し、Ｂ工場は、パン製造と販売のために稼働していた。

　甲社は、甲社の発行済株式の全部を保有する乙社との間で、Ｂ工場を乙社に譲渡する契約を締結した（以下、「本件契約」という。）。本件契約において、甲社および乙社は、甲社がＢ工場の設備、得意先、仕入先および営業上の秘訣を含めた、Ｂ工場で事業活動するために必要な全ての財産（以下、「本件財産」という。）を乙社に譲渡することを合意していた（以下、「本件譲渡」という。）。甲社は、本件契約に基づき、本件譲渡を実行した。これにより、乙社は、本件財産を甲社から引き継ぎ、本件財産を活用してパンの製造および販売を営んでいる。

　甲社は、本件契約について株主総会の承認を受けていなかった。

　甲社は、本件契約について株主総会の承認を得る必要はあるか。

【例題３】　株式会社甲社および株式会社乙社は、公開会社であるが、種類株式発行会社、指名委員会等設置会社および監査等委員会設置会社のいずれでもない。

　甲社は、ホテル業を営んでおり、全国にいくつかのホテルを保有していた。乙社は、Ａ地方においてホテル業を営んでいた。

　甲社と乙社は、甲社が保有するＢ地方において営業をしていたホテル（以下、「本件ホテル」という。）を乙社に譲渡する契約を締結した（以下、「本件契約」という。）。本件契約に基づき、甲社は、乙社に対し、本件ホテルを譲渡した（以下、「本件譲渡」という。）。甲社は、本件契約について株主総会の承認を受けていなかった。

　甲社が乙社に譲渡した本件ホテルは、一定の営業目的のため組織化され、有機的一体として機能する財産であり、得意先関係等の経済的価値のある事実関係を含むものであった。乙社は、本件契約に基づいて、本件ホテルを譲り受け、これにより、甲社が本件ホテルで営んでいた営業的活動の全部を譲り受け、本件ホテルを活用して、Ｂ地方においてホテル業を営んでいた。甲社は、本件譲渡の結果、会社法21条１項の競業避止義務を負っていた。

　乙社は、本件契約に基づき、本件譲渡の代金を支払っていたところ、本件契約締結後18年が経過した頃から、本件譲渡の代金の支払を怠るようになった。乙社は、本件契約締結後20年が経過した時、甲社が本件契約について株主総会の承認を得ていないことを理由に、本件契約は無効であると甲社に初めて主張し、譲渡代金の支払いを拒んだ。乙社は、甲社が本件契約に基づき本件ホテルを譲渡した際に苦情を甲社に対し述べたことはなかった。また、甲社および乙社の債権者および債務者は、甲社が本件契約について株主総会の承認を得ていないことを理由に本件契約は無効であるとして問題にしたことはなかった。

　乙社は、甲社が本件契約について株主総会の承認を得ていないことを理由に、本件契約は無効であると主張することはできるか。

（さかもと・たつや）

33 キャッシュアウト

伊藤　吉洋

(1)

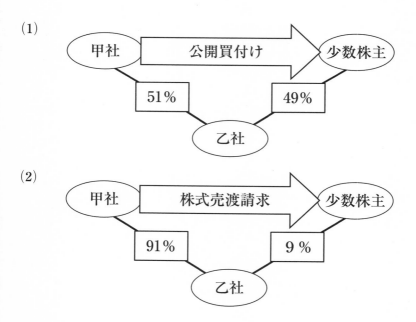

(2)

【設　問】

1　甲株式会社は、東京証券取引所にその株式を上場している乙株式会社（公開会社）の総株主の議決権のうちの51％を保有していた。甲社は、2019年1月7日、①乙社の発行済株式の全てを取得し、乙社を甲社の完全子会社とすることを目的とする取引（以下「本件取引」という）の一環として、乙社株式の公開買付けを実施すること（以下「本件公開買付け」という）、②公開買付価格を300円とすること（以下「本件買付価格」という）、③本件公開買付けにより乙社株式の全てを取得することができなかった場合で、本件公開買付けにより甲社の有する乙社の議決権が

乙社の総株主の議決権のうちの90％以上となったときは、（甲社を除く）乙社の株主の全員に対して、その有する乙社株式の全部を売り渡すことを請求すること（会179条１項）、④当該株式売渡請求において、乙社株式１株あたりの対価（株式売渡対価〔会179条の２第１項２号・会施規33条の５第１項１号２項〕）として、本件買付価格と同額の金銭（１株あたり300円）を乙社の株主に交付することなどを公表した。

　２　（甲社の従業員を兼ねていた代表取締役Ａを除く）乙社取締役会は、2018年10月１日に甲社から本件取引に係る提案を受け、甲社および乙社から独立しM&A実務に実績を有する丙社をフィナンシャルアドバイザーに選任するなどした。さらに、甲社および乙社から独立した弁護士および公認会計士によって構成される第三者委員会（以下「本件委員会」という）を設置した。そして、乙社の取締役Ｂが、丙社および本件委員会の意見を聞きつつ、甲社との間で本件取引の条件について交渉を行ったところ、最終的に１株あたり300円が提示されることとなった。そして、2019年１月７日、乙社は、本件公開買付けについて賛同の意見を表明するとともに、本件公開買付け後に、甲社から本件買付価格と同額の金銭を対価とする株式売渡請求の通知（会179条の３第１項）を受けたときは、当該請求を承認する（同条同項）予定であることも公表した。

　３　本件公開買付けの結果、甲社は、乙社の総株主の議決権のうちの91％を保有するに至った。そこで、2019年２月18日、甲社は乙社に対して、株式売渡対価を本件買付価格と同額（１株あたり300円）とし、取得日（会179条の２第１項５号）を2019年３月18日とする株式売渡請求の通知をした。2019年２月18日、乙社取締役会は当該株式売渡請求を承認し、同月19日にその旨を公告した（会179条の４第１項、振替法161条２項）。その後、乙社株式は上場廃止となり、甲社は、取得日に１株あたり300円で乙社株式の全部を取得し、乙社を完全子会社とした。

　(1)　（それまで乙社株主ではなかった）Ｃは、2019年２月20日、乙社株式を取得し、同年３月15日、その株式について売買価格の決定の申立てを行った（会179条の８）。この申立ては適法になされたものであるといえるか。

　(2)　2018年９年３日、乙社株式を取得していたＤは、2019年３月15日、その株式について売買価格の決定の申立てを行った。というのも、2019年１月７日から同年３月18日までの間に株式市場全体の相場が著しく上昇しており、もし本件取引が公表されなければ、乙社株式の市場価格も同年３月18日時点で

1,000円になっていたはずであると考えたからであった。なお、乙社株式の実際の市場価格は、本件取引が公表された影響により、2019年1月7日から上場廃止日までの間、本件買付価格である300円とほぼ同額で推移していた。この場合、申立てを受けた裁判所は、Dが有していた株式の売買価格をいくらであると決定することになるか。

1　問題の所在

（1）　キャッシュアウトは、一般に、「支配株主が、少数株主の有する株式の全部を、少数株主の個別の承諾を得ることなく、金銭を対価として取得すること」である（坂本三郎ほか「平成二六年改正会社法の解説〔Ⅶ〕」商事2047号〔2014年〕4頁）。そのうち上場会社（以下「対象会社」という）の株式を対象にして行われるキャッシュアウトは、いずれも金銭を対価とする二段階買収の形式で行われることが多い。

　二段階買収は、対象会社の株式の公開買付けを第一段階とするものであるが、公開買付けの結果として、対象会社の株式の3分の2以上を保有することとなった公開買付者が支配株主として第二段階として用いうる手法は複数ある。すなわち、平成26（2014）年会社法改正前から用いられていた、全部取得条項付種類株式の全部取得（会171条）、改正後に（多く）用いられることになった、特別支配株主の株式（等）売渡請求または株式の併合（会180条）の手法である。具体的にいえば、公開買付けの結果、公開買付者が、対象会社の総株主の議決権のうちの90％以上を取得した場合には、「特別支配株主」（会179条1項）として、株式（等）売渡請求の手法を用い、それ未満しか取得できなかった場合（ただし3分の2以上を取得したとき）には、全部取得または株式の併合の手法を用いる。

　(2)　二段階買収によるキャッシュアウトのうち特に問題視されるのは、第一に、公開買付け開始以前から対象会社の株式の相当数を保有しており、対象会社の取締役を自身の意向に従って選任することができた多数株主（支配株主も含む）が公開買付者となる場合である。第二に、そうでなくても、公開買付者となる法人に対して対象会社の取締役（経営者）が出資し、実質的にはそのような取締役が対象会社の株式を取得することとなる場合である（いわゆるMBO〔マネジメントバイアウト〕の場合である）。というのも、これらの場合、多数株主または対象会社の取締役は、対象会社の取締役を通じてまたは自身で対象会社の正確な情報を事前にかつ継続的に入手し、その情報を用いて対象会社の株式の客観的価値を算定することができる（すなわち、それらの者と対象会社の〔多数株主以外の〕株主との間に情報の非対称性が存在することとなる）。そのような状況において、多数株主または対象会社の取締役は、（誰しもそうであろうように）キャッシュアウトに際しての資金の流出をできる限り抑えたいと考えて、株式の客観的価値（キャッシュアウトが行われなかった場合の価値）など（3(1)）よりも低廉な公開買付価格を提示する可能性がある。他方で、対象会社の（多数株主以外の）株主は少なくとも客観的価値を上回る公開買付価格の提示を受けたいと考えるであろう。つまり、多数株主または対象会社の取締役と対象会社の（多数株主以外の）株主とは利益相反関係にあるのである（もっとも、以上のような問題があっても、キャッシュアウトが行われることによって、対象会社などの客観的価値が増加する〔企業価値が増加する〕場合もありうる。また、公開買付価格は、公開買付けが開始される直前の対象会社株式の市場価格よりも高く設定されることが通常であるから、公開買付けに応募すればそのように高い額を受け取ることができるというメリットが対象会社の株主にはある）。

　(3)　（情報の非対称性と）利益相反関係が存在するといっても、対象会社の株主は、公開買付価格が低廉であると考えるのであれば、公開買付けに応募しないという行動をとることができる。もっとも、低廉かどうかが明らかではない場合もあるし、明らかであるとしても、株主の投資行動は様々である（自身の株式取得原価は公開買付価格を下回っている株主などもいる）。その結果、多くの株主が公開買付けに応募してしまえば、公開買付者が対象会社の株式の3分の2以上を保有することができてしまうのである。

　それでは、このような場合に、公開買付価格が低廉であると考えて、公開買付けに応募せず、さらに、第二段階の全部取得の取得日（会173条1項）、株式売渡請求の取得日、株式の併合の効力発生日（会182条1項）まで対象会社の株式を保有し続けたにもかかわらず、取得日などに公開買付価格と同額で株式を取得などされてしまう株主は、それにより生じる不服をどのような救済手段により解消することができるのであろうか。例えば（その他の手段については、【例題2】【例題3】などを参照）、第一に、対象会社の株式の客観的価値など（公正な価格〔**3(1)**〕）と公開買付価格（と同額）との差額に相当する損害を被ったなどとして、公開買付けについて賛同の意見を表明した対象会社の取締役（設問2）に対して損害賠償責任を追及することができる（会429条）（第二段階として全部取得の手法が用いられた事例に係るものとして、東京高判平成25・4・17金判1420号20頁）。

　第二に、第二段階として全部取得または併合の手法が用いられる場合には、株式売渡請求の場合とは異なり、対象会社の株主総会決議を経る必要があるところ（会171条・180条）、支配株主となった公開買付者（「株主総会等の決議について特別の利害関係を有する者」）が「議決権を行使したことによって」、対象会社の株式の客観的価値など（公正な価格）に比して（著しく）低廉な対価を定める「著しく不当な決議がされた」として、その決議の取消しを請求することができる可能性がある（会831条1項3号）（第二段階として全部取得の手法が用いられた事例に係るものとして、大阪地判平成24・6・29金判1399号52頁。また、公開買付けを経ることなく全部取得の手法のみが用いられた事例に係るものであり、〔著しく〕不当であるというためには「単に会社側に少数株主を排除する目的があるというだけでは足り」ないと判示したものとして、東京地判平成22・9・6判タ1334号117頁）。

　第三に、裁判所に対して、取得日に取得されることとなった株式の取得価格または売買価格の決定の申立てをすることができる（会172条・179条の8）。取得価格または売買価格は、株式買取請求権の場合における「公正な価格」（会182条の1項、469条1項、785条1項など）を意味すると解されている（前者については、最三小決平成21・5・29金融・商事判例1326号35頁〔レックスホールディングス最高裁決定〕、後者については、静岡地沼津支決平成28・10・7 LEX/DB文献番号25544091〔国産電機地裁決定〕など参照）。

2　売買価格の決定の申立てをすることができる者の範囲

　株式売渡請求がなされた場合、その有する株式の売買価格の決定の申立てをすることができる株主の範囲は、条文上限定されていないように思われる（179条の2第1項2号・179条の8第1項など参照）。もっとも、最高裁は、対象会社の承認に係る公告（設問3）がされた後に売渡株式（会179条の2第1項2号）を譲り受けた者（以下「公告後株主」という）は、売買価格の決定の申立てをすることができないとした（最二小決平成29・8・30民集71巻6号1000頁〔マツヤ最高裁決定〕）。申立て制度の趣旨は、公告時点の株主のうち株式売渡対価の額に不服がある者に対して適正な対価を得る機会を与えることであり、公告により株式を売り渡すことになることが確定した後に株式を譲り受けた者（公告後株主）は、その制度による保護の対象として想定されていないと解される、というのがその理由である。

　このような取り扱いがなされると、公告後株主は申立てをすることができなくなるから、株式売渡対価の額に不服があるとしても、その不服を解消することはできない。とはいえ、公告がなされることによって、取得日に株式が取得されてしまうこと（が確定したこと）や、株式売渡対価の具体的な額が対外的にも明らかになっているのである。したがって、その額などに不服があるのであれば、そもそも株式を取得しなければよかったといえる。そうであるにもかかわらず、あえて株式を取得した株主（公告後株主）であっても申立てをすることができるとして、その額などに不服をいう機会を与える必要性は乏しいであろう（松田敦子「同決定判解」ジュリスト1516号〔2018年〕92頁参照）。以上の説明による限りにおいて、最高裁の判断は妥当であるといえよう。（他方で、特別支配株主〔となった公開買付者〕に対する規律付けが必要であるという観点からすれば、否定的評価がなされる可能性はある〔加藤貴仁「同決定判批」ジュリスト1518号〔2018年〕103頁参照〕）。

3　売買価格（公正な価格）はいくらであると決定されるか

(1)　株式売渡対価の額に不服がある者が売買価格の決定の申立てをした場合に、裁判所は、公正な価格を決定することになる（1(3)）。そのことに関連して、全部取得に際して取得価格の決定の申立てがなされた場合に裁判所が

公正な価格を定めるに当たっては、「取得日における（当該）株式の客観的価値」と、「強制的取得により失われる今後の株価の上昇に対する期待を評価した価額」とを合算して算定すべきものと解されている（レックスホールディングス最高裁決定）。もっとも、裁判所が常に二つの部分を自ら算定することになると、多数株主も申立てをした株主も、公開買付価格（と同額）以上に算定されるのかどうかを予測することができず、結果として、想定外の現金流出が懸念されてキャッシュアウトが行われなくなってしまうかもしれないし、申立権が不服を解消するための実効的な救済手段ではなくなってしまうという問題が生じる（**1**(3)）。

　現実には、多数株主と対象会社の（少数）株主との間に利益相反関係のある二段階買収の場合（であっても）（**1**(2)）、裁判所は常に二つの部分を自ら算定するわけではない。つまり、①「独立した第三者委員会や専門家の意見を聴くなど多数株主等と少数株主との間の利益相反関係の存在により意思決定過程が恣意的になることを排除するための措置が講じられ」、②「公開買付けに応募しなかった株主の保有する上記株式も公開買付けに係る買付け等の価格と同額で取得する旨が明示されているなど一般に公正と認められる手続により上記公開買付けが行われ」、③「その後に当該株式会社が上記買付け等の価格と同額で全部取得条項付種類株式を取得した場合」には、「上記取引の基礎となった事情に予期しない変動が生じたと認めるに足りる特段の事情がない限り，裁判所は，上記株式の取得価格を上記公開買付けにおける買付け等の価格と同額と」決定するのである（最一小決平成28・7・1民集70巻6号1445頁〔JCOM最高裁決定〕）。

　①のような措置が講じられれば、第三者委員会などが対象会社株式の「公正な価格」がいくらであるかを検討し、その意見を受けて対象会社の取締役が多数株主と交渉することによって（設問2）、多数株主は、前述した二つの部分を算定した場合の「公正な価格」と等しい公開買付価格を提示するように仕向けられる、と（一応）いえよう。実際そうであるとすれば、裁判所自らが「公正な価格」を算定する必要は必ずしもないといえるかもしれない。以上からすれば、裁判所が取得価格（公正な価格）を公開買付価格と同額であると決定することは妥当であるといえよう（なお、②および③の必要性につ

いては、藤田友敬「JCOM最高裁決定判批」論究ジュリスト20号〔2017年〕91頁～92頁など参照）。

　(2)　ここで留意すべきであるのは、前述した二つの部分の一つは「取得日における株式の客観的価値」であるということである。したがって、厳密にいえば、そのような客観的価値が公開買付価格に織り込まれていなければ、裁判所が取得価格（公正な価格）を公開買付価格と同額であると決定することはできないということになりそうである。とはいえ、対象会社の取締役との交渉を経て公開買付者が公開買付価格を提示する時点（公開買付け開始日）からみれば、取得日は将来の時点である。したがって、そのような取得日における株式の客観的価値がいくらであるかを算定（予想）し、それを公開買付け時点で公開買付価格に織り込んだとしても、その後、取得日までの間に実際に生じた事象（例えば、市場全体の株価の動向〔市場の一般的な価格変動〕）を考慮して取得日の時点において算定された取得日における株式の客観的価値とは一致しないということが起こりうるのである。

　以上の点が実際に問題として顕在化するのは、公開買付価格が提示された時点（公開買付け開始日）から取得日までの間に株式市場全体の相場が上昇し、もし二段階買収がなければ（公表されなければ）、対象会社株式の市場価格も上昇していたであろうといえる場合である（この市場価格は、二段階買収が公表される直前の実際の市場価格を取得日までの市場全体の株価の動向を考慮して補正をするなどして算定（予想）される（事後市場株価補正などとよばれる）。関連して、37「株式買取請求権」参照）。これまでの裁判例においても（東京高決平成20・9・12金判1301号28頁〔レックスホールディングス最高裁決定の原決定〕など）、市場価格は、株式の客観的価値を算定するに際して基礎資料として用いられることが多かった。したがって、取得日における株式の客観的価値は、上昇していたはずであるとされる取得日の市場価格と同額であり、結果として、公開買付価格を上回る額を取得価格（公正な価格）であると決定すべきである、との主張がなされる可能性があるのである（設問3(2)）。

　(3)　ところが、このような主張が争われたJCOM最高裁決定は、公開買付価格と同額を取得価格（公正な価格）であると決定した。その際に、公開買付価格は、「全部取得条項付種類株式の取得日までの期間はある程度予測可

能であることを踏まえて，上記取得日までに生ずべき市場の一般的な価格変動についても織り込んだ上で定められているということができる」という理由などを提示している。

　もっとも，(2)において前述したように，織り込まれた価格変動の予測が，その後，取得日までの間に実際に生じた価格変動と一致しないこともあるから，そのように実際に生じた価格変動を考慮して取得日における客観的価値を算定すべきではないか，という疑問は残る（実際にそのように算定した裁判例として，東京地決平成27・3・4民集70巻6号1521頁〔JCOM最高裁決定の原々決定〕，東京高決平成27・10・14民集70巻6号1586頁〔JCOM最高裁決定の原決定〕，東京地決平成27・3・25金判1467号34頁〔東宝不動産地裁決定〕などがある。それらの決定も含めて，JCOM最高裁決定以前の裁判例による取得価格〔公正な価格〕の決定方法については，森・濱田松本法律事務所編『M&A法大系』〔2015年，有斐閣〕340頁～367頁参照）。したがって，織り込んだということは，公開買付価格と同額が取得価格（公正な価格）であると決定する理由としては十分ではない，という批判がなされることになる（藤田・前掲「JCOM最高裁決定判批」90頁。ただし，JCOM最高裁決定が提示したその理由はともかくとして，公開買付価格と同額を取得価格（公正な価格）であると決定したその結論を，肯定的に評価する見解は多い。その理由については，同頁参照）。

　(4)　(1)において引用したJCOM最高裁決定の判断枠組みは，第二段階として株式売渡請求の手法が用いられた場合における売買価格の決定に際しても用いられると理解されている（桑原聡子ほか「JCOM最高裁決定判批」商事2114号〔2016年〕24頁。実際の裁判例として，国産電機地裁決定など参照。）。また，そのJCOM最高裁決定に係る事案とは異なり，MBOの事案であっても同様である（藤田・前掲「JCOM最高裁決定判批」93頁）。

【例題1】　設問1①および②の場合において，③本件公開買付けにより乙社株式の全てを取得できなかった場合で，本件公開買付けにより甲社の有する乙社の議決権が乙社の総株主の議決権のうちの90％未満である場合には，全部取得条項付種類株式の全部取得の手法を用いて本件取引が行われる，ということが公表されたとする。そして，実際に，乙社の株主総会決議を経て全部取得により本件取引が行われた。

(1)　（それまで乙社株主ではなかった）Eは、全部取得に係る株主総会決議の基準日（会124条）後から決議当日までの間に乙社の株式を取得した。Eがその株式について行った取得価格の決定の申立ては適法になされたものであるといえるか。

(2)　（それまで乙社株主ではなかった）Fは、全部取得に係る株主総会決議後に乙社株式を取得した。Fがその株式について行った取得価格の決定の申立ては適法になされたものであるといえるか。

《参考裁判例》マツヤ最高裁決定、JCOM最高裁の原々決定、東宝不動産地裁決定など

【例題２】　設問１の場合において、設問２における丙社がAの指示により乙社株式の客観的価値の算定を不公正に行っていたことが公開買付け期間中に判明したとする。それを受けて、乙社は、本件公開買付けについて不賛同の意見を表明した。本件公開買付けには買付予定数の下限が設定されていたところ、公開買付けへの応募株数はその下限に満たなかったため、本件公開買付けは不成立となり、本件取引は頓挫した。

その結果、本件取引が頓挫したことによって算定費用などが無駄になっただけではなく、乙社は、実際に算定が不公正に行われたかどうかを調査するために要した費用などを支出せざるをえなくなった。（本件公開買付けが行われることが公表される前から）乙社の株主であったGは、会社法上どのような救済手段を用いることができるか。

《参考裁判例》大阪高判平成27・10・29金判1481号28頁

【例題３】　設問１ないし３の場合において、１株あたり300円という株式売渡対価は、乙社の財産の状況などに照らして著しく不当であったとする。本件公開買付けが行われることが公表される前から取得日まで乙社の株主（売渡株主）であったHは、株式売渡請求に係る売渡株式の全部の取得の無効を主張する（会846条の2）ことができるか。

（いとう・よしひろ）

34 組織再編の手続（簡易・略式含む）および組織再編対価

玉井　利幸

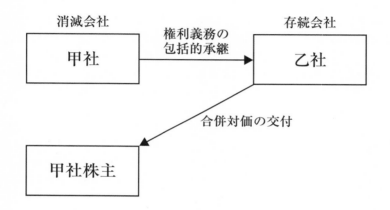

【設　問】
　甲株式会社と乙株式会社は、いずれも、取締役会設置会社であり、会社法上の公開会社であるが、種類株式発行会社ではなく、株券発行会社でもなく、新株予約権を発行していない。甲社と乙社は、甲社を消滅会社、乙社を存続会社とする吸収合併を行おうとしている。

(1)　甲社を消滅会社、乙社を存続会社とする吸収合併を行うために必要な手続について述べよ。

(2)　甲社が債務超過であった場合、乙社の株式を合併対価とする吸収合併を行うことはできるか。

(3)　乙社は丙株式会社の完全子会社であるとした場合、丙社の株式を吸収合併の対価として用いることはできるか。

(4)　甲社または乙社の株主総会決議が必要ない場合はどのような場合か。

1　はじめに

　組織再編という言葉は会社法で定義されている言葉ではないが、合併、会社分割、株式交換・株式移転を総称して組織再編と呼ぶことが多い（例えば、田中（亘）623頁）。本問でも、これらを総称する言葉として組織再編という言葉を用いることにする。

　組織再編は、既存の会社の間で行われ、新たな会社の設立を伴わない吸収型のもの（吸収合併〔会2条27号〕、吸収分割〔会2条29号〕、株式交換〔会2条31号〕）と、組織再編実施に伴い新たに会社が設立される新設型のもの（新設合併〔会2条28号〕、新設分割〔会2条30号〕、株式移転〔会2条32号〕）とに分けることができる。条文の配列も、このような分類に着目してなされている。

　組織再編の条文は会社法第5編の第2章以下に規定されている。第2章から第4章では、組織再編の種類ごとに、組織再編の契約・計画で定めるべき内容、組織再編の効果など、実体的な事項に関する規定が設けられている。第5章第2節以下では、組織再編の手続に関する規定が、吸収型のものと新設型のものとに分けて配置されている。そこでは、事前・事後の開示、株主総会決議の要否、株式買取請求権、債権者異議手続など、組織再編実施のために必要な手続が、権利義務などの被承継側の会社（吸収合併の消滅会社など）と承継側の会社（吸収合併の存続会社など）とに分けて規定されている。会社の類型や組織再編の種類に応じて、類似した内容の規定が並んでいて分かりにくいかもしれないが、正確に引用できるようにすべきである。条文の配置は合理的なので、比較的容易に慣れることができるだろう。

　どの種類の組織再編を行うかによって、当事会社の株主・債権者に与えうる影響は異なるため、組織再編の種類に応じて手続に細かい違いがある。しかし、組織再編を行うための基本的な手続の流れは共通しているので、本問では吸収合併を取り上げた。比較的単純な株式会社同士の吸収合併を中心に学習して、その他のものはそれとの比較で理解するのが分かりやすいと考えたからである。会社分割、株式交換・株式移転については、本問の例題を参照してほしい（会社分割における債権者保護については、本書☞「36　濫用的会社分割」も参照）。持分会社も吸収合併・新設合併の当事会社となることができるが、以下では、特に断らない限り、会社という場合は株式会社を、合併という場合は吸収合併をいうこととする。

2　(1)について：吸収合併の手続の概要

　吸収合併を行うためには、原則として、(1)合併契約の締結、(2)事前開示、(3)株主総会決議による合併契約の承認、(4)株式買取請求権に関する手続、(5)債権者異議手続、(6)財産の承継と対価の交付、(7)合併の登記、(8)事後開示を行う必要がある。

(1)　合併契約の締結

　合併を行うかどうか、行うのであればその条件をどうするかなど、合併に関する様々な事柄について当事会社間で交渉を重ね、最終的な合意に至れば、取締役会決議に基づき（会362条4項）、合併契約が締結される（会748条）。

　吸収合併を行う場合に吸収合併契約で定める必要のある事項は、合併当事会社の商号と住所（会749条1項1号）、合併の対価・割当て条件（同条同項2号・3号）、吸収合併の効力発生日（同条同項6号）である。さらに、消滅会社が新株予約権を発行している場合は、その新株予約権を存続会社が引き継ぐかどうか、引き継ぐ場合はその条件をどうするかなど、新株予約権の処理方法（同条同項4号・5号）も定める必要がある。

　会社法で要求される合併契約の他に、秘密保持契約や表明保証条項、MAC（Material Adverse Change）条項、誓約条項のように、当事会社間でリスクを分配したり、交渉開始から合併完了までの過程を管理したりするために、合併に付随する様々な契約や契約条項が定められることもある（この点

については、例えば、森・濱田松本法律事務所編『M&A法大系』〔2015年、有斐閣〕178-288頁〔林浩美・桑原聡子・内田修平〕参照)。

(2)　事 前 開 示

　株主や債権者が吸収合併に関する重要事項について情報を入手し、吸収合併の是非を判断したり、必要であれば救済手段をとることができるようするために、当事会社は事前の情報開示を行わなければならない（会782条〔消滅会社〕、会794条〔存続会社〕)。事前開示は、「吸収合併契約等備置開始日」から効力発生日後6箇月を経過する日まで（消滅会社は効力発生日まで)、本店に必要書類を備え置く方法により行う（会782条1項〔消滅会社〕、会794条1項〔存続会社〕)。

　吸収合併契約自体に加え、様々な事項が事前開示の対象となっている（会施規182条〔消滅会社〕、同191条〔存続会社〕)。開示事項は多岐にわたるので、特に重要なものだけを指摘すると、例えば、消滅会社の株主にとって重要な事項としては、「合併対価の相当性に関する事項」（会施規182条1項1号）と「合併対価について参考となるべき事項」（同条同項2号）がある。合併対価の種類・多寡が株主の利益を左右するので、これらの事項についてはその具体的な開示内容も詳細に定められている（同条3項・4項)。

　消滅会社の債権者にとって重要な事項は、「吸収合併存続会社の債務の履行の見込みに関する事項」（会施規182条1項5号）である。合併後に、消滅会社から承継した債務を存続会社が履行できるかどうかが債権者の利益を左右するからである。特に、会社分割の場合は債務の履行の見込みの有無は大きな意味をもつ。債務の履行の見込みがないことは会社分割の無効原因となるかについては争いがある（この点については、例えば、コンメ(18)46-47頁〔柴田和史〕参照。本書☞「35　組織再編の差止めと無効」「36　濫用的会社分割」も参照)。

(3)　株主総会の承認

　当事会社の株主は、吸収合併実施により、企業価値の増減や合併比率（対価の多寡）を通じて、ポジティブ・ネガティブな影響を受けうる。そのため、吸収合併を行うためには、原則として、吸収合併契約で定めた吸収合併の効力発生日の前日までに、当事会社双方の株主総会において吸収合併契約の承認決議が必要となっている（会783条1項〔消滅会社〕、会795条1項〔存続会社〕、会

309条2項12号〔特別決議〕）（例外は、簡易吸収合併・略式吸収合併の場合である。以下の5を参照）。消滅会社が公開会社であり、合併対価として「譲渡制限株式等」（会783条3項・会施規186条）を交付する場合には、特別決議よりも厳格な特殊決議が要求される（会309条3項2号）。

(4)　株式買取請求権

吸収合併に不満のある株主（「反対株主」）の救済を図るために、原則として、株式買取請求権（会785条1項〔消滅会社〕、会797条1項〔存続会社〕）が付与されている（株式買取請求権については、本書☞「37　株式買取請求権」も参照）。株式買取請求権を行使する機会を与えるために、合併当事会社は、原則として、効力発生日の20日前までに、吸収合併をする旨と相手方当事会社の商号・住所を株主に通知・公告しなければならない（会785条3項・4項〔消滅会社〕、会797条3項・4項〔存続会社〕）。なお、消滅会社が新株予約権を発行している場合は、同様の趣旨から、新株予約権者に対しても同様の通知・公告が必要である（会787条3項・4項〔消滅会社〕）。

(5)　債権者異議手続

吸収合併を行うことにより、当事会社の債権者はネガティブな影響を受けうる。相手方当事会社の財務状況が悪ければ、債権回収可能性が低下しうるからである。債権者を保護するために、債権者異議手続が設けられている（会789条〔消滅会社〕、会799条〔存続会社〕）。消滅会社は、(1)吸収合併をする旨、(2)存続会社の商号・住所、(3)合併当事会社の計算書類に関する事項（会施規188条）、(4)債権者が一定の期間内（1箇月以上）に異議を述べることができる旨、の4つについて官報で公告し、かつ「知れている債権者」には個別に催告しなければならない（会789条2項）。定款で定めた日刊新聞紙または電子公告による公告（会939条1項）と官報公告とを併用すれば（いわゆる二重公告）、個別催告はしなくてよい（会789条3項）。債権者が所定の期間内に異議を述べた場合は、会社はその債権者に対し弁済もしくは担保提供、または弁済資金の信託をしなければならないが（会789条5項本文）、吸収合併を行っても債権者を害するおそれがない場合は何もしなくてよい（同条同項ただし書）。存続会社の側でも同様の手続を行う（会799条）。会社が何もしない場合に債権者がとりうる手段は吸収合併無効の訴え（会828条1項7号）だけである。

⑹　財産の承継と対価の交付

吸収合併契約で定めた吸収合併の効力発生日に、消滅会社の権利義務が存続会社に包括的に承継され（会750条１項）、消滅会社の株主に合併対価が交付される（同条３項）。効力発生日に消滅会社は解散するが（会471条４号。清算手続は不要〔会475条１号〕）、解散の登記（会921条）をしない限り、第三者に解散を対抗できない（会750条２項）。

⑺　合併の登記

以上の手続が全て完了したら、吸収合併の登記（消滅会社は解散の登記、存続会社は変更の登記）を、効力発生日から２週間以内に、本店所在地で行わなければならない（会921条）。吸収合併の登記は、吸収合併の効力発生要件ではない。

⑻　事後開示

存続会社は、吸収合併の効力発生日から６箇月間、吸収合併に関する一定の事項を記載した事後開示の書類（会801条１項・会施規200条）を本店に備え置かなければならない（会801条３項）。株主や債権者に対し、事後的に吸収合併無効の訴え（会828条１項７号）を提起すべきか否かを判断するための資料を提供するためである。

⑼　手続の瑕疵と差止事由・無効原因

吸収合併の手続の瑕疵は、吸収合併の差止事由（会784条の２〔消滅会社〕、会796条の２〔存続会社〕）や無効原因（会828条１項７号）となりうる（例えば、神戸地尼崎支判決平成27・２・６金判1468号58頁〔事前開示書類備置の懈怠による株式交換の無効を肯定〕。組織再編の差止め・無効については、本書☞「35　組織再編の差止めと無効」も参照）。

3　(2)について：債務超過会社を消滅会社とする吸収合併の可否

債務超過会社を消滅会社とし、存続会社の株式を対価とする吸収合併を行うことができるかどうかは、債務超過という言葉が何を意味するかによる。債務超過という言葉は多義的であり、単に貸借対照表上負債の額が資産の額を上回っている（帳簿上債務超過）にすぎないという形式的な意味で用いられることもあれば、資産を再評価しのれんを計上しても債務超過が解消されな

いという実質的な意味で用いられることもある。会社法は、帳簿上債務超過
となっている会社を消滅会社とする吸収合併が可能であることを前提として
いるが、消滅会社が実質的な債務超過である場合に可能かどうかは明らかで
はなく、解釈に委ねられており、考え方は分かれている。

(1)　帳簿上債務超過の場合

　会社法制定前から、消滅会社が貸借対照表上債務超過となっていても、資
産の評価替えを行いのれんを計上して債務超過を解消できるのであれば、吸
収合併を行うことが可能であると考えられていた（例えば、コンメ(17)90頁〔柴田
和史〕）。そのような消滅会社は、実質的にはプラスの価値を有していること
になるからである。

　会社法もこのような考え方を前提とした上で、消滅会社が帳簿上債務超過
となっている場合は、存続会社の株主総会における取締役の説明義務（会795
条2項1号）や株主総会決議の省略（簡易吸収合併）の不可（会796条2項ただし書）
などの手続的な規定を設け、存続会社の株主の保護を図ることとした（相澤・
解説186頁）。

(2)　実質的債務超過の場合

　会社法制定前は、原則として、実質的債務超過会社を消滅会社とする吸収
合併は許されないと考えられてきた（例えば、弥永真生『演習会社法［第2版］』
〔2010年、有斐閣〕149-150頁。登記実務もそうであった。相澤・解説185頁）。実質的債
務超過会社を消滅会社とする吸収合併を行い、存続会社が消滅会社の株主に
存続会社の株式を交付すると、マイナスの財産に対して株式が発行されるこ
とになり、資本充実の原則に反すると考えられたからである。例外的に、完
全子会社を消滅会社とする吸収合併など、存続会社が株式を発行しない無増
資合併であれば、資本充実の原則に反しないので、許容されると考えられて
きた（例えば、弥永・前掲〔演習会社法〕149-150頁。資本充実の原則に反することの他
に、実質的債務超過となっている消滅会社の株式の価値はマイナスなので、合併比率の公
正性を確保できないことを理由とする説もあった。当時の学説の状況については、例えば、
河野悟「債務超過会社の組織再編に関する考察(1)」民商法雑誌132巻2号〔2005年〕176-
182頁参照）。

　会社法制定後は考え方が分かれている。会社法制定前と同じように、無増

資合併の場合は実質的債務超過会社を消滅会社とする吸収合併も認められるという考え方をとる者もいれば（例えば、江頭879頁注(5)。コンメ(17)90頁〔柴田〕も参照）、存続会社が株式を発行する場合であっても認められるとする者もいる（例えば、相澤ほか672-673頁、弥永・リーガルマインド392頁、前掲・森・濱田松本法律事務所編643頁〔石井裕介〕）。上述のように、実質的債務超過会社を消滅会社とする吸収合併が原則として認められないのは、資本充実の原則に反するからであると考えられていた。会社法では債権者保護のための資本充実の原則は放棄されたと考えるのであれば（相澤・解説281頁、弥永・リーガルマインド17頁）、無増資合併の場合に限定する必要はないだろう。マイナスの価値の消滅会社を吸収合併すれば存続会社の株主は不利益を被るが、株主自身がそのような吸収合併を承認しているのであればそれを認めない理由はないように思われるし、そのような吸収合併に不満のある存続会社の株主や債権者の保護は、株式買取請求権や債権者異議手続により図ればよいとも考えられるからである（前掲・森・濱田松本法律事務所編643頁〔石井〕）。

4　(3)について：対価の柔軟化

会社法制定により、金銭や存続会社の親会社の株式など、存続会社の株式以外の財産を吸収合併の対価として用いることが可能となった（「対価の柔軟化」と呼ばれている）。

(1)　対価の柔軟化

会社法制定前は、吸収合併を行う際は、消滅会社の株主に存続会社の株式を必ず交付しなければならないというのが一般的な考えであった（江頭852頁注(3)参照）。会社法制定前も、存続会社の株式とともに合併交付金という金銭を交付することは可能であったが、それは存続会社の株式の割当比率を調整するために用いられる補充的なものとされていた。会社法はこのような考え方を放棄し、存続会社の株式以外の財産のみを合併対価とすることを認めた（会749条1項2号。対価は「金銭等」〔金銭その他の財産をいう。会151条1項〕であればよい）。

金銭のみを対価とする合併（組織再編）が可能となったので、資本多数決により株主の地位を奪うことができるようになった（会社法で新設された全部取

得条項付種類株式を用いても同様のことが可能となった）。会社法の下では、強制的に株主の地位を奪われるのと引換えに受け取る対価の公正性をいかに確保するかが重要であり、様々な議論がなされている。対価が金銭の場合については本書☞「33　キャッシュ・アウト」も参照。

(2) 三角合併

　対価が柔軟化されたため、存続会社の親会社の株式を合併対価とする、いわゆる三角合併を行うことも可能となった。三角合併は、買収会社が対象会社と100％親子会社関係を構築する（対象会社を実質的に完全子会社とする）ために行われる。その典型的な手法を設問の会社を例に用いて述べると、買収会社（丙社）が対象会社（甲社）の買収のための完全子会社（乙社）を設立し、それに丙社の株式を取得させ（会800条）、丙社の株式を合併対価として、甲社を消滅会社、乙社を存続会社とする吸収合併を行うことになる。そうすることで、甲社を完全子会社にするのと実質的に同じ結果を実現できる。同様の結果は株式交換を用いて実現可能であるので、日本の会社を当事会社とする場合は三角合併の手法を用いる必要性は乏しい。

　三角合併が意味を持つのは、外国会社が日本の会社を実質的に完全子会社にするような場合である。会社法の組織再編の規定は当事会社が日本の会社であることを前提としており、日本の会社と外国会社との間の組織再編は認められないという考え方が一般的である（例えば、コンメ(17)91頁〔柴田〕。認められるという立場もある。例えば、江頭860頁注(3)）。このような一般的な考え方を前提とすると、外国会社が株式交換によって日本の会社を完全子会社にすることはできないが、三角合併を用いれば同様の結果が実現できる（実際の例として、東京地決平成21・3・31判時2040号135頁〔三角株式交換の事案〕）。

5　(4)について：簡易吸収合併・略式吸収合併

　吸収合併契約を承認する株主総会決議が必要ないのは、簡易吸収合併（存続会社の株主総会決議が不要）と略式吸収合併（被支配会社の株主総会決議が不要）の場合である。

(1) 簡易吸収合併

　合併対価の額が存続会社の純資産の20％（定款で引き下げ可）以下の場合は、

原則として、存続会社の株主総会決議は不要である（会796条2項。簡易吸収合併）。株主総会決議の省略が認められているのは、存続会社と比べると消滅会社の規模が小さいため、存続会社の株主に重大な影響を与えないと考えられたからである。

但し、例外的に存続会社の株主総会決議を省略できない場合がある。一つは、存続会社の株主の反対が一定割合を超えた場合である。存続会社の株主には吸収合併に反対の意思表示をすることが認められており、一定の数（会施規197条。要するに、特別決議の成立を阻止しうる議決権数の反対があった場合である）の反対があった場合は、効力発生日の前日までに株主総会の承認決議を得なければならない（会796条3項）。もう一つは、合併差損（会795条2項1号・2号）が出る場合である（会796条2項ただし書・会795条2項）。合併差損が出るのは、承継債務額が承継資産額を超える場合（会795条2項1号）と、消滅会社の株主に交付する金銭等の帳簿価額が消滅会社から承継する純資産額を超える場合（同条同項2号）である。さらに、会社のタイプと対価の種類によっては、株主総会決議を省略できない場合がある（会796条2項ただし書・同条1項ただし書）。

簡易吸収合併の場合、存続会社の株主総会決議が不要なだけでなく、株式買取請求権も与えられていない（会797条1項ただし書）。簡易吸収合併の場合は存続会社への影響が小さいため、存続会社の株主に株式買取請求権による救済を与える必要はないとされたのである。但し、上述のように、例外的に株主総会決議が必要となる場合がある。その場合は株式買取請求権は付与される（会797条1項ただし書かっこ書）。

(2)　略式吸収合併

特別支配会社と吸収合併を行う場合は、原則として、被支配会社の株主総会決議は不要である（会784条1項〔消滅会社〕、会796条1項〔存続会社〕。略式吸収合併）。特別支配会社とは、典型的には、相手方の会社の議決権の90％（定款で加重可）以上を保有している会社のことである（会468条1項・会施規136条）。

存続会社が消滅会社の特別支配会社である場合は、被支配会社である消滅会社の株主総会決議は必要ない（会784条1項。但し、会社のタイプ・対価の種類により、例外的に株主総会決議が必要な場合がある。同条同項ただし書）。逆に、消滅会

社が存続会社の特別支配会社である場合は、被支配会社である存続会社の株主総会決議は不要である（会796条1項。但し、会社のタイプ・対価の種類により、例外的に株主総会決議が必要な場合がある。同条同項ただし書）。株主総会決議が不要なのは、特別支配会社が被支配会社の議決権の90％以上を保有しているので、被支配会社の株主総会の結論は決まっており、株主総会を開催しても意味がないからである。

　株主総会決議が不要となっている代わりに、法令・定款違反に加えて合併対価の著しい不当が差止事由となっており（会784条の2第2号〔消滅会社〕、会796条の2第2号〔存続会社〕）、株式買取請求権も付与されている（会785条1項〔消滅会社〕、会797条1項〔存続会社〕。但し、特別支配会社には株式買取請求権は付与されていない〔会785条2項2号（消滅会社）、会797条2項2号（存続会社）〕）。

【例題1】　設問の事例において、甲社の代表取締役がAであり、吸収合併の効力発生日が2017年9月1日であり、吸収合併の登記が行われたのが同年9月11日であったとする。同年9月5日にAが、当該吸収合併の効力が発生するまで甲社が所有していた土地をBに売却していた場合、Bは当該土地の所有権を取得することができるか。

【例題2】　甲株式会社と乙株式会社は、いずれも、取締役会設置会社であり、会社法上の公開会社であるが、種類株式発行会社ではない。甲社はα事業とβ事業を行っている。甲社と乙社は、会社分割（吸収分割）を行うことにより、甲社のα事業を乙社に承継させることを企図している。
　問1　甲社がα事業に関して有する権利義務の全部を乙社に承継させるために必要な吸収分割実施の手続について説明せよ。解答の際は、吸収分割の対価が甲社に交付される場合と、甲社に交付された対価が剰余金の配当として甲社の株主に交付される場合とに分けて答えること。
　問2　甲社または乙社の株主総会決議が必要ない場合はどのような場合か。
　問3　甲社のα事業に関する債権を有している債権者A、β事業に関する債権を有している債権者B、乙社の債権者Cは、吸収分割実施によりどのような影響を受けうるかを述べた上で、吸収分割に不満のある場合にそれぞれどのような救済を求めることができるかについて説明せよ。
　問4　甲社のα事業に主として従事している労働者Dは、吸収分割実施時に、どのような取扱いを受けるかを説明せよ。さらに、Dの保護のための措置・

救済手段について説明せよ。

問5　設問の事例において、吸収分割の効力発生日が2017年9月1日であり、吸収分割の登記が同年9月11日に行われたとする。同年9月5日に甲社の代表取締役Eが、吸収分割契約の定めにより乙社が承継するものとされていた甲社の土地をFに売却していた場合、Fは当該土地の所有権を取得することができるか。

【例題3】　甲株式会社と乙株式会社は、いずれも、取締役会設置会社であり、会社法上の公開会社であるが、種類株式発行会社ではない。甲社と乙社は、甲社を完全子会社、乙社を完全親会社とする株式交換を行おうとしている。

問1　甲社と乙社の間で、甲社を完全子会社、乙社を完全親会社とする株式交換を行うために必要な手続について説明せよ。

問2　甲社または乙社の株主総会決議が必要ない場合はどのような場合か。

問3　甲社の債権者A、乙社の債権者Bが当該株式交換について異議を述べることができる場合について説明せよ。

（たまい・としゆき）

35 組織再編の差止めと無効

受川 環大

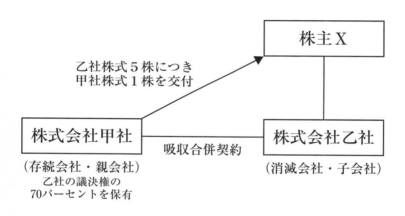

【設 問】

　株式会社甲社は、株式会社乙社の総株主の議決権の70パーセントを有している。甲社は、乙社との間で、甲社を吸収合併存続会社、乙社を吸収合併消滅会社とする吸収合併を行う旨の吸収合併契約を締結した（以下、この吸収合併を「本件合併」といい、この吸収合併契約を「本件合併契約」という。）。本件合併契約において、甲社は、乙社の株主に対し、合併対価として、乙社株式5株につき甲社株式1株を交付すること（本件合併比率）が定められていた。なお、本件合併は簡易合併の要件を満たすものではない。

　本件合併契約は、甲社および乙社のそれぞれの株主総会の特別決議によって適法に承認された（本件合併決議）。乙社の株主Xは、本件合併比率が乙社にとって著しく不当であると考えたため、本件合併決議を行う株主総会に先だって本件合併に反対する旨を乙社に対し通知し、かつ、当該株主総会において本件合併に反対する議決権を行使した。その後、Xが本件合併比率の評価を専門の算定機関に

依頼したところ、本件合併比率は著しく不公正であることが判明した。

(1)　株主Xは、本件合併の効力発生前において、乙社の本件合併決議について甲社が議決権を行使したことによって著しく不当な決議がされたことを理由に、本件合併決議の取消しを請求することができるか。

(2)　株主Xは、本件合併の効力発生前において、本件合併比率が著しく不公正であることを理由に、本件合併の差止めを請求することができるか。

(3)　株主Xは、本件合併の効力発生後において、本件合併比率が著しく不公正であることを理由に、本件合併の無効を請求することができるか。

1　問題の所在

　株式会社が吸収合併をする場合、存続会社は消滅会社の株主に対し、合併対価として存続会社の株式等を交付する。合併対価は、通常は存続会社の株式（新株または自己株式）であるが、金銭等を交付することも認められている（合併対価の柔軟化。会749条1項2号参照）。本問では、合併対価は存続会社である甲社の株式であり、乙社株式5株につき甲社株式1株を交付する旨の本件合併比率が本件合併契約において定められている。本問では、Xが本件合併比率の評価を専門の算定機関に依頼したところ、本件合併比率は著しく不公正であることが判明したことから、本件合併比率が著しく不公正であることを前提に検討することになる。

　本問は、本件合併の効力の発生の前後において、本件合併比率が著しく不公正であることを理由に、消滅会社の株主が会社法上採り得る手段についての検討を求めるものである。本件合併の効力発生前においては、①株主が本件合併決議の取消しの訴えを提起することができるか（会831条1項3号）、②本件合併の差止めを請求することができるか（会784条の2）、また本件合併の

効力発生後においては、③本件合併の無効の訴えを提起することができるか
（会828条1項7号・2項7号）が問題となる。

　以下で検討する吸収合併における株主の救済策に関する議論は、新設合併
のみならず、他の組織再編行為（会社分割、株式交換および株式移転）において
組織再編対価が著しく不公正である場合にも概ね妥当する。ただし、上記①
の手段は、吸収型（承継型）の組織再編（吸収合併、吸収分割、株式交換）につい
て問題となるが、新設型の組織再編（新設合併、新設分割、株式移転）では問題
とならない。

2　合併決議の取消しの訴え

　株主は、株主総会の決議の日から3か月以内に、訴えをもって当該決議の
取消しを請求できる（会831条1項柱書）。決議取消事由の1つとして、株主総
会決議について特別の利害関係を有する者（特別利害関係人）が議決権を行使
したことによって著しく不当な決議がされたときが規定されている（同条1
項3号）。ここで特別利害関係人とは、当該議案の成立により他の株主と共通
しない特殊な利益を獲得し、もしくは不利益を免れる株主であると解されて
いる（伊藤ほか163-164頁〔松井秀征〕、田中（亘）195頁）。特別利害関係人であっ
ても、自己の利益のために株主総会で議決権を行使すること自体は認められ
るが（取締役会決議に関する会369条2項対照）、決議の成立によって、他の株主
に著しい不利益が生ずるときは著しく不当な決議であるとして取消事由とな
る。3号の取消事由に該当する具体例としては、親子会社間の合併におい
て、大株主たる親会社が自己に有利な合併比率を定める場合が挙げられてい
る（江頭368頁、伊藤ほか164頁〔松井〕）。

　本問では、甲社は乙社の総株主の議決権の70パーセントを有することか
ら、親子会社関係が成立している（会2条3号・4号）。大株主でもある親会
社甲社が、子会社乙社の株主総会において、本件合併決議に賛成する議決権
を行使したところ、甲社に有利で乙社に著しく不利な本件合併比率を内容と
する本件合併決議がされたということができる。したがって、乙社の株主X
は、本件合併決議の日から3か月以内に、乙社を被告として（会834条17号）、
3号の取消事由があることを理由に、本件合併決議の取消しの訴えを提起す

ることができる（会831条1項）。

3　吸収合併の差止め

　平成26（2014）年改正前の会社法では、総株主の議決権の10分の9以上を有する株主との間の組織再編（いわゆる略式組織再編）については、株主による差止請求に関する明文規定が設けられていたが（平成26年改正前会784条2項・796条2項）、略式組織再編以外の組織再編については、このような明文規定は置かれていなかった。平成26年改正会社法は、株主が不利益を受けるような組織再編に対する事前の救済手段として、一般的な組織再編の差止請求に関する明文規定を新設した。すなわち、組織再編が法令または定款に違反する場合において、組織再編当事会社の株主が不利益を受けるおそれがあるときは、株主は、当該組織再編の差止めを請求することができる（会784条の2・796条の2・805条の2）。

　ここで問題となるのは、組織再編対価（合併比率等）の著しい不公正が組織再編の差止事由に当たるかである。同年の改正法の立案担当者は、組織再編の差止請求の要件である「法令又は定款」の違反とは、会社を規範の名宛人とする法令または定款の違反を意味するものであり、取締役の善管注意義務や忠実義務の違反を含まないと説明し、また、組織再編対価の不相当は、略式組織再編（会784条1項本文）については差止事由として明文で規定されているが（会784条の2第2号）、略式組織再編以外の組織再編一般については、「法令又は定款」の違反には含まれないとの見解を示している（坂本三郎『平成26年改正会社法［第2版］』〔2015年、商事法務〕339頁）。単なる対価の不当性を差止請求の要件とすると、実際上、仮処分申立事件において裁判所が短期間で審理を行うことがきわめて困難になるとの指摘があったことから、対価の不当性を要件とすることは否定的に捉えられていた（法務省民事局参事官室「会社法制の見直しに関する中間試案の補足説明」商事1952号〔2011年〕55頁）。

　本問では、甲社は乙社の総株主の議決権の70パーセントを有するものであって、略式合併の要件を満たさないことから、上記の立案担当者の見解に従えば、株主Xは本件合併比率の著しい不公正を理由に、本件合併の差止めを請求することは認められないこととなる。

　もっとも、特に本件合併のように親子会社間ないしは支配・従属会社間の組織再編の場合には、親会社（支配会社）が子会社（従属会社）の取締役に対し不当な影響力を行使し、親会社に不利な対価が決定され、子会社の少数株主の利益が害されるおそれがある。そこで学説上は、特別利害関係人の議決権行使による著しく不当な合併条件の決定は、合併承認決議の取消事由であるから（会831条1項3号）、差止事由となると解する見解が有力である（江頭893頁注(3)・注(4)）。より詳細を記すと、親子会社間の組織再編において、特別利害関係人（親会社）が議決権を行使したことによって、子会社にとって著しく不当な合併条件（合併比率）が決議された場合は、株主総会決議の取消事由（会831条1項3号）に該当するものであるから、当該取消事由該当事実は組織再編を構成する手続（株主総会決議）の法令違反となり、組織再編の差止事由である法令違反にも当たると解することができる（受川環大『組織再編の法理と立法』〔2017年、中央経済社〕293頁）。

　上記のような解釈論を採ることができれば、本問では、親会社甲社が、子会社乙社の株主総会において、本件合併決議に賛成する議決権を行使したことによって、甲社に有利で乙社に著しく不利な本件合併比率を内容とする本件合併決議がされたことは法令違反となる。また、株主Xは、本件合併によって、公正な合併比率によって得られるべきであったよりも少ない甲社株式の交付を受けることになることから、株主Xは不利益を受けるおそれがあるといえよう。よって、Xは、本件合併の差止めを請求することができる。

　ところで、株主による吸収合併の差止請求は、消滅会社を相手方として裁判外でもできるが、当該会社が請求に応じないときは、株主が原告となって当該会社を被告として差止めの訴えを提起することができる。もっとも、実際の紛争においては、株主は、消滅会社を債務者として、吸収合併の差止請求権等を被保全権利とする差止仮処分申立てにより争うこととなり（民保23条2項）、株主は仮処分命令を得れば、その目的を達成しうる満足的仮処分となる。

　なお、特別利害関係人の議決権行使により著しく不当な対価で組織再編が株主総会で承認された場合には、当該決議取消訴訟、および当該訴訟が認容されることにより提起可能となる法令違反による組織再編の差止請求訴訟の

双方を本案とすることによって、当該組織再編の差止仮処分を求めることができる解する見解が主張されている（田中（亘）654頁、田中亘「各種差止請求権の性質、要件および効果」神作裕之ほか編『会社裁判にかかる理論の到達点』〔2014年、商事法務〕27頁）。

4　吸収合併の無効の訴え

　吸収合併の無効を主張するためには、原告適格を有する者が、吸収合併の効力発生日から6か月以内に、存続会社を被告として、吸収合併の無効の訴えを提起しなければならない（会828条1項7号・2項7号・834条7号）。吸収合併の無効原因については、明文規定がないが、合併の差止事由である合併の法令違反と大部分が重複する。具体的には、合併契約の内容の違法、合併契約等に関する書面等の不備置・不実記載、合併承認決議の瑕疵、株式買取請求の手続の不履行、債権者異議手続の不履行など重大な手続違反が、合併の無効原因となると解されている（江頭892頁・894頁）。

　合併比率の著しい不公正が無効原因となるかについて、東京高判平成2・1・31資料商事77号193頁（会社法百選〔3版〕91事件）は、「合併比率が不当であるとしても、合併契約の承認決議に反対した株主は、会社に対し、株式買取請求権を行使できるのであるから、これに鑑みると、合併比率の不当又は不公正ということ自体が合併無効事由になるものではないというべきである。」と判示している。その上告審である最三小判平成5・10・5資料商事116号196頁も、高裁判決を支持して上告を棄却している。なお、本問の設例は、消滅会社にとって著しく不公正な合併比率が決定され、消滅会社株主が存続会社に対し吸収合併の無効を請求する事案であるのに対し、上記判例の事案は、存続会社にとって著しく不公正な合併比率が決定され、存続会社株主が存続会社に対し吸収合併の無効を請求した事案である。

　一方、この問題についての学説は分かれている。①学説の多数説は、本判決と同様に、合併比率が不当であるとしても、合併契約の承認決議に反対した株主は、会社に対し、株式買取請求権を行使できるのであるから、合併比率の不当又は不公正ということ自体が合併無効事由になるものではないと解している（コンメ(17)203頁〔宮島司〕等）。もっとも、この立場にあっても、②特

別利害関係人の議決権行使により著しく不当な合併条件が決定されたとき
は、合併承認決議の取消事由となり（会831条1項3号）、合併の効力発生後は
合併無効の訴えの無効事由となると解する見解が有力である（江頭864頁注(2)、
大隅＝今井＝小林476頁注328等）。これに対して、③株式買取請求権は、合併後
の存続会社等に留まりつつ不利益の是正を望む株主の救済とはならないこと
から、合併比率の著しい不公正は無効事由であると解する見解も主張されて
いる（龍田節『会社法大要』〔2007年、有斐閣〕472頁、中村建『合併の公正と株主保護』
〔1987年、千倉書房〕75頁、神田375頁等）。

　したがって、上記②または③の見解に従えば、本問の設例において、株主
Xは、本件合併の効力発生後に、存続会社である甲社に対して、吸収合併の
無効の訴えを提起することができると考えられる。

　ところで、前記2で検討したように、本件合併決議について決議取消しの
訴えの提起が認められるとすると、株主総会決議の取消しの訴え（または総
会決議の不存在確認・無効確認の訴え）が提起された後、その訴訟の係属中に合
併の効力が発生した場合には、総会決議の取消しの訴えは合併無効の訴えに
吸収されると解され、原告は前者から後者に訴えの変更（民訴143条）をしな
いと、前者の訴えは訴えの利益を欠くことになると解するのが通説である
（吸収説）（大隅＝今井＝小林476頁（注327）、319頁（注226）、神田375頁等）。これに対
し、合併の効力発生後も、決議の取消しの訴え等の遡及効のある訴えは、無
効の訴えに吸収されずに存続すると解する見解も主張されている（併存説）。
その根拠としては、組織再編行為はその承認決議の翌日に効力を生ずること
から（会783条1項等）、決議取消しの訴えを本案訴訟とする合併決議の執行停
止の仮処分を得て効力の発生を阻止することができなくなり、吸収説により
遡及効を欠く救済しか認められないと、違法行為を主導した者が無効判決確
定前に株主等を排除した会社の側で何を行っても、株主等は何ら打つ手がな
いことが挙げられている（江頭372頁注(7)）。なお、株主総会の承認決議の翌日
に組織再編行為の効力を発生させなければならない実務上のニーズは乏しい
から、仮処分に必要な期間（決議の日から2週間）経過後に効力が発生する制
度に改正すべきであるとする立法論が主張されている（江頭373頁注(7)）。

【例題１】　株式会社甲社は、株式会社乙社の総株主の議決権の90パーセントを有している。甲社は、乙社との間で、甲社を吸収合併存続会社、乙社を吸収合併消滅会社とする吸収合併を行う旨の吸収合併契約を締結した（以下、この吸収合併を「本件合併」といい、この吸収合併契約を「本件合併契約」という。）。本件合併契約において、甲社は、乙社の株主に対し、合併対価として、乙社株式10株につき甲社株式１株を交付すること（本件合併比率）が定められていた。本件合併比率は、専門の算定機関の評価によると著しく不当であることが判明した。乙社の株主Ｘは、本件合併の効力発生前において、本件合併比率が乙社にとって著しく不当であることを理由に、本件合併の差止仮処分申立て（民保23条２項）をすることができるか。また、仮に裁判所が本件合併の差止仮処分命令を発したにもかかわらず、本件合併が実施された場合、株主Ｘは、本件合併の無効を請求することができるか。

【例題２】　株式会社甲社は、特例有限会社乙社との間で、甲社を存続会社、乙社を消滅会社とする吸収合併を行う旨の吸収合併契約を締結した（以下、この吸収合併を「本件合併」といい、この吸収合併契約を「本件合併契約」という。）。甲社は、風俗営業法等の規制及び業務の適正化等に関する法律（風営法）３条に基づき公安委員会の許可の下にパチンコ等遊技場を経営する業務を行ってきた。同法７条の２は、風俗営業者たる法人が合併により消滅する場合において、予め合併について公安委員会の承認を受けたときは、合併後存続する法人は、消滅する法人の地位を承継する旨を規定しているところ、乙社は、本件合併前に公安委員会の承認を受ける手続を行っていなかった。甲社が乙社の経営していた遊技場を引き継ぐことは本件合併の当然の前提であり、甲社が乙社の承認を引き継がないとすると、甲社の経営が成り立たなくなる。甲社の代表取締役Ａは、本件合併契約を締結するに当たり、本件合併によって、乙社の権利義務の承継に併せて、風営法の許可についても何ら手続を要さず、当然に甲社に承継されると考えていた。甲社の取締役Ｘは、本件合併契約は、甲社の要素の錯誤により無効であることを理由に、本件合併の無効を請求することができるか。

《参考裁判例》名古屋地判平成19・11・21金判1294号60頁

【例題３】　株式会社甲社と株式会社乙社は、甲社を完全親会社、乙社を完全子会社とする株式交換契約を締結した（以下、この株式交換を「本件株式交換」といい、この株式交換契約を「本件株式交換契約」という。）。本件株式交換契約は、甲社および乙社のそれぞれの株主総会において適法に承認決議（本件株式交換決議）がされ、本件株式交換の効力が生じた。しかし、甲社および乙社は、本件株式交換決

議を行う株主総会の2週間前の日等所定の日のうちいずれか早い日から株式交換の日の後6箇月を経過する日まで、本件株式交換契約の内容等を記載した書面等を本店に備え置くこと（本件備置き）をしなかった。乙社の株主であったXは，本件株式交換につき，乙社における本件備置きの懈怠を理由に、本件株式交換の無効を請求することができるか。

《参考裁判例》神戸地裁尼崎支判平成27・2・6金判1468号58頁

【例題4】　株式会社甲社（新設分割会社）は、その一切の事業を新たに設立する株式会社乙社（新設分割設立会社）に承継させることを内容とする新設分割（本件新設分割）を行った。甲社は、本件新設分割の実施前より債務超過に陥っていた。甲社の債権者Xは、甲社の大口債権者であった。本件新設分割において、甲社のXに対する債務は乙社に承継されなかったことから、Xは、甲社の債権者異議手続において異議を述べることができなかった。Xは、本件新設分割について、甲社が本件新設分割の時点で債務の履行の見込みがなかったことを理由に、本件新設分割の無効を請求することができるか。

《参考裁判例》名古屋地判平成16・10・29判時1881号122頁、東京高判平成23・1・26
　　　　　　金判1363号30頁

（うけがわ・かんだい）

36　濫用的会社分割

原　　弘　明

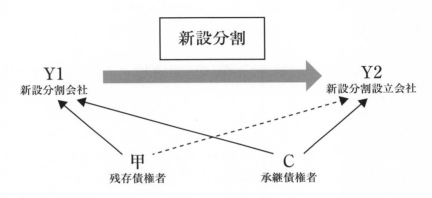

【設　問】

　株式会社 Y1（以下「Y1社」）は、弁当仕出し部門・旅館部門の２事業部門を経営する非上場の公開会社である。Y1社の旅館部門は、日本の古典的なたたずまいを好むインバウンド旅行客の人気に支えられ、一定程度好業績が続いていた。他方、弁当仕出し部門は、Y1社の所在する地方の地元企業・自治体の経費節減の動きなどから不振が続いていた。Y1社の２事業部門全体では長年赤字経営が続いており、Y1社の代表取締役Aら経営陣は、弁当仕出し部門が旅館部門の足かせになっており、共倒れの可能性もあることを危惧していた。

　2018年７月、従来からY1社の経営についてアドバイスをしていたコンサルタントのBはAに対し、採算部門である旅館部門だけを会社分割で切り離す必要があると伝えた。Aは従来からメインバンクに対して、債務返済時期の延期などの交渉をしていたが、不調に終わっていたため、Bの提案を受け入れることにした。

　2018年８月、Y1社は取締役会で新設分割計画の原案を承認し、同月開催された、経営陣とほぼ同じ構成による株主総会特別決議で当該計画を承認した（以下「本件

新設分割計画」という）。本件新設分割計画では、Y1社の事業部門のうち収益部門である旅館部門を独立させ、非公開会社である株式会社Y2（以下「Y2社」）を新設分割設立会社として設立する。従来の旅館部門の債権者のうち、旅館に不可欠な物品・サービスを提供する債権者Cらに関する債権は、Y1社・Y2社で併存的債務引受けがなされることとされた。他方、旅館に必要な事務機器をリースしていたリース業者甲などの金融債権者は、Y2社が債務引受けをすることなくY1社が債務者のままとされた。また、旅館部門の資産をY2社に移転するに際して、Y2社からY1社に対価としてY2社株式を交付する。以上の内容を官報及び電子公告の方法で公告する。

　2018年9月、上記の手続を経て新設分割は効力を生じた（以下「本件新設分割」という）。

　2018年12月、Y1社のリース料債務の延滞にしびれを切らした甲が債権回収に乗り出したところ、はじめて本件新設分割について認識するに至った。

　(1)　甲が本件新設分割の債権者異議手続の対象とならないのはなぜか。

　(2)　甲がY2社に対してリース料債権を請求するためには、どのような方法があるか。2014（平成26）年会社法改正前の最高裁判例で認められた方法と、平成26年会社法改正で新設された方法を説明せよ。また、それ以外の制度・判例法理で活用できるものはないかも検討せよ。

1　問題の所在
2　詐害行為取消権による処理
3　直接請求権
4　その他の法律構成

1　問題の所在

(1)　濫用的（詐害的）会社分割とは

　本件のように、会社の新設分割手続を利用して採算部門を切り離すことは必ずしも異常ではない。この場合にも、採算部門の収益から不採算部門の債務も返済することで債権者と合意できるならば、よい会社分割といえる。し

かし実際には、債権者との交渉が不調の場合や、全く債権者に秘密裏に新設分割手続が行われ、しかも一部債権者は採算部門から債権回収できないスキームが横行した。これを濫用的（詐害的）会社分割という。

(2)　会社分割における債権者異議手続

会社分割には債権者異議手続が用意されており（会789条1項2号・799条1項2号・810条1項2号）、常識的に考えれば【設問】の甲も異議を述べられそうである。しかし、債権者異議手続では「新設分割会社に対して債務の履行を請求することができない債権者」といわゆる人的分割の債権者のみに異議権が与えられている。これを反対解釈すると、新設分割会社Y1社に債務の履行を請求できる甲には、異議権が与えられないことになる（相澤・解説202頁）。

債務の履行を請求できる債権者に異議権が与えなられかった理由は、次のように説明されている。Y1社からY2社が新設分割で切り離された場合には、移転した資産の対価（原則としてY2社株式）がY2社からY1社に交付される。この株式は、Y2社の資産価値を表章するものだから、移転した資産と当該株式は等価である。つまり、Y1社に資産のマイナスは生じていないことから、新設分割会社に債務の履行を請求できる債権者には、特段の不利益は生じていない。そのため、平成17（2005）年改正前商法と同様に債権者異議権を与えなかった。

(3)　残存債権者保護の必要性

一見するとそれなりの合理性のある理由付けだが、実際はどうだろうか。上記の説明は現時点で会社を解体した場合に実現する株式の価値（解体価値）の説明にはそぐうものだが、会社の収益力から計算される株式の価値（継続企業価値）には当てはまらない。また、株式の価値は様々な要素から決まるが、一般に上場株式は多くの投資家に売買されることから需要が大きく、非上場株式より高く評価される（流動性プレミアムという）。この裏返しとして、非上場株式は相当低い価値しか持たないことになる（非流動性ディスカウントという。判例上非流動性ディスカウントの可否が争われたものとして、最一小決平成27・3・26民集69巻2号365頁〔道東セイコーフレッシュフーズ事件〕がある。）。Y2社のような新設分割設立会社が直ちに上場することはまずないから、Y2社株式は通常低い価値しか持たない。【設問】のように非公開会社の場合は自由譲渡

できないからなおさらである。結局、甲はY1社資産となったY2社株式を差し押さえて競売したところで、債権回収することは相当難しくなってしまう。このような状況に置かれた甲を残存債権者と呼んでいる。

⑷　判例の展開

債権者異議手続には立法論的な批判もあるが、ともかくこのような濫用的会社分割を、現行法の制度の下で可能な限り解決しなければならない。判例は当初、商号続用法理（会22条・商17条）の類推適用によって債権者保護を図ろうとしたが（ゴルフ場の名称が続用された会社分割に関する、最三小判平成20・6・10集民228号195頁）、商号やそれに準じる名称が続用されていない場合には、この方法は使えない。そこで判例が認めたのが、民法上の詐害行為取消権の適用である。

2　詐害行為取消権による処理

⑴　新設分割の詐害行為取消しを認めた最高裁判例

最二小判平成24・10・12民集66巻10号3311頁（以下「最判平成24年」と記す）は、新設分割が詐害行為取消しの対象となることを認めた。平成29（2017）年民法改正前の事案であるため、改正民法との違いも合わせて説明する。

最高裁は改正前民法424条が「法律行為」の取消しを規定していたため、まず会社分割がこれに該当することを認める。もっとも、それだけではなく、会社分割無効の訴えとの関係についても検討する。会社分割の瑕疵は原則として会社分割無効の訴えで解決することが想定されているが、当該規定によって詐害行為取消権の適用が排除されるのではないかが問題となり得るからである。

最高裁は、残存債権者の保護の必要性が高いこと、会社分割無効の訴えとは異なり、詐害行為取消権の適用を認めても新設分割設立会社の法人格には影響を与えないことから、両者は別個の制度であると理解する。以上より、残存債権者は新設分割の詐害行為取消しを主張できるとしたのである。

⑵　会社分割の詐害行為取消しの対象・効果

詐害行為取消権の適用が一般にはあり得るとして、その対象と効果は何であろうか。最判平成24年が下される前は、詐害行為取消権の対象としては会

社分割それ自体とする説（神作裕之「濫用的会社分割と詐害行為取消権——東京高判平成22年10月27日を素材として——〔下〕」商事1925号〔2011年〕45頁）と、個別の権利義務の移転とする説、積極財産の移転とする説（黒木和彰＝川口珠青「濫用的会社分割をめぐる問題点」金法1902号〔2010年〕63頁・72頁、難波孝一「会社分割の濫用を巡る諸問題」判タ1337号〔2011年〕20頁・31頁）があった。最判平成24年は会社分割自体を取り消すとの構成を採った。調査官解説は、個別の権利義務の移転は会社分割の効果に過ぎず、424条の「法律行為」に該当しないから、取消しの対象となるのは会社分割自体であると説明している（谷村武則「判解」最判解民平成24年度（下）654頁・666頁）。

効果については、民法で原則とされる現物返還と、例外とされる価格賠償のいずれが採用されるかも問題となり、最判平成24年以前の下級審では価格賠償を認めた例が存在していた（東京高判平成22・10・27金法1910号77頁）。最判平成24年の事案では現物返還（のみ）が請求されているため、価格賠償についての判断は示されていない。もっとも、会社法学説においては、会社分割の効力発生後に承継された資産や権利義務は変動していることが考えられ、現物の特定が著しく困難であることなどから、価格賠償を柔軟に認める見解が有力である（神作・前掲「濫用的会社分割と詐害行為取消権」45頁、難波・前掲「会社分割の濫用を巡る諸問題」32頁、後藤元「いわゆる濫用的会社分割と詐害行為取消権の適用」金法1929号〔2011年〕75頁・78頁など）。最判平成24年もこれを否定するものではないと考えられるし、民法の詐害行為取消権の議論では抵当権付不動産の抵当権消除を念頭において価格賠償の例外論が構築されている。会社分割の事案と距離があることも確かであり、会社法学説を支持してよいのではないか。

(3) 平成29年民法改正後の論点

最判平成24年は平成29年改正前民法の解釈が示されたものであった。改正前民法424条1項にいう詐害性には様々な内容が含まれていたが、平成29年改正民法においては、破産法に準じた詐害性の類型化が行われた。具体的には、積極財産の減少を問題とする狭義の詐害性（民424条1項）、相当の対価を得てした財産の処分行為の特則（民424条の2）、偏頗性（民424条の3）の3種類である。

　濫用的（詐害的）会社分割の事案では、積極財産が吸収分割承継会社・新設分割設立会社に流出する一方、見かけ上等価である対価株式が吸収分割会社・新設分割会社に交付されるため、狭義の詐害性がすんなり認められるとは限らない。最判平成24年においても、須藤正彦裁判官の補足意見は、債権者間（残存債権者とそうでない債権者との間）の不平等を問題視しており、濫用的（詐害的）会社分割の本質は偏頗性にあると考える見解も有力である。

　しかし、そのように考えると、民法424条の3で詐害行為取消しができる範囲が狭くなってしまい、残存債権者保護が弱くなってしまう。民法424条の3に対応する破産法162条の議論や、平成29年改正前民法下の議論では、弁済などは債務者の義務である以上、一部の債権者に優先弁済することを直ちに不当といえないことが念頭にあった。それ自体は正しい発想であるが、意図的に残存債権者とそれ以外を選別する濫用的（詐害的）会社分割についてまで、厳格な要件に拘束されることの不当性も否めない。

　会社法施行後平成29年改正前民法下における裁判例は、狭義の詐害性を認定しているものが圧倒的に多い状況にある（原弘明「濫用的会社分割」石山卓磨監修『検証判例会社法』〔2017年、財経詳報社〕524頁）。平成29年改正民法においては、以下のような解釈が考えられる。①狭義の詐害性が問題の本質であるとして民法424条（要件に該当する場合は民424条の2）を適用する、②須藤補足意見のように偏頗性が問題の本質であるとして民法424条の3を適用し、必要に応じて要件を柔軟に解釈する（改正前民法下における検討として、得津晶「会社分割等における債権者の保護」神田秀樹編『論点詳解平成26年改正会社法』〔2015年、商事法務〕237頁・特に264頁以下）、③狭義の詐害性・偏頗性のいずれも問題に内在していること、民法424条と424条の3は破産法160条と162条のような二分論に立っていないから、一般規定である424条を適用する（浅田隆「濫用的会社分割等に関する最近の動向と金融機関の対応」金法2071号〔2017年〕8頁・12～15頁など。従来から、破産法162条の要件を満たさないとして160条・161条の解釈を模索していたものとして、田中亘「会社法改正の視点からみた濫用的会社分割」土岐敦司＝辺見紀男編『濫用的会社分割：その態様と実務上の対応策』〔2013年、商事法務〕26～27頁があった）。偏頗性を重視しつつ民法424条を適用する解釈の道が開かれているといえ、今後の裁判例も（積極的に①を採るのではなく③を採ることで）同条を適用する道

を採るのだろうか。

3　直接請求権

(1)　詐害行為取消権の制約

判例上濫用的会社分割が詐害行為取消権の適用対象となることは明らかになった。しかし、詐害行為取消権は裁判外で行使することができないという制約がある（民424条1項）ほか、価格賠償が確実に認められるという保証もない。他方、会社分割における残存債権者が現物返還を積極的に求めることは多いとは考えにくく、むしろ債務の履行を原則的な解決法とした方が合理的ともいえる。

(2)　直接請求権の法定

そこで平成26年会社法改正では、残存債権者保護を目的とした直接請求権の規定が新設された（会759条4項・764条4項など）。直接請求権の要件は平成29年改正前民法424条の要件を念頭に定められているため、吸収分割会社・吸収分割承継会社・新設分割会社の害意などが要求される。

効果としては、残存債権者が吸収分割承継会社・新設分割設立会社に債務の履行を請求できる。ただし、吸収分割承継会社・新設分割設立会社が承継した資産の額が上限となる。また、詐害行為取消権と異なり、裁判上の権利行使が要件とされていないため、裁判外で行使することもできる。

(3)　直接請求権の論点

一見合理的な規律と考えられる直接請求権だが、平成29年民法改正後、特に害意要件をどのように考えるかについて、詐害行為取消権と同様の問題が生じている。詐害行為取消権と同様に、民法・破産法に準じて考えるべきとする説が多数であるが、会社法で別個に規定された以上、独自に要件を考えてよいとする見解も唱えられている。

4　その他の法律構成

(1)　商号続用規定の類推

最二小判平成16・2・20民集58巻2号367頁は、ゴルフ場部門をゴルフ場の名称を変えずに他社に事業譲渡（当時は営業譲渡）させた事案において、ゴ

ルフ場会員の預託金返還請求を棄却した原判決を破棄した。ゴルフ場会員にとっては、ゴルフ場の名称は商号と同様に重視する外観といえるからである。前掲最三小判平成20・6・10は、同様の行為を会社分割の手法で行おうとしたものだが、最高裁は事業譲渡に関する会社法22条1項は、会社分割にも類推適用されるとした。いわば二重の類推適用を認めたことになる。

この後出た最判平成24年を受けて、平成26年会社法改正で直接請求権が定められたことは前述のとおりである。これらの問題の淵源は上記最二小判平成16・2・20であるといえることから、平成26年改正では、事業譲渡・営業譲渡についても同様の規定を新設することとした（会23条の2・商17条の2）。

この改正によって、濫用的会社分割のうち商号やそれに準じる名称を続用するものの適用条文はどうなるのだろうか。会社法22条がそのまま適用されると考えることもできるが、あえて事業譲渡についても会社法23条の2が切り出された以上、それに対応する直接請求権を使えばよいようにも思える。もともと商号続用規定には相手方の主観的要件の定めがないため、その規定の趣旨には多くの議論があった。最判平成24年と直接請求権が現れた現在において、趣旨の不明確な商号続用規定の類推適用のあり方については再考が必要だろう。

(2)　法人格否認の法理

下級審裁判例においては、新設分割設立会社と新設分割会社は法人格が別個である旨の主張が、一般法理である法人格否認の法理により否定されたものがある（福岡地判平成23・2・17金判1364号31頁など）。この場合、法人格否認の法理の要件を満たす必要がある一方、残存債権者の請求額は自己の債権額に限られない点に特徴がある。要件にあてはまる場合は、現在でも法人格否認の主張は認められるだろう。

(3)　破産法などにおける否認権の行使

詐害行為取消権は、債務者が破産手続開始決定を受けた後は中断され（破45条1項）、破産管財人に受け継がれる（同条2項）。つまり、残存債権者の場合自ら詐害行為取消権を行使できなくなる。直接請求権は、破産手続開始決定後は行使できない（会759条7項・764条7項など）。

この場合、残存債権者は破産法などに規定される否認権を行使することが

考えられる（破160条以下・会更86条以下・民再127条以下）。この場合も詐害行為取消権と類似して、否認権の行使対象が何か、濫用的（詐害的）会社分割は条文上いずれの行為に該当するかがさらに問題になる。下級審では否認権行使を認めたもの（東京高判平成24・6・20判タ1388号366頁など）、認めなかったもの（人的分割の株式交付について民事再生法上の否認を認めなかったものとして、東京地判平成28・5・26金判1495号41頁）のいずれも存在する。

(4)　信義則による債務履行拒否の主張制限

最三小決平成29・12・19民集71巻10号2592頁は、吸収分割会社の、吸収分割契約効力発生後における承継された債務についての責任が問題となった事案である。

これまでみた濫用的会社分割は、残存債権者が債権者異議手続から除外されている点を濫用した「悪い会社分割」スキームだった。もっとも、法定の債権者異議手続を履践する場合も、官報と併用される公告方法（会789条3項・799条3項・810条3項、939条1項）として地元の地方日刊新聞紙などが利用されるなどして、債権者への周知が十分でないことがある。多くの濫用的会社分割とは反対に不採算部門の権利義務を吸収分割・新設分割で承継させる場合には、債務を履行したくない債権者にかかる債務を、吸収分割承継会社・新設分割設立会社に免責的債務引受け（平成29年改正民470条。従来は判例法理だった）させることになる。このような例は下級審で若干数みられたものの（東京地判平成22・7・22金法1921号117頁①事件は法人格否認の法理を援用し、大阪地堺支判平成22・9・13金法1921号117頁②事件は、保証債務の免責的債務引受けには別途保証人の同意が必要であるとした）、事案も裁判所の解決法も一般化しにくいものだった。

これに対し本最高裁決定は、正面から吸収分割会社の主張を信義則で封じた。法律論として乱暴であるとの指摘もあるが（門口正人「吸収分割」金判2098号〔2018年〕66頁・67頁）、濫用的会社分割に対処する際、既存の制度・判例法理を活用できない場合、一般法理による解決は否定されるべきでない。解釈論として、一般法理の「濫用」にならないよう、どのような場合に信義則違反・権利濫用といった評価をするか検討すべきである（飯田秀総「本件判批」法教451号〔2018年〕39頁）。

【例題１】　株式会社甲（以下「甲社」）は、従来公告方法として、官報と全国紙である経済紙による旨、定款に規定していた。甲社には事業部門ＡとＢがあったが、Ａは不採算・Ｂは採算状態にあり、Ａが甲社全体の経営の足かせとなっていた。甲社はいわゆる同族会社であり、株主はいずれも取締役であった。

　2018年７月、甲社は株主総会を開催し、公告方法を官報と地元の地方新聞紙に変更した。その後、Ｂ事業部門にかかる権利義務を新設分割設立会社である株式会社乙（以下「乙社」）に承継させる新設分割計画（以下「本件新設分割計画」）を作成し、同年８月の株主総会において本件新設分割計画を全会一致で承認した。同年９月には本件新設分割計画に基づいて、乙社が設立され、Ｂ事業部門にかかる権利義務は乙社に移転した（以下「本件新設分割」）。甲社に残っているのはわずかな資産と、それに比して多額のＡ事業部門にかかる債務のみであり、他にめぼしい財産は存在しなかった。また、本件新設分割にかかる法定の債権者異議手続は適法に履践されたが、異議を述べた債権者は存在しなかった。

　Ａ事業部門にかかるリース料債権を有するリース業者Ｘは、本件会社分割の効力発生後本件新設分割の事実に気づき、リース契約（以下「本件リース契約」）を解除した。本件リース契約には違約金条項があり、違約金として解除後リース期間満了までのリース料相当額を甲はＸに支払うべきことが定められていた（以下「本件違約金債権」）。

(1)　本件違約金債権は本件新設分割時には発生していなかった債権であるが、Ｘは債権者異議手続の対象となるだろうか。

(2)　仮に(1)が肯定されるとした場合、債権者異議手続で異議を述べなかったＸを救済する方法はあるだろうか。

《参考判例》大判昭和10・12・１民集15巻75頁

【例題２】　株式会社甲（以下「甲社」）は、「ブティックモダン」という名称の店舗で衣料品の販売事業を営んでいたが、近年はファストファッションなどの低価格・高品質な衣料の量販店に客を奪われ、赤字続きであった。甲社は債務の履行の目処がたたず、このままでは倒産してしまうことから、友人の経営する同業の株式会社乙（以下「乙社」）に、その衣料品販売事業を譲渡することとした。甲社・乙社間における事業譲渡契約（以下「本件事業譲渡契約」）の承継対象となる権利義務一覧表からは、甲社の金融業者に対する債務は除外されていた。2018年10月、甲社・乙社はそれぞれ株主総会を開催し、本件事業譲渡契約の承認にかかる株主総会決議を可決した。同年11月、本件事業譲渡契約に基づき、甲社から乙社に承継対象となる権利義務が移転された。もっとも、本件事業譲渡契約の効力

発生後も、「ブティックモダン」は従来と変わらない場所でこれまで通り事業を継続していた。また、甲社・乙社の商号に共通・類似する要素は一切なかった。

　(1)　甲社に対してリース料債権を有していたリース業者Ｘは、乙社に対して当該債務の履行を請求できるか。その場合、適用条文は何だろうか。

　(2)　仮に債権者が、甲社と懇意にしていた顧客であった場合、適用条文は変わるだろうか。

《参考判例》東京地判平成18・3・24判時1940号158頁

（はら・ひろあき）

37 株式買取請求権

湯 原 心 一

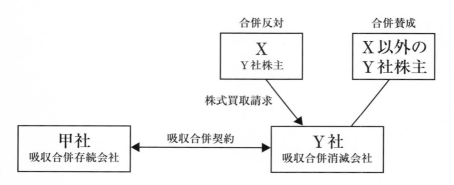

合併反対　X　Y社株主
合併賛成　X以外のY社株主
株式買取請求
甲社　吸収合併存続会社　←吸収合併契約→　Y社　吸収合併消滅会社

【設　問】

　株式会社甲社及び株式会社Yは、上場会社である。甲社及びY社の株価は、過去6か月間、それぞれ1株100円前後で推移していた。甲社及びY社は、甲社を存続会社、Y社を消滅会社とし、対価を甲社の株式とする吸収合併を行うことで合意し、これを公表した。合併比率は1対1とされた。甲社及びY社は、共に、株主総会で吸収合併契約の承認決議を必要としていた（会783条1項、795条1項）。吸収合併は、甲社及びY社それぞれの株主総会において、承認された。

(1)　甲社及びY社の株価は、公表翌日に、ともに120円に上昇したが、その後、緩やかに下落した。Xは、株主総会の基準日時点で、Y社の株主であった。Xは、甲社とY社との合併に反対していた。XがY社の株主総会において議決権を行使できる場合、XがY社に対して株式買取請求権を行使するための手続は、どのようなものか。

(2)　甲社とY社との間に相互に特別の資本関係が存在しない場合で、かつ、一般に公正と認められる手続により合併の効力が発生したと認められる場合、

裁判所は、Ｙ社の株式の公正な価格（785条１項）をどのように算定するか。株式買取請求権の行使時点でのＹ社の株価は、80円であったとする。

(3) 甲社及びＹ社の株価は、公表翌日に、80円に下落し、その後も、80円前後で推移したとする。Ｘは、株主総会の基準日時点で、Ｙ社の株主であった。Ｘは、株式買取請求権を行使する要件・手続を満たし、株式買取を請求した。甲社とＹ社の合併によりシナジーその他の企業価値の増加が生じない場合、裁判所は、Ｙ社の株式の公正な価格をどのように算定するか。合併の公表から株式買取請求までの間、株式市場一般の値動きを示す株価指数は大きく変動しなかったものとする。

1　問題の所在

株式会社は、株主総会において特別決議や特殊決議によって株式会社に基礎的変更を加える場合がある。基礎的変更のうち、組織再編については、株主総会特別決議によるものと定められている（会309条２項12号）。株主総会での全員一致が求められていないということは、一定の株主の反対があったとしても、株主総会決議が成立した組織再編を実行できるということを意味する（総株主の同意を要する場合は、株式買取請求権が与えられていない〔会785条１項１号・806条１項１号〕）。

株式買取請求権は、組織再編に反対する株主に対して、一定の手続を履践することで保有する株式を公正な価格で会社に買い取る旨、請求する権利を与えるものである。これによって少数株主には、少なくとも保有株式の代償として公正な価格を受け取って会社から退出する機会が保障される（最三小決平成23・4・19民集65巻３号1311頁）。ただし、株主の利益に与える影響が軽微であると考えられる組織再編（会785条１項２号等）において存続株式会社等に

よる株主総会の承認を要しないときには、反対株主に対して株式買取請求権が与えられていない。設問では、Ｙ社において株主総会が開催されており、組織再編に反対するＸは、株式買取請求権を行使するために、一定の手続を履践する必要がある。

　会社法の第５編には、合併の他にも、組織変更、会社分割、株式交換、株式移転及び株式交付の規定が定められているが、以下では、設問に沿って、吸収合併により消滅する株式会社の株主が株式買取請求権を行使する場合を検討する。

2　株式買取請求権行使の要件及び手続

(1)　反対株主の範囲

　株式買取請求権を行使することができる株主は、「反対株主」と定義されており、Ｘは、この定義を満たす必要がある。反対株主の定義は、組織再編のために株主総会決議が必要か、また、株主総会において議決権を行使できるかによって要件が異なっている。設問では、組織再編のための株主総会決議を必要としており、また、Ｘは、株主総会において議決権を行使することができる。このため、Ｘは、次の要件を満たさなければならない。すなわち、①株主総会決議に先立って吸収合併について反対する旨、Ｙ社に通知した上で、②Ｙ社株主総会において反対の議決権を行使する必要がある（会785条２項１号イ）。

(2)　株式買取請求権の行使の手続

　ＸによるＹ社に対する株式買取請求権の行使と関係する手続は、次の通りである。

　承継型の組織再編における消滅株式会社等（会782条１項）は、効力発生日の20日前までに、その株主に対し、吸収合併等をする旨並びに組織再編の相手方の商号及び住所等を通知する（会785条３項）。消滅会社等が公開会社の場合及び既に株主総会の承認決議を受けた場合には、株主に対する通知に代えて公告することで足りる（会785条４項）。ただし、Ｙのような上場会社の振替株式については、公告によらなければならない（振替法161条２項）。

　Ｘは、効力発生日の20日前から効力発生日の前日までに株式買取請求に係

る株式の数を明らかにした上で株式買取請求権を行使しなければならない（会785条5項）。株式買取請求に係る株式の買取りは、吸収型組織再編の効力発生日に、その効力を生じる（会786条6項）。組織再編が中止されたときは、株式買取請求は、その効力を失う（会785条8項）。

　買取価格は、XとY社の協議で決定されることが原則である。効力発生日に甲社とY社が合併し、Y社が消滅するため、Xは、以後、甲社と協議をすることになる（会786条1項括弧書き）。株式の買取価格について、XとY社との間に協議が調ったときは、Yは、効力発生日から60日以内に、その支払をしなければならない（会786条1項）。

　効力発生日から30日以内にXと甲社の間で買取価格の合意に至らない場合、甲社及びXは、この期間の満了後30日以内に、裁判所に対し価格決定の申立てができる（会786条2項）。会社法が価格決定の基準について格別の規定を置いていないため、公正な価格の決定は、裁判所の合理的な裁量に委ねられている。

　Xは、会社の承諾を得ない限り、株式買取請求を撤回することができない（会785条7項）。しかし、株式買取請求権行使後、株価が上昇したことを奇貨として、株主が株式を市場で売却するという機会主義的行動をとる可能性がある。これを防止するために、株券が発行されている株式の買取請求をするためには、会社に対して株券を提出しなければならない（会785条6項）。Y社のような上場会社の振替株式については、Y社が開設する買取口座（振替法155条1項）を振替先として、株式振替の申請をしなければならない（振替法155条3項）。また、上場会社の株式について株式買取請求権を行使する場合、会社が株主の地位を争った場合のために個別株主通知（少数株主権等の行使の場面において株主名簿に代わるものとして位置付けられている）が必要であると指摘されている（坂本三郎ほか「平成26年改正会社法の解説〔Ⅷ〕」商事2048号〔2014年〕9-10頁）。しかし、買取口座への振替がなされることに鑑みて、個別株主通知を求める実益がないとの批判がある。

　効力発生日から60日以内に価格決定の申立てがなされない場合、当該期間満了後、Xは、株式買取請求を撤回することができる（会786条3項）。

　Y社は、効力発生日から60日が経過した後の期間について、年6分（2017

〔平成29〕年改正民法施行後は、同法404条に定める法定利率）の利息を支払わなければならない（会786条4項）。会社による不当な手続の引き伸ばしを避ける趣旨であるが、低金利下では、逆に、利息目当てで株主側が手続の引き伸ばしをする可能性がある。そこで、Yは、価格決定の前にY自身が公正と認める額を支払うことができ（会786条5項）、当該金額について利息の支払いを免れる（仮払制度）。

3 基 準 日

株式の価値は、理論的には日々変動するため、株式買取請求に係る株式の公正な価格を算定する際に、どの時点の価格を算定するのかが問題となる。いつの価格が算定されるかというのが「基準日」の問題である。

(1) 学 説

学説において基準日の候補として、①組織再編の公表時、②組織再編の承認決議時、③株式買取請求権の行使時、④買取請求期間の満了時、⑤組織再編の効力発生日が挙げられていた。このように見解が分かれているのは、①制度的な整合性をどのように考えるか、②上場会社において、反対株主の投機的な行動の抑制をどの程度考慮するか、③反対株主に株価変動リスクを負担させるべきかといった点で意見が異なるからである。

(2) 判 例

判例は、株式買取請求によって、売買契約と同様の法律関係が生じることに鑑みて、売買契約が成立したのと同様の法律関係が生ずる時点であり、かつ、株主が会社から退出する意思を明示した時点である株式買取請求がされた日を基準日とする旨判示している（前掲最三小決平成23・4・19等）。

4 公正な価格

株式買取請求権は、少数株主保護に資する面がある一方で、制度設計によっては、株主に対して前述したような機会主義的な行動をとる誘因を与えるおそれがある。株主に対して機会主義的な誘因を与えないためには、会社法上定められる公正な価格（785条1項）が幾らであるのか、また、それをどのように算定するのかが特に問題となる。

(1) 沿　　革

　2005（平成17）年改正前商法408条ノ3第1項は、反対株主が株式買取請求権を行使した際の買取価格を「決議ナカリセバ其ノ有スベカリシ公正ナル価格」（株主総会決議がなかったら当該株式が有していたであろう価格）と定めていた。これをナカリセバ価格という。2005（平成17）年改正前商法におけるナカリセバ価格は、「企業再編がなされなかった場合の経済状態の保証機能」を果たしていると考えられる。しかし、ナカリセバ価格は、例えば、合併すること自体には賛成だが合併比率に反対する株主を救済することができない。なぜなら、この株主が欲する価格は、株主総会決議がなかったら当該株式が有していたであろう価格ではなく、よりよい条件で合併がなされた場合にあるべき価格だからである。そこで、会社法は、買取価格を単に「公正な価格」とした（会785条1項）。この意味での公正な価格の趣旨は、組織再編行為がシナジーを発生させる場合には組織再編行為により生ずるシナジーの公正な分配までを保障しようとすることにあると解されている。これを「シナジー分配価格」や「シナジー公正分配価格」という。シナジー公正分配価格は、企業再編がなされること自体には賛成であるが、その対価の定め方に不満があるという理由での反対に、ナカリセバ価格は、企業再編がなされること自体への反対に対応している。

　会社法における公正な価格について、株式移転が行われた事案において最高裁判所は、次の通り述べる（最二小決平成24・2・29民集66巻3号1784頁）。

　「反対株主に『公正な価格』での株式の買取りを請求する権利が付与された趣旨は，反対株主に会社からの退出の機会を与えるとともに，退出を選択した株主には、株式移転がされなかったとした場合と経済的に同等の状態を確保し，さらに，株式移転により，組織再編による相乗効果（以下「シナジー効果」という。）その他の企業価値の増加が生ずる場合には，これを適切に分配し得るものとすることにより，反対株主の利益を一定の範囲で保障することにある。」

　これらの判例に基づいて株式買取請求権における公正な価格をナカリセバ価格とシナジー分配価格のいずれか高い価格と解する学説（江頭880頁等）とこれを否定する学説がある（石丸将利「判解」最判解民平成23年度〔上〕339頁、田

中亘「総括に代えて——企業再編に関する若干の法律問題の検討」土岐敦司＝辺見紀男編『企業再編の理論と実務——企業再編のすべて——』〔2014年、商事法務〕223-224頁、東京地方裁判所商事研究会編『類型別会社非訟』〔2009年、判例タイムズ社〕112頁）。後者の見解の中には、法律論としては、手続の公正性が認定できる場合には、当該組織再編は企業価値を増加させるものと推認してよいと考えられるとの見解があり、注目される。

　上場会社の場合、わが国では、株価や組織再編の手続を重視して株式価値算定が行われる。また、公正な価格の算定は、①組織再編によりシナジー効果その他の企業価値の増加が生じない場合と②それ以外の場合を分けて判例が蓄積している。特に、企業価値の増加の有無に関しては、裁判所が積極的にこれを判断することを暗黙のうちに是認していると評されている。これらを次に検討する。

(2)　組織再編によりシナジー効果その他の企業価値の増加が生じない場合以外の場合

　設問(2)のように、相互に特別の資本関係がない会社間の組織再編では、次の通り考えられている。まず、設問のように相互に特別の資本関係がない会社間では、組織再編の交渉が互いに利益をもたらすように行われることが予想される。そこで、判例は、相互に特別の資本関係がない会社間において、一般に公正と認められる手続により組織再編の効力が発生した場合には、株主総会における株主の合理的な判断が妨げられたと認めるに足りる特段の事情がない限り、組織再編における合併比率等の条件は公正なものとみるのが相当であると述べる（前掲最二小決平成24・2・29）。学説の多数説もこれを支持している。

　この考え方に基づけば、設問における合併比率（1対1）が公正であるとして尊重される。株主総会における株主の合理的な判断が妨げられたと認めるに足りる特段の事情として、①虚偽記載や相場操縦等により市場価格が歪められている場合、②取締役に忠実義務・注意義務違反があり、合意された対価が不十分である場合及び③組織再編以外に株価の大幅な下落を生じさせる要因が見当たらない場合等が指摘されている。なお、最高裁は、市場株価の変動には様々な要因があるため、株価の下落やその推移は必ずしもそれだ

けで特段の事情に該当するということはないとの立場をとる（前掲最二小決平成24・2・29）。

　また、最高裁は、公正な価格の基準日を、株式買取請求がされた日と解する。さらに、上述の通り、相互に特別の資本関係がない会社間において、一般に公正と認められる手続により組織再編の効力が発生した場合には、特段の事情がない限り、組織再編におけるにおける合併比率等の条件は公正であるとする。このため、最高裁の考え方によれば、上場会社の場合、市場価格は、「一般に，市場株価には，当該企業の資産内容，財務状況，収益力，将来の業績見通しなどが考慮された当該企業の客観的価値が，投資家の評価を通して反映されて」おり（前掲最三小決平成23・4・9）、ひいては、組織再編のシナジーも織り込んで形成されていると解されるから、買取請求日の現実の市場価格（または、これに近接する一定期間）が「公正な価格」ということになる。設問(2)では、1対1という合併比率に基づいて形成された株式買取請求日の株価である80円が公正な価格ということになる（なお、公正な価格を算定する際に参照すべき市場株価として、基準日の市場株価や、基準日に近接する一定期間の市場株価の平均値を用いることは、裁判所の合理的な裁量の範囲内にあるとされる）。これは反対株主が株式買取請求権を行使しても実質的な救済を受けることができないことを意味する。なぜなら、この場合、株式を市場で売却する場合と株式買取請求権行使時に株主が受け取る経済的利益が多少の差はあれ基本的に同額になるからである（請求棄却的機能）。

　このような手続重視の公正な価格の算定には批判もある。特に、手続重視であることによって、株主価値を毀損する組織再編を抑止するというスクリーニング機能（選別機能）が十分に発揮されないことが懸念である。

　特別の資本関係がある会社間の組織再編では、独立当事者間の取引と違い、一方が有利な取引を他方に押し付けるという利益相反の可能性が否めない。そこで、実務では、公正性を担保するための措置及び利益相反を回避するための措置が実施される。具体的には、社外役員や外部有識者からなる特別委員会（独立委員会、第三者委員会）が取引条件の公正さを審査することや、中立的な株価算定機関（公認会計士や投資銀行等）に株式の株価を算定させるといった措置である。

　裁判所は、こうした手続や措置を審査し、当該組織再編が第三者間による
ものと比肩し得るような公正な手続を経ている場合には、特別の資本関係が
存在しない場合かつ特段の事情が存在しない場合と同等に扱うことができる
と解されている（支配株主による公開買付前置型キャッシュアウト取引に関して最一
小決平成28・7・1民集70巻6号1445頁）。

　このような扱いができない場合、裁判所は、自らシナジーを反映した公正
な価格を算定することにならざるを得ない。特に困難であるのは、組織再編
により生じるシナジーを当事者間でどのように分配するかである。シナジー
の分配については、①1対1で分配する、②従前の株主価値または企業価値
に応じて分配する、③シナジーの源泉に応じて分配する、④同種の組織再編
取引の平均プレミアム（例えば20％）を株価の上昇に対する期待の評価として
加算する等の方法が考えられるが定説はない。

(3)　組織再編によりシナジー効果その他の企業価値の増加が生じない場合

　設問(3)では、甲社とY社の合併によりシナジーその他の企業価値の増加が
生じない。最高裁は、この場合に、増加した企業価値の適切な分配を考慮す
る余地はないから、吸収合併契約等を承認する旨の株主総会の決議がされる
ことがなければその株式が有したであろう価格（以下「ナカリセバ価格」とい
う。）を算定し、これをもって「公正な価格」を定めるべきと解している。
設問(3)では合併によりシナジーその他の企業価値の増加が生じないとされて
いるため、公正な価格は、ナカリセバ価格になると考えられる。

　企業価値の増加が生じない場合には企業価値が毀損する場合も含まれるよ
うに思われるが、組織再編が企業価値を毀損させるものかの判断は難しい。
特に、株価が下落したことだけをもって、即断できるわけではない。裁判所
の認定は、企業価値の増加が生じない場合に該当するかを認定すれば足り、
企業価値の増加を積極的認定する必要がないと解されている。

　設問のような上場会社についてのナカリセバ価格の算定では、①いつの時
点の株価を参照するのかという問題と、②当該参照日と基準日が同一でない
ことに鑑みた補正を行うかが問題となる。

　ナカリセバ価格は、組織再編の影響を排除した価格である。そして、上場
会社の場合、組織再編を公表した後の株価は、組織再編の影響を受けて形成

される株価であるため、これをそのまま用いることは相当ではない（ただし、組織再編が企業価値の増加も毀損ももたらさない場合には、株価が組織再編の影響を受けないために、株式買取請求がなされた日〔基準日〕の株価をそのままナカリセバ価格として用いることも裁判所の合理的な裁量の範囲内であるとされている。）。そこで、組織再編を行うことを公表する前の株価や、公表する前の一定期間の株価の平均を用いること等が、裁判所の合理的な裁量として許されていると解されている。設問(3)の場合、組織再編の公表前の株価が100円前後であるため、これをナカリセバ価格としての公正な価格とすることが考えられる。

　組織再編の公表日から株式買取請求権の行使日までは、相当の期間が経過することが予想される。判例において、公正な価格の基準日が株式買取請求がなされた日とされているところ、公表前の株価を参照する場合、参照日から基準日までの市場の一般的な価格変動等を考慮して、株価に対して補正を行うことも裁判所の裁量の範囲内であるとされている。実際に、補正が行われた裁判例もある（東京高決平成22・10・19金判1354号14頁）。学説においては、補正を行うこと意義を認めるものが多い。設問(3)では、合併の公表から株式買取請求までの間、株式市場一般の値動きを示す株価指数は大きく変動しなかったとされているため、公正な価格として、公表前の100円からの補正をする意義は小さいといえる。

> **【例題１】**　判例によれば、資本関係のない独立した組織再編の当事者間で合併比率が定められ、また、組織再編の手続が公正である場合、当該合併比率等の条件は、公正と認められる。では、当該合併比率等の条件が公正と認めるための、公正な手続とは、どのような条件を満たすべきか。

> **【例題２】**　会社法の制度は、現金を用いた少数株主の排除（キャッシュアウト）に用いられることがあり、この文脈で、株式買取請求権や株主が裁判所に価格決定を申し立てることが認められている（会172条、179条の８、182条の４）。組織再編以外のキャッシュアウトにおいて価格決定が申し立てられる場合も、組織再編の場合と同様、裁判所は、公正な価格を決定しなければならないとされている。この場合の基準日や算定方法は、組織再編の場合とどのような点で相違が考えられるか。
> 　《参考判例》最三小決平成21・５・29金判1326号35頁、前掲最一小決平成28・７・１

【例題3】　株式会社の株式が金融商品取引所に上場されていない場合（すなわち、株式会社が非上場会社である場合）、公正な価格を算定するための基準となる株価（すなわち、株式の市場価格）が存在しない。この場合、公正な価格は、どのように算定すべきか（久保田安彦「株式価値の評価」田中亘編『数字でわかる会社法』〔2013年、有斐閣〕14-38頁参照）。

【例題4】　設問(2)について、ナカリセバ価格とシナジー公正分配価格の両方を求める場合、それぞれの価格はどのような価格となり、また、裁判所は、どちらの価格を公正な価格と認定すると考えられるか。なお、合併の公表から株式買取請求までの間、株式市場一般の値動きを示す株価指数は大きく変動しなかったものとする。

（ゆはら・しんいち）

38 持分会社

橡川　泰史

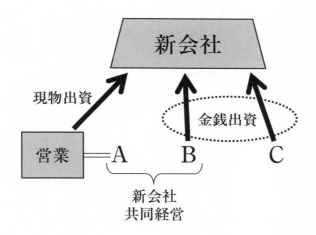

【設　問】

A・B・Cの3名は、Aが現在個人商人として営む営業を法人化するに際して、B・Cも新法人に間接有限責任を負う出資者として出資したうえで、BがAとの共同経営者として事業に参画し、Cは外部の出資者としてガバナンスの監視に当たるという体制をとっていくことで合意したが、この新法人を合同会社とすべきか株式会社とすべきかについて検討中である。仮に合同会社とした場合に、下記の(1)〜(3)について、株式会社とした場合と比べてどのようなメリット・デメリットが考えられるだろうか。

(1)　新会社の設立手続

(2)　会社の業務執行と業務執行の監督の体制

(3)　会社への追加出資および出資分の回収

1 問題の所在

合同会社は３種類ある持分会社のうちの一形態であり、全社員が会社の債務について間接有限責任のみを負う点が、無限責任社員が１人以上存する他の２種類の持分会社形態（合名会社・合資会社）と異なる。無限責任社員が存するなら、会社債権者は、会社財産だけでなく社員個人の財産をも責任財産として把握し得るが、合同会社の債権者にとっては、会社財産のみが責任財産となる。すなわち、無限責任社員が存する合名会社・合資会社とは異なり、社員に出資の履行や出資払戻し請求を随時行うことを認めると（【例題２】参照）、合同会社の信用の基礎は法的に不安定な状態となってしまい、会社債権者の利益を損なうだけでなく、会社そのものの持続的な運営が難しくなることが予想される。そこで、出資についての全額払込主義や退社を伴わない出資払戻し請求の原則禁止など、株式会社の株主の出資に関する規制と同様の規律が、合同会社社員に求められることになる。

その一方で、合同会社も含む持分会社の社員の会社に対する権利義務の詳細や、持分会社運営のための組織の具体的な形態については、会社法は民法上の組合（以下、単に「組合」と表記する）の規定に準ずる内容の規定を置いたうえで、多くの点について定款による別段の定めも許しており、合同会社も含めて持分会社という企業形態を、組合に近い制度として設計している。この点は、出資者の地位や組織運営について一定の定型に従うことが強制される株式会社とは、大きく異なる。

このように、合同会社という会社形態は、基本的には持分会社に類別されつつも、部分的には株式会社に近い規律の下に置かれる必要が認められており、設立・運営・資金調達・計算・組織再編の各場面における会社法の規定の適用について、持分会社・株式会社の両方の規律の意義を比較・検討する

ための格好の素材となる。

　本設問は、このような視点から、会社の設立・運営・増資・出資者の出資回収のそれぞれの局面における合同会社と株式会社との制度上の異同の検討をすることによって、持分会社という会社形態の特質について考えることを目的としている。

2　設立手続

　設問の合意内容では、Aは個人商人としての営業の全部を新会社に現物出資し、B・Cの2名は金銭を出資して原始社員となることになる。

　持分会社の設立手続は、さして複雑とも言えない株式会社の発起設立の手続と比較しても、さらに簡易である。すなわち、合名会社・合資会社の場合は、社員となろうとする者が原始定款を作成して署名又は記名・押印した後、本店所在地において設立登記申請をするだけで足る（会575条・579条）。合同会社を設立する場合は、これに加えて、社員になろうとする者が設立登記の前に出資の全部について履行を完了しておくことが必要となるが（会578条）、それ以上の手続は要求されない。

　すなわち、株式会社の設立手続におけるような設立時取締役等による出資の履行についての調査（会46条）は、合同会社設立時には要求されない。そのため、払込取扱金融機関（会34条2項）の指定も不要である。さらに、現物出資に関しても、株式会社の設立の場合、現物出資の金額が500万円を超える場合には、現物出資の目的と金額とを定款に記載したうえで検査役による調査または弁護士等専門家による証明の手続が必要となるのに対して（会33条）、合同会社の設立においてはそのような特段の手続は定められていない。したがって合同会社社員となろうとする者が金銭以外の財産による出資を行う場合でも、出資財産の価額の多寡にかかわらず、単に出資の目的と金額を定款に記載するだけで足りる。

　株式会社設立において、法が上述のような手続を要求する根拠は、出資者が間接有限責任しか負わない株式会社における債権者保護のため、債権の引当てとなるべき会社財産の確保を図らねばならないとの原則（資本確定の原則・資本充実の原則）にあるとの理解が、会社法制定前には一般的であった。

しかし、会社法制定時の立案担当者によれば、資本制度はかつての会社財産の維持機能をもはや有してはいないことから、資本確定・維持・充実の原則を債権者保護制度として強調する必要はないとされる（郡谷大輔＝岩崎友彦「会社法における債権者保護（上）」商事1746号〔2005年〕42頁）。そこで、会社法において株式会社や合同会社に対する出資時の全額払込主義が採用された理由は、出資者としての地位を確保した後に会社債権者に対する追加的な支払義務が発生するリスクを小さくすることによって、投資家の出資の障害を取り除くところにあると説明される（郡谷＝岩崎・前掲「会社法における債権者保護（上）」50頁）。この見地からは、原始定款で定められた通りに出資を履行することは、もっぱら出資者自身の利益に資する（追加的支払義務の発生を防ぐ）行為であり、わざわざ第三者に出資全額の履行や現物出資財産の価額を調査させる必要はないはずである。すなわち、合同会社の設立手続にそうした規定が置かれなかったのは当然であり、むしろ、合同会社と同じく全出資者が間接有限責任しか負わない会社形態である株式会社の設立において、検査役の調査などの煩瑣な手続が何故求められるのかということこそ、問われるべき問題となる。

　この点については、合同会社を含む持分会社の出資者の地位である「持分」と、株式会社の出資者たる地位である「株式」の異同に着目して考えることが有益であろう。

　持分会社は、上述の通り組合に類似した組織として設計され、その出資者である社員の地位も、組合員の組合財産に対する持分と類似した法概念として設計されている。すなわち、組合においては、各組合員は総組合員の共有（合有）に属する組合財産に対する共有持分を有することとされるが（民668条）、組合は諾成契約である組合契約によって形成される団体であるから、その財産に関する各組合員の持分の具体的な権利義務の内容も、組合契約によって各組合員毎に異なる内容とすることが可能である。これと同様に、持分会社の社員の持分も、社員全員の同意により作成された原始定款により会社財産に対する権利義務の内容が定められ（会577条）、この定款を変更する際にも社員全員の同意を要するから（会637条）、合同会社においても、持分の内容については、各社員相互間の組合的な結びつきを基礎として決定され

ていると言える。

　これに対して、株式会社の発行する株式は、会社に対する出資者としての地位を均等に細分化したものであり、同一の種類の株式の内容（株主〔＝出資者〕の権利義務）が均一化されること（株主平等の原則）が強行規定により求められている（会109条）。一部の株主が他の株主よりも少額の出資で同種・同数の株式を取得する機会を与えられたとすると、この強行規定に反することになる。しかも株式の譲渡性もまた法が強行的に保障するところであるから（譲渡制限株式の発行は可能であるが、株式の譲渡性を完全に否定することはできない。会136-145条参照）、仮に原始株主全員でこうした不均等な出資を承認したとしても、隠れた過小出資で希釈された株式を第三者が事情を知らずに取得してしまう危険が残る。（それ故、株式毎に異なる権利を認めることはまったく不可能ではないが、少なくともそれは定款で明記されていなければならないものとされる。会109条2項。）そこで、設立時点での不平等な出資によって、外部からの認識が困難な株主間の違法な不平等状態が生じることを予防するために、出資が完全に履行されていること、及び金銭以外の財産について適正な価額に評価されていることを、成立後の会社の経営について責任を負うことになる機関（設立時取締役）や、出資者以外の第三者（検査役等）によってチェックさせることが求められるのである（会33条の立法趣旨につきコンメ(2)16〜17頁〔川村正幸〕参照）。

　このように対比してみると、合同会社は、全社員が間接有限責任しか負わない出資者であるという点では株式会社に類似しているが、本質的には組合のような契約的紐帯によって各社員が結びついている団体であり、出資の不履行や過大評価された現物出資による各社員の持分の価値の不平等が生じたとしても、それはいわば社員相互の合意違反の問題でしかない。このことから、各社員が相互に合意（定款）の誠実な履行の監視に努めれば足りるという前提で、株式会社の設立と比べて大幅に簡素な現物出資手続で設立可能となっていると考えられる。

　以上まとめると、設例において合同会社形態を選択する場合、特に現物出資するAにとっては、きわめて簡易な手続きでの出資が可能な点がメリットである。その反面、B・Cにとっては、定款作成に伴うAの現物出資財産の評価はAとの契約締結上の交渉事項と整理されることになるから、必ずしも

会社の費用において第三者の評価を取得することができるとは限らず（株式会社設立時の検査役報酬は、定款に定めを置かなくとも当然に設立費用として成立後の会社に負担させることができる。会施規5条3号）、B・Cの一方的な持ち出しによる財産評価をせねばならなくなるというリスクがある。このことは、B・Cにとっては、合同会社設立手続に関するデメリットと言えるだろう。

3　業務執行とガバナンス

　持分会社の業務執行については、原則として社員の過半数の決定により（会590条2項）、各社員が業務を執行する（会590条1項）ことを原則とする。また、業務執行社員を定款で定めた場合には、業務執行社員の過半数による決定の下で（会591条1項）各業務執行社員が業務を執行するのを原則とする。しかし、これらはいずれも、いわばデフォルト・ルールに過ぎず、会社が定款で別段の定めをすることは明文で許容されている。したがって、設例のA・B・Cが合同会社の業務執行について各自どのような権限を有することとするかは、広範な定款自治に委ねられており、原始定款の策定時に三者で協議して定款に盛り込めばよく、A・B・C三者の合意が成り立つのであれば、成立後に定款を変更して権限分担を変更することもまた自由である。唯一の制約は、定款で業務執行社員ではない社員を定めたとしても、その社員が事業年度終了時または重要な事由があるときに会社の業務及び財産の状況を調査する権利は、定款によっても制限することはできない（会592条2項）ということである。

　このように合同会社の形態を採用すると、そのガバナンスの体制については社員の大幅な裁量が認められる。そのメリット・デメリットは何であろうか。

　メリットとして第一に考えられるのは、会社の状況に応じて柔軟にガバナンスの体制を組み替えられることである。設例のように、設立当初は社員間におおまかな役割分担しか合意がないのであれば、原始定款にもそれに応じた大まかな権限分配の定めを置いておけば足り、事業開始後に不都合が感じられれば、その都度、A・B・Cの合意によって定款を変更していけば良い。

　第二のメリットは、その結果、ガバナンスの体制を整えるための費用を抑

えることができるということにある。株式会社の形態を選択した場合、特に、譲渡制限のない株式も発行可能であるような定款の定め方をすると、3名以上の取締役によって構成される取締役会が強制され（会327条1項1号・2条5号）、この取締役会に監査（等）委員のような業務執行権のない取締役を含めたくないのであれば、1名以上の監査役の選任も強制されることになる（会327条2項）。仮に設例の場合にこの形態を選ぶと、Cは会社の経営に直接関与したくないとの意向であることから、最低でも2名の非株主に取締役及び監査役への就任を求めなければならず、そのための報酬の支払いが必要となり、また外部者が役員となれば、取締役会の招集間隔は、法定の最長期間3か月（会363条2項）よりも短期とすることが求められるだろう。合同会社の形態をとると、このように一定の数の機関の選任を強制されることがないため、報酬の支払いや、法定の会議の開催などの費用は、業務執行社員が不要と判断すれば、省くことも自由である。

　しかしながら、これらのメリットは、デメリットの裏返しでもある。すなわち、ガバナンスの体制が広範な定款自治に委ねられているということは、社員間の事前の合意の内容が完備されたものでなかったために、不完全あるいは不適切なガバナンス体制しか構築できないというリスクも高いということを意味する。設例で、定款で単にA・Bを業務執行社員とするとの定めしか置かなかった場合を考えると、A・Bの意見が割れて合意形成ができなくなったとき、定款上Cに業務執行に関する権限がない以上、会社の業務執行の決定は、決定保留状態が無期限に継続するいわゆるデッドロックの状態に陥る。定款を変更して業務執行の決定方法そのものを変えることは可能だが、定款変更には原則として社員全員の同意が必要だから、そこでもA・Bの合意が得られずデッドロックは解消されず、最終的には解散の訴え（会833条2項「やむを得ない事由がある場合」）による会社の解散（会641条7号）に至ることになることも考えられる（【例題1】参照）。そこまで極端な事例でなくとも、A・B・Cがコーポレート・ガバナンスについての十分な知識を有していないような場合、会社の状況に合致するガバナンス体制を構築するための交渉コストは大きなものとなってしまうだろう。

　すなわち、株式会社における上述のような機関構造の強制は、このガバナ

ンス構築のための交渉コストを削減するという点では、株式会社制度のメリットとなっている。Ａらが株式会社形態を選択する場合でも、発行する全ての株式が譲渡制限株式であると定款に定めた会社（非公開会社）とするならば、採り得るガバナンスの体制の組み合わせは、原始定款を作成する原始株主（発起人）には相当の裁量幅がある。しかし、多いと言っても最大数十種類のメニューの中からの選択であり、その中から、明らかに会社の実状に合わないメニューは直ちに除外されることも考えると（例えば、設例の場合、事業の現況からして、会計監査人設置会社という選択肢の採用は考えにくい）、ガバナンスの体制についてＡ・Ｂ・Ｃの３名の交渉によって一から構築することと比べ、交渉コストはかなり削減できそうである。

　以上まとめると、合同会社形態を選択すると、Ａ・Ｂ・Ｃ３名の合意さえ形成できれば、株式会社の場合よりも会社の事業の状況に合わせて機関構造を柔軟に設計・変更できるというメリットがある。そして、その裏返しのデメリットとして、機関の設計を誤ると、業務執行に関する社員間の合意形成の失敗がただちに会社の存亡に関わることになりかねないという無視できないリスクがあることが挙げられよう。

4　社員の追加出資と出資分の回収
⑴　追加出資について

　合同会社が新たな出資による資金調達を図る場合、既存の社員に追加出資を求めるか、新たな社員の加入を認めるかのいずれかの方法が考えられる。持分会社の定款には各社員の出資の目的及び金額が記載（記録）されているから（会576条１項）、社員の出資内容を変更するためには、定款変更の手続が必要となる。これは既存社員の追加出資であると、新社員の加入であると、増資方法の差異を問わない（会604条２項。同条は社員の加入についての規定であるが、増資に関しても類推されると解される。コンメ⑭〔今泉邦子〕206頁、論点体系⑷〔和田宗久〕439頁）。持分会社の定款変更には、定款に別段の定めがない限り総社員の同意を要するから（会637条）、合同会社において、総社員の同意なしに増資を実行できるようにするためには、原始定款作成時に増資手続に関する特別な手続を定めておかねばならないのである。

　株式会社が新たな出資を受けるためには、定款で定めた発行可能株式総数
（会38条・98条）の範囲内で新株を発行することになるが、その際に既存の株
主に持株割合に応じて新株を引き受けさせるのであれば取締役（会）の決定
で、特定の株主又は第三者にのみ引き受けさせる場合は、非公開会社であっ
ても株主総会の特別決議で（会199条2項・309条2項）、公開会社ならば取締役
会の決定で（会201条1項）、それぞれ多数決により新株発行による資本増加を
決定すれば足りる。発行可能株式総数の範囲を超えて新株の発行をしたい場
合は、定款の変更をしたうえで上記の手続となるが、株式会社では定款の変
更も多数決（株主総会における特別決議）によることとされているから、最終的
には多数決によって資本増加を図ることが可能である。

　すなわち、合同会社の形態を採ると、将来会社として自己資本の増強が必
要となっても、原則としてA・B・C全員の同意がなければ新規の出資とい
う形での資金調達が得られず、このことは、会社の資金調達の機動性の確保
という点において、株式会社形態と比べた場合のデメリットとなる。しかし
その反面、会社が新規の出資を受け入れるとき、その時点で余裕資金がない
などの理由で追加出資の要請に応じられない出資者がいる場合、その後の各
出資者の出資の割合が変動することになり、これが会社の基礎自体の大きな
変動につながることも考えられる。設例のように出資者の数が少ない会社で
は、新規の出資による出資割合の変更により、A・B・C各人の会社に対す
る発言力・影響力が変動し、そのことが経営方針やガバナンスの体制の変更
をもたらすなどして企業価値そのものにも大きな影響を及ぼすことは十分に
考えられる。合同会社においては、このような重大な行為につき各社員に拒
否権を与えていると考えることもでき、そう考えると、これは少数派の社員
にとっては、多数派による追加の出資により自分の持分価値の毀損を拒む権
利が与えられているというメリットである、とも言える（前述の通り、増資の
ための簡易な手続を原始定款で定めておくことも可能である。具体例として、森本滋編
『合同会社の法と実務』（2019年、商事法務）116頁参照。しかし、原始定款の作成には出
資者全員の同意が必須であり（会575条1項）、設立後の合同会社において少数派となる社
員が上記のような不利益を被るリスクを容認していることが当然の前提となる）。

(2)　出資分の回収について

　業務執行権のない合同会社社員は、業務執行社員の全員の承諾があれば、持分の全部又は一部を他人に譲渡することができる。この譲渡が効力を生じるためには、持分の全部を社員以外の者に譲渡する場合には、譲渡人の退社と譲受人の加入に伴う定款変更が必要となるし、持分の一部を他の社員に譲渡するに止まる場合であっても、定款に定める社員の出資の目的と金額に関する記載を変更することが必要となる。しかし、いずれの定款変更についても、業務執行社員の全員の同意があれば足りる（会585条2項・3項）。すなわち業務執行機関の承認があれば持分の譲渡が可能であるという点に着目すると、業務執行権のない合同会社社員が持分を他に譲渡して出資分の回収を図る機会の保障の程度は、株式会社における譲渡制限株式の株主と同程度であると評価できるだろう（会136～139条参照）。しかも、持分譲渡の手続については定款で別段の定めを置くことを妨げないとされることから（会585条4項）、原始定款において、すべての社員の持分の譲渡自由と、譲渡の効力発生のための定款変更手続を更に緩和する定めを置くこともまた可能と解される。ただし、定款変更を要する以上、会社が持分譲渡手続に全く関与しないということは考え難い。これに対して株式会社では、株式譲渡の効力を発生させるために定款を変更する必要はないから、手続に会社が関与せずとも株式は有効に譲渡される。この点で、合同会社の持分の流通性は株式には及ばず、それ故、仮に定款で持分の譲渡自由を定めたとしても、実際に譲受人を見出して持分を譲渡し、その対価でもって合同会社への出資を実質的に回収するまでに至るのはさほど容易なことではないだろうと考えられる。

　他方で、合同会社の場合、存続期間を定款で定めていない場合には、各社員は他の社員の同意を得ることなく事業年度の終了の時に退社することができるとされており（会606条1項）、定款で別段の定めをしない限り（同条2項）、社員は退社に伴う持分の払戻し（会611条）により出資の回収を図ることが認められている。この場合、退社員にかかる定款の定めについては法律上廃止されたものとみなされることから（会610条）、退社に伴う定款変更に関しても他の社員の同意は不要である。

　合同会社の出資者に対して出資持分の払戻しが行われると、全社員が有限

責任社員である合同会社の会社債権者のための責任財産として留保されるはずの資本金相当額まで出資者に払い戻され、会社の債権者を害する危険が大きい。それ故、退社を伴わない出資払戻し請求権については、他の持分会社と異なり、当該社員の出資価額減少の定款変更手続を要し（会632条1項）、さらに、この定款変更をしたとしても、払戻し金額が剰余金の金額を超える場合には出資払戻しは禁止される（同条2項）。しかし、退社に伴う持分払戻しに関しては、持分払戻しに異議を唱えた債権者にだけ債務の弁済、相当な担保の提供または信託の設定のいずれかの方法で対処すれば足りるものとされており（会635条）、会社債権者のための責任財産の保全よりも社員の退社の自由の保障の方が重きを置かれていると言えよう。株式会社と比較すると、株主にはそもそも退社という制度が用意されていないことと対照的な取扱いであるが、株主は株式譲渡による出資回収が保障されているのに対して、合同会社社員は上記のように持分譲渡は自由ではないから、最低限、退社による出資回収の機会は保障しようとする趣旨と理解することができよう（コンメ⑭〔小出篤史〕214-215頁参照）。

(3)　ま　と　め

　Aらが合同会社の形態を採用する場合、業務執行権を有することになるA・BがCの同意を得ずに増資による持分割合の変動を図ることができないことから、Cにとっては自己の持分を維持しやすいというメリットがある。しかし、A・B・Cのうち1名でも反対すると増資による資金調達（エクイティ・ファイナンス）が不可能となる点は、機動的なファイナンスの実現という視点からはデメリットである。また、A・B・Cのいずれかが出資分の回収を希望する場合、A・Bは全員の合意の下で、CはA・Bの合意により、他の社員への有償持分譲渡を認めて持分割合の変更をするか、または退社による持分の払戻しを行うしかない（論理的には第三者Dに持分譲渡することもあり得るが、前述の通り譲受人となる者を探し出すのは容易ではなかろう）。すなわち、合同会社ではAらのキャピタルゲイン獲得の機会が非常に限定的になるということである。このことは、将来における株式上場と、それに伴う大きなキャピタルゲイン獲得まで視野に入れることができる株式会社形態を採用する場合と比べたときの、合同会社形態採用についての決定的なデメリットである。

【例題1】　合名会社Yは、製糸業を営むA〜F計6名の社員の共同利益のために製糸の工程で生ずる副蚕糸の製品化を図る共同処理工場を事業として営んでいた。しかし、経済情勢の変化により製糸業を廃業する社員が続出し、製糸業を継続する社員A〜Cは、共同して設立した別会社Z会社がYの唯一の資産である工場を利用して営業継続することで利益を受ける一方で、廃業した社員D・E・Xの3名は、Z社が支払う賃料名下の低額な金員を原資として行われるわずかな名目的な利益の配当以外、Yからなんら利益を受けることがなくなった。このためA・B・C3名とD・E・X3名との間に深刻な利害の対立状態を生ずるに至った。そこでXは、この状態を打開するため、数年前から、大手の下請会社となる案、ショッピングセンターを建設する案、Yの所有土地を売却するか又はこれを分割する案、X社とZ社を合併させる案、社員の持分の自由譲渡を認めるように定款を変更する案など種々の提案をしたが、いずれもA〜Cの反対で採用されなかった。

　さらに、Dが死亡し、Dの承継人であるD2はYを退社する意思表示をしたうえ、Yに対し持分払戻を求めて訴えを提起し、この訴訟は現在も係属中である。Dは名目的にせよYの代表社員であったことから、Dの死亡によりYは代表社員を欠いた状態にあるが、Yの定款では、代表社員は総社員の同意をもって選任されることとなっているため、後任の代表社員もいまだ選任することができない状態にある。

　上記の状況で、XはもはやYを解散するしかYへの出資の回収を図る方途はないと考えているが、解散についてA〜Cの3名の同意を得られる見込みはない。Xが会社法上とり得る手段を検討せよ。

　《参考判例》最一小判昭和61・3・13民集40巻2号229頁

【例題2】　XはY合資会社の有限責任社員であった。Yの定款ではXの出資の目的は金額30万円の金銭であり、この出資義務は全社員同意の下で履行済とされ、その旨の定款記載及び登記もなされているが、Xが上記相当額の金銭を現実にYに支払ったという事実はない。この状況でXがYを退社した場合、XのYに対する退社に伴う持分払戻請求は認められ得るか。

　《参考判例》最一小判昭和62・1・22判時1223号136頁

（とちかわ・やすし）

〔執筆者紹介〕

川島いづみ　（かわしま・いづみ）　　早稲田大学社会科学総合学術院教授
南保　勝美　（なんぽ・かつみ）　　　明治大学法学部教授
山本為三郎　（やまもと・ためさぶろう）　慶應義塾大学法学部教授
鳥山　恭一　（とりやま・きょういち）　早稲田大学法学学術院教授
福島　洋尚　（ふくしま・ひろなお）　早稲田大学法学学術院教授
齋藤　雅代　（さいとう・まさよ）　　山梨学院大学法学部教授
宮崎　裕介　（みやざき・ゆうすけ）　神戸学院大学法学部准教授
米山穀一郎　（よねやま・きいちろう）　岡山大学法学部教授
木下　　崇　（きのした・たかし）　　専修大学法学部教授
白石　智則　（しらいし・とものり）　白鷗大学法学部教授
黒野　葉子　（くろの・ようこ）　　　愛知学院大学法学部准教授
河村　賢治　（かわむら・けんじ）　　立教大学大学院法務研究科教授
内田　千秋　（うちだ・ちあき）　　　新潟大学法学部准教授
森脇　祥弘　（もりわき・よしひろ）　高岡法科大学法学部教授
吉田　正之　（よしだ・まさゆき）　　新潟大学法学部教授
古川　朋子　（ふるかわ・ともこ）　　広島修道大学法学部准教授
柿崎　　環　（かきざき・たまき）　　明治大学法学部教授
尾崎　安央　（おさき・やすひろ）　　早稲田大学法学学術院教授
菊田　秀雄　（きくた・ひでお）　　　駿河台大学法学部教授
南　　健吾　（みなみ・けんご）　　　日本大学法学部准教授
藤林　大地　（ふじばやし・だいち）　西南学院大学法学部准教授
三浦　　治　（みうら・おさむ）　　　中央大学法学部教授
山田　泰弘　（やまだ・よしひろ）　　立命館大学法学部教授
中村　信男　（なかむら・のぶお）　　早稲田大学商学学術院教授
和田　宗久　（わだ・むねひさ）　　　早稲田大学商学学術院教授
尾形　　祥　（おがた・しょう）　　　高崎経済大学経済学部准教授
吉本　健一　（よしもと・けんいち）　大阪大学名誉教授
久保田安彦　（くぼた・やすひこ）　　慶應義塾大学大学院法務研究科教授
尾関　幸美　（おぜき・ゆきみ）　　　成蹊大学大学院法務研究科教授
松岡　啓祐　（まつおか・けいすけ）　専修大学大学院法務研究科教授
髙橋　聖子　（たかはし・さとこ）　　跡見学園女子大学マネジメント学部准教授
坂本　達也　（さかもと・たつや）　　駒澤大学法学部教授
伊藤　吉洋　（いとう・よしひろ）　　関西大学法学部准教授
玉井　利幸　（たまい・としゆき）　　一橋大学大学院法学研究科教授
受川　環大　（うけがわ・かんだい）　明治大学専門職大学院法務研究科教授
原　　弘明　（はら・ひろあき）　　　関西大学法学部准教授
湯原　心一　（ゆはら・しんいち）　　成蹊大学法学部准教授
橡川　泰史　（とちかわ・やすし）　　法政大学法学部教授

（執筆順）

〔編者紹介〕

鳥山　恭一（とりやま・きょういち）
　　現在　早稲田大学法学学術院教授。

福島　洋尚（ふくしま・ひろなお）
　　現在　早稲田大学法学学術院教授。

商法演習Ⅰ　会社法

2020年3月31日　初版第1刷発行

編　者　　鳥　山　恭　一
　　　　　福　島　洋　尚

発行者　　阿　部　成　一

〒162-0041　東京都新宿区早稲田鶴巻町514番地

発行所　株式会社 成　文　堂

電話 03(3203)9201(代)　Fax 03(3203)9206
http://www.seibundoh.co.jp

製版・印刷・製本　恵友印刷
©2020　K. Toriyama, H. Fukushima　検印省略
☆乱丁・落丁本はおとりかえいたします☆
ISBN978-4-7923-2752-1　C3032

定価(本体3,300円＋税)